A conserver

28859

OEUVRES

DE

CONDORCET.

PARIS. — TYPOGRAPHIE DE FIRMIN DIDOT FRÈRES, RUE JACOB, 56.

ŒUVRES

DE

CONDORCET

publiées par

A. CONDORCET O'CONNOR,

Lieutenant - Général

ET M. F. ARAGO,

Secrétaire perpétuel de l'Académie des Sciences.

———

TOME DIXIÈME.

PARIS.

FIRMIN DIDOT FRÈRES, LIBRAIRES,

IMPRIMEURS DE L'INSTITUT,

RUE JACOB, 56.

1847.

ÉCONOMIE POLITIQUE

ET

POLITIQUE.

—

TOME IV.

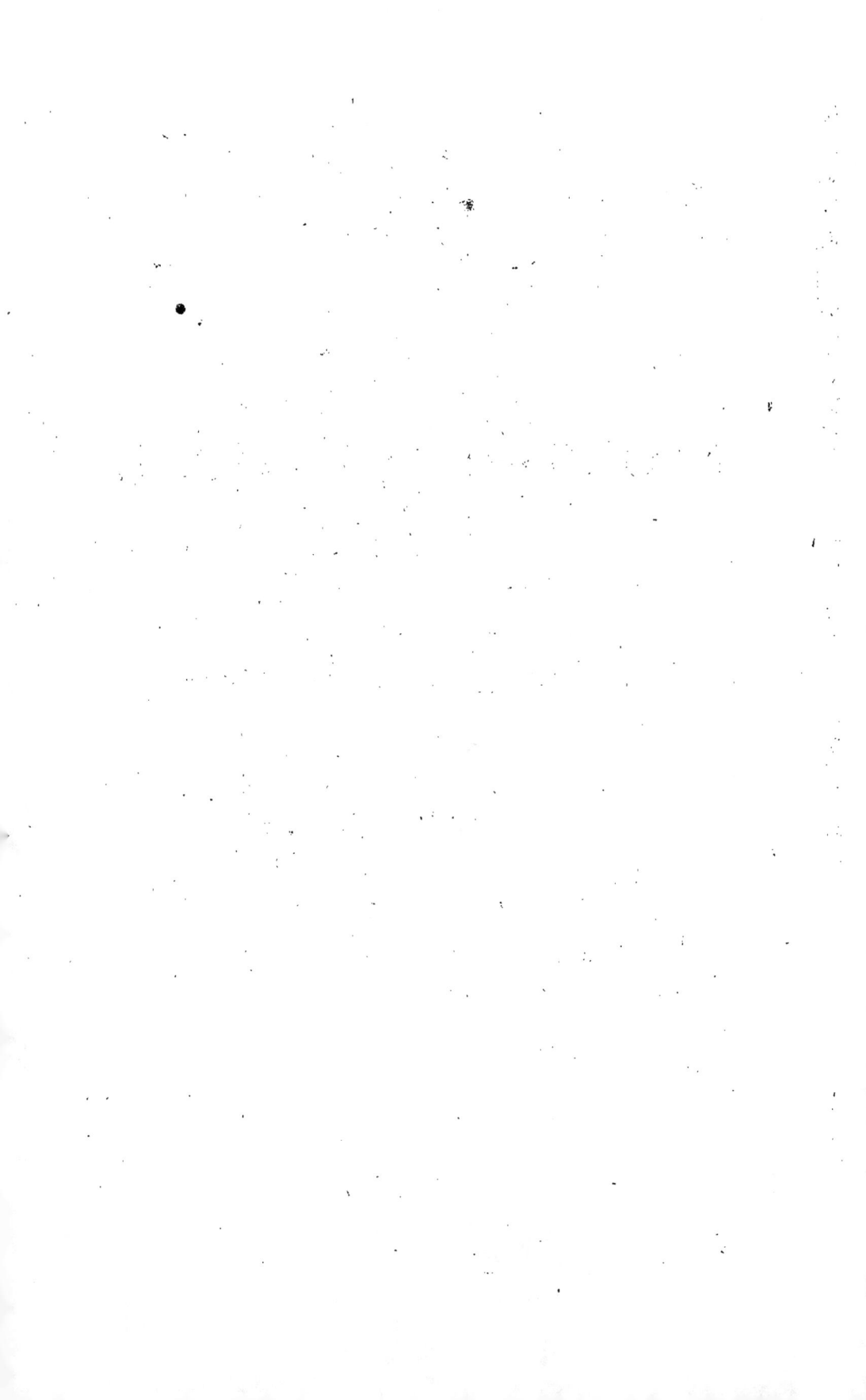

RÉFLEXIONS

SUR

L'ACCUSATION JUDICIAIRE.

1790.

X.

RÉFLEXIONS

sur

L'ACCUSATION JUDICIAIRE.

L'assemblée nationale, forcée de multiplier les actes d'accusation, parce que les complots se multiplient et s'étendent, ne sacrifiera point la sûreté de l'empire au plaisir d'entendre célébrer sa générosité par les partisans secrets des ennemis de la patrie.

Elle n'oubliera point que la constitution lui a délégué le devoir de poursuivre le crime, et non celui de le juger; qu'elle doit accuser toutes les fois que la sûreté commune oblige de soumettre la conduite d'un citoyen à l'examen sévère de la loi, et laisser aux juges le soin d'examiner si ce citoyen est coupable. Ceux qu'une nation éclairée a choisis pour rédiger ses lois, pour veiller sur ses intérêts, pour détourner les dangers qui la menacent, ne se laisseront pas séduire par le langage hypocrite d'une fausse philosophie. Ils ne confondront point les sophismes qui conduiraient à une dangereuse impunité, avec cette sévérité scrupuleuse, nécessaire pour la sécurité de l'innocence.

1.

Notre ancienne jurisprudence, presque entièrement dirigée contre les prévenus de crime, semblait
avoir pour but unique d'atteindre le coupable, même
au hasard de frapper l'innocent. La jurisprudence
nouvelle, plus conforme à l'humanité et à la justice,
a pour premier but de ne pas exposer l'innocence,
même au risque de sauver quelquefois le coupable.
Mais l'impunité vraiment dangereuse n'est pas celle
du coupable qui évite la peine, parce que les preuves
ne sont pas assez complètes, ou parce que la loi n'a
pas formellement placé au nombre des crimes l'action dont il est convaincu; c'est l'impunité qui résulte de la négligence dans la poursuite des crimes.

Tandis qu'au contraire, ce qui importe le plus à
la sûreté de l'innocent, ce n'est pas l'assurance de
n'être jamais accusé, mais celle de n'être pas condamné. Dans le jugement, tout, sans exception,
doit être sacrifié pour ne pas s'exposer à condamner
un innocent; dans la poursuite, on doit balancer
l'inconvénient de soumettre à des épreuves pénibles
des hommes qui ne sont point coupables, et celui
de laisser échapper ceux qui le sont réellement, et
d'encourager au crime par l'exemple de cette impunité.

Il est donc utile de fixer les principes d'après lesquels ces intérêts doivent être balancés.

Du droit de punir et d'infliger des peines plus
graves que l'exclusion de la société, dérive celui de
soumettre à un examen rigoureux, et de priver de
sa liberté l'accusé qui n'est pas encore convaincu.
Ce droit existe aussi pour les crimes dont l'auteur

pourrait nuire encore à la société après l'avoir quittée; et c'est pour cette raison que, suivant nos lois nouvelles, l'accusation des délits contre la sûreté de l'État et contre la constitution emporte la privation de la liberté. Pour soumettre un citoyen à l'examen d'un tribunal, pour le priver même de sa liberté, on n'exige pas qu'il y ait preuve, ni que le délit existe, ni que le prévenu en soit coupable.

En effet, pour peu que l'on réfléchisse sur la nature des preuves d'après lesquelles on juge qu'un homme est coupable, qu'une action est vraiment un délit, on voit qu'il est presque rigoureusement impossible d'obtenir ces preuves sans avoir entendu celui qui est accusé d'avoir commis cette action, soit qu'il veuille la nier, soit qu'il essaye de l'excuser. La maxime qu'*il ne faut condamner personne sans l'entendre*, n'est pas seulement un principe d'humanité et de justice, elle est aussi un principe de logique. Dès lors il est absurde de dire qu'il faut une véritable preuve avant de poursuivre en justice, avant de priver un accusé de sa liberté; car ce serait consacrer l'impunité de tous les grands crimes.

Il y a plus : l'intérêt des accusés eux-mêmes, et l'intérêt public, exigent également,

1° Que l'accusation ne donne point une présomption trop défavorable contre l'accusé; 2° que le renvoi d'accusation atteste l'innocence au moins autant que le jugement d'absolution. En effet, d'un côté, tout ce qui peut donner aux juges une prévention défavorable est nuisible à un accusé, et il importe à la sûreté générale que la crainte de donner cette

prévention n'empêche pas d'accuser ceux qui la menacent. D'un autre côté, il importe à un homme
innocent que le renvoi d'accusation ne laisse sur
lui aucune impression défavorable, qu'on ne puisse
dire : S'il y avait eu de quoi l'accuser, il aurait été
condamné ; et il importe à la sûreté générale de ne
pas laisser dans la société un trop grand nombre de
personnes justement suspectes sur la conduite, dès
que le défaut d'examen jette un nuage impénétrable.

Or, que prononce le jugement d'absolution ? C'est
que, suivant l'avis des juges de fait et des juges du
droit, il n'est pas prouvé que tel accusé ait commis
une telle action, et que cette action soit un crime.

Que doit donc prononcer le renvoi d'accusation ?
Qu'il n'est pas assez vraisemblable que tel homme
n'ait pas commis cette action, ou que cette action
soit exempte de crime, pour qu'il ne soit pas de
l'intérêt public de les soumettre à un examen plus
rigoureux.

Ainsi, le renvoi d'accusation doit annoncer, non
le défaut de preuves du crime, mais la vraisemblance, mais la présomption de l'innocence. Cependant il faut que les motifs d'après lesquels on accuse,
parce qu'ils ont détruit la vraisemblance de l'innocence, il faut que ces motifs soient fondés sur des
faits constatés ; et c'est dans ce sens, et dans ce sens
seulement, qu'on peut dire qu'il faut des preuves
pour accuser. Voilà ce qu'exige la sûreté individuelle
des citoyens ; et cette condition suffit pour les mettre
à l'abri de la prévention et de la haine ; car la nécessité d'appuyer la dénonciation sur des faits cons-

tatés, oppose à l'une, comme à l'autre, une barrière qu'elles renverseront difficilement.

La loi a voulu qu'entre le citoyen auquel on impute un crime, et le fonctionnaire public chargé de le poursuivre, il existât une autorité protectrice de la liberté, de la tranquillité individuelle, qui offrît une sauvegarde contre les poursuites téméraires ou perfides; qui ne laissât point les citoyens exposés à subir une instruction, à moins qu'un corps d'hommes impartiaux éclairés, n'eût décidé que cet examen était exigé par l'intérêt général de la société. Elle n'a pu vouloir établir deux examens des mêmes faits, des mêmes questions, assujettis seulement à des formes différentes. Elle n'a pu dire : Pour condamner, nous exigeons les preuves qui peuvent être acquises par l'examen le plus approfondi ; pour accuser, nous exigeons qu'un examen plus sommaire ait suffi pour les procurer; nous voulons qu'il soit plus difficile d'être accusé que d'être condamné ; nous voulons que le renvoi d'accusation ne serve point seulement à épargner à l'innocent une instruction pénible, mais qu'il offre un moyen d'impunité au coupable qui aura su écarter les premières preuves de son crime.

En effet, combien ne serait-il pas dangereux d'accréditer l'opinion, que, pour s'assurer l'impunité, il suffit de détruire ces premières preuves du crime, d'en effacer ou d'en affaiblir les traces immédiates; que par là l'on évitera même toute poursuite; que l'on n'aura rien à craindre de ces preuves inattendues qui se montrent tout à coup au milieu d'une instruction dirigée par des hommes éclairés ?

C'est une maxime générale en jurisprudence, d'éviter qu'aucune autorité d'opinion ne puisse contredire celle du jugement, afin que la confiance de ceux qui n'ont pas examiné l'affaire ne soit pas ébranlée ; afin que le concours de la force publique à l'exécution du jugement ne soit pas un sacrifice fait à la loi, à la nécessité de maintenir l'ordre, mais un acte de raison et de justice. Il faut donc que le jugement d'absolution ne paraisse point être en contradiction avec le jugement qui a déclaré qu'il y avait lieu de poursuivre, et cette contradiction apparente serait surtout dangereuse, si elle tombait, non sur le jugement du fait, mais sur celui du droit ; si les juges disaient ici que telle action leur paraît un crime, et là qu'elle n'en est pas un.

En effet, ici l'on n'a point la même ressource de pouvoir dire que ceux qui ont jugé un homme innocent ont eu des connaissances nouvelles, ont acquis d'autres preuves ; on annoncerait, au contraire, une véritable contrariété d'opinion entre des hommes également instruits, ayant fait le même examen ; on introduirait dans une décision des voix qui, sans contribuer à la former, ne serviraient qu'à en diminuer le poids.

Or, tous ces inconvénients disparaissent, si l'acte d'accusation se borne à dire : L'intérêt général de la société exige que telle action ayant été commise, on examine si et comment elle doit être punie ; l'intérêt de la société exige que tel individu, en faveur de qui la vraisemblance qu'il en était innocent, est

détruite par des faits constatés, soit examiné et poursuivi. Avant ce terme, ce serait la tyrannie, l'inquisition et le despotisme judiciaire; au delà, l'impunité, et, ce qui est la suite, la vengeance du
ressentiment, substituée à celle de la loi.

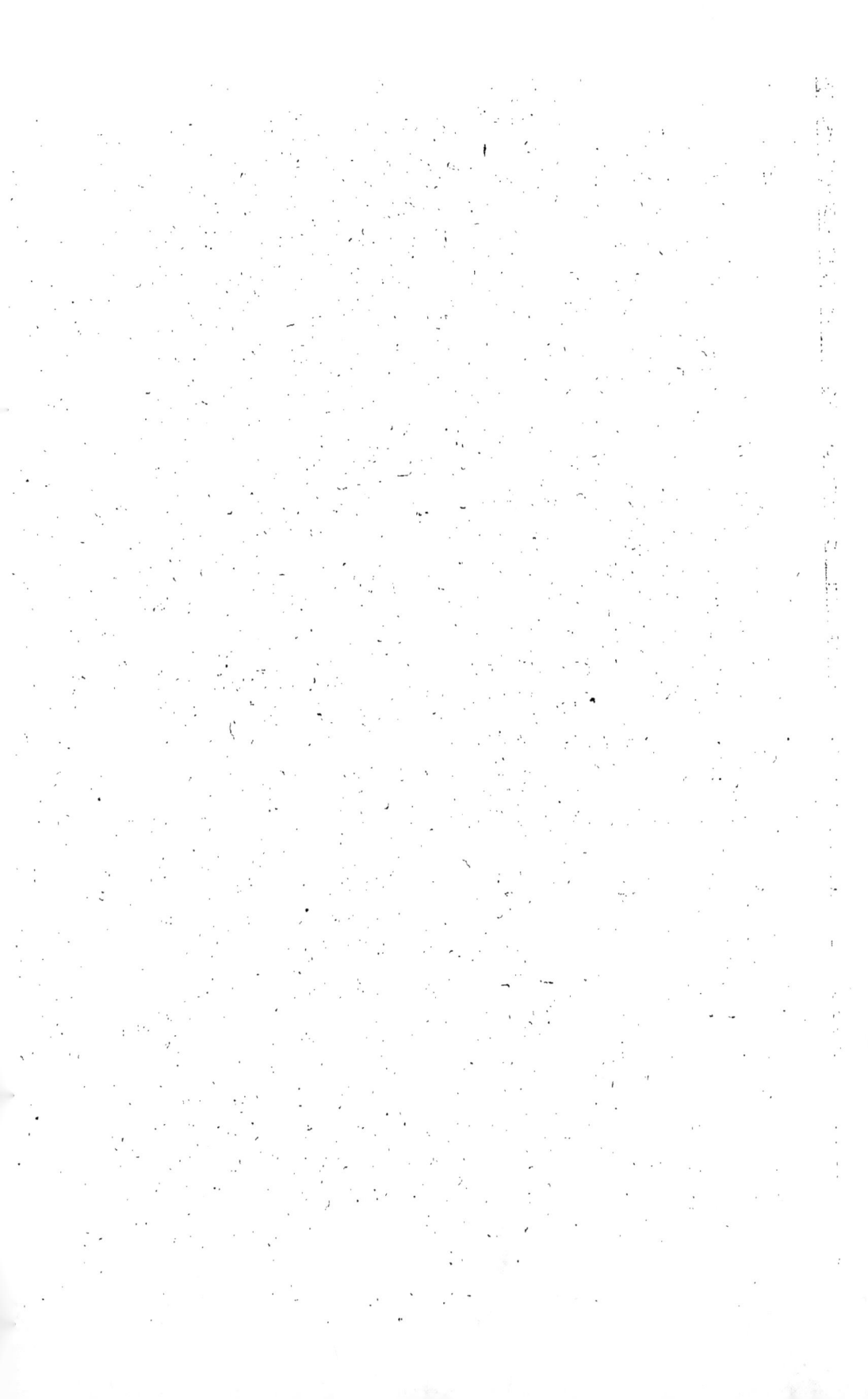

RÉFLEXIONS

SUR

L'USUFRUIT DES BÉNÉFICIERS.

1790.

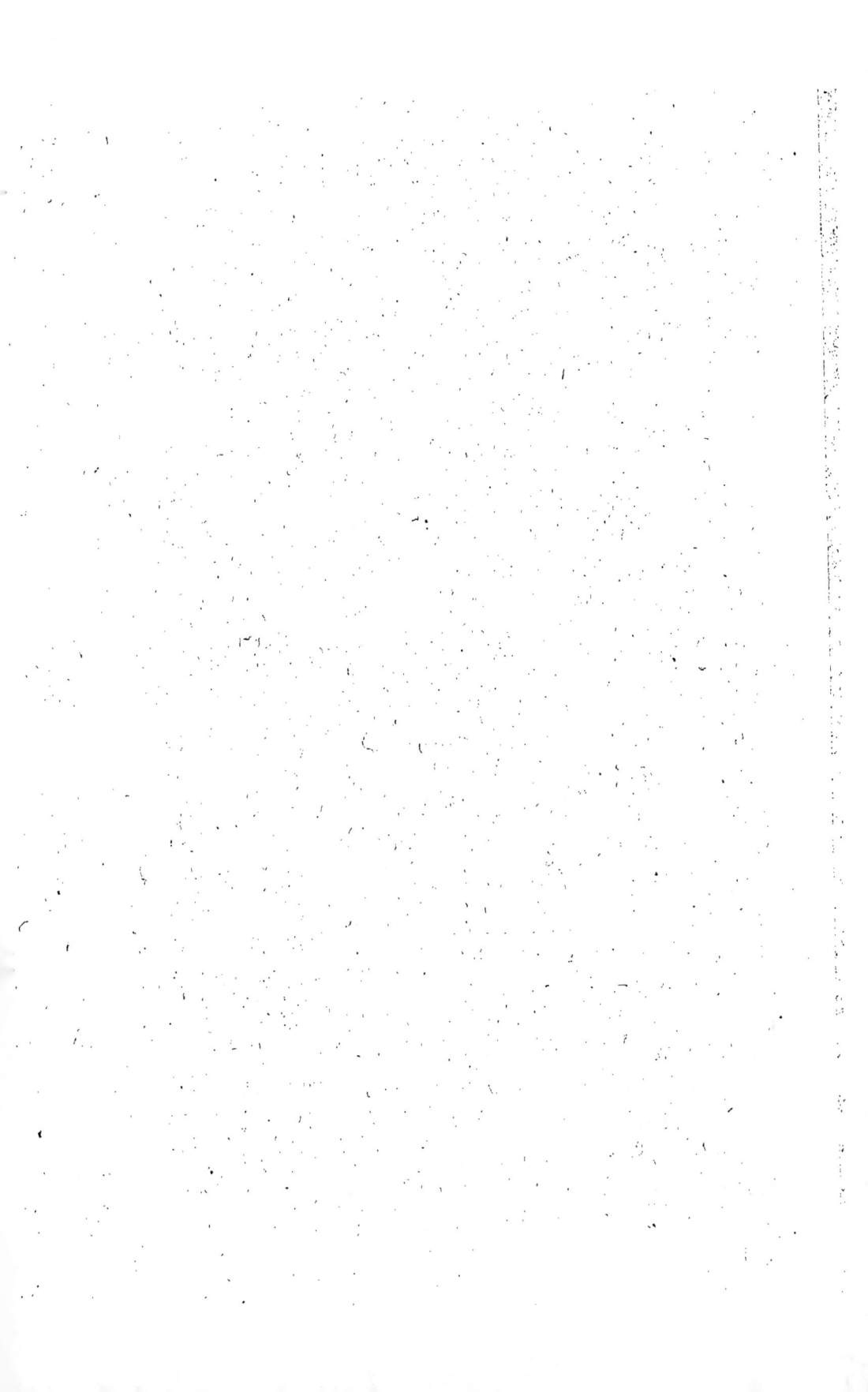

RÉFLEXIONS

SUR

L'USUFRUIT DES BÉNÉFICIERS.

Les titulaires actuels des bénéfices sont de véritables propriétaires usufruitiers ; leur possession leur a été conférée sous l'autorité de la loi existante, d'après des formes établies par cette loi, et reconnues par tous les tribunaux civils.

Cette propriété doit donc être traitée comme toute autre propriété usufruitière.

Ainsi, 1° tout individu titulaire d'un bénéfice séparé doit conserver non-seulement la jouissance de la valeur de ce bénéfice, mais celle des biens même qui en formaient le revenu. 2° S'ils possèdent des droits sur la propriété d'autrui, ces droits peuvent être légitimement transformés en équivalent : les propriétaires fonciers y ont été soumis pour les droits féodaux. 3° Les bénéficiers qui, sous le nom de *chapitres de maisons religieuses*, possèdent des biens en commun, n'ont aussi droit qu'à un équivalent, parce que la nation ayant le droit de dissoudre ces associations, ne pourrait l'exercer d'une manière utile, si celui de changer la forme de leur propriété n'en était pas une suite, surtout parce que celui qui possède en commun n'a point cette disposition libre de la propriété qui la distingue de l'équivalent qu'on y substituerait.

Tel est, au premier coup d'œil, ce que paraît exiger la justice ; mais la nature des biens ecclésiastiques n'autorise-t-elle pas à suivre d'autres maximes ?

On dit que les bénéfices en commande sont un abus condamné par l'Église ; que la pluralité des bénéfices est contraire aux canons ; que, dans la règle, un tiers de leur revenu doit être consacré aux dépenses du culte, et un tiers réservé pour les pauvres.

Les commandes sont des abus : mais cet abus a été autorisé par les lois du royaume, et par des lois revêtues des mêmes formalités que celles qui règlent le droit de tester, par exemple. Or, si on venait à prouver que ces lois renferment des dispositions injustes, s'ensuivrait-il que l'on doive attaquer la propriété de ceux qui possèdent aujourd'hui en vertu de ces dispositions ? On ne peut attaquer la légitimité de la possession des bénéfices en commande, sans ébranler le principe de toutes les propriétés, en les faisant dépendre, non des lois établies au moment où elles ont été acquises, mais des lois postérieures, des maximes successivement adoptées par les législateurs.

La pluralité des bénéfices est défendue par les canons : cela peut être ; mais elle est consacrée par un long usage. Jamais la réunion de deux bénéfices sur une même tête n'a été apportée dans aucun tribunal comme un motif d'en déclarer la collation nulle, à moins qu'il ne fût question de bénéfices dont les fonctions seraient censées incompatibles. Or, un usage publiquement adopté pendant un long temps, reconnu par les tribunaux, suffit pour légitimer une propriété.

L'ancienne division du revenu des bénéfices en trois parties ne subsiste plus depuis longtemps: il serait aussi injuste de l'invoquer aujourd'hui, que d'attaquer les propriétés féodales, sous prétexte qu'elles ont été assujetties autrefois à un service personnel. Les lois laissent depuis longtemps aux bénéficiers la jouissance totale du revenu; elles ont abandonné à leur conscience l'accomplissement du devoir de faire l'aumône; elles ont réglé, suivant d'autres principes, la manière dont ils devaient contribuer aux dépenses du culte.

On a fait valoir, contre la richesse excessive de quelques membres du clergé, les anciennes maximes de l'Église; mais ce n'est point d'après de telles maximes qu'une question de propriété doit être jugée. Il n'est pas question de savoir si un tel ecclésiatique a la modestie qui convient à son état, s'il se damne en nourrissant des chevaux au lieu de nourrir des pauvres; mais de savoir si le bénéfice qui lui a été légalement conféré lui appartient. Annulerez-vous un testament, parce que le légataire fait un mauvais usage des biens qu'il a reçus? Supposez même que le testateur ait exprimé l'intention qu'il donne tel bien à monsieur un tel, pour l'arrangement de ses affaires, les tribunaux se croiront-ils en droit de l'empêcher de dissiper ce bien? Ne distingue-t-on pas ces conditions de conseil, ces exhortations, des conditions précises et légalement obligatoires ?

Les titulaires actuels ont donc un droit évident, incontestable, à conserver, pendant leur vie, la totalité de ce qu'ils possèdent.

A leur droit se joint celui de tous ceux qui ont fait des conventions avec eux, qui les ont faites dans la confiance que, d'après les lois établies, ils auraient pour hypothèque le revenu viager de la totalité de ces bénéfices. Il faudrait que la nation reconnût la totalité de ces engagements, qu'elle laissât, à ceux dont les titres n'ont pas une forme publique, le moyen d'y suppléer; c'est-à-dire que, dans la réalité, il faudrait qu'elle donnât à tout bénéficier, qui le voudrait et qui le pourrait, la liberté de vendre son bénéfice. On ne proposera pas, sans doute, d'annuler les billets sous seing privé; on ne refusera pas un temps quelconque, pour les assujettir à une formalité qui en fixe la date.

Croit-on que des hommes bien convaincus qu'on les dépouille injustement, qu'on exerce contre eux une violence tyrannique, se feront scrupule d'antidater un acte, qu'ils ne se permettront pas ce que les protestants se permettaient dans les temps de persécution, ce qu'on s'est permis dans tous les pays où le parti qui avait triomphé confisquait les biens des chefs du parti contraire ?

Que les frais du culte soient pris en entier sur les biens des ecclésiastiques, que ces biens soient soumis aux mêmes impositions que ceux des autres citoyens; voilà ce qui est rigoureusement juste, parce que les frais nécessaires du culte sont une surcharge essentielle des biens consacrés au culte ; parce que l'exemption des impôts est une injustice que l'usage ne peut couvrir. Le droit naturel exige que tous les biens portent également les charges de la société ; et l'on ne prescrit point contre le droit naturel.

Après avoir parlé de justice, examinons la même question dans son rapport avec l'utilité publique.

Les biens ecclésiastiques s'élèvent à 200 millions ; 20 millions suffiront pour le culte : voilà donc 180 millions de fonds changés en 180 millions de viager ; et vu leur distribution, un profit de 90 millions qui, évalués au denier cinq, en représentent actuellement 1,800.

Si on suppose que pour les dîmes on prenne un arrangement qui les réduise à leur valeur comme usufruit, sans doute on diminuera cette ressource environ de moitié ; mais alors on remettrait cette moitié aux propriétaires. Ce peut être une mauvaise opération ; mais il n'en résulterait pas moins pour la masse de la nation un profit qui peut s'évaluer, pour le moment présent, à un milliard 800 millions.

Voyons maintenant ce que vaudraient les 180 millions de revenu, en dépouillant les titulaires, au moins en partie. En supposant qu'on prenne pour principe de laisser jouir tous ceux qui ont moins de deux mille écus, de laisser deux mille écus à tous ceux qui ont plus, et 25 mille livres aux évêques : si alors la réduction actuelle va jusqu'à 30 millions, c'est beaucoup ; mais je suppose qu'elle aille jusqu'à 40 millions, et c'est passer toutes les bornes : il faut d'abord

X.   2

en défalquer, 1° toutes les dettes personnelles, dont la nation sera obligée de se charger. 2° Les bénéficiers riches faisaient vivre un grand nombre de domestiques et d'ouvriers ; il en résultera une secousse très-grande, par le dérangement de la distribution des salaires, et par conséquent un grand nombre de malheureux, à qui la nation sera obligée de donner des secours. 3° Les ecclésiastiques faisaient des aumônes ; il faudra bien aussi y suppléer. 4° Ou l'on vendra à la fois la masse de ces biens, et ils seront vendus au-dessous de leur valeur, ou les assemblées les administreront, et ce serait ouvrir une source de corruption et de désordre. 5° Si on conservait l'usufruit, la nation, à la mort des titulaires, exercerait, pour les réparations, le même droit qu'exercent les économats, ou on y substituerait d'autres précautions ; mais, dans la supposition contraire, il y aurait une extrême injustice à répéter les réparations sur ceux qu'on dépouillerait, et cet objet est d'une valeur considérable.

Ainsi, ces 40 millions, qui porteraient le profit à 110 au lieu de 90, à 2 milliards 200 millions au lieu d'un milliard 800 millions, seraient bien éloignés d'être en pur gain de 20 millions.

Cette opération est inutile pour les besoins actuels ; les biens du domaine, ceux des économats, ceux des maisons religieuses et ceux des chapitres qu'on peut supprimer, sont plus que suffisants.

Je crois devoir ajouter quelques réflexions sur les moines ; on peut les bien traiter, sans faire une mauvaise opération. D'abord, le nombre des véritables

mendiants est très-petit ; les autres, quoique mendiants par leur règle, vivent, en grande partie, du
produit des terrains qui leur appartiennent.

Les premiers coûteront moins en pensions qu'ils
ne gaspillaient en aumônes. Ainsi, la masse des pensions fût-elle égale, pour la totalité des ordres, au
revenu actuel, il y aurait encore, pour le peuple,
le profit de la suppression de ces aumônes.

Dès ce moment, il y aurait un avantage considérable, en ne considérant que les ordres riches. Dans
la congrégation de Saint-Maur, par exemple, si la
moitié des religieux quittait, un nombre de maisons, ayant le quart des revenus annuels, suffirait
pour rassembler le reste. En effet, la dépense des
officiers des grandes maisons était énorme, et cette
dépense est inutile au bien-être des religieux.

La justice exige, et que les abbés réguliers soient
assujettis à la règle, s'ils veulent rester, et qu'ils aient
la liberté de sortir. Il leur faut alors un revenu qui
les dédommage de ce qu'ils perdent ; mais ce revenu serait, pour la plupart, bien au-dessous de
celui qu'ils abandonneraient en quittant la vie régulière.

Chaque religieux a droit, sur les biens de son
ordre, à une somme suffisante pour ses besoins, tels
que la vie de son ordre, en la supposant réglée par
des principes de décence, les lui a fait contracter. La
pension doit donc être différente pour les différents
ordres. Un chartreux a plus de besoins qu'un théatin
ou un barnabite ; un bénédictin en a plus qu'un cor-
delier ou un augustin. Il faut aussi proportionner

les pensions à l'âge, et même les rendre croissantes avec l'âge; car un moine avait droit d'être soigné dans sa vieillesse, aux dépens de son ordre. On doit encore, pour plusieurs ordres, les faire varier suivant les provinces. Il faut, par exemple, qu'un moine de Flandre ait de quoi vivre en Flandre.

Il ne faut pas décider légèrement sur le bien-être d'un grand nombre d'individus; il ne faut pas qu'on puisse dire qu'on rende les moines malheureux dans le cloître, pour les obliger de se contenter d'une pension insuffisante, ou qu'on leur donne une pension trop modique, pour les empêcher de reprendre leur liberté. L'un serait barbare, l'autre serait injuste. La pension d'un moine doit être, pour les besoins physiques, proportionnée à la manière de vivre dans son ordre; pour les besoins de décence, il faut qu'il puisse être au niveau de ce qu'on appelait la petite bourgeoisie, avant la révolution.

Telles sont les réflexions d'un homme qui n'a jamais passé pour aimer le clergé, mais qui a toujours aimé la justice et la paix; qui, lorsqu'un corps est détruit, ne voit plus, dans ceux qui le composaient, que des individus, n'ayant plus que leurs vertus ou leurs vices personnels, ayant les mêmes droits que les autres hommes, devant être traités d'après les mêmes maximes de justice et les mêmes principes d'humanité.

Cette manière de penser devrait être plus générale; la haine de ces corps qui ont causé tant de maux, n'était-elle pas l'effet de l'amour des hommes? n'était-ce pas l'esprit d'intolérance et de domination que l'on haïssait? Faudrait-il avouer que l'on était jaloux des richesses de quelques particuliers? La vengeance contre ceux qui n'ont fait que profiter des abus, ne ressemble-t-elle pas à l'envie plus qu'à la justice?

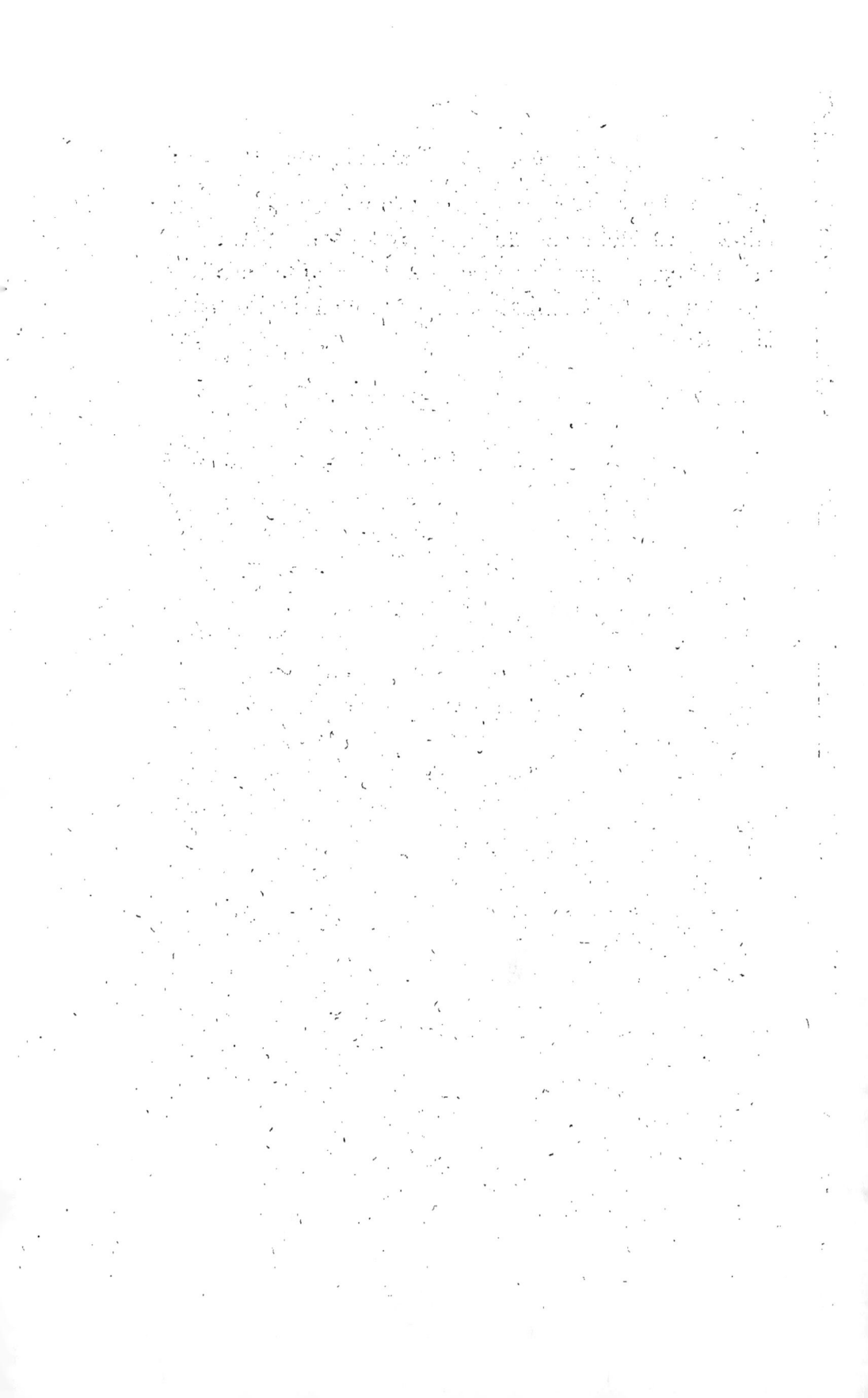

SUR L'ÉTENDUE

DES POUVOIRS

DE L'ASSEMBLÉE NATIONALE.

1790.

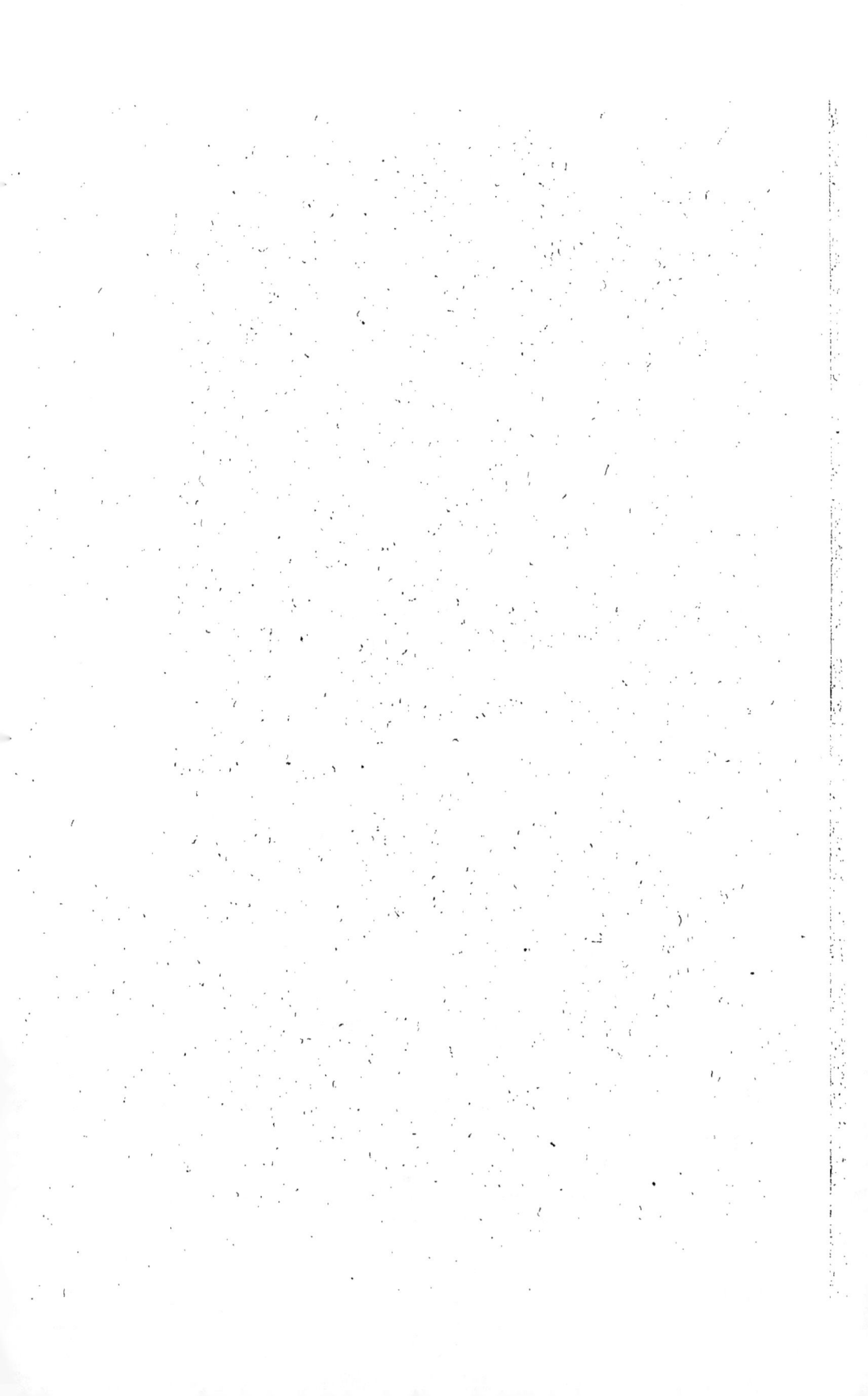

SUR L'ÉTENDUE

DES POUVOIRS

DE L'ASSEMBLÉE NATIONALE.

Qu'est-ce que l'assemblée nationale ?

C'est une assemblée élue par le peuple pour le rétablir dans ses droits naturels (1).

(1) Il suffit de lire les cahiers de ce qu'on appelait autrefois le tiers état, pour voir que telle était réellement l'intention des électeurs.

En se déclarant assemblée constituante, les députés aux états généraux n'ont donc ni changé la nature, ni excédé les limites de leurs pouvoirs.

On aurait tort de dire que ce vœu n'est pas explicitement énoncé. Un vœu recueilli par sections séparées ne peut être une forme dans son expression, à moins qu'étant consultées, elles ne soient obligées de répondre dans des termes prescrits. Ainsi, exiger une autorisation explicite dans des circonstances semblables à celles où se trouvait la nation française, ce serait se réduire à l'impossibilité presque absolue de recueillir le premier vœu d'un peuple, et par conséquent à l'impossibilité de le rétablir dans ses droits autrement que par la force.

La nation française a demandé unanimement la destruction de toutes les atteintes à ses droits, mais chaque portion séparée a exprimé celles de ces atteintes qui l'avaient frappée davantage.

Elle a donc reçu de lui le pouvoir de faire tout ce qui était nécessaire pour établir une constitution égale et libre, pour détruire tout ce qui, dans les lois subsistantes, était incompatible avec une telle constitution, tout ce qui, dans les institutions anciennes, portait atteinte aux droits naturels des hommes.

Mais on ne peut abroger des lois, on ne peut détruire des institutions sans être obligé ou de les remplacer, ou de pourvoir du moins aux suites de cette destruction. Si on ne reconstruit pas un édifice inutile, du moins il faut en déblayer les décombres et aplanir le terrain.

On ne peut établir une constitution libre sans accorder avec elle toutes les parties du système social. Si on change le moteur d'une machine, il faut en examiner toutes les pièces, il faut les mettre toutes en état d'obéir, sans se briser, à l'action de ce nouveau moteur.

Il est impossible de déterminer à quelles classes de lois l'exercice d'un tel pouvoir doit s'arrêter, et par conséquent de lui opposer d'autres bornes que le droit naturel des individus; et comme il faut que dans l'ordre social tout pouvoir ait des limites déterminées, c'est une déclaration des droits des hommes reconnue par le peuple, qui est ici cette limite. Ainsi, du moment où l'assemblée nationale a elle-même proclamé cette déclaration, où elle a été consacrée par l'acclamation universelle du peuple, l'assemblée a pu légitimement exercer toute la plénitude de son pouvoir.

On ne peut espérer, dans une révolution générale, qu'un plan complet de constitution puisse être présenté dans son ensemble ; car il faudrait que le système des lois établies pût s'adapter à celui de la nouvelle constitution. Il faut au moins préparer l'exécution de ce plan; il faut que pendant qu'il se forme, il existe déjà un pouvoir législatif indépendant, dont la constitution doit être l'ouvrage.

Pour que le pouvoir constituant pût ne pas se confondre avec le pouvoir législatif, il serait nécessaire que la volonté nationale les eût séparés en ne conférant au premier que la puissance de régler la constitution, la forme, l'action des divers pouvoirs; ou bien, il faudrait qu'une première constitution libre eût réglé d'avance la forme et le pouvoir de l'assemblée chargée de la réformer elle-même.

Les premières conventions américaines sont dans le premier cas; celles qui les ont suivies sont dans le second.

Dans une constitution libre, le pouvoir exécutif est indépendant du pouvoir législatif; dans ce sens, qu'il est obligé d'exécuter les lois, non en vertu de la volonté du pouvoir législatif, mais en vertu d'une loi antérieure, de laquelle tous deux ont également reçu leur autorité et leurs fonctions, qui a fixé leurs droits et leurs devoirs respectifs.

Un pouvoir constituant, établi en vertu d'une loi antérieure, peut changer la forme du pouvoir exécutif attaché aux législatures ; mais si cette même loi a réglé le pouvoir qui doit être chargé d'exécuter ses lois constitutionnelles, ce dernier pouvoir doit ne dépendre que de la puissance qui l'a créé.

Par exemple, si l'asssemblée nationale actuelle, en déterminant qu'une convention nationale, convoquée dans tel temps ou dans telle circonstance, doit décréter une constitution nouvelle, réglait la forme et les fonctions du pouvoir chargé d'exécuter cette constitution, un' tel pouvoir exécutif ne serait assujetti à la convention nationale qu'en vertu des lois imposées par l'assemblée actuelle.

Mais un premier pouvoir constituant, chargé par le peuple d'établir une constitution, est le principe unique de tous les autres pouvoirs ; il ne peut en exister aucun que parce qu'il a voulu ou le conserver, ou le créer.

Il a le droit d'établir tous ceux qui sont nécessaires à l'accomplissement du devoir qui lui est imposé ; et par conséquent le pouvoir qui exécute ses décrets doit être dans sa dépendance.

Par la même raison qu'il est impossible de séparer, dans une telle circonstance, le pouvoir constituant de celui de faire les lois, il est également impossible de séparer le pouvoir qui exécute la constitution de celui qui exécute les lois.

Ce dernier pouvoir, n'existant que par la constitution même, ne peut avoir toute son activité tant qu'elle n'est pas entièrement établie.

Il doit donc rester tout entier dans la dépendance du premier pouvoir constituant, jusqu'au moment où la constitution est complète. La délégation que ce pouvoir constituant a pu faire du pouvoir exécutif ne peut lier que les législatures qui doivent exister après lui, que le pouvoir constituant qui doit par la suite réformer son ouvrage, et pour lequel il peut ou créer un pouvoir exécutif particulier, ou régler le mode d'agir et les devoirs du pouvoir exécutif ordinaire.

Ainsi tombent toutes ces accusations d'usurper les droits du pouvoir exécutif ; comme si un pouvoir délégué pouvait avoir des droits contre un premier pouvoir constituant dans une constitution non encore terminée.

Ainsi tombent ces odieuses comparaisons entre l'assemblée nationale et le long parlement d'Angleterre ; comme s'il pouvait y avoir quelque rapport entre la lutte de deux pouvoirs qui partageaient la nation, et l'action d'un pouvoir unique dont il est reconnu que tous les autres doivent émaner ; comme s'il y avait la moindre ressemblance entre les principes fanatiques de l'hypocrite Cromwell, parlant au nom de Dieu à des enthousiastes, et les principes de droit naturel proclamés par l'assemblée nationale au nom de la raison et de l'intérêt commun.

Si l'on considère ces maximes générales, relativement à un État où l'on reconnaît un chef héréditaire et non responsable du pouvoir exécutif, on voit qu'elles s'appliquent aisément aux agents nécessaires et responsables de ce même pouvoir ; ainsi, la constitution doit les rendre dépendants de la loi, et non de la volonté du pouvoir législatif ; mais tant que cette constitution se fait encore, ils doivent être sous la dépendance immédiate du pouvoir constituant, c'est-à-dire, choisis par lui, et révocables par sa volonté.

Comment, en effet, une constitution nouvelle pourrait-elle être établie par les interprètes de la volonté nationale, si ceux qui doivent exécuter cette volonté en sont indépendants? Comment peut-il exister un droit d'agir isolé, même dans son principe, du droit de vouloir? Sous une constitution libre, le pouvoir de faire les lois et celui de les exécuter obéissent à une volonté commune, à celle qui a formé la constitution. Sous une constitution qui se forme, c'est donc à la même volonté, à celle du pouvoir constituant, que le pouvoir exécutif doit encore obéir.

Objectera-t-on la difficulté d'obtenir de bons choix par le vœu d'une assemblée nombreuse? Du moins est-il facile d'avoir un mode d'élection qui fixe les choix sur des hommes pénétrés des opinions dominantes dans l'assemblée qui forme le corps constituant. Du moins est-on sûr de diriger ces choix sur des hommes appelés par le suffrage du parti attaché à ces opinions. On aura donc des agents intéressés au succès de la constitution qu'ils sont chargés d'établir; et cette unité de vues, entre ceux qui veulent et ceux qui agissent, n'est-elle pas la condition la plus nécessaire; n'est-elle pas l'unique moyen d'établir la confiance, d'ôter tout espoir de résister avec avantage?

Ces portions de pouvoir exécutif, confiées pour le temps où la constitution s'achève, ne peuvent promettre d'autre récompense que la gloire.

L'assemblée nationale deviendrait libre dans son choix ; elle pourrait, sans s'écarter de ses principes, choisir parmi ses membres, puisqu'ils ne tiendraient alors leurs fonctions que d'elle-même ; et ce patriotisme de théâtre, qui sacrifie les intérêts du peuple aux applaudissements de la multitude, n'aurait plus de prétexte pour soutenir un décret qui a porté un engourdissement si funeste dans toutes les parties de l'administration publique.

Si les suffrages de l'assemblée se réunissaient sur d'autres citoyens, ils seraient présentés à la nation honorés de la confiance de ses représentants, gage assuré de celle du peuple.

La destitution doit être également confiée à l'assemblée ; mais on peut l'assujettir à des formes telles, qu'elle ait toujours lieu lorsqu'elle sera le vœu réfléchi de la pluralité, et qu'elle ne puisse être déterminée par une impulsion momentanée.

Cette mesure est la seule qui aujourd'hui puisse rendre au pouvoir exécutif l'exercice actif et libre de ses fonctions. Des ministres, choisis par le chef suprême de ce pouvoir, seront toujours exposés au reproche de vouloir augmenter sa puissance aux dépens de la liberté. S'ils n'agissent point, on accusera leur inaction ; s'ils agissent, on rendra leur activité suspecte. C'est à l'assemblée nationale que la confiance du peuple a voué une soumission entière. Faites donc en sorte que le peuple voie, dans ceux qui administrent, les organes de la volonté de ses représentants. On dira toujours que le ministre d'un roi l'a trompé, qu'il abuse de sa confiance, qu'il substitue sa volonté personnelle à celle du prince ; mais on ne le dira point des ministres d'une assem-

blée, et ces discours, sans effet dans la marche régulière d'une constitution formée, suffisent pour répandre l'inquiétude et les alarmes lorsqu'il faut
établir la constitution, lorsqu'il faut sans cesse
porter partout une main réformatrice.

Dira-t-on qu'on écoutera le vœu présumé de l'assemblée nationale? Mais pourquoi substituer ce vœu
à une véritable élection, puisqu'il ne peut en résulter ni la même confiance, ni la même dépendance
exclusive de l'assemblée? Dira-t-on que l'assemblée
a des moyens de faire destituer ceux qui s'écarte-
raient de ses vues? Mais n'est-ce pas toujours aux
dépens de la paix, aux dépens de l'exécution de ses
propres lois? Craindra-t-on les intrigues qui accom-
pagneront une élection ou une destitution régulière,
plus que les intrigues produites par l'influence nécessaire de l'assemblée sur le choix ou le renvoi des
ministres? Regardera-t-on comme un remède bien
utile de déclarer que tel ministre a encouru la défiance de la nation? Pourquoi l'assemblée nationale,
au lieu d'exercer un droit essentiellement attaché à
son existence, s'en arrogerait-elle un qu'elle ne peut
avoir, celui de déclarer son opinion sur l'opinion
d'autrui? Qu'elle eût dit que les ministres ayant
perdu sa confiance, elle ne pouvait leur confier l'exécution de ses décrets, alors elle n'eût usé que d'une
partie de son pouvoir; mais déclarer que telle est
l'opinion de la généralité des citoyens, sans l'avoir
constaté par l'examen des pétitions présentées par
eux, c'est à la fois et manquer à sa dignité, et usurper un pouvoir qui ne peut appartenir à personne,

celui de déclarer un fait non personnel, sans en avoir juridiquement rassemblé les preuves.

Les auteurs de cette idée ne peuvent donc se glorifier ni de l'excès de leur courage, ni de l'étendue de leurs lumières; et il a dû être permis aux hommes dont le patriotisme est sincère, et dont la politique a pour base la justice et la raison, de voir avec regret qu'on eût élevé cette question, et d'en attendre la décision avec indifférence. En effet, pourquoi chercher à créer, à l'exemple de l'Angleterre, un parti ministériel et un parti de l'opposition? Cette lutte n'est pas celle de la liberté contre le pouvoir, mais un combat entre deux intrigues qui se disputent la puissance. C'est, d'un côté, l'hypocrisie du patriotisme, de l'autre, la corruption réduite en système. Si, après avoir mérité de servir de modèle dans les premiers traits de notre constitution, nous voulons modestement nous réduire au rôle d'imitateurs; si, après avoir pris des guides qui pensaient par eux-mêmes, nous préférons ceux qui puisent leurs idées dans la pratique des autres peuples, pourquoi ne pas suivre l'exemple de l'Amérique plutôt que celui de l'Angleterre? Là, on ne s'occupe point de combattre le pouvoir exécutif, parce qu'on a su le contenir par des lois, et par là échapper aux prestiges du faux patriotisme comme aux entreprises de l'autorité.

Dira-t-on que la politique américaine est celle d'un peuple pauvre et simple dans ses mœurs? que la politique de l'Angleterre convient à un peuple riche et corrompu, en oubliant que cette politique,

X.   3

cause première de toute corruption, est l'infaillible moyen de la rendre à jamais incurable? Et comme plusieurs décisions, sollicitées par la même influence, peuvent le faire croire, veut-on abjurer déjà ces principes si nobles et si purs, sur lesquels nous avions espéré de voir s'élever l'édifice de la constitution française?

EXTRAIT

DU

PACTE DE FAMILLE.

1790.

4.

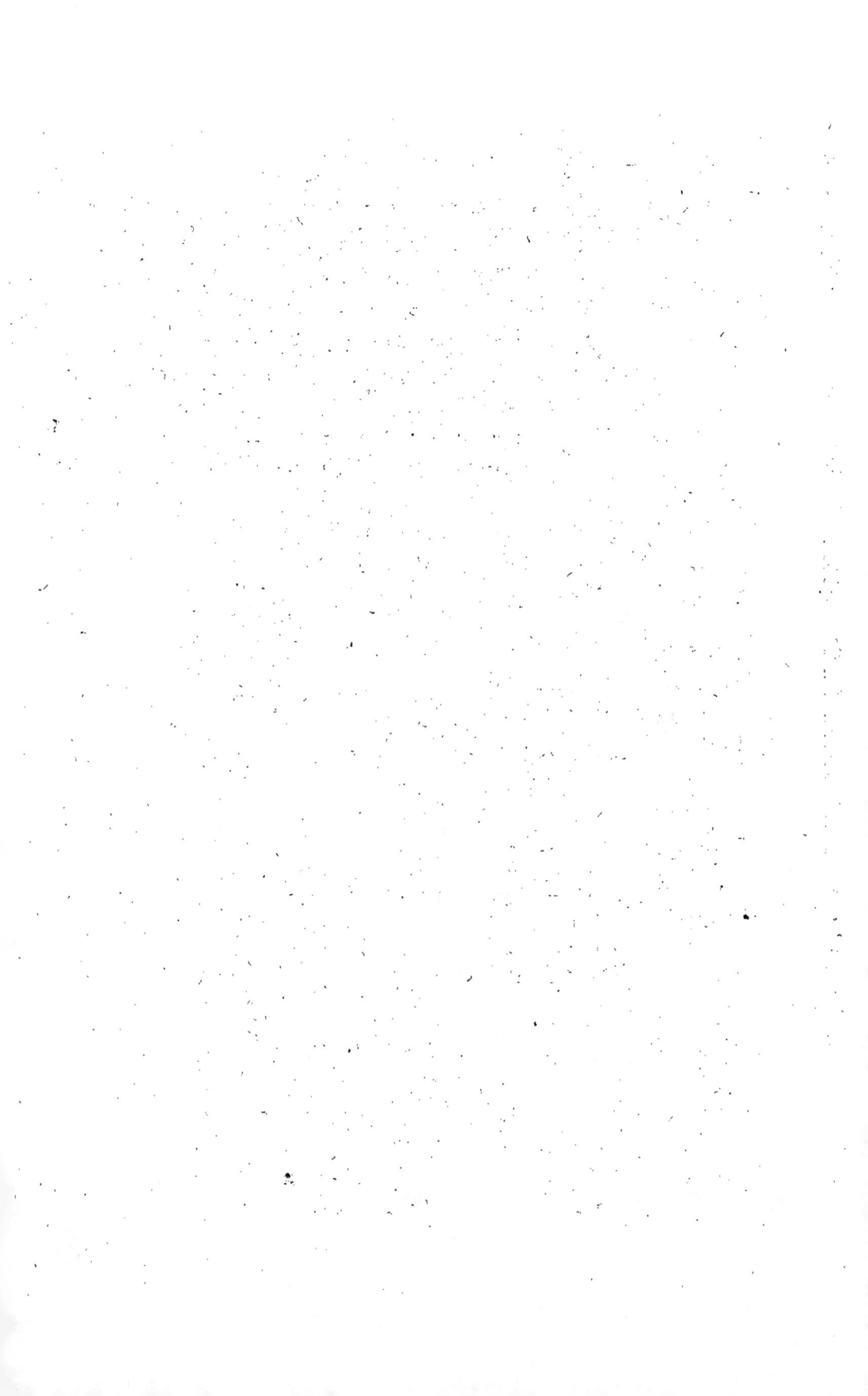

EXTRAIT

PACTE DE FAMILLE.

Le préambule expose les motifs et l'objet qui ont déterminé les deux souverains à conclure ce traité. Ces motifs sont les liens du sang qui les unissent, et les sentiments dont ils sont animés l'un pour l'autre. L'objet est de rendre permanents et indissolubles les devoirs qui sont une suite naturelle de la parenté et de l'amitié, et d'établir à jamais un monument solennel de l'intérêt réciproque qui doit être la base des désirs des deux monarques, et de la prospérité de leurs familles royales.

C'est donc ici un pacte entre des parents, et non un traité d'union entre deux peuples. L'assemblée nationale a donc le droit d'examiner s'il est utile de transformer cette convention de parents en traité fédératif entre les deux nations.

Le traité du pacte de famille contient vingt-huit articles.

Par l'article Ier, les deux rois sont convenus qu'ils regarderont, à l'avenir, comme leur ennemie, toute puissance qui le deviendra de l'un ou de l'autre des souverains contractants.

Le pacte, d'après cet article, est une véritable fédération; or, toute fédération raisonnable renferme la condition de ne traiter qu'en commun avec les puissances étrangères : elle suppose l'existence d'un congrès.

Leurs Majestés, par l'article II, se garantissent réciproquement tous leurs États, dans quelque partie du monde qu'ils soient situés; mais il est expressément stipulé que cette garantie n'a pour objet que les possessions respectives, suivant l'état où elles se trouveront au premier moment où les deux couronnes seront en paix avec toutes les autres puissances.

La France, d'après cet article, ne garantit que les possessions; or, la côte où les Anglais se sont établis est-elle une possession espagnole? N'appartient-elle pas aux naturels du pays? L'assemblée nationale n'est-elle pas en droit, suivant la lettre du traité, d'examiner cette question avant de décider si elle est dans le cas de la garantie?

La même garantie est accordée, dans l'article III, par les deux monarques, au roi des Deux-Siciles et au sérénissime infant duc de Parme, sous la condition que ces deux princes garantiront aussi les États de Leurs Majestés Très-Chrétienne et Catholique.

L'article IV porte que, quoique cette garantie inviolable et mutuelle doive être soutenue de toute la puissance des deux rois, Leurs Majestés ont jugé à propos de fixer les premiers secours à fournir de part et d'autre.

Les articles V, VI et VII déterminent la qualité et la garantie de ces premiers secours que la puissance requise s'engage à fournir à la puissance requérante. Ces secours consistent en vaisseaux et frégates de guerre, et en troupes de terre, tant d'infanterie que de cavalerie. Le nombre en est déterminé, ainsi que le lieu de l'emplacement et le temps de fournir lesdits secours.

Par l'article VIII, les guerres que le roi très-chrétien aurait à soutenir, en conséquence des engagements des traités de Westphalie, ou d'autres alliances avec les princes et États d'Allemagne et du Nord, sont exceptées des cas où le roi catholique devra fournir des secours à Sa Majesté Très-Chrétienne, à moins que quelque puissance maritime ne prenne part à ces guerres, ou que la France ne soit attaquée par terre dans son propre pays.

Cet article est une exception au traité fédératif, et il ne renferme aucune réciprocité : on pourrait dire que le commerce exclusif des peaux des bêtes tuées en Californie, est aussi indifférent à la France que le traité de Westphalie peut l'être à l'Espagne.

Il a été convenu, par l'article IX, que la puissance requérante pourra envoyer un ou plusieurs commissaires, pour s'assurer que la puissance requise a rassemblé, dans le temps fixé, les secours qui ont été stipulés.

Les articles X et XI portent que la puissance re-

quise ne pourra faire qu'une seule et unique représentation sur l'usage des secours qu'elle fournira à
la puissance requérante; ce qui, cependant, ne doit
s'entendre que pour les cas où une entreprise serait
d'une exécution immédiate, et non pour les cas ordinaires, où la puissance qui doit fournir le secours
est seulement obligée à le tenir prêt dans les endroits
de sa domination qui seront indiqués par la puissance requérante.

Dans ces articles, la fédération reprend toute sa force, et il en
résulte l'impossibilité absolue, pour une nation libre, de conserver le pacte de famille. La nation française ne peut s'engager à faire la guerre toutes les fois que le roi d'Espagne le voudra. La convention de faire la guerre ensemble suppose le
droit de décider ensemble si la guerre doit être faite. Quand
bien même on ne reconnaîtrait pas ce principe, qui paraît évident, le défaut d'égalité suffirait pour annuler le traité. La
France libre ne peut plus faire la guerre que pour les intérêts
du peuple français. La guerre dépend encore en Espagne de
la seule volonté du roi.

Il a été stipulé, par les articles XII et XIII, que
la demande du secours suffira pour constater, d'une
part, le besoin de le recevoir, et, de l'autre, l'obligation de le donner. Ainsi, on ne pourra, sous
aucun prétexte, en éluder la prestation; et, sans entrer
dans aucune discussion, le nombre stipulé de vaisseaux et de troupes à fournir sera regardé, trois
mois après la réquisition, comme appartenant en
propriété à la puissance requérante.

Par les articles XIV et XV, on est convenu que
lesdits vaisseaux et troupes seront à la charge de la

puissance à qui ils seront envoyés ; et la puissance qui les aura fournis tiendra prêts d'autres vaisseaux , pour remplacer ceux que la guerre aurait fait perdre, ainsi que les recrues et réparations nécessaires pour les troupes de terre.

L'article XVI porte que les secours ci-dessus stipulés seront regardés comme ce que l'un des deux monarques pourra faire de moins pour l'autre ; mais comme leur intention est que la guerre se déclarant pour ou contre l'un des deux , doit devenir personnelle à l'autre, ils sont convenus que dès qu'ils se trouveront tous deux en guerre contre le même ou les mêmes ennemis, Leurs Majestés la feraient conjointement, en y employant toutes leurs forces ; et qu'alors elles feront entre elles des conventions particulières relatives aux circonstances, et détermineront leurs efforts respectifs et réciproques, ainsi que leurs plans et opérations politiques et militaires , lesquels seront exécutés d'un commun et parfait accord.

Les articles XVII et XVIII contiennent l'engagement formel et réciproque de n'écouter, ni de faire aucune proposition de paix avec les ennemis communs, que d'un consentement mutuel, et de regarder, soit en guerre, soit en paix, comme ses intérêts propres, ceux de la couronne alliée ; de compenser les pertes et les avantages respectifs, et d'agir comme si les deux monarchies ne formaient qu'une seule et même puissance.

Par les articles XIX et XX, le roi d'Espagne stipule, pour le roi des Deux-Siciles, les engagements du

traité, et promet de les faire ratifier par ce prince;
bien entendu que la proportion des secours à fournir
par Sa Majesté Sicilienne sera déterminée suivant
l'étendue de sa puissance. Les trois monarques s'en-
gagent à soutenir en tout, et toujours, la dignité et
les droits de leur maison, et de tous les princes
issus du même sang.

Les articles XIX et XX ne peuvent subsister; la France ne peut
s'engager à faire la guerre pour la défense de tous les droits
présents et futurs de tous les descendants mâles de saint
Louis. Une nation ne peut s'engager à faire la guerre pour
soutenir la dignité d'un particulier. Observons que, suivant
cet article du traité, la nation française serait obligée de se
faire la guerre à elle-même, pour avoir supprimé le *monsei-
gneur* des princes.

Il a été convenu, par les articles XXI et XXII,
qu'aucune autre puissance que celles qui sont de
l'auguste maison de Bourbon, ne pourra être in-
vitée ni admise à accéder au présent traité. Leurs
États et sujets respectifs participeront à la liaison
et aux avantages établis entre les souverains, et ne
pourront rien faire ou entreprendre de contraire à
leur parfaite correspondance.

Ces articles, annulés par le traité de Paris, sont les seuls où les
peuples eussent été appelés à profiter des avantages d'une fédération, les seuls qui eussent pu justifier le pacte de famille.

Par l'article XXIII, le droit d'aubaine est aboli
en faveur des sujets de Leurs Majestés Catholique et
Sicilienne, qui jouiront en France des mêmes préro-

gatives que les nationaux. Les Français seront également traités, en Espagne et dans les Deux-Siciles, comme les sujets naturels de ces monarchies. Il a été dérogé à cet article par le traité de paix de Paris.

Par l'article XXIV, les sujets des trois souverains jouiront, dans les États respectifs en Europe, par rapport à la navigation et au commerce, des mêmes priviléges et exemptions que les nationaux.

Par les articles de la paix de Paris, il a été également dérogé à cette convention.

L'article XXV porte qu'on préviendra les puissances avec lesquelles les trois souverains contractants auraient déjà fait ou feraient, dans la suite, des traités de commerce, que le traitement des Français en Espagne et dans les Deux-Siciles, et des Siciliens en France et en Espagne, ne doit point être cité, ni servir d'exemple : Leurs Majestés Très-Chrétienne, Catholique et Sicilienne ne voulant faire participer aucune autre nation aux avantages de leurs sujets respectifs.

La paix de Paris a pareillement annulé cet article.

Il a été stipulé, par l'article XXVI, que les parties contractantes se confieront réciproquement leurs alliances et négociations, surtout lorsqu'elles auront quelque rapport à leurs intérêts communs; et Leurs Majestés, dans toutes les cours de l'Europe, vivront dans l'intelligence la plus parfaite, et avec la plus entière confiance.

L'article XXVII ne renferme qu'une stipulation sur le cérémonial que les ministres de France et d'Espagne devront observer entre eux, par rapport à la préséance dans les cours étrangères où ils résideront.

L'article XXVIII contient la promesse de ratifier le traité.

Tel est, en substance, le traité dont il s'agit. On n'y a ajouté aucun article séparé ou secret.

Si la nation française doit se regarder comme liée par les traités faits au nom de ses rois, ainsi qu'elle s'est crue obligée à reconnaître les dettes contractées par eux, cette obligation ne peut s'étendre jusqu'au pacte de famille, puisqu'il suppose une réciprocité qui ne peut plus exister; qu'il renferme des engagements qui jamais n'ont pu être légitimes, et qu'il rend la sûreté même de la nation dépendante de la volonté arbitraire d'un seul homme. Elle a le droit de l'annuler, comme elle a eu le droit de se rendre libre. De pareils traités entre les rois sont de véritables *conspirations contre les peuples.*

Nota. L'assemblée nationale est peut-être à la veille de prendre un parti sur le pacte de famille, et elle ne le connaît pas encore. Il y a lieu de penser que sa première démarche sera d'en ordonner l'impression et la distribution à tous ses membres. Ceux qui ne sont pas tout à fait étrangers aux matières de commerce et de politique, désirent que la nation française s'occupe sérieusement à faire un véritable traité d'alliance et de commerce avec le gouvernement espagnol; mais les bases de ce traité, son véritable objet, les obligations réciproques, méritent d'être discutés d'après les principes d'une constitution libre, et toute vouée à l'intérêt national. On consultera, avant tout, la position momentanée de la France, et l'on ne se permettra pas d'en opérer le bouleversement général par de fausses considérations de diplomatie. On s'apercevra, sans doute, qu'un roi des Français doit avoir toute l'influence qu'il plaît à la nation de lui donner, et qu'il ne doit pas chercher à se procurer une influence anticonstitutionnelle, sous prétexte d'un prétendu intérêt de famille. Car la France doit

être libre, tout comme si les princes régnants à Madrid, à
Naples et à Parme n'étaient point de la famille des Bourbons ou
des Capets. Enfin, après avoir décidé du droit en cette matière,
on réfléchira peut-être que si on laisse sortir de Brest les 14
vaisseaux dont on a permis l'armement, il n'est plus possible d'é-
viter la guerre la plus ruineuse, la plus anticonstitutionnelle et
la plus désastreuse à tous égards.

SUR LE CHOIX

DES MINISTRES.

1790.

SUR LE CHOIX
DES MINISTRES.

Dans une constitution libre, on ne peut entendre par monarchie, que la réunion du pouvoir exécutif national entre les mains d'un chef unique et inviolable.

J'entends par pouvoir exécutif national, celui qui s'exerce sur la nation entière, et qui n'est point borné à une portion déterminée du territoire.

J'ai préféré ce mot à celui de *suprême*, qui, pour un ami de la liberté, ne peut avoir d'autre sens.

Plusieurs parties du pouvoir exécutif peuvent être exercées, dans chaque division du territoire, d'une manière indépendante ; et dès lors on doit les déléguer à des hommes choisis dans chaque province, sans que, pour cela, le gouvernement cesse d'être monarchique, si c'est toujours à un seul chef qu'est confiée la partie de ce pouvoir qui, par sa nature, doit s'étendre sur tout l'État (1).

(1) J'ai prouvé, dans un autre ouvrage, que l'administration du trésor public devait être absolument séparée du pouvoir exécutif, à qui, pour maintenir l'unité, il suffisait d'en donner une con-

Un chef unique, non inviolable, ne serait qu'un premier magistrat; et c'est l'inviolabilité qui distingue particulièrement le monarque.

Mais l'existence d'un chef inviolable, et dès lors non responsable, serait incompatible avec la liberté, s'il pouvait, à son gré, violer la loi, ou seulement ne pas l'exécuter.

On a donc établi qu'il ne pourrait agir seul, qu'il serait obligé d'employer des agents qui seraient poursuivis comme prévaricateurs, s'ils violaient les lois; comme responsables, s'ils les exécutaient mal; et la preuve même littérale qu'ils n'ont fait qu'obéir au monarque, ne peut les disculper.

Dans une constitution libre et monarchique, le pouvoir exécutif est donc réellement partagé entre deux êtres différents qui exercent l'un sur l'autre une sorte de *veto*. Le monarque ne peut agir si un ministre ne consent à répondre sur sa tête, que cette action n'est pas contraire à la loi. Le ministre ne peut agir qu'en vertu du consentement du monarque.

Mais, comme il est de l'essence du pouvoir exécutif, que son action ne soit pas suspendue, et que la responsabilité nécessaire du ministre suppose la liberté absolue de ne pas concourir à une action qu'il désapprouve, il a fallu laisser au monarque le droit de renvoyer ses ministres et de les remplacer.

La monarchie doit être héréditaire, parce que l'élection d'un monarque peut entraîner des troubles,

naissance entière et comme dictée. Voyez l'ouvrage intitulé : *Sur la constitution du pouvoir chargé d'administrer le trésor national.*

que la possibilité de parvenir au trône répand dans le corps de la nation un caractère d'intrigue et d'ambition, toujours dangereux pour la liberté et l'autorité des lois. D'ailleurs, l'élection conduit aussi à de mauvais choix. L'ambitieux qu'on aurait choisi, joindrait au pouvoir de sa place celui de son parti, et il vaut mieux accorder moins de pouvoir à un chef héréditaire, que d'être conduit à l'hérédité par l'abus qu'un chef électif ferait bientôt de son pouvoir. Un monarque électif, un sénat héréditaire seraient deux institutions également vicieuses.

Tel est le mode de gouvernement qui, sous le nom de monarchie, s'est établi dans plusieurs États, non d'après des méditations philosophiques sur la nature des pouvoirs, l'ordre des sociétés et l'intérêt des peuples, mais en vertu d'anciennes habitudes et en obéissant aux circonstances; et alors, on a pu dire: *Si tout n'est pas bien*, du moins *tout est passable.*

Prétendre que cette forme est incompatible avec la liberté, ou qu'elle est la meilleure pour une grande nation, la seule qui puisse même lui convenir, c'est parler d'après ses préjugés et ses passions, et non d'après sa raison.

Ce serait une absurdité plus grande, que de croire une nation liée parce qu'elle a établi une hérédité perpétuelle, de regarder comme un contrat avec une famille, ce qui n'est que la décision d'un pouvoir constituant, décision qu'un pouvoir semblable peut révoquer. Toutes les lois qui ne renferment pas le terme de leur durée, sont perpétuelles dans ce même

4.

sens; c'est-à-dire, qu'elles doivent subsister jusqu'à
ce qu'elles soient détruites par une autorité légitime,
constitutionnellement établie; et il n'y a de lois
vraiment perpétuelles, que celles qui seraient des
conséquences évidentes du droit naturel.

Puisque, dans une monarchie héréditaire, le hasard seul nomme le chef du pouvoir exécutif, il faut
que la loi constitutionnelle fixe l'organisation et
règle les fonctions du ministère, dont la concurrence
est nécessaire dans tous les actes de ce pouvoir; il
faut que les dispositions de cette loi renferment une
garantie de la liberté, qui suffise même dans le cas
où le monarque réunirait des talents à de mauvaises
intentions. Il faut, enfin, qu'elles rassurent contre
la crainte d'un ministère faible, ignorant ou corrompu, si le hasard place sur le trône un prince
sans esprit et sans caractère.

La responsabilité d'agents arbitrairement choisis
par le monarque suffit-elle pour remplir ces conditions? Non, sans doute; car un prince ennemi de
la liberté trouvera des scélérats ambitieux prêts à
s'exposer à tout pour augmenter leur pouvoir, ou
des scélérats intrigants qui croiront avoir assez
d'adresse pour éluder les lois. Une nation qui n'op-
poserait que la responsabilité aux entreprises des
ministres, serait exposée à payer de plus l'argent
dont ils auraient besoin pour en éluder les dangers.

D'ailleurs, ou la responsabilité deviendrait une
véritable tyrannie, ou elle ne peut être un préservatif contre les erreurs involontaires ou contre la faiblesse. En un mot, c'est un moyen sans lequel les

autres seraient nuls, mais qui seul n'a qu'une puissance faible, incertaine et dangereuse.

Il est donc nécessaire d'en chercher d'autres. Je crois qu'on peut les trouver dans la manière de choisir les ministres, et on y réussira, si l'on parvient à concilier ces trois conditions :

1° Que les ministres puissent convenir au monarque, car il faut que leur volonté s'accorde avec la sienne ;

2° Que les ministres ne puissent être choisis dans un parti contraire à la liberté ;

3° Qu'ils ne puissent changer de parti, ni pour être choisis, ni après l'avoir été.

Pour cela je proposerai la forme suivante : 1° les représentants de la nation à la fin de la convention qui établirait cette forme de constitution, choisiraient comme seules capables de remplir les places du ministère, quatre-vingt-dix personnes ; et ensuite les membres de chaque législature choisiraient, avant de se séparer, un nombre suffisant pour remplacer celles qui n'existeraient plus sur la liste, et trente au delà, jusqu'à ce que le nombre total allât à cent quatre-vingts.

2° L'éligibilité ne serait acquise que pour dix ans. Ainsi, chaque année, ceux qui auront rempli cet espace de temps seront effacés de la liste, mais ils pourraient être immédiatement réélus.

3° Dans le cas où le monarque voudrait remplacer un ou plusieurs de ses ministres, le corps législatif, s'il était présent, pourrait exclure, au scrutin, jusqu'à un cinquième des membres de la liste.

4° Si le remplacement était fait pendant son absence, il aurait droit de procéder, à sa rentrée, à un scrutin d'exclusion où les nouveaux ministres seraient compris; mais elle ne pourrait tomber sur les autres ministres actuellement en place.

5° Toute législature aurait le droit de faire un autre scrutin, lorsqu'elle entrerait en fonction; et, si l'exclusion tombait sur un des ministres actuels, le monarque serait obligé de le remplacer.

6° L'exclusion n'aurait de force que pour une seule nomination au ministère.

On remplirait, par ce moyen, les trois conditions exigées. 1° Le monarque conserve la faculté de renvoyer ses ministres; et son choix est suffisamment étendu pour qu'il ne puisse être réduit à l'impossibilité d'en trouver qui lui conviennent, s'il n'a pas réellement formé de projet contre la liberté. _

En effet, le nombre de sujets qu'il peut nommer sera, dans le cas le plus défavorable, au moins les deux tiers du nombre de ceux qui ont été désignés, c'est-à-dire, de soixante au moins, pendant la première législature; de cent vingt au moins, lorsqu'il serait complet.

Au reste, rien n'empêche de porter ce nombre plus haut, pourvu qu'on s'arrête au point où la qualité d'éligible s'avilirait, et où la difficulté de connaître les sujets inscrits sur la liste rendrait l'exclusion illusoire.

2° Puisque le monarque ne peut choisir que parmi ceux qui ont été désignés par les représentants de la nation, elle n'a pas à craindre qu'ils soient pris dans le parti de ses ennemis.

3° L'exclusion prononcée par la législature à chaque changement de ministère suffit pour rassurer contre ceux qui, afin d'y parvenir, auraient changé de principes ; et celle qui est prononcée au commencement de chaque législature est une précaution contre ceux qui, une fois parvenus aux places, seraient tentés de trahir les intérêts de la liberté.

On a fixé un terme de dix ans à l'éligibilité que confère l'élection de la législature, parce que si l'on fixait un terme trop court, la nécessité de faire en même temps un trop grand nombre de choix remplirait la liste d'hommes sans talents, sans considération personnelle, tandis que les ministres désignés, n'ayant qu'une espérance plus faible de parvenir, en deviendraient d'autant plus intrigants. Si, au contraire, on fixait un terme trop long, la moitié de la liste serait occupée par des hommes qui ne seraient plus au courant ni des affaires, ni des opinions.

On objectera, peut-être, que ce serait au peuple et non à la législature qu'il faudrait confier le choix ; mais dans une grande nation, la généralité des citoyens ne peut élire immédiatement. Il faut que ce droit soit remis à des électeurs, et on n'a que l'alternative ou de le conférer à ceux qui ont été choisis pour faire les lois, ou d'instituer un corps particulier de citoyens nommés, comme les membres de la législature, par les électeurs des diverses divisions de l'empire.

C'est d'après la nature des fonctions et l'intérêt commun, que l'on doit décider à qui il convient de déléguer un pouvoir, et la possibilité de juger de la capacité des concurrents est une des premières conditions qu'on doive exiger des électeurs.

Or, des hommes élus dans les différentes provinces jugeraient mal des qualités nécessaires pour remplir une place du ministère; au lieu qu'après avoir exercé pendant deux ans, dans la capitale, les diverses fonctions attribuées au corps législatif, ils doivent être plus en état de prononcer.

On pourrait craindre une confusion de pouvoirs, en chargeant le corps législatif de choisir les agents d'un autre pouvoir, si ces agents devaient l'exercer sous les mêmes hommes qui les ont élus; mais si l'élection n'a lieu qu'au moment où un autre corps législatif doit remplacer le premier, cette confusion n'existe pas, puisque celui qui élit n'a plus de pouvoir au moment où il fait les élections, et que ses membres, redevenus citoyens privés, ne sont plus que de simples électeurs.

Ceux qui sont déclarés capables du ministère ne doivent pas être inéligibles pour la législature; le droit d'exclusion qui est donné au corps législatif rend cette mesure sans danger. Si on adopte la méthode proposée, on peut également, ou rendre les places de ministres compatibles, ou, ce que je crois bien préférable, incompatibles avec celles de membre de la législature; car, dans l'une et l'autre hypothèse, cette manière de les nommer entraîne moins d'inconvénients que n'en aurait la nomination exclusive réservée au monarque.

Préfère-t-on l'incompatibilité? Des hommes choisis par un corps législatif, et contre lesquels celui qui existe n'a pas exercé son droit d'exclusion, lui sont moins étrangers, et peuvent y obtenir plus aisément la confiance qui leur est nécessaire pour remplir utilement leurs fonctions.

Veut-on que les ministres puissent être membres des législatures? Si le monarque nommait arbitrairement, il serait presque forcé d'y borner son choix, puisque c'est pour lui le seul moyen de s'assurer de n'en point faire qui soit odieux au parti dominant. Ainsi, il n'est pas réellement libre; la liste de la législature devient une véritable liste d'éligibles. Or, il vaut mieux que l'éligibilité dépende des législatures elles-mêmes, que de dépendre de chaque division de l'État; et le vœu de la pluralité des membres du corps législatif indique plus sûrement l'opinion nationale, que le vœu de la pluralité des électeurs d'une province particulière.

On conserve dans cette forme de nomination les avantages réels de la monarchie, c'est-à-dire, que l'on peut plus aisément et plus sûrement maintenir l'unité dans le pouvoir exécutif; et, ce qui est plus important, dans un grand nombre de circonstances locales, éviter les factions qui partageraient un conseil de chefs indépendants, et l'influence de leurs intérêts particuliers, qui, bien plus que ceux d'un monarque, pourraient être contraires à l'intérêt national, et se déploieraient avec plus d'énergie et de danger que les passions de ministres subordonnés.

Il reste maintenant à considérer la méthode précédente, relativement au droit de refuser les lois qui

peut être conféré au monarque. Cette prérogative
n'est pas essentielle à cette forme de gouvernement,
et, en quelques mains que soit le pouvoir exécutif,
on peut également demander s'il est utile ou dangereux pour le peuple qu'il en soit investi. Mais, sans
entrer dans cette discussion, il est du moins certain que ce droit serait absurde, s'il était autre
chose que celui d'appeler du corps législatif, égaré
ou surpris, au corps législatif instruit et paisible.

Alors, on peut demander s'il doit être un appel
à une législature différente, de manière que la nation, instruite de la discussion, puisse, en choisis-
sant de nouveaux représentants, avoir égard à leur
opinion, et qu'ainsi la discussion soit en quelque
sorte jugée par la nation ; ou bien, s'il faut que cet
appel puisse être porté à la même législature, qui
alors pèserait les motifs d'opposition, et se déciderait
d'après l'opinion publique.

Le dernier parti me paraît préférable. En effet, la
loi qui donne lieu à cet appel est de nature à intéresser vivement la masse des citoyens, ou elle ne l'est
pas. 1° Dans le premier cas, au moment de la réélec-
tion, il suffira, pour se faire nommer, de se montrer
un partisan zélé de l'opinion dominante. On n'élira pas
le plus éclairé, mais celui qui, sur une question
particulière, a fait semblant d'adopter tel ou tel
parti. Si la question n'agite pas la nation, on élira
comme à l'ordinaire, et alors l'objet de cet appel ne
sera pas rempli. Mais il arrivera que les intrigants,
les ambitieux, tâcheront d'exciter du mouvement sur
chaque loi refusée, essayeront de la lier à la cause de la

liberté. N'avons-nous pas vu, il y a quelques mois, une société d'agioteurs déférer comme mauvais citoyens ceux qui osaient entreprendre de dévoiler leurs manœuvres ou d'en contrarier le succès? Ainsi, d'un côté, le droit négatif ne servirait qu'à entretenir dans la nation une turbulence nuisible à sa prospérité. De l'autre, le pouvoir exécutif emploierait les mêmes moyens pour s'opposer aux réformes utiles, et pour s'emparer de beaucoup d'élections, à l'aide d'un parti intéressé aux abus, comme en Angleterre dans la question du bill pour la compagnie des Indes.

2° Il vaut mieux soumettre la législature à l'influence de l'opinion publique qu'à celle de la nation, lorsqu'on ne donne au vœu des citoyens qu'une action indirecte, lorsqu'il ne s'exprime point directement, et sous une forme régulière, parce qu'alors, ce qu'on appelle improprement le vœu de la nation, n'est dans le fait que le cri de la multitude égarée par les hommes intéressés à la séduire.

3° Il est fort inutile que la nation prononce toutes les fois que le pouvoir exécutif n'est pas d'accord avec le pouvoir législatif; car il en peut résulter qu'une bonne loi sera retardée malgré l'unanimité du corps législatif, se décidant après la délibération la plus mûre. Pourquoi d'ailleurs cette circonstance nécessiterait-elle un appel à la nation? Pourquoi supposer que les lois auxquelles le ministère s'oppose sont précisément celles qui mettent la liberté en danger? Ce qui est vraiment utile, c'est qu'une loi ne passe pas sans un mûr examen, non plus que la loi contraire ; et on atteindra bien mieux ce but , en établissant une lutte d'opinions entre le corps législatif et le conseil du monarque, qu'en retardant la décision pendant quelques années.

Mais, dans les deux cas, le moyen proposé pour choisir les agents du pouvoir exécutif remédie aux inconvénients du droit négatif accordé au conseil du monarque, puisqu'il en résulte l'impossibilité d'une autre division que celle d'opinion entre ce conseil et le corps législatif. En effet, l'exclusion que celui-ci peut donner à une partie des éligibles éloigne toute division de parti et même de principes. Ainsi cette forme conserve ce qui est utile, ce qui peut prévenir les erreurs des législatures, et elle écarte ce qui est nuisible.

Il est sans doute superflu de prouver que l'opposition de deux partis n'est jamais pour la liberté qu'une barrière illusoire, et que l'accord, et non la lutte des pouvoirs politiques, est le but d'une constitution raisonnable. Il n'est pas moins vrai que la conformité de principes entre le corps législatif et le conseil du monarque est nécessaire à la prospérité publique. Mais une constitution où il faut que cette conformité s'étende jusqu'aux opinions, où, si les ministres ne dominent pas le corps législatif, de manière qu'ils y aient la pluralité pour toutes leurs propositions, le monarque est forcé d'en choisir d'autres à qui cette pluralité soit assurée, une telle constitution serait livrée à l'intrigue, au choc de toutes les passions privées, de tous les intérêts personnels. Aussi, proposer de faire concourir la légis-

lature dans le choix des ministres, ce n'est pas dépouiller le monarque, c'est assurer son droit, ou
plutôt, c'est lui en donner un réel, au lieu du droit
purement imaginaire dont il jouirait si son choix
paraissait libre; c'est diminuer l'influence réelle de la
législature sur la nomination des ministres; c'est substituer une influence légale et utile à une influence illi-
mitée et corruptrice. En général, toutes les fois que,
par la nature même des choses, un pouvoir doit influer sur un autre, il faut que la loi règle son influence,
ou la constitution reste abandonnée au hasard; et
comme on doit donner aux citoyens un moyen légal
de changer une constitution qui leur déplaît, parce
qu'autrement ils la changeraient par une insurrection, il faut donner aux législatures un moyen légal
et direct d'écarter les ministres qui leur sont odieux,
parce qu'elles en trouveraient aisément d'autres aux
dépens de l'esprit public.

En Angleterre, cet esprit n'est-il pas dégradé et
avili, au point qu'il n'y existe plus de différence sérieuse dans les opinions des hommes publics; qu'il
serait ridicule pour eux d'avoir un système de législation, d'administration ou de politique; que la
seule affaire importante est de s'attacher au parti de
tels ou tels individus, pour prendre part au pillage
du trésor quand ils sont ministres, et jouer le patriotisme quand ils ne le sont plus?

Mais jusqu'ici les ministres, comme ministres,
n'ont point une pluralité assurée; ils se gardent
même de l'avoir; car alors elle serait au roi, et non
pas à eux; ils ont une majorité composée de mem-

bres qui appartiennent au ministère, et d'un parti
attaché à leur fortune.

C'est donc entre deux factions vraiment personnelles que la législature anglaise est partagée ; l'avantage est pour celle à qui le troupeau docile des serviteurs de la couronne voue son obéissance, et
elle le perd quand elle devient assez faible pour
qu'il croie trouver plus de profit à suivre le parti
contraire.

Quelle est l'origine de ce système corrompu, établi
par Walpole, et perfectionné par ses successeurs ?

La chambre des communes ne peut faire renvoyer les ministres qui lui sont suspects qu'en leur
faisant leur procès, ou en réduisant le gouvernement à l'impossibilité d'agir ; par conséquent, les
ministres, ne pouvant ni gouverner, ni être en sûreté, pour peu qu'ils déplaisent à la majorité de la
chambre des communes, ont été obligés de la corrompre pour la gouverner. Si, au contraire, le choix
du monarque eût été dirigé de manière que le ministère ne pût jamais être longtemps en opposition
de parti avec la majorité, alors les ministres auraient
pu, sans danger, agir indépendamment d'elle, et
soutenir des opinions contraires à la sienne ; ils n'auraient pas eu le même intérêt de la séduire. Comme
la chambre des communes ne peut forcer au renvoi
des ministres que par des moyens violents, ils craignent qu'elle ne soit tentée de les employer ; con-
traints dès lors de céder au premier mécontentement,
la corruption s'est offerte à eux comme le moyen
de conserver leur place ; et la corruption une fois

établie, en a rendu l'usage habituel et nécessaire.

Craindra-t-on les intrigues de ces ministres désignés? Non, sans doute, car cette désignation n'aura d'autre effet que de circonscrire ces intrigues et de les rendre plus difficiles, en fixant les regards du public sur ceux qui peuvent être tentés de s'y livrer. Sans doute, cette forme serait mauvaise, si on n'établissait pas un mode d'élection qui, propre à indiquer le véritable vœu des électeurs, fût combiné avec soin sur ce nombre de votants, sur celui des choix à former, sur le véritable objet d'élection. Jusqu'ici, les méthodes d'élire ont été copiées d'après la forme évidemment absurde, imaginée par les ministres lors de la convocation des *États-généraux*, ou choisis au hasard entre des formes bonnes en elles-mêmes, mais qu'une application faite sans examen a rendues illusoires. Ce n'est donc point d'après le résultat des élections faites jusqu'ici qu'on doit juger de la bonté des choix qu'on peut espérer d'une élection faite par la législature, et surtout d'une élection solennelle, par laquelle elle terminerait ses fonctions (1).

(1) On pourrait suivre la méthode suivante. J'observerai qu'elle n'est bonne que pour une présentation, et non pour une nomination; pour former une liste d'éligibles, et non pour élire; et qu'elle suppose que le nombre des électeurs est très-grand, et celui des places pour lesquelles il s'agit de désigner, très-petit.

1° Chaque votant écrirait sur une liste autant de noms qu'il y a de places auxquelles cette présentation donne un droit exclusif; huit, par exemple, s'il y a huit places de ministres; six, s'il y

Enfin, si cette concurrence de la législature n'est qu'utile dans une constitution libre et monarchique, déjà consacrée par le temps, elle devient presque nécessaire au moment où cette constitution remplace une monarchie absolue; elle détruit cette défiance qui, autrement, s'élèverait sans cesse contre les ministres, empêcherait de donner au gouvernement l'activité nécessaire, et ferait naître bientôt la tyrannie des factions; elle ôte tout prétexte à ces projets insensés et coupables de régence, de protec-

en a six. Les personnes écrites sur cette liste seront seules susceptibles d'un second scrutin.

2° On dresserait une liste imprimée de ces noms, auxquels on attacherait des numéros. Les listes seraient distribuées aux électeurs, qui y marqueraient un nombre de noms égal à celui qui est nécessaire pour compléter la liste des éligibles; mais ce nombre ne pourrait, dans aucun cas, être plus de quatre fois celui des places que les éligibles peuvent seuls remplir : trente-deux, par exemple, s'il y a huit ministres; vingt-quatre s'il y en a six.

3° Si le nombre des noms à placer sur la liste des éligibles est plus que quatre fois celui des places, on fera successivement, sous la même forme, deux ou trois élections. Mais le premier scrutin sera commun pour toutes.

Ainsi, par exemple, s'il faut soixante noms, et qu'il y ait huit places de ministres, on fera deux élections, dont chacune donnerait trente noms; s'il faut soixante noms, et qu'il y ait six places de ministres, on fera trois élections, chacune pour vingt noms.

Quant aux exclusions, chacun indiquerait de même, sur des listes numérotées, le nom de ceux qu'il rejette, jusqu'à la concurrence du cinquième des noms qui sont portés sur la liste; et ceux qui auraient contre eux plus de la moitié des voix seraient exclus.

torat, de lieutenance générale, qui, dans presque toutes les révolutions, ont été l'écueil de la liberté. Le patriotisme, dans un pays libre, ne consiste pas à crier contre l'autorité des ministres, car ils n'ont que celle qui leur est confiée par la loi, mais à examiner si la loi ne lui a pas donné trop d'étendue; il ne consiste point à s'élever contre leurs opinions ou leurs personnes, mais à observer leur conduite et à juger leurs actions. Ceux qui, au contraire, portent l'activité de leur zèle, non sur les choses, mais sur les places ou sur les individus, sont de véritables ennemis du peuple, qui cherchent à le séduire et à profiter de son ignorance; des ambitieux qui cachent des vues personnelles sous le voile d'une hypocrisie politique; et on doit regarder comme salutaire tout moyen qui ôtera des forces à cette classe nombreuse d'hommes sans talents, sans lumières, d'une réputation incertaine ou honteuse, qui ne peuvent exister que dans le désordre et par le désordre; et, cherchant à obtenir, par leurs discours, la popularité qu'ils ne peuvent mériter par des services et par des vertus, sont précisément, dans les pays libres, ce que les intrigants et les valets à généalogie sont dans les cours corrompues.

Nous touchons au moment où l'Assemblée nationale, en organisant les pouvoirs qu'elle a créés, va décider si la corruption doit ou ne doit pas être un des ressorts de la constitution française; c'est-à-dire, si nous flotterons des siècles entiers, peut-être, au gré des sophistes, des intrigants, des hypocrites qui se disputeront le pouvoir, ou si nous resterons li-

X.   5

bres, si nous avons substitué l'aristocratie des factions à celle des prérogatives héréditaires, ou si nous
avons rétabli les droits de l'égalité naturelle ; en un
mot, si nous sommes destinés à nous agiter sous
l'empire du machiavélisme, ou à vivre sous celui de
la raison et de la vérité.

A MONSIEUR ***,

SUR LA SOCIÉTÉ DE 1789.

1790.

A MONSIEUR ***,

SUR LA SOCIÉTÉ DE 1789.

Vous désirez, Monsieur, connaître l'origine et l'esprit de cette Société de 1789, à laquelle votre estime, pour quelques-uns de ses membres, vous fait prendre un intérêt dont elle s'honore.

Vous voulez savoir par quelle fatalité dans ces écrits, dont le style et les principes annoncent si bien à quelle classe de lecteurs la corruption ou la malignité les destinent, on accuse d'être ennemie de la liberté, une société où se réunissent ceux qui en ont été les apôtres les plus zélés, les plus fermes, les plus éclairés, dans ces temps où elle avait parmi nous si peu d'adorateurs. Vous ne les soupçonnez pas d'avoir changé : vous croyez à la raison et à la vertu. Je vais satisfaire à vos questions.

Dès le mois d'octobre 1789, quelques citoyens, dont la plupart n'avaient pas attendu l'annonce des États généraux pour méditer sur les principes des sciences politiques, formèrent une société dans laquelle ils devaient s'occuper des moyens de rétablir l'ordre, de conserver la paix, et de donner aux lois françaises toute la perfection à laquelle les progrès de l'art social permettaient d'atteindre; car il y a

pour chaque degré de civilisation une perfection
réelle, comme pour chaque degré de lumières une
perfection idéale, dont nous sommes destinés par
la nature à nous rapprocher sans cesse, sans pouvoir jamais l'atteindre.

On vit bientôt que, dans un moment où la nécessité des affaires ne laissait à personne la libre disposition de son temps, une association peu nombreuse ne pouvait avoir d'activité; et on résolut de
former, sur un plan plus vaste, une grande société
dont l'objet serait d'approfondir, de développer, de
répandre les principes d'une constitution libre, et
plus généralement de chercher les moyens de perfectionner l'art social considéré dans toute son
étendue.

Cette nouvelle association a pris le nom de *Société
de 1789.*

Vous savez qu'il existe deux manières de traiter
les objets politiques. L'une consiste à suivre le cours
des événements; à prendre, sur chaque question qui
se présente, le parti qui paraît le plus expédient, et
à chercher ensuite quels principes on doit avoir l'air
d'adopter, pour soutenir ce parti auquel on s'est décidé d'avance. On ne s'attache pas à une opinion
parce qu'on la croit vraie, mais parce qu'elle favorise
le succès des projets qu'on a formés; on ne s'ap-
plique point à prouver des vérités, et moins encore
à en découvrir de nouvelles, mais à frapper les esprits, à les rallier autour de soi; et bien loin de
perdre son temps à détromper les hommes, à les
éclairer, on observe la pente de leurs opinions et on

l'accélère; on se revêt de leurs préjugés pour les conduire plus sûrement où on veut les mener.

L'autre méthode est bien différente. C'est dans la nature éternelle de l'homme et des choses, que ceux qui suivent cette méthode cherchent des principes inaltérables et universels. S'ils s'arrêtent à discuter les questions que les événements font naître, c'est toujours pour en ramener la discussion à ces principes généraux. Ils voient l'avenir dans le présent, et, dans chaque loi particulière, considèrent le système entier de l'ordre social. Ils regardent les préjugés comme des ennemis qu'il faut détruire, et non comme des instruments dont il est bon de se réserver l'usage. Ils recherchent ce qui est vrai, ce qui est juste, et sont sûrs d'avoir trouvé ce qui est utile.

Cette méthode est la vôtre, Monsieur, et c'est celle que la Société de 1789 a voulu adopter. Nous avons regardé l'art social comme une véritable science, fondée, comme toutes les autres, sur des faits, sur des expériences, sur des raisonnements et sur des calculs; susceptible, comme toutes les autres, d'un progrès et d'un développement indéfini, et devenant plus utile à mesure que les véritables principes s'en répandent davantage; et nous avons jugé qu'il était bon qu'une société d'hommes, libres dans leurs opinions, indépendants dans leur conduite, s'occupassent d'accélérer les progrès de cette science, d'en hâter les développements, d'en répandre les vérités.

Il existe donc une différence essentielle entre la Société de 1789, et celles que des citoyens pourraient former dans l'intention de réunir leurs forces pour le succès d'une réforme dans la constitution et dans la législation de leur pays.

De telles sociétés sont utiles sans doute, mais elles ne sont pas les seules utiles.

Il est nécessaire qu'une société comme la nôtre reste isolée, pour conserver une indépendance entière; ce qui n'exclut point une correspondance, une fraternité, comme celles qui existent entre les sociétés savantes de l'Europe. Elle s'envoient réciproquement leurs ouvrages; les académiciens qui voyagent sont admis aux séances des sociétés étrangères; elles se consultent réciproquement, et il leur arrive même quelquefois de se concerter pour des travaux importants.

Mais une association plus intime entre des sociétés occupées d'objets politiques dans le même pays, ne pourrait être que dangereuse; surtout si l'une d'elles affectait sur les autres une sorte de supériorité : ce serait créer une nation dans la nation; substituer l'esprit de secte à celui d'analyse et de recherches; établir une véritable aristocratie. Car l'aristocratie, du moins celle qui n'est pas établie par les lois, est-elle autre chose que l'existence d'un corps particulier qui, plus uni que le reste des citoyens, parce qu'il est bien moins nombreux, oppose avec avantage sa force à leurs forces isolées, et par là dispose plus ou moins exclusivement des lois, des places, des réputations? Elles deviendraient dans le corps politique ce que les jésuites étaient dans l'Église romaine, et bientôt elles accuseraient N.....

d'être ennemi de la liberté, comme les jésuites accusaient Arnauld d'être ennemi de la foi.

Une société plus philosophique encore que politique, doit surtout professer une tolérance qui peut blesser les esprits inquiets et violents.

Consacrée à la défense des principes d'une constitution libre, et à la perfection de l'art social, sans doute elle doit proscrire les opinions évidemment incompatibles avec sa liberté, comme avec l'existence d'une société bien ordonnée. Mais il faut que cette incompatibilité paraisse telle à la généralité des hommes éclairés. Car cette intolérance qui voit des scélérats ou des hommes corrompus, des factieux ou des esclaves, dans ceux qui ne sont pas de notre avis, a toute la folie, tout le danger de l'intolérance religieuse, et n'en a pas l'excuse, celle d'une illumination surnaturelle, qui donne du moins des droits à l'indulgence de la raison.

Si la tolérance est nécessaire dans le sein d'une société, la facilité pour admettre serait funeste. Il faut une forme d'admission, qui puisse répondre de cette convenance dans la manière de penser, sans laquelle toute discussion dégénère en dispute. Cette disconvenance qui empêche les hommes de s'éclairer mutuellement, parce qu'elle les empêche de s'écouter, ne se borne point à une opposition de principes sur les objets ordinaires de la discussion; mais elle s'étend jusqu'à une division prononcée sur d'autres objets, lorsque cette division a les caractères de l'esprit de secte. Supposons qu'en Allemagne les théologiens protestants eussent voulu éta-

blir des conférences dans l'intention de s'éclairer
sur les moyens de réfuter les controversistes de la
religion romaine; ou que les prêtres français eussent eu le dessein de se concerter sur ceux de résoudre les difficultés que les protestants leur opposaient : croit-on que, si les uns avaient réuni dans la
même chambre des luthériens et des sacramentaires,
les autres des jansénistes et des molinistes, ils eussent immolé la haine qui les séparait à l'intérêt de
la défense commune? Et même dans le temps où la
querelle sur les deux musiques agitait si fortement
les esprits, croit-on qu'il eût été possible d'établir
utilement une discussion sur les questions les plus
étrangères à cette dispute, en y admettant des hommes des deux partis?

L'exagération des opinions est un autre danger
dont toute société doit soigneusement se préserver;
il est plus aisé d'exagérer l'opinion d'autrui que
d'en avoir une à soi; et quand, par ce moyen facile,
on peut s'acquérir une réputation de patriotisme et
de courage, beaucoup de gens sont tentés de l'employer. Une société où un certain nombre de membres y auraient recours, ou par goût ou par l'impuissance d'en trouver de meilleurs, au lieu de faire
des progrès dans la route de la raison, finirait au
contraire par s'en écarter à chaque instant.

Dans une société indépendante et libre, tous les
membres doivent être égaux; elle ne doit jamais reconnaître de chefs. Vouloir faire dominer ses opinions personnelles, c'est affecter la tyrannie dans
une république. Les lumières, les talents doivent

sans doute y obtenir ce pouvoir que la nature leur a donné; mais ce pouvoir ne doit s'exercer que par l'usage même des talents et des lumières. C'est surtout contre la médiocrité intrigante que l'on doit avoir recours à l'ostracisme; c'est contre ces hommes qui veulent être chefs de parti, parce qu'ils ne peuvent être chefs d'opinion, et gouverner par adresse ceux à qui ils ne peuvent commander au nom de la raison. Le despotisme du génie est toujours plus doux; et les hommes de cette trempe, s'ils étaient quelques instants sensibles au plaisir de dominer, le sacrifieraient bientôt à celui de produire.

Enfin, une telle société doit conserver le droit de discuter les lois, même lorsqu'elles ont reçu le sceau de la puissance publique, d'en faire sentir les défauts, d'en montrer les inconvénients. Car ce sont les principes d'une constitution libre qu'elle doit développer ou répandre, et non les lois d'une constitution particulière. L'autorité en politique est le premier pas vers l'esclavage; et les hommes qui ne voudraient voir de liberté que dans les opinions adoptées dans la législation qu'ils ont établie, ressembleraient à ces prêtres qui prétendent qu'on ne peut être honnête homme si on ne sacrifie pas dans leur temple.

Tels sont, Monsieur, les principes qui ont dirigé la Société de 1789, dans son institution, dans ses règlements, dans sa conduite.

Elle a cru devoir offrir l'entrée de ses séances aux députés à l'Assemblée nationale, qui, n'étant pas établis à Paris, ne pouvaient appartenir à la Société

comme membres ordinaires. Elle s'est proposé de
discuter de préférence dans ses assemblées, les objets qui devaient l'être dans celle des législateurs.
C'était un moyen de rendre ses travaux d'une utilité
plus présente, plus immédiate. Mais elle s'est bornée
sagement aux questions générales qui tiennent essentiellement à la législation générale : les réclamations particulières ont été soigneusement écartées.

ADRESSE

A

L'ASSEMBLÉE NATIONALE,

SUR LES CONDITIONS D'ÉLIGIBILITÉ.

5 JUIN 1790 (1).

(1) N° 1. *Journal de la Société de* 1789. Ce journal annonce qu'elle a été présentée le 20 avril 1790, au nom de la commune de Paris, et rédigée par Condorcet, un de ses représentants.

ADRESSE

A

L'ASSEMBLÉE NATIONALE,

SUR LES CONDITIONS D'ÉLIGIBILITÉ.

———◦◦◦———

Les restaurateurs de la liberté française, ceux qui les premiers, en Europe, ont entrepris de donner à un grand empire une constitution fondée sur l'égalité naturelle, recevront sans doute avec indulgence de respectueuses réclamations en faveur de ce principe qu'ils ont consacré avec tant de gloire, comme l'unique base de toute bonne institution sociale.

Si nous nous permettons d'élever quelques doutes sur la justice, sur l'utilité de l'un de vos décrets; si même nous osons vous solliciter de le soumettre à un nouvel examen, nous avons la consolation de puiser dans vos propres maximes les motifs sur lesquels ces réclamations sont appuyées; et elles ne seront qu'un nouvel hommage rendu à vos lumières et à votre justice.

Vous avez fait dépendre de l'imposition directe le titre de citoyen actif, et par là vous avez lié les lois de finance aux lois constitutionnelles. Un changement dans les premières pourrait altérer la constitution, ce bienfait précieux que nous tenons de votre sagesse.

Mais vous saurez prendre des précautions pour assurer votre ouvrage : vous ne le rendrez pas dépendant des variations dans la forme et la quotité de l'impôt. La volonté des assemblées chargées de répartir les impositions ne pourra changer, à son gré, l'état des individus, leur accorder ou leur ôter le titre de citoyens. Vous ne laisserez point flotter, au gré des répartiteurs de l'impôt, le droit de ceux qui seuls peuvent l'imposer et en fixer la forme : vous ne souffrirez point qu'une conversion de quelques contributions directes en impôts indirects, puisse changer une constitution libre en aristocratie. Une taxe légère, à laquelle tous les Français seraient également assujettis, à l'exception de ceux qui demanderaient à ne pas être imposés, nous paraît être la seule dont l'on puisse, sans inconvénient, faire dépendre le titre de citoyen actif ; c'est le seul moyen d'affranchir de toute influence arbitraire la première loi de votre constitution.

Autrement, si l'on change la proportion entre les impôts directs sur les terres, et les impôts directs sur les facultés ; si l'on diminue, dans une proportion différente, les impôts et les droits sur les consommations ; si l'on fait différentes conversions, ou des impôts directs en droits, ou des droits en impôts directs, il faut ou accompagner chacun de ces changements d'une loi nouvelle sur le titre de citoyen actif, ou exposer ce titre à de continuelles vicissitudes.

D'ailleurs, dans chaque paroisse, à chaque confection des rôles, ceux qui en seraient chargés pourraient arbitrairement exclure ou admettre un certain nombre de citoyens; souvent les bases trop incertaines de l'impôt empêcheraient de réprimer ces manœuvres, et presque jamais il ne serait possible de les réprimer à temps.

C'est contre la condition d'éligibilité, qui exclut des places municipales ou des assemblées de département, ceux qui ne payent pas une contribution de dix journées de travail, et de l'assemblée nationale, ceux qui n'en payent pas une d'un marc d'argent, et ne jouissent pas d'une propriété, que nous croyons surtout devoir vous offrir des réflexions dictées par le sentiment de l'égalité, par le respect pour la qualité d'homme; et nous vous conjurons de daigner les examiner avec d'autant plus de confiance, que notre vœu est, dans la France entière, celui de la pluralité des citoyens, et surtout le vœu de ceux que la fortune a le moins favorisés, et que vous avez si noblement cherché à consoler de ses rigueurs.

Non-seulement ce décret prive une partie des citoyens du droit égal que tous ont aux places; non-seulement il attaque à la fois deux articles de votre déclaration, de ce boulevard sacré de la liberté que vous avez les premiers élevé en Europe; mais il porte atteinte au droit qu'a chaque citoyen d'être libre dans sa confiance, de choisir, pour défendre les intérêts publics, celui qu'il croit réunir plus de zèle, de probité, de courage et de lumières. De telles restrictions peuvent-elles être justes, si elles ne sont pas néces-

X.   6

saires, si la nécessité n'en est pas fondée sur des raisons évidentes ? Et cependant nous croyons pouvoir
montrer, au contraire, que celles qui ont été adoptées sont superflues, nuisibles même, et qu'ainsi elles
n'ont pas en leur faveur ce motif d'utilité dont on a si
souvent abusé contre les droits les plus naturels et
les plus imprescriptibles.

En effet, quand on conviendrait qu'il est utile
d'écarter des places ceux qui n'ont point une fortune indépendante, de réserver les fonctions publiques pour ceux qu'on est moins tenté de corrompre ,
parce que leur richesse met leur corruption à un trop
haut prix, l'impôt que vous exigez est loin d'atteindre
à ce but. De même, s'il ne faut placer au rang des
citoyens éligibles que les hommes à qui on peut supposer une éducation soignée, l'imposition exigée
est encore beaucoup trop faible. Pour la fixer d'une
manière qui pût remplir réellement l'une ou l'autre
de ces deux intentions, il aurait fallu porter ce terme
beaucoup plus haut. Mais alors l'exclusion eût embrassé la très-grande pluralité de ceux qui, sans avoir
l'avantage d'être riches, ont de la probité, des lumières et de l'éducation : car tel est, sous ce point de
vue, l'inconvénient de cette manière de restreindre
l'éligibilité, qu'elle ne peut atteindre son but sans le
passer, et qu'il est impossible de rendre ces lois efficaces, sans les rendre avilissantes pour le peuple et
dangereuses pour la liberté.

D'ailleurs, toutes les lois de ce genre sont facilement éludées. Tout homme qui a une famille, des amis
ou des protecteurs, ne trouvera-t-il pas aisément les

moyens d'avoir une propriété apparente, de montrer une fortune qui le rende susceptible de l'imposition exigée? Dès lors la loi ne servirait plus qu'à faire contracter aux citoyens l'habitude de se jouer de la vérité dans les actes publics, et de les forcer à se préparer aux fonctions augustes de représentants de la nation par des mensonges juridiques.

Vous avez senti ces inconvénients, Messieurs, et votre décret n'a pu vous être dicté que par la crainte de voir des places importantes confiées à des hommes que le défaut absolu d'éducation rendrait incapables de les remplir; mais nous osons assurer que ce danger n'est pas à redouter. Toutes les fois que le peuple sera libre dans son choix, toutes les fois qu'il ne sera point blessé par des distinctions humiliantes, il saura rendre justice aux lumières et aux talents; il ne confiera point ses intérêts à des hommes incapables de les défendre; il ne croira point, au fond d'une province, qu'un homme sans instruction, uniquement occupé de travaux champêtres, d'un métier, ou d'un commerce de détail, soit propre à balancer, dans l'assemblée de la nation, les intérêts d'un grand peuple, et peut-être ceux de l'Europe; il ne croira pas, dans une grande ville, qu'un artisan honnête, un négociant économe et fidèle à ses engagements, ni même un défenseur fougueux de la liberté, soit plus digne de s'asseoir parmi des législateurs, ou d'exercer des fonctions administratives, qu'un homme distingué par ses lumières, ou célèbre par l'usage utile qu'il a fait de ses talents. L'on aurait peut-être à craindre l'influence de cette facilité de parler, de cette éloquence violente et verbeuse, souvent compagne de l'ignorance, si les élections étaient immédiates, si même les assemblées des électeurs étaient chargées d'autres fonctions publiques. Mais vous avez établi, Messieurs, et que les élections ne seraient pas immédiates, et que les assemblées d'électeurs ne s'occuperaient que d'élire; et ces sages décrets ont rendu inutile la précaution que la crainte des choix, faits en tumulte, vous avait sans doute inspirée. Nous ajouterons à ces motifs une preuve de fait bien frappante, que la vérité peut mettre sous vos yeux, sans craindre de paraître avoir emprunté le langage de la flatterie.

Lors de la convocation de votre assemblée, les députés des communes ont été nommés par des électeurs, mais dans des assemblées où la confection des cahiers pouvait faire naître des partis, et donner à l'éloquence populaire une influence dangereuse. A cette même époque, deux grandes corporations, la noblesse et le clergé, ont été presque partout séparées de la généralité des citoyens. Ces corporations étaient très-peu nombreuses, si on les compare à la totalité des habitants du royaume; mais elles l'étaient beaucoup, si on les compare seulement au nombre des hommes que leur instruction rend réellement éligibles.

Enfin, on n'avait exigé aucune condition pécuniaire. Cependant, Messieurs, ce sont ces mêmes élections qui ont donné au peuple français les créateurs de sa liberté, les restaurateurs de ses droits, qui ont appelé dans l'assemblée des représentants de la nation tant d'hommes distingués par leurs lumières ou par leur éloquence, qui même ont laissé échapper un si petit nombre de ceux que l'opinion publique avait pu désigner. Pourquoi ce même peuple se tromperait-il davantage, lorsque les élections se feront dans des assemblées mieux ordonnées et plus paisibles; lorsque moins. d'intérêts le porteront à la défiance contre les hommes éclairés, mais liés aux classes supérieures; lorsqu'il pourra étendre son choix sur la généralité des citoyens; lorsque son vœu, jusqu'ici livré au hasard, aura pour se guider l'observation de la conduite et des opinions de ceux qui ont exercé des fonctions publiques, soit dans les municipalités provisoires, soit dans l'assemblée nationale elle-même? Non, Messieurs, vous ne devez rien craindre pour les législatures suivantes : affranchies de toutes ces conditions pécuniaires qui semblent dégrader la dignité de l'homme, elles seront encore ce qu'est aujourd'hui votre assemblée : l'élite de la nation.

Des peuples éclairés ont établi des conditions pécuniaires; mais en Angleterre elles sont habituellement éludées, et elles n'y ont jamais empêché la corruption. Dans les États-Unis d'Amérique, elles n'excluent réellement personne, parce qu'il y est très-facile d'acquérir les propriétés exigées par la loi; que les hommes y manquent à la terre, et non la terre aux hommes; et que le désir de se rendre indépendants par l'acquisition d'une possession territoriale, précède, dans ceux qui n'en ont pas encore, celui d'occuper des emplois.

D'ailleurs, ces conditions ont, dans ces États,
moins d'inconvénients qu'elles n'en auraient parmi
nous. Il n'y existe point de ces assemblées intermédiaires d'administration, si utiles pour la liberté et pour le maintien de la paix, et qui sont
le meilleur garant d'une constitution libre. Ainsi
l'inégalité que ces conditions pécuniaires établissent entre les citoyens ne peut être sensible, en Angleterre ou en Amérique, que dans les courts instants
destinés aux élections. Parmi nous, au contraire,
tous les corps municipaux, toutes les assemblées
de district, de département, seraient divisés en deux
classes, l'une des éligibles, l'autre des non-éligibles
pour l'assemblée nationale; et cette distinction les
partagerait bientôt en partis, y détruirait cette égalité
précieuse, cette base si noble de notre heureuse constitution. D'un autre côté, en Angleterre, comme
dans les États-Unis, les électeurs n'ont aucun moyen
de diriger leurs choix d'après la conduite publique
des candidats. Nos assemblées intermédiaires seront
à la fois pour les nôtres, une épreuve et une école.
Ainsi l'existence de ces assemblées rend les conditions pécuniaires et moins utiles et plus dangereuses.

Nous osons croire que la condition exigée pour
les assemblées administratives et municipales n'est
pas plus nécessaire : les mêmes raisons en prouvent
l'inutilité. La séparation établie par vos décrets entre
les assemblées d'élection et les autres assemblées
formées des mêmes individus, détruit presque tous
les inconvénients des élections immédiates; et nous
pourrions encore prouver combien peu on a besoin

de ces précautions, par l'exemple des électeurs de Paris et des deux assemblées qui les ont remplacés, puisque, formées sans que les citoyens actifs aient été assujettis dans leur vœu à aucune restriction, et au milieu des circonstances qui pouvaient en faire paraître l'absence plus dangereuse, la composition de ces assemblées en a montré, sur près de mille choix, l'inutilité absolue.

Le citoyen que la pauvreté de ses parents a privé d'une éducation soignée, à qui la nécessité de s'occuper de sa subsistance et de celle de sa famille, a ôté le loisir nécessaire pour s'instruire, ne demande point à être appelé à des places dont il ne connaîtrait ni ne pourrait exercer les devoirs, mais il demande à n'en pas être légalement exclu; il ne demande pas à obtenir le suffrage de ses concitoyens, mais il demande à être jugé par eux d'après son mérite, et non d'après sa fortune. Il verrait avec douleur la loi ajouter des avantages d'opinion aux avantages réels que donne naturellement la richesse.

Nous pourrions observer encore que ces exclusions frapperaient, d'une manière inégale, les habitants des diverses provinces, jusqu'au moment d'une réforme totale de l'impôt, peut-être encore éloignée, et de l'unité de la législation civile, qui ne peut être aussi que l'ouvrage du temps.

Le rapport de l'impôt direct à l'impôt indirect n'est pas le même en Auvergne ou en Picardie; l'état des fils de famille n'est pas le même dans les pays coutumiers et dans les pays de droit écrit.

D'ailleurs ces conditions lient de toutes parts la constitution à l'administration des finances, à la répartition de l'impôt, et même à la comptabilité. Un décret qui supprimerait un impôt direct, priverait de l'éligibilité des milliers de citoyens. Le directoire d'un département ou d'un district exclurait à son gré, des municipalités, des assemblées de département, ou de l'assemblée nationale, ceux dont une partie des membres de ce directoire craindraient les opinions ou la concurrence. Il serait impossible de trouver des moyens de parer à cette exclusion, sans accorder aux déclarations des contribuables une confiance qui rendrait nul l'effet des exclusions prononcées; et il faut, ou que ces exclusions deviennent illusoires, ou qu'elles restent arbitraires. Pour changer l'état de deux cent mille citoyens, il suffirait de diminuer les appointements civils, ecclésiastiques ou militaires, en supprimant l'opération inutile des retenues.

Enfin, les conditions peuvent devenir un obstacle à la destruction des abus de la finance, qu'il serait impossible de réformer sans altérer l'essence même de la constitution. Par exemple, la suppression ou même une très-grande diminution des impôts directs sur les facultés, dont cependant une répartition proportionnelle et juste est presque impossible, exclurait des assemblées tous ceux qui n'ont pas une propriété foncière de quelques centaines de livres de revenu; la suppression de la taille d'exploitation exclurait les fermiers; enfin, votre décret sur les impositions de Paris exclurait tous ceux qui payent au-dessous de 700 livres de loyer; et, pour éviter ces inconvénients, il faudrait faire une loi constitutionnelle toutes les fois qu'on ferait une opération de finance.

Vous regardez vos décrets comme ne pouvant être révoqués par vous-mêmes ; et, sans doute, tout décret doit être irrévocable, sans quoi toutes les affaires flotteraient dans une incertitude effrayante. Tout décret dont l'exécution est commencée, est encore plus sacré, et un changement deviendrait alors une injustice. Tout principe constitutionnel décrété est irrévocable; car autrement la constitution serait livrée sans cesse aux mouvements des opinions diverses qui pourraient triompher tour à tour; mais cette irrévocabilité doit-elle s'étendre à tous les articles d'un système de constitution, lorsque ces articles, liés entre eux par leur objet, ont été successivement décrétés, lorsque par conséquent chacun d'eux l'a été avant de savoir quel serait sur les autres le vœu de l'assemblée ? En effet, n'est-il pas possible alors qu'un grand nombre de membres aient voté pour un article parce qu'ils le jugeaient utile, dans l'incertitude si un autre serait adopté ; et ces mêmes députés ne peuvent-ils pas ensuite le regarder comme inutile, après l'adoption des articles qui vont au même but d'une manière plus juste ou plus directe ? L'utilité leur avait paru l'emporter sur les inconvénients ; elle cesse : les inconvénients restent seuls; et continuer de voter pour l'article, serait alors changer d'opinion, et non conserver la sienne. L'irrévocabilité suppose nécessairement qu'une assemblée, composée des mêmes personnes , ne puisse adopter un avis contraire au premier, à moins qu'une partie de ses membres ne change d'opinion.

C'est d'après ce principe que dans le droit commun on a fixé les cas dans lesquels on pouvait revenir sur les choses jugées, même suivant une forme regardée comme irrévocable. Or, les articles sur lesquels nous sollicitons un nouvel examen peuvent être placés dans cette classe. Celui qui exige un marc d'argent a été décrété avant celui qui établissait les degrés d'élection pour l'assemblée nationale; il a donc pu paraître nécessaire à ceux qui craignaient que cette élection ne fût immédiate, et il peut leur paraître inutile aujourd'hui. L'article qui a pour objet l'obligation d'une imposition de dix journées de travail pour être membre des municipalités et des assemblées de département, a précédé de même les décrets qui règlent la forme des élections, et qui, par la sagesse de leurs dispositions, peuvent faire regarder ce premier décret comme inutile à ceux même qui, avant de connaître quelles formes seraient établies, l'auraient jugé le plus nécessaire.

L'irrévocabilité d'articles qui forment entre eux un système lié, et que cependant l'on adopte l'un après l'autre, pourrait avoir les inconvénients les plus graves, si elle était regardée comme absolue, parce qu'elle pourrait consacrer jusqu'à de véritables contradictions; et s'il est des décisions qu'on doive excepter de cette irrévocabilité, d'ailleurs si nécessaire, ce sont sans doute celles que des articles subséquents rendent superflues, qui paraissent en opposition avec les articles de la première, de la plus sacrée de toutes les lois, la déclaration des droits de l'homme ; ce sont enfin des décisions contre lesquelles s'élèvent presque universellement les réclamations des citoyens moins ambitieux d'obtenir des places, qu'humiliés d'en être exclus par la loi, et blessés de voir, au moment même où la richesse a cessé de pouvoir conduire à la noblesse, qui n'était qu'une simple distinction, cette même richesse conférer le droit bien plus précieux, bien plus cher à leur cœur, de servir leur province ou leur ville, et de défendre la liberté et les intérêts de la patrie dans les assemblées augustes où réside la majesté du peuple.

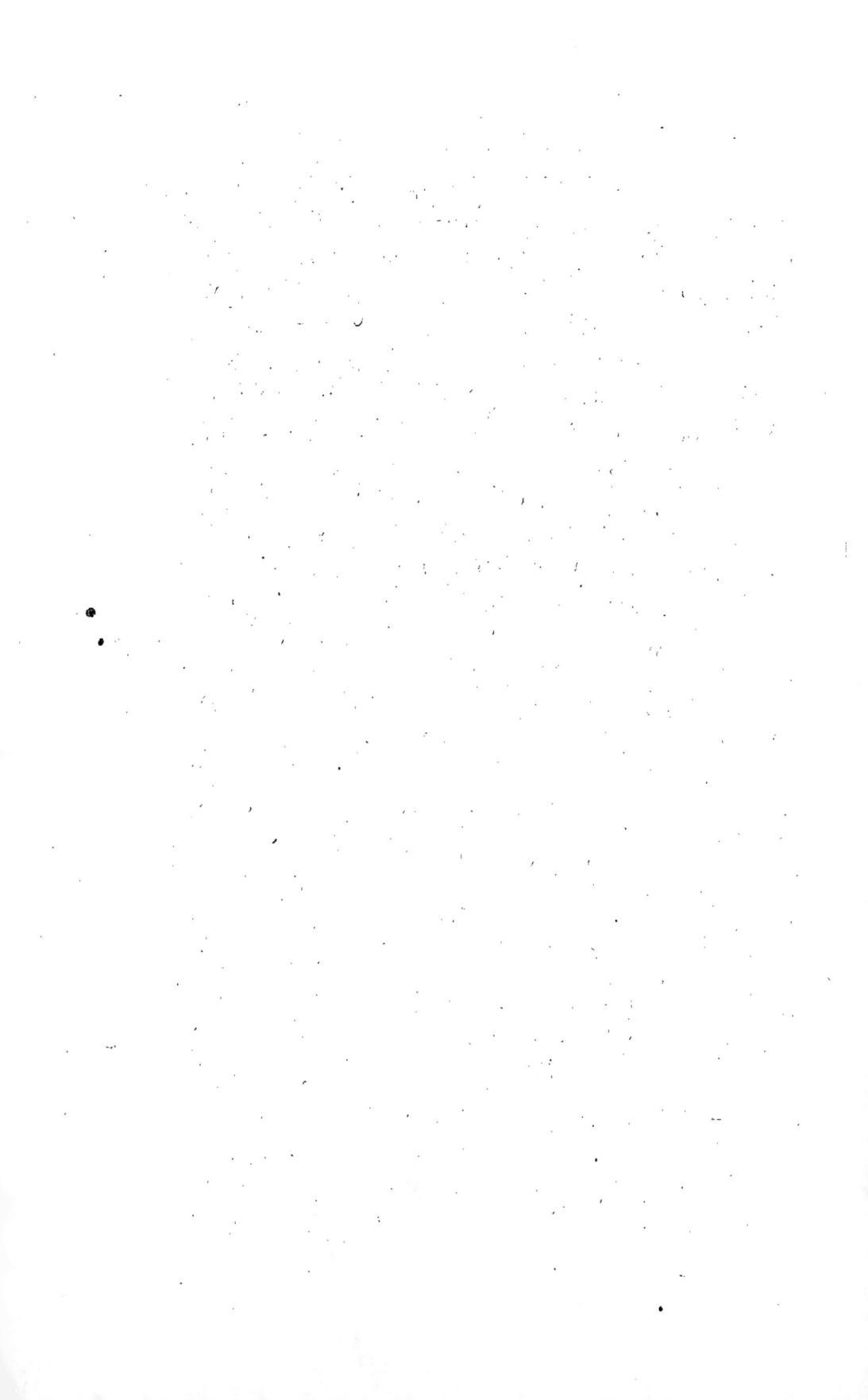

RELIGION CATHOLIQUE.

12 JUIN 1790 (1).

(1) Nº 2. *Journal de la Société de 1789.*

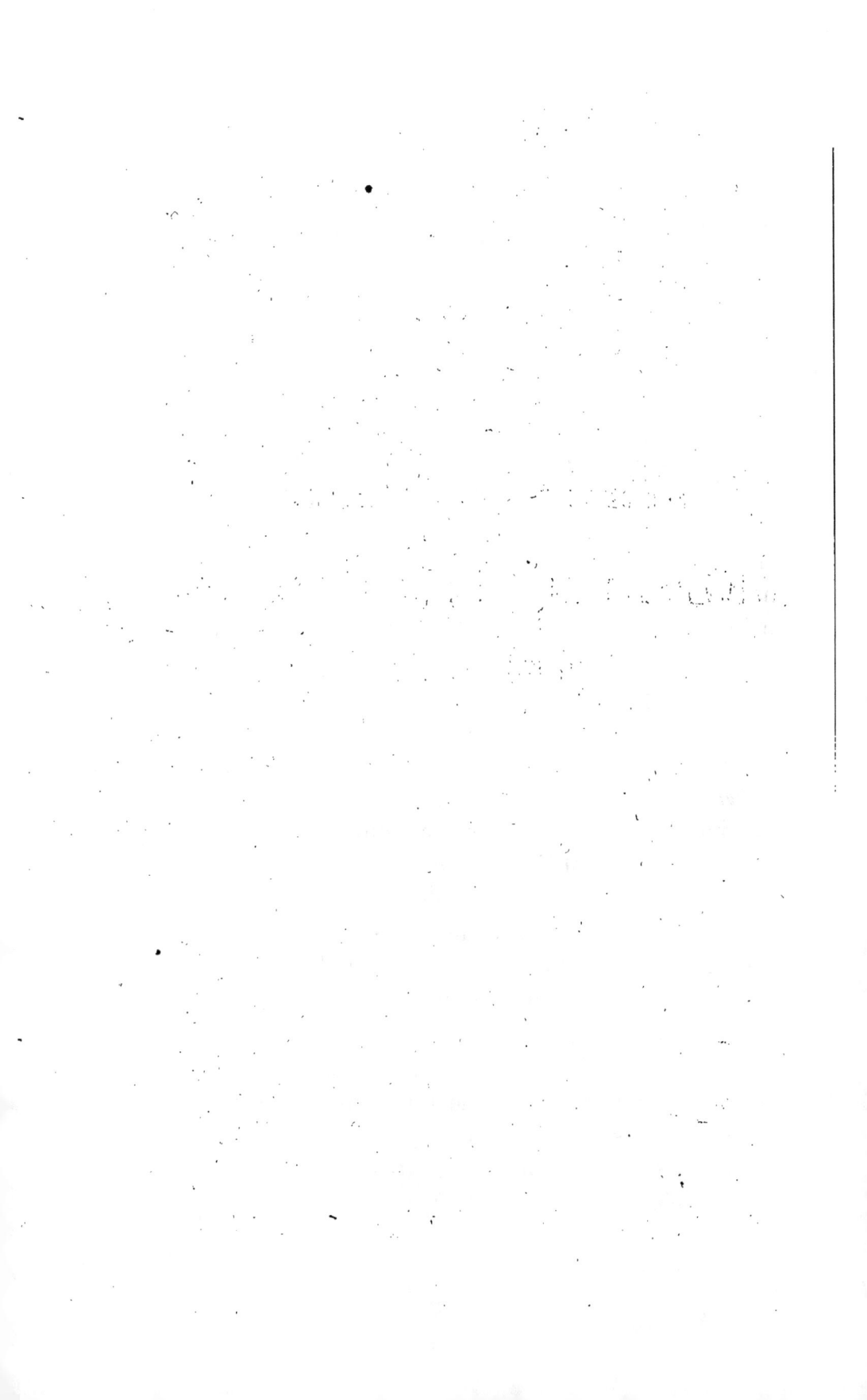

RELIGION CATHOLIQUE.

Il a été un temps où l'enthousiasme religieux entrait dans toutes les agitations des peuples, et décidait de presque toutes les grandes révolutions : l'hypocrisie était alors la reine du monde. Ces temps ne sont pas encore très-éloignés de nous, ne sont point même passés pour tous les peuples. L'épée et la toque bénites envoyées par le pape au maréchal Daun; la guerre civile allumée en Pologne, pour que *la religion catholique, apostolique et romaine fût et demeurât pour toujours la seule religion de la nation;* l'assassinat de Stanislas II, projeté devant une image de la Vierge; les capucinades politiques du secrétaire d'État Van-Eupen, tout cela est de nos jours.

Il n'était donc pas absurde d'espérer qu'en forçant l'assemblée nationale à prononcer sur une question qui avait causé une guerre en Pologne il y a vingt ans, on pourrait exciter au moins quelques soulèvements. Heureusement les Français savent lire, et on ne leur persuadera point de reprendre les chaînes qu'ils ont brisées, crainte de voir tomber du même coup celles qui gênent encore leur conscience et leur pensée.

Cependant, comme dans quelques actes revêtus de beaucoup de signatures on s'est permis, suivant l'usage de *nos pères*, de confondre l'autorité des prêtres avec la religion, peut-être n'est-il pas inutile de présenter aux citoyens quelques réflexions propres à rassurer les consciences timides, en montrant que la liberté de conscience la plus absolue doit être le vœu de tout homme qui croit à la religion qu'il professe, et que celui qui veut accorder à un culte quelconque la plus légère prérogative politique est irréligieux ou inconséquent.

Proposer aux représentants d'une nation d'adopter en son nom un culte unique, c'est déclarer qu'on regarde toutes les religions comme des inventions politiques indifférentes à la Divinité; c'est annoncer que, par mépris pour les autres hommes, on veut les soumettre à un joug intérieur, dont soi-même on s'est affranchi. En effet, on ne peut soutenir qu'en France le pouvoir législatif ait le droit de choisir une religion nationale, sans accorder le même droit aux législateurs de l'Angleterre, de la Perse, du Thibet ou du Japon, puisque chaque peuple a une égale persuasion de sa croyance, et que les droits du pouvoir législatif sont partout les mêmes. Ainsi on accorde ce droit pour une religion fausse comme pour une religion vraie; on le fonde donc sur une utilité politique indépendante de la fausseté ou de la vérité de la religion.

Prétendre que l'établissement de tel culte particulier est nécessaire à la morale, c'est une opinion fanatique que les hommes livrés aux plus abjectes superstitions n'osent même plus avouer ; mais prétendre qu'un culte particulier quelconque est nécessaire à la morale, c'est dire que celui qui a formé le cœur de l'homme a besoin de fables pour le diriger vers le bien ; car, parmi les religions qui existent, toutes, hors une seule, sont nécessairement fondées sur l'erreur; toutes, à la rigueur, peuvent être fausses, mais deux ne peuvent être vraies à la fois ; toutes ont cependant la même morale, toutes agissent de même sur l'âme de leurs sectateurs. Qu'entend-on par culte national ? Est-ce le seul dont l'exercice public soit permis ? alors vous blessez les droits de la conscience dans ceux qui ne croient pas tous les cultes indifférents, que vous gênez dans la pratique de celui qu'ils auraient préféré, et vous établissez entre les citoyens une inégalité contraire à la justice. Est-ce celui aux cérémonies duquel vous liez les actes religieux faits au nom de la nation, des diverses assemblées de citoyens, ou des pouvoirs établis par la loi ? Mais alors, ou vous dispensez de ces cérémonies ceux qui n'adoptent pas votre culte, et vous établissez des distinctions entre les citoyens, vous jetez entre eux des semences de discorde; ou bien tous y sont assujettis, et vous violez la liberté de la conscience, vous excluez des fonctions publiques tous ceux qui regardent comme une action coupable l'assistance aux cérémonies d'un culte qu'ils ne croient point. Appelez-vous culte national celui dont la nation paye les dépenses ? Mais de quel droit assujettissez-vous les citoyens aux dépenses d'un culte qu'ils rejettent, et les obligez-vous à payer des cérémonies qu'ils regardent ou comme des sacriléges ou comme des superstitions méprisables ? Pourquoi faut-il qu'ils payent pour le culte que vous professez, après avoir déjà payé pour celui qu'ils professent eux-mêmes ? N'est-ce pas introduire encore entre les citoyens une inégalité qui blesse leurs droits naturels ?

Craindre qu'une liberté absolue ne rende les hommes moins religieux, c'est encore avouer que l'on regarde les religions comme des établissements purement humains, fondés sur l'erreur, et qui ne peuvent se soutenir que par la protection de la puissance publique. Car, s'il peut y avoir une religion vraie, on ne doit pas désirer que l'autorité protége dans chaque pays celle qui a le plus de sectateurs. Si une religion particulière peut être vraie, si un culte peut être plus agréable à l'Être suprême, cette religion, ce culte, sont les seuls qui puissent être utiles aux hommes. Il est criminel de les exposer à en favoriser d'autres, et c'est les y exposer que de faire protéger par la puissance publique vingt cultes divers, qui, dans vingt nations, ont pour eux le suffrage de la pluralité. Une religion vraie, si la liberté est entière, doit nécessairement, comme toute autre vérité, devenir la croyance du genre humain. La favoriser dans un pays pour en faire ailleurs favoriser d'autres, c'est en retarder les progrès. Enfin, l'expérience n'a-t-elle pas prouvé que plus la liberté de conscience est étendue, plus les hommes sont religieux ? Il y a dix fois plus d'athées à Rome qu'à Londres, et à Londres que dans les États-Unis d'Amérique. Craint-on, pour la tranquillité publique, la diversité des cultes? C'est, au contraire, le seul moyen de l'assurer. Bientôt les sectes se subdivisent, et toutes sont prêtes à se réunir contre celle qui voudrait dominer seule. Si l'Europe a été troublée par des guerres religieuses, c'est parce que le système absurde des religions nationales ou exclusives y régnait universellement.

Tels sont les principes aujourd'hui reconnus par tous les hommes éclairés, principes que, dans un autre hémisphère, plusieurs sages républiques ont adoptés. Là, tout citoyen peut suivre la voix de sa conscience dans le choix d'une religion, et contribue sans contrainte aux dépenses du culte de celle qu'il a choisie; et ce peuple, le plus universellement religieux qui existe sur la terre, est celui dont la paix est la plus assurée.

Le décret de l'assemblée nationale ne pourrait donc mériter qu'un reproche, celui d'avoir contrarié le premier article de la déclaration des droits, en soumettant une partie des citoyens à payer la dépense d'un culte qu'ils ne professent pas; mais, pour excuser cette atteinte à un acte qui doit être sacré, même pour les législateurs, il suffit de prouver que, par les circonstances du moment, ce privilége exclusif accordé à un culte est utile à ceux même qui le rejettent; car alors, puisque l'on peut regarder cette dépense comme utile à tous, il est permis de la mettre au nombre de celles que les représentants de la nation ont droit d'exiger des citoyens.

Or, il est aisé de voir que, dans l'état actuel des

7.

esprits, on aurait plutôt augmenté que diminué le pouvoir du fanatisme, si, au lieu de payer sur le revenu public les ministres de la religion romaine, qui l'étaient auparavant sur des domaines nationaux, on avait laissé à chaque individu la liberté de contribuer volontairement aux frais du culte. Ainsi, ce n'est point aux frais du culte de l'Église romaine que l'on oblige les non-catholiques de contribuer ; c'est au maintien de l'ordre et de la paix, à celui de leur propre tranquillité.

Que les actes qui constatent la naissance, le mariage, la mort des citoyens, soient soustraits à une autorité étrangère, et ne reçoivent leur authenticité que d'officiers civils établis par la loi ;

Que la morale fasse partie d'une éducation publique commune à toutes les classes de citoyens ;

Que l'on écarte avec soin de cette éducation toute influence sacerdotale ;

Que les prêtres nous exhortent à remplir nos devoirs, mais ne prétendent plus au droit d'en fixer l'étendue et les limites ;

Que l'assemblée nationale daigne joindre ces bienfaits à tant d'autres :

Alors nous verrons disparaître peu à peu les obstacles qui s'opposent encore à la jouissance entière de nos droits, et nous bénirons ceux qui ont su, au milieu des clameurs du fanatisme expirant, se démêler des piéges de l'hypocrisie et concilier la paix avec la justice.

Remarquons que, en Angleterre comme en France, on a soutenu dans le même temps, et par les mêmes arguments, l'utilité d'une religion nationale plus ou moins exclusive. A mesure que le fanatisme s'est affaibli, on a quitté son langage pour celui de l'hypocrisie. Ce vers de Mahomet :

« Ou véritable ou faux, mon culte est nécessaire. »

a passé du théâtre dans les sermons, dans les instructions pastorales, dans les débats politiques. On ne rougit plus d'avouer, avec plus ou moins de franchise, la bénigne intention de tromper les hommes pour leur bien.

Mais défions-nous de cette aristocratie qu'on veut établir entre les esprits, et qui partagerait les nations en deux classes, celle des dupes et celle des hypocrites, et toujours celle des esclaves et celle des maîtres. Quel est le motif secret des zélateurs de cette doctrine, dans les pays où les suffrages du peuple confèrent les places les plus importantes? C'est le désir d'avoir un moyen de diminuer le nombre des concurrents, et surtout de pouvoir écarter, en accusant leurs opinions, ceux dont on n'ose même calomnier la conduite. Tout l'avantage est alors pour ceux qui n'ont jamais que les opinions utiles à leurs intérêts; c'est une chance de plus pour les gens habiles contre les hommes éclairés.

En ce moment un nouveau danger nous menace; on n'a rien fait en ôtant au clergé ses richesses. Un clergé pauvre et austère n'en est que plus dangereux. La passion de dominer lui reste seule, elle s'accroît de tous les sacrifices, elle s'irrite par la

contrainte qu'impose l'hypocrisie. Le clergé presby-
térien d'Écosse était pauvre au seizième siècle, et jamais le clergé romain, dans tout l'éclat de sa richesse
et de sa puissance, n'exerça sur les actions privées des
citoyens une inquisition plus odieuse, une plus dure
tyrannie. C'est par de pauvres pasteurs que Servet fut
livré aux flammes. Ils étaient pauvres ces moines qui
répandirent le sang dans Alexandrie pour les querelles d'Athanase et d'Arius, de Cyrille et d'Oreste.

Si le clergé continue de faire un corps, c'est-à-
dire, si on institue des assemblées de prêtres ; si
on établit des maisons destinées exclusivement à
l'éducation des prêtres ; si on établit dans chaque
ville épiscopale, dans chaque paroisse même, de
petites congrégations de prêtres célibataires obligés
de cabaler sous peine de mourir d'ennui ; si on force
les citoyens à n'élire pour évêques que des curés,
pour curés que des vicaires, ce système, sans doute
inspiré sur le tombeau de saint Diacre, fera du nouveau clergé un corps redoutable à la liberté, et
d'autant plus dangereux, que seul il restera debout
sur les débris de tous les autres. Au lieu d'une constitution libre, l'assemblée nationale ne nous aura
donné en effet qu'une théocratie presbytérienne, une
aristocratie monacale. Déjà, lorsqu'on a proscrit ces
vœux contraires à la nature, on a eu soin de conserver
ce qu'on appelle des congrégations libres, et qui sont
des corps perpétuels : eux seuls conservent encore
des biens ecclésiastiques, et en supprimant les Capu-
cins et les Minimes, on s'est ménagé l'espérance de
voir la France inondée d'Oratoriens et de Doctri-

naires; on a détruit ce qui était inutile, mais on a protégé ce qui pouvait devenir dangereux.

Toute religion doit être libre dans la constitution de son clergé, dans sa discipline, dans son culte comme dans ses dogmes. Le pouvoir de l'autorité civile se borne à réprimer ce qui serait contraire aux droits des citoyens. Mais quand la puissance publique salarie aux dépens de la nation les ministres d'un culte, elle acquiert le droit de leur donner une constitution qui les rende utiles, qui les empêche de nuire; elle en a même contracté l'obligation, puisqu'elle ne peut imposer aux citoyens que les dépenses qui servent à l'utilité commune. Ainsi l'unique but d'une constitution ecclésiastique, donnée par les représentants de la nation, doit être d'empêcher les ministres de la religion de former un corps dans l'État, de contracter un esprit particulier : surtout s'ils enseignent la morale, la constitution doit les empêcher de former un système de morale théocratique calculé sur leurs intérêts, qui, au lieu de se perfectionner par le progrès de la raison humaine, tende au contraire à la retarder ou à l'égarer, et qui ait pour objet, non d'éclairer les hommes sur leurs devoirs, mais de les gouverner par les terreurs de la conscience.

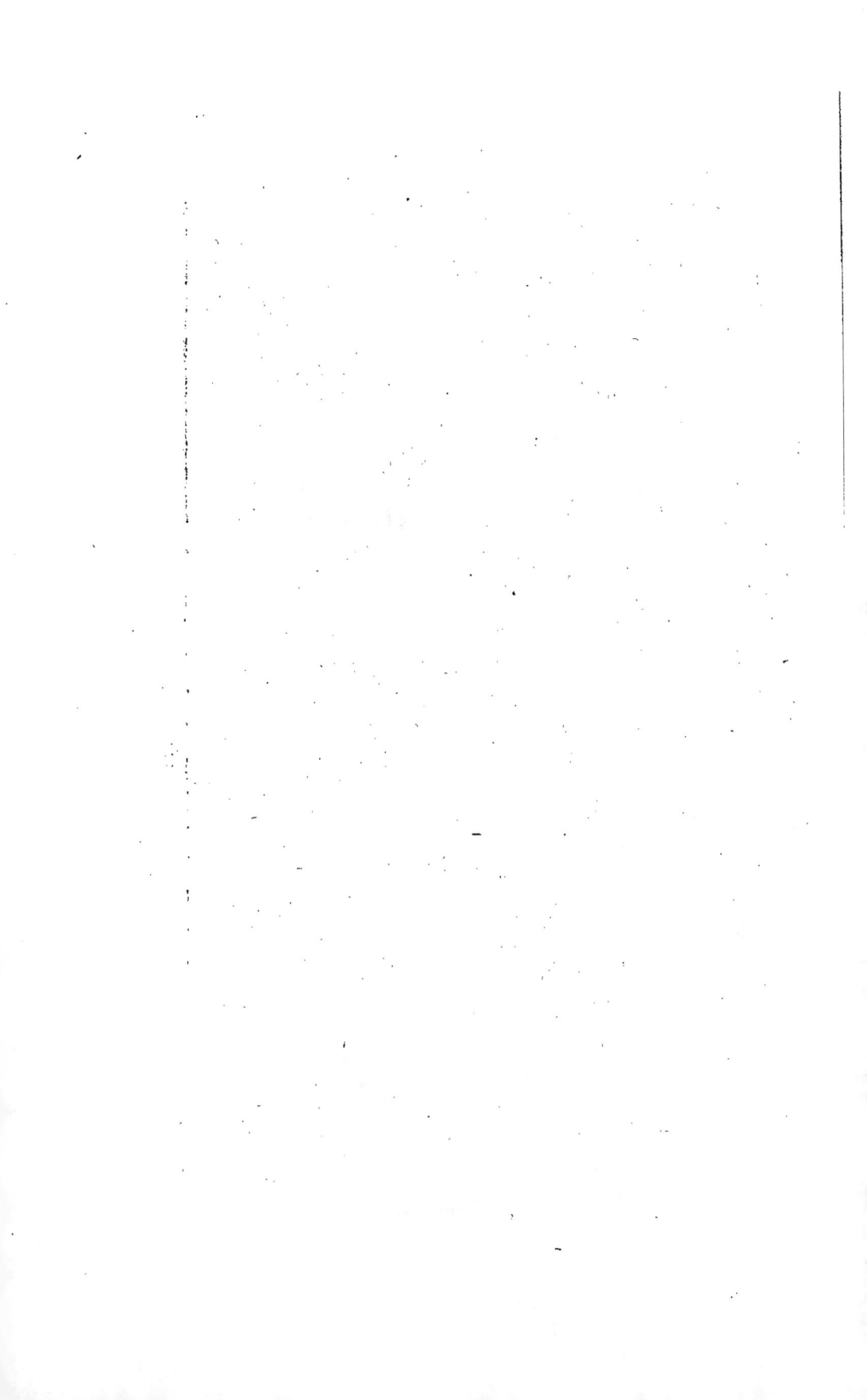

DES LOIS CONSTITUTIONNELLES

SUR

L'ADMINISTRATION DES FINANCES.

19 JUIN 1790 (1).

(1) Nᵒ 3. *Journal de la Société de 1789.*

DES LOIS CONSTITUTIONNELLES

SUR

L'ADMINISTRATION DES FINANCES.

L'impôt est une partie du revenu annuel de chaque citoyen, qu'il s'oblige d'abandonner pour les dépenses nécessaires à la sûreté, à la tranquillité, à la liberté, à la prospérité publique, c'est-à-dire, pour le maintien de ses propres droits, pour la conservation des avantages qu'il retire de la société.

Celui qui aurait le pouvoir de fixer à son gré la somme nécessaire à ses besoins, pourrait enlever à chacun telle partie de son revenu qu'il voudrait, et le droit de propriété n'existerait que de nom.

La fixation de l'impôt appartient donc essentiellement, soit au corps des citoyens, soit à des représentants chargés par eux de ce pouvoir. Or, comme dans tout pays libre c'est aussi, soit au corps des citoyens, soit à leurs représentants, qu'appartient le pouvoir législatif, celui de fixer l'impôt y est presque toujours réuni, quoique cette dernière fonction ne soit, à proprement parler, qu'une application de la loi qui prescrit à chaque citoyen de contribuer aux dépenses utiles à tous, un jugement qui fixe pour

telle durée de temps la somme nécessaire aux besoins nationaux.

Lorsqu'une déclaration des droits a statué quelles
formes d'impôt, quelles règles de répartition, quelles
peines contre les réfractaires peuvent être compatibles avec les droits des hommes, lorsque la loi a
déterminé ces formes, ces règles et ces principes,
alors l'établissement de tel impôt, plutôt que de tel
autre, la fixation de la quotité des différents droits,
la répartition des contributions directes entre les
premières divisions du pays, sont encore de véritables applications de la loi ; mais elles doivent aussi
être faites par un corps dont les membres aient été
choisis par la généralité des citoyens. Aucun autre
corps ne pourrait être regardé comme un juge impartial entre les différentes divisions du territoire
qui doivent supporter l'impôt d'une manière proportionnelle, entre les diverses classes de citoyens
sur le sort desquels les autres genres d'impôts peuvent peser avec inégalité ; et c'est par cette raison
que ces fonctions sont encore, dans les pays libres,
réunies au pouvoir législatif.

On a cru qu'il y avait moins d'inconvénients à
cumuler ces pouvoirs qu'à les partager entre plusieurs corps de représentants, ou plutôt les circonstances n'ont pas permis d'examiner cette question,
peut-être même d'en avoir l'idée.

Ceux qui ont déterminé le montant de l'impôt
n'ont pu le faire qu'après avoir constaté les besoins
publics, et n'ont pu les constater qu'en les considérant séparément, qu'en voyant quelle somme est né-

cessaire pour chacun. La distribution de ces sommes entre les administrateurs qui doivent être chargés des diverses dépenses, dépend donc aussi du corps législatif. Le jugement qui a fixé l'impôt d'après le calcul des besoins ne serait pas réellement exécuté, si l'on pouvait changer cette distribution, qui en est une conséquence nécessaire, puisque c'est d'après la conviction de l'utilité de chacune de ces dispositions qu'il a été rendu.

Si un corps, formé par les représentants de la généralité des citoyens, est le seul juge qu'on puisse regarder comme impartial pour une répartition de contribution entre les premières divisions de l'empire, les représentants de chacune de ces divisions sont aussi les seuls juges impartiaux des répartitions entre les divisions secondaires.

Le corps législatif ayant donc d'abord fixé le montant de l'impôt, ayant déterminé quelle en doit être la forme, l'ayant réparti, soit par lui-même, soit sous son autorité, par des corps de représentants appartenant aux diverses divisions; ayant établi des lois pour en assurer la perception, et pour prévenir ou réprimer les vexations, il ne reste plus qu'à lever l'impôt dans toutes les divisions de l'État, à réunir le produit des portions acquittées par chacune, à le conserver en dépôt jusqu'au moment de la distribution entre ceux qui sont chargés de l'employer. A qui maintenant doivent appartenir ces fonctions ?

Cette question serait à peu près indifférente, 1° s'il n'existait que des impôts directs dont, par leur nature, la levée se borne à l'exécution de la répartition arrêtée suivant des règles établies par le pouvoir législatif, et n'emploie qu'un petit nombre d'agents très-peu coûteux ; 2° si les impôts étaient une contribution absolument fixe, payée d'abord par les citoyens, et ensuite successivement au nom des différents ordres de divisions du territoire, à des époques certaines ; 3° si la masse totale des impôts était distribuée entre divers agents du pouvoir exécutif, chargés d'en faire l'emploi.

Mais si la première et la seconde condition ne sont pas remplies ; s'il existe des impôts compliqués dont la manière de les lever augmente plus ou moins le montant ; si le nombre des hommes nécessaires pour la perception est très-grand ; s'il ne peut être déterminé que d'une manière très-vague ; alors il serait dangereux de confier au pouvoir exécutif la fonction de lever l'impôt : 1° parce qu'il pourrait toujours tromper sur le produit, soit avant, soit après la perception ; 2° parce qu'il aurait intérêt à maintenir les formes les plus compliquées pour profiter de cette incertitude et pour multiplier ses agents, ce qui est un moyen dangereux de corruption, et en même temps une perte réelle, puisque ces agents sont autant d'hommes laborieux, alors employés d'une manière inutile pour la richesse publique et pour l'intérêt commun.

Si ces trois conditions ne sont pas remplies, il est encore dangereux de confier au pouvoir exécutif la garde du trésor public : 1° parce que si la valeur totale des impôts n'est pas rigoureusement déterminée dans le fait, quoique la quotité de chacun le soit par la décision du corps législatif, il y aura des sommes dont on pourra faire arbitrairement une disposition au moins passagère;

2° Parce que si ces sommes ne sont pas payées à des termes précis, le pouvoir exécutif sera souvent obligé à des opérations de banque pour suppléer, soit à des déficits inattendus, soit à des retards. Or, l'habitude de traiter avec les ministres, contractée par les commerçants en argent, et la liaison intime qui résulte de cette habitude, donne aux uns des moyens, aux autres une influence, qui menacent également la prospérité publique et la liberté;

3° Parce que si une partie des impôts est destinée à payer les intérêts ou les capitaux des dettes, il est à craindre que le partage entre ces sommes et celles qui sont destinées aux dépenses, ne soit pas toujours rigoureusement exact, surtout lorsque cette partie de l'administration est compliquée, et elle le serait toujours, parce qu'un ministre des finances, dans une constitution libre, n'a d'autorité qu'autant qu'elles restent dans le chaos. Il est à craindre encore qu'il n'en résulte une influence du ministre sur la distribution de ces fonds, sur la forme des emprunts et sur les autres opérations de finances, quoique ces divers objets soient réglés par le corps législatif; et le ministre pourra se servir de cette influence pour faire de ces mêmes opérations un moyen de crédit personnel et de corruption.

Il est donc important, si l'administration des finances n'est pas portée au plus haut degré de simplicité dont elle puisse être susceptible, que, dans

une constitution libre, le pouvoir exécutif ne se mêle
des finances que pour recevoir les sommes accordées
par le corps législatif pour les dépenses générales de
la nation.

Et si l'on est parvenu à ce degré de simplicité,
comme alors toute administration des finances se
borne à bien tenir les caisses où les diverses divisions de l'empire versent leurs contributions, il est
plus sûr encore, et en même temps très-facile de
séparer ces fonctions du pouvoir exécutif.

Les lois constitutionnelles relatives aux finances
doivent donc avoir pour but d'établir un ordre qui
rende cette partie de l'administration absolument indépendante du pouvoir exécutif, surtout lorsque ce
pouvoir est réuni dans une seule main; elles doivent
être combinées de manière que le pouvoir qui doit
dépenser soit absolument séparé du pouvoir qui
doit recevoir et acquitter les engagements contractés
par la nation : sans cela, une nation riche, commer-
çante, endettée, ne peut conserver longtemps, ni
une liberté, ni une égalité réelles.

Si l'on veut une preuve de fait de la vérité de ces
principes, il suffit de jeter les yeux sur ce qui se
passe en Angleterre. Lorsque la chambre des communes accorde un impôt, lorsqu'elle détermine les
règles suivant lesquelles il doit être perçu, lorsqu'elle
vote un emprunt, prononce-t-elle véritablement en
connaissance de cause? L'influence ministérielle ne
lui fait-elle pas adopter des mesures compliquées
dont les effets échappent à la pluralité de ceux qui
y souscrivent, soit par confiance, soit par corrup-

tion, soit par nécessité de prendre un parti? Ces places de finances, si étrangement multipliées, ne sont-elles pas souvent employées à gagner des suffrages? Ne présente-t-on pas quelquefois des formes d'impositions très-embarrassées pour avoir plus de places à donner, et plus de facilité à tromper sur des produits plus incertains?

Cette complication du système des finances est-elle l'effet des circonstances, des préjugés ou du désir d'augmenter le pouvoir ministériel? La nation aurait, dira-t-on, démasqué ces intentions perverses, si elles existaient. Non, la nation est presque toujours trompée sur ses véritables intérêts, parce que malheureusement tout homme qui a des talents est, par un effet de la constitution d'Angleterre, intéressé au maintien des abus. Il n'en est aucun, depuis l'inégalité de la représentation jusqu'à l'impôt sur les gazettes, qui ne trouve une foule d'esprits exercés et subtils, prêts à en faire l'apologie. Le système vicieux des finances laisse un champ libre à la corruption, et la corruption protége ce système. On corrompt pour obtenir, on demande pour corrompre. La corruption a été la suite de l'influence du pouvoir exécutif sur le trésor public, et la corruption augmente sans cesse cette influence.

Ainsi, dans la constitution actuelle de la France, la levée des contributions doit être faite par les corps administratifs des départements; la répartition générale des fonds, arrêtée par les législatures à chaque session; l'exécution de ces dispositions, confiée à un trésorier général, dont la gestion serait

X. 8

inspectée par des commissaires choisis, soit par les départements, soit par l'assemblée législative. Les caisses particulières des départements le seraient par des commissaires élus exprès, ou par des membres de l'administration.

On se trouve dans la nécessité de conserver des impôts indirects, tels que le privilége du tabac, les traites aux frontières, les entrées des villes, une partie des droits sur les actes, peut-être d'établir un impôt du timbre; et déjà l'on prétend que l'administration de ces impôts ne peut être confiée aux directoires de département; comme si, en les supposant soumis à une régie intéressée, générale même pour tout le royaume, les discussions entre la régie et les citoyens ne devraient pas être décidées judiciairement suivant la loi; comme si l'inspection de chaque caisse particulière des provinces ne pouvait pas être confiée au directoire du département; comme si la vigilance sur les employés de ces régies pouvait être sans danger laissée en d'autres mains! L'idée que les citoyens, et par conséquent ceux qu'ils choisissent, sont les ennemis du revenu public, ne peut être fondée sous l'empire d'une constitution libre; n'est-il pas évident que si l'on ne fait aucun usage abusif de l'impôt, l'intérêt commun est qu'il soit levé régulièrement, puisque, s'il y a de l'excédant dans l'impôt, il en résulte une diminution prochaine, et que si le produit était trop faible, il faudrait supporter une augmentation ?

Les opérations de banque employées aujourd'hui pour réparer le déficit momentané d'un impôt, le retard d'une rentrée, la suspension causée par la banqueroute d'un comptable, etc., ou pour subvenir à des dépenses imprévues, peuvent être aisément remplacées par des fonds en réserve pendant la très-courte absence des législatures, et pendant leurs sessions, par des moyens publics, les seuls qui conviennent à une nation libre, si elle ne veut pas s'exposer à cesser de l'être.

Que ceux qui se sont fait une religion de la distinction des pouvoirs ne se scandalisent pas de cette idée; puisqu'ils consentent que les personnes revêtues du pouvoir législatif fixent l'impôt, l'établissent sur telle ou telle denrée, suivant tel ou tel tarif, ou le répartissent entre les divisions du pays, et par conséquent exercent en cela une puissance vraiment administrative, ils doivent consentir que ces mêmes personnes se réservent toute la partie de ce pouvoir qui ne peut être confiée à d'autres mains sans dangers pour la liberté. Il ne faut pas confondre la distinction métaphysique des pouvoirs et leur distribution réelle : il peut être utile de confier à plusieurs corps séparés l'exercice de diverses parties d'un même pouvoir, comme de réunir les portions de plusieurs pouvoirs dans une seule main, ou de les attribuer à un corps unique.

La distinction précise des pouvoirs est, pour les philosophes, un moyen de parvenir à fonder, sur les principes d'une métaphysique saine et rigoureuse, la théorie de l'ordre social. La distribution des pouvoirs est une opération politique, par laquelle les conventions constituantes doivent chercher à assurer aux citoyens la jouissance de leurs droits, des lois justes et sages équitablement appliquées, et les avantages d'une administration douce, active, éclairée, et surtout à l'abri de la corruption.

D'ailleurs, on peut faire nommer les surveillants du trésor national par les citoyens, de manière que l'assemblée nationale n'aurait à cet égard que la fonction de revoir les comptes généraux en dernier ressort. Il eût été peut-être nécessaire de fixer, pour la facilité de ces élections, un nombre de commissaires inférieur à celui des départements (élections qui peuvent être très-utiles), qu'on eût établi quatre-vingt-une ou quatre-vingt-quatre divisions, parce que ces nombres admettent plusieurs ordres de diviseurs.

Ainsi, pour quatre-vingt-quatre départements, on aurait pu réunir deux départements pour élire, chacun, un des membres d'un comité de quarante-deux personnes; trois pour l'élection d'un comité de vingt-huit; quatre pour un de vingt et une; six pour un de quatorze; sept pour un de douze. Mais la division en quatre-vingt-trois départements ne met pas à ces combinaisons un obstacle difficile à vaincre. En effet, on pourrait, pour ces élections seulement, regarder Paris comme un double département, à cause de sa population : ce ne serait pas accorder une faveur, que de donner une quarantième partie de l'influence à une division qui est plus d'un vingt-cinquième du total.

Il serait à désirer que cette disposition fît partie des lois constitutionnelles; ceux qui savent prévoir, sentiront combien cette facilité, donnée d'avance

pour les élections, peut être utile dans des circonstances difficiles.

Le parti que prendra l'assemblée nationale sur la
question que nous venons d'examiner décidera, pour
plus d'un siècle, du sort de notre liberté.

Il y a déjà longtemps que ceux de ses ennemis
qui raisonnent un peu se sont aperçus de l'impossibilité de lui porter à l'avenir des atteintes directes,
et ont vu qu'ils n'avaient plus d'autres ressources
que d'en respecter toutes les apparences, en tâchant
d'en détruire la réalité par des moyens indirects.

C'est par cette raison qu'ils ne cessent de nous
exhorter à imiter l'Angleterre, et ses deux chambres,
et sa religion exclusive, et son administration des
finances, si compliquée, si propre à augmenter l'influence du premier lord de la trésorerie, et ses lois
prohibitives de commerce, et son ministère formé
de membres du corps législatif qui en deviennent
nécessairement les chefs, et ce pouvoir d'entraîner
la nation dans des guerres étrangères, etc. Toutes
ces institutions, dont l'effet est la corruption, une
dette immense, des impôts ruineux, des vexations
multipliées, et la perpétuité des abus, sont proposées sans cesse comme le chef-d'œuvre de la raison
humaine; et beaucoup de gens se flattent encore
qu'en renonçant à la ridicule prétention d'être plus
libres que les Anglais, nous aurons la sagesse de conserver assez d'abus pour que les intrigants puissent
encore obtenir des richesses et du pouvoir.

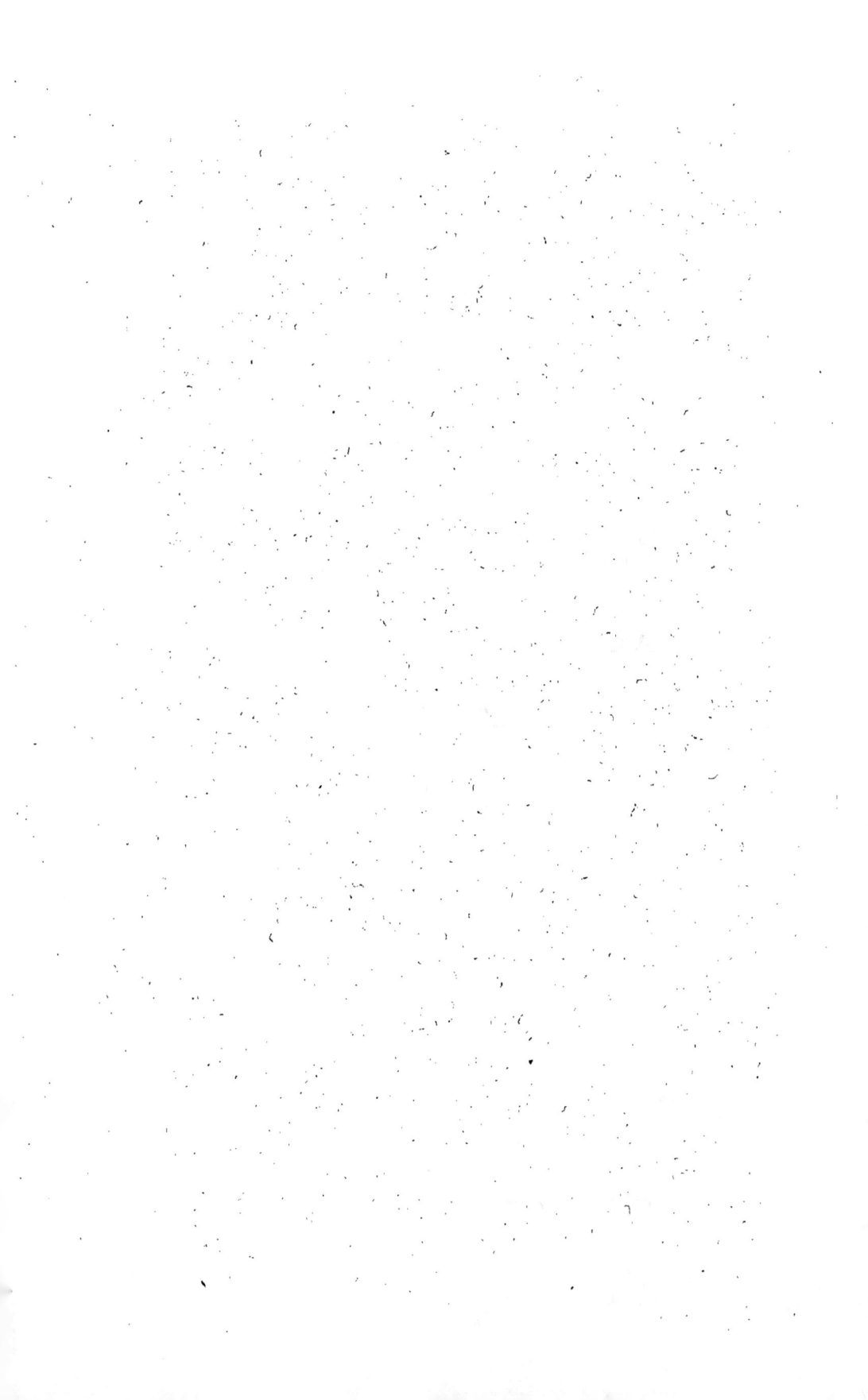

SUR L'ADMISSION

DES FEMMES

AU DROIT DE CITÉ.

3 JUILLET 1790 (1).

(1) N° 5. *Journal de la société de 1789.*

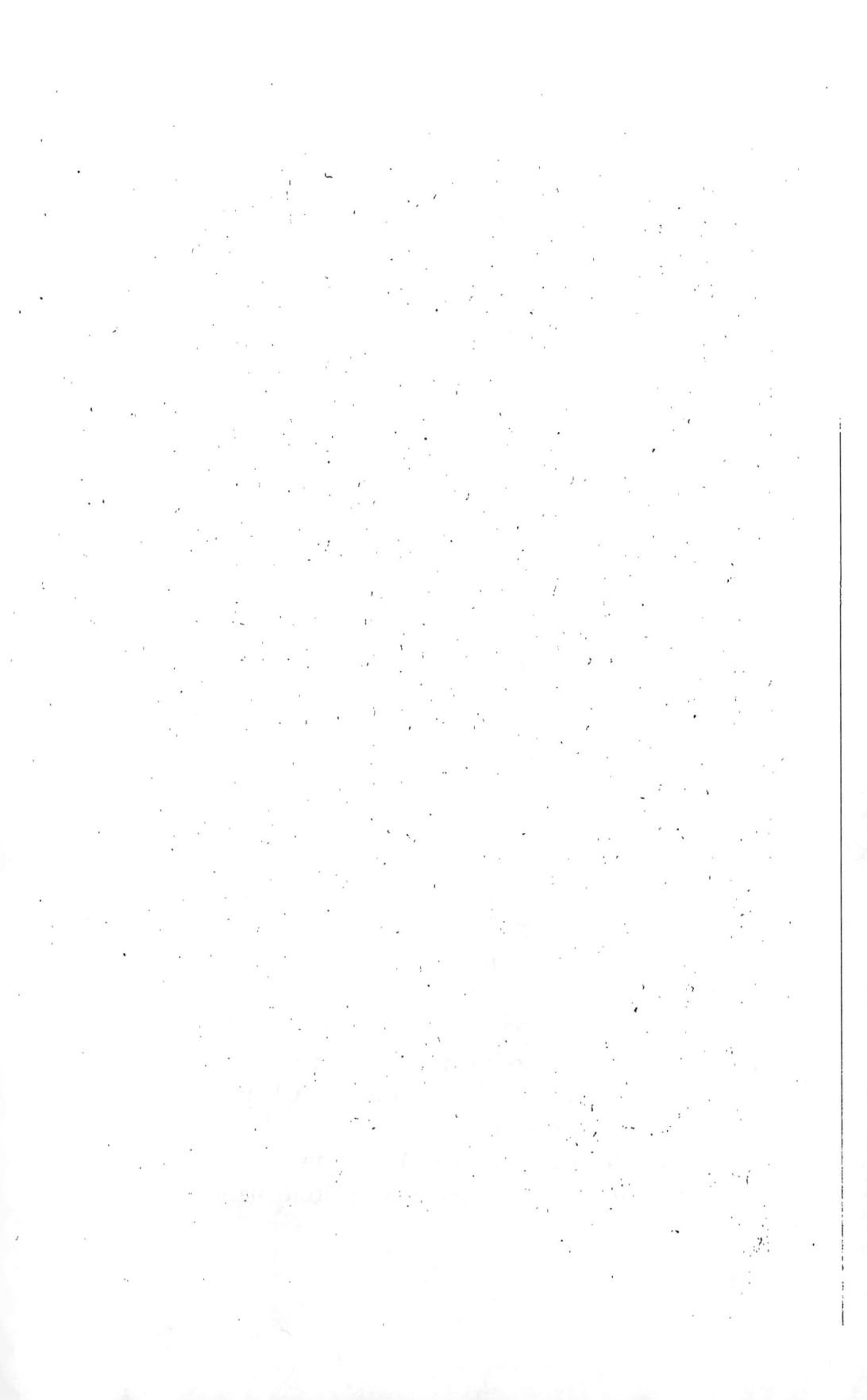

SUR L'ADMISSION

DES FEMMES

AU DROIT DE CITÉ.

L'habitude peut familiariser les hommes avec la violation de leurs droits naturels, au point que, parmi ceux qui les ont perdus, personne ne songe à les réclamer, ne croie avoir éprouvé une injustice.

Il est même quelques-unes de ces violations qui ont échappé aux philosophes et aux législateurs, lorsqu'ils s'occupaient avec le plus de zèle d'établir les droits communs des individus de l'espèce humaine, et d'en faire le fondement unique des institutions politiques.

Par exemple, tous n'ont-ils pas violé le principe de l'égalité des droits, en privant tranquillement la moitié du genre humain de celui de concourir à la formation des lois, en excluant les femmes du droit de cité ? Est-il une plus forte preuve du pouvoir de l'habitude, même sur les hommes éclairés, que de voir invoquer le principe de l'égalité des droits en faveur de trois ou quatre cents hommes qu'un préjugé absurde en avait privés, et l'oublier à l'égard de douze millions de femmes ?

Pour que cette exclusion ne fût pas un acte de tyrannie, il faudrait ou prouver que les droits natu-

rels des femmes ne sont pas absolument les mêmes
que ceux des hommes, ou montrer qu'elles ne sont
pas capables de les exercer.

Or, les droits des hommes résultent uniquement
de ce qu'ils sont des êtres sensibles, susceptibles
d'acquérir des idées morales, et de raisonner sur ces
idées. Ainsi les femmes ayant ces mêmes qualités,
ont nécessairement des droits égaux. Ou aucun individu de l'espèce humaine n'a de véritables droits,
ou tous ont les mêmes; et celui qui vote contre le
droit d'un autre, quels que soient sa religion, sa couleur ou son sexe, a dès lors abjuré les siens.

Il serait difficile de prouver que les femmes sont
incapables d'exercer les droits de cité. Pourquoi
des êtres exposés à des grossesses, et à des in-
dispositions passagères, ne pourraient-ils exercer
des droits dont on n'a jamais imaginé de priver les
gens qui ont la goutte tous les hivers, et qui s'en-
rhument aisément? En admettant dans les hommes
une supériorité d'esprit qui ne soit pas la suite nécessaire de la différence d'éducation (ce qui n'est
rien moins que prouvé, et ce qui devrait l'être, pour
pouvoir, sans injustice, priver les femmes d'un droit
naturel), cette supériorité ne peut consister qu'en
deux points. On dit qu'aucune femme n'a fait de
découverte importante dans les sciences, n'a donné
de preuves de génie dans les arts, dans les lettres, etc.;
mais, sans doute, on ne prétendra point n'accorder
le droit de cité qu'aux seuls hommes de génie. On
ajoute qu'aucune femme n'a la même étendue de
connaissances, la même force de raison que certains

hommes ; mais qu'en résulte-t-il, qu'excepté une
classe peu nombreuse d'hommes très-éclairés, l'égalité est entière entre les femmes et le reste des
hommes ; que cette petite classe mise à part, l'infé-
riorité et la supériorité se partagent également entre
les deux sexes. Or, puisqu'il serait complétement absurde de borner à cette classe supérieure le droit de
cité, et la capacité d'être chargé de fonctions publiques, pourquoi en exclurait-on les femmes, plutôt
que ceux des hommes qui sont inférieurs à un grand
nombre de femmes ?

Enfin, dira-t-on qu'il y ait dans l'esprit ou dans
le cœur des femmes quelques qualités qui doivent
les exclure de la jouissance de leurs droits naturels?
Interrogeons d'abord les faits. Élisabeth d'Angleterre,
Marie-Thérèse, les deux Catherine de Russie, ont
prouvé que ce n'était ni la force d'âme, ni le courage
d'esprit qui manquait aux femmes.

Élisabeth avait toutes les petitesses des femmes ;
ont-elles fait plus de tort à son règne que les petitesses des hommes à celui de son père ou de son successeur? Les amants de quelques impératrices ont-ils
exercé une influence plus dangereuse que celle des
maîtresses de Louis XIV, de Louis XV, ou même de
Henri IV?

Croit-on que mistriss Macaulay n'eût pas mieux
opiné dans la chambre des communes que beaucoup
de représentants de la nation britannique? N'aurait-elle pas, en traitant la question de la liberté de
conscience, montré des principes plus élevés que
ceux de Pitt, et une raison plus forte? Quoique aussi

enthousiaste de la liberté que M. Burke peut l'être
de la tyrannie, aurait-elle, en défendant la constitution française, approché de l'absurde et dégoûtant
galimatias par lequel ce célèbre rhétoricien vient
de la combattre? Les droits des citoyens n'auraient-ils pas été mieux défendus, en France, aux
états de 1614, par la fille adoptive de Montaigne,
que par le conseiller Courtin, qui croyait aux sorti-
léges et aux vertus occultes? La princesse des Ursins
ne valait-elle pas un peu mieux que Chamillard?
Croit-on que la marquise du Châtelet n'eût pas fait
une dépêche aussi bien que M. Rouillé? Madame
de Lambert aurait-elle fait des lois aussi absurdes
et aussi barbares que celles du garde des sceaux
d'Armenonville, contre les protestants, les voleurs
domestiques, les contrebandiers et les nègres? En
jetant les yeux sur la liste de ceux qui les ont gouvernés, les hommes n'ont pas le droit d'être si fiers.

Les femmes sont supérieures aux hommes dans
les vertus douces et domestiques; elles savent, comme
les hommes, aimer la liberté, quoiqu'elles n'en partagent point tous les avantages; et, dans les républiques, on les a vues souvent se sacrifier pour elle :
elles ont montré les vertus de citoyen toutes les fois
que le hasard ou les troubles civils les ont amenées
sur une scène dont l'orgueil et la tyrannie des hommes
les ont écartées chez tous les peuples.

On a dit que les femmes, malgré beaucoup d'esprit, de sagacité, et la faculté de raisonner portée
au même degré que chez de subtils dialecticiens, n'é-
taient jamais conduites par ce qu'on appelle la raison.

Cette observation est fausse : elles ne sont pas conduites, il est vrai, par la raison des hommes, mais elles le sont par la leur.

Leurs intérêts n'étant pas les mêmes, par la faute des lois, les mêmes choses n'ayant point pour elles la même importance que pour nous, elles peuvent, sans manquer à la raison, se déterminer par d'autres principes et tendre à un but différent. Il est aussi raisonnable à une femme de s'occuper des agréments de sa figure, qu'il l'était à Démosthène de soigner sa voix et ses gestes.

On a dit que les femmes, quoique meilleures que les hommes, plus douces, plus sensibles, moins sujettes aux vices qui tiennent à l'égoïsme et à la dureté du cœur, n'avaient pas proprement le sentiment de la justice; qu'elles obéissaient plutôt à leur sentiment qu'à leur conscience. Cette observation est plus vraie, mais elle ne prouve rien : ce n'est pas la nature, c'est l'éducation, c'est l'existence sociale qui cause cette différence. Ni l'une ni l'autre n'ont accoutumé les femmes à l'idée de ce qui est juste, mais à celle de ce qui est honnête. Éloignées des affaires, de tout ce qui se décide d'après la justice rigoureuse, d'après des lois positives, les choses dont elles s'occupent, sur lesquelles elles agissent, sont précisément celles qui se règlent par l'honnêteté naturelle et par le sentiment. Il est donc injuste d'alléguer, pour continuer de refuser aux femmes la jouissance de leurs droits naturels, des motifs qui n'ont une sorte de réalité que parce qu'elles ne jouissent pas de ces droits.

Si on admettait contre les femmes des raisons

semblables, il faudrait aussi priver du droit de cité la partie du peuple qui, vouée à des travaux sans relâche, ne peut ni acquérir des lumières, ni exercer sa raison, et bientôt, de proche en proche, on ne permettrait d'être citoyens qu'aux hommes qui ont fait un cours de droit public. Si on admet de tels principes, il faut, par une conséquence nécessaire, renoncer à toute constitution libre. Les diverses aristocraties n'ont eu que de semblables prétextes pour fondement ou pour excuse; l'étymologie même de ce mot en est la preuve.

On ne peut alléguer la dépendance où les femmes sont de leurs maris, puisqu'il serait possible de détruire en même temps cette tyrannie de la loi civile, et que jamais une injustice ne peut être un motif d'en commettre une autre.

Il ne reste donc que deux objections à discuter. A la vérité, elles n'opposent à l'admission des femmes au droit de cité que des motifs d'utilité, motifs qui ne peuvent contre-balancer un véritable droit. La maxime contraire a été trop souvent le prétexte et l'excuse des tyrans; c'est au nom de l'utilité que le commerce et l'industrie gémissent dans les chaînes, et que l'Africain reste dévoué à l'esclavage; c'est au nom de l'utilité publique qu'on remplissait la Bastille, qu'on instituait des censeurs de livres, qu'on tenait la procédure secrète, qu'on donnait la question. Cependant nous discuterons ces objections, pour ne rien laisser sans réponse.

On aurait à craindre, dit-on, l'influence des femmes sur les hommes.

Nous répondrons d'abord que cette influence, comme toute autre, est bien plus à redouter dans le secret que dans une discussion publique ; que celle qui peut être particulière aux femmes y perdrait d'autant plus, que, si elle s'étend au delà d'un seul individu, elle ne peut être durable dès qu'elle est connue. D'ailleurs, comme jusqu'ici les femmes n'ont été admises dans aucun pays à une égalité absolue, comme leur empire n'en a pas moins existé partout, et que plus les femmes ont été avilies par les lois, plus il a été dangereux, il ne paraît pas qu'on doive avoir beaucoup de confiance à ce remède. N'est-il pas vraisemblable, au contraire, que cet empire diminuerait si les femmes avaient moins d'intérêt à le conserver, s'il cessait d'être pour elles le seul moyen de se défendre et d'échapper à l'oppression ?

Si la politesse ne permet pas à la plupart des hommes de soutenir leur opinion contre une femme dans la société, cette politesse tient beaucoup à l'orgueil ; on cède une victoire sans conséquence ; la défaite n'humilie point parce qu'on la regarde comme volontaire. Croit-on sérieusement qu'il en fût de même dans une discussion publique sur un objet important ? La politesse empêche-t-elle de plaider contre une femme ?

Mais, dira-t-on, ce changement serait contraire à l'utilité générale, parce qu'il écarterait les femmes des soins que la nature semble leur avoir réservés.

Cette objection ne me paraît pas bien fondée. Quelque constitution que l'on établisse, il est cer-

tain que, dans l'état actuel de la civilisation des nations européennes, il n'y aura jamais qu'un très-petit
nombre de citoyens qui puissent s'occuper des affaires publiques. On n'arracherait pas les femmes à
leur ménage plus que l'on n'arrache les laboureurs
à leurs charrues, les artisans à leurs ateliers. Dans
les classes plus riches, nous ne voyons nulle part les
femmes se livrer aux soins domestiques d'une manière assez continue pour craindre de les en distraire,
et une occupation sérieuse les en détournerait beaucoup moins que les goûts futiles auxquels l'oisiveté
et la mauvaise éducation les condamnent.

La cause principale de cette crainte est l'idée que
tout homme admis à jouir des droits de cité ne
pense plus qu'à gouverner; ce qui peut être vrai jusqu'à un certain point dans le moment où une constitution s'établit; mais ce mouvement ne saurait
être durable. Ainsi il ne faut pas croire que parce que
les femmes pourraient être membres des assemblées
nationales, elles abandonneraient sur-le-champ leurs
enfants, leur ménage, leur aiguille. Elles n'en seraient que plus propres à élever leurs enfants, à former des hommes. Il est naturel que la femme allaite
ses enfants, qu'elle soigne leurs premières années;
attachée à sa maison par ces soins, plus faible que
l'homme, il est naturel encore qu'elle mène une vie
plus retirée, plus domestique. Les femmes seraient
donc dans la même classe que les hommes obligés
par leur état à des soins de quelques heures. Ce peut
être un motif de ne pas les préférer dans les élections,
mais ce ne peut être le fondement d'une exclusion

légale. La galanterie perdrait à ce changement, mais les mœurs domestiques gagneraient par cette égalité comme par toute autre.

Jusqu'ici, tous les peuples connus ont eu des mœurs ou féroces ou corrompues. Je ne connais d'exception qu'en faveur des Américains des États-Unis qui sont répandus en petit nombre sur un grand territoire. Jusqu'ici, chez tous les peuples, l'inégalité légale a existé entre les hommes et les femmes; et il ne serait pas difficile de prouver que dans ces deux phénomènes, également généraux, le second est une des principales causes du premier; car l'inégalité introduit nécessairement la corruption, et en est la source la plus commune, si même elle n'est pas la seule.

Je demande maintenant qu'on daigne réfuter ces raisons autrement que par des plaisanteries et des déclamations; que surtout on me montre entre les hommes et les femmes une différence naturelle, qui puisse légitimement fonder l'exclusion du droit.

L'égalité des droits établie entre les hommes, dans notre nouvelle constitution, nous a valu d'éloquentes déclamations et d'intarissables plaisanteries; mais, jusqu'ici, personne n'a pu encore y opposer une seule raison, et ce n'est sûrement ni faute de talent, ni faute de zèle. J'ose croire qu'il en sera de même de l'égalité des droits entre les deux sexes. Il est assez singulier que dans un grand nombre de pays on ait cru les femmes incapables de toute fonction publique, et dignes de la royauté; qu'en France une femme ait pu être régente, et que jusqu'en 1776

X. 9

elle ne pût être marchande de modes à Paris (1);
qu'enfin, dans les assemblées électives de nos bail-
liages, on ait accordé au droit du fief, ce qu'on refusait au droit de la nature. Plusieurs de nos députés
nobles doivent à des dames, l'honneur de siéger parmi
les représentants de la nation. Pourquoi, au lieu
d'ôter ce droit aux femmes propriétaires de fiefs, ne
pas l'étendre à toutes celles qui ont des propriétés,
qui sont chefs de maison? Pourquoi, si l'on trouve
absurde d'exercer par procureur le droit de cité,
enlever ce droit aux femmes, plutôt que de leur laisser la liberté de l'exercer en personne?

(1) Avant la suppression des jurandes en 1776, les femmes ne
pouvaient acquérir la maîtrise de marchandes de modes et de
quelques autres des professions qu'elles exercent, si elles n'é-
taient mariées, ou si un homme ne leur prêtait ou ne leur vendait
son nom, pour acquérir un privilége. Voyez le préambule de l'é-
dit de 1776.

SUR LE PRÉJUGÉ

QUI SUPPOSE UNE

CONTRARIÉTÉ D'INTÉRÊTS

ENTRE

PARIS ET LES PROVINCES.

10 ET 17 JUILLET 1790 (1).

(1) N° 6 et 7. *Journal de la Société de* 1789.

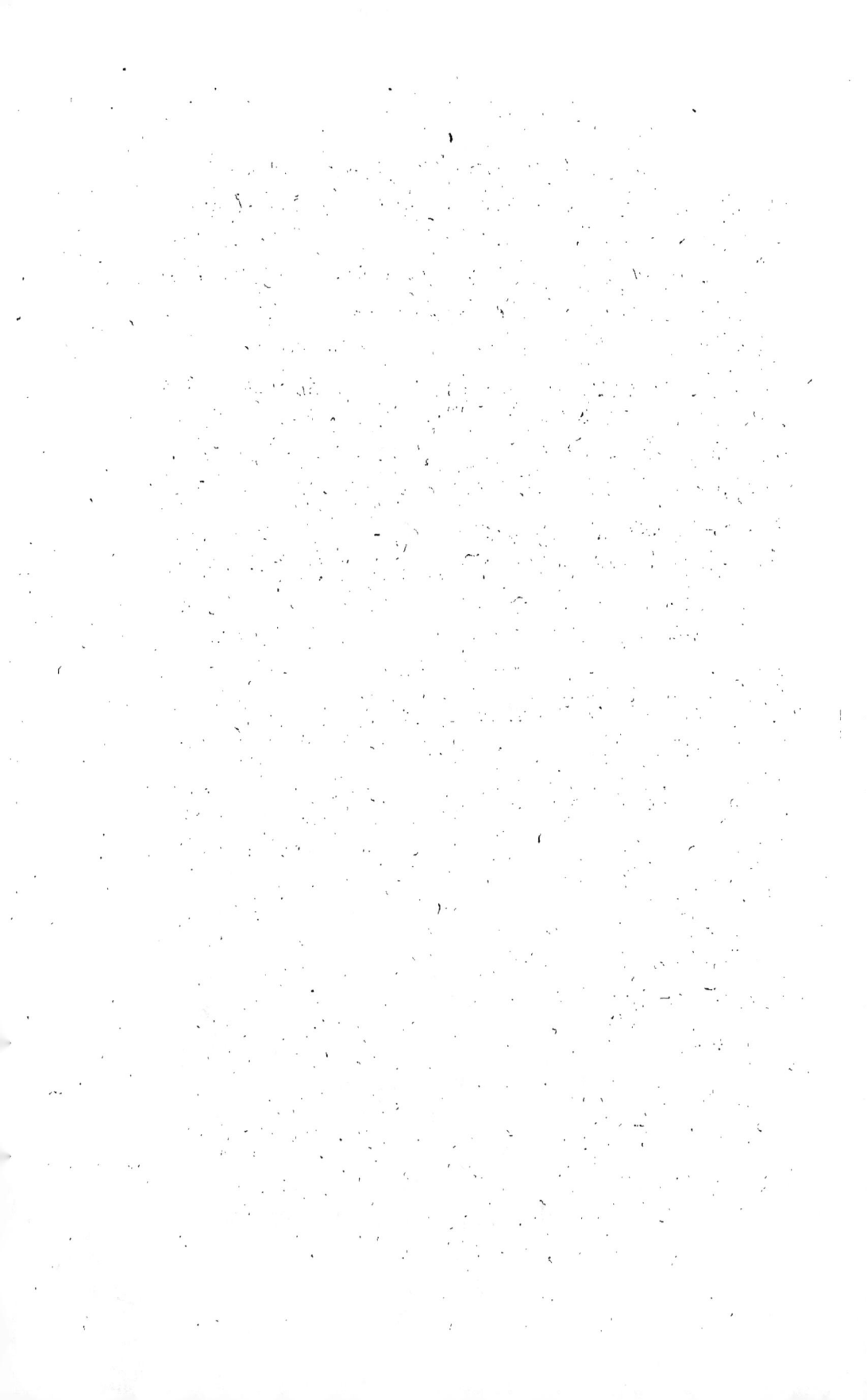

SUR LE PRÉJUGÉ

QUI SUPPOSE UNE

CONTRARIÉTÉ D'INTÉRÊTS

ENTRE

PARIS ET LES PROVINCES.

On a proposé à l'assemblée nationale de se *transporter à trente lieues de Paris, et on en donnait pour raison le défaut de liberté causé par l'opposition d'intérêts entre la capitale et les provinces.*

Le zèle des habitants de Paris pour la liberte, leur attachement inébranlable pour la constitution, leur respectueuse soumission aux décrets les plus opposés à leurs désirs, méritaient peut-être qu'on leur épargnât des expressions qui renferment une défiance si injurieuse.

Mais laissons ce qui tient à des circonstances passagères, et bornons-nous à chercher s'il est vrai que Paris ait d'autres intérêts que les provinces. Pour bien résoudre cette question, il faut examiner d'abord si l'intérêt d'une capitale est, par la nature des choses, opposé à celui du reste de l'empire ; autrement il y aurait des remèdes à une opposition d'intérêts purement accidentels, et il faudrait les cher-

cher. Nous verrons ensuite si des combinaisons locales ont établi réellement cette contrariété entre
Paris et les provinces.

Cette prétendue opposition d'intérêts entre les nations du globe, entre les divisions d'un même État,
entre les capitales et les provinces, entre les villes
et les campagnes, entre les métropoles et les colonies,
entre le commerce et l'agriculture, entre les capitalistes et les propriétaires, entre les riches et les
pauvres, a été jusqu'ici une des principales causes
qui ont retardé les progrès de la liberté, de la paix,
de la véritable égalité encore si peu connue.

C'est le prétexte banal de presque toutes les mauvaises lois civiles, de la forme vicieuse des impôts,
et des vexations qu'elle nécessite, des règlements de
commerce les plus ruineux, de la complication des
constitutions libres, de la désunion entre les enfants
d'une même patrie, de la guerre entre les peuples.
C'est par là que d'insidieux politiques, plus encore
peut-être par préjugé que par système, ont changé
la société, qui ne devait être qu'une réunion d'hommes
mutuellement occupés d'augmenter le bonheur commun, en une arène dans laquelle des ennemis ouverts ou cachés se disputent des dépouilles par la
ruse ou par la force.

C'est enfin la dernière ressource de ceux qui voient
avec une douleur impuissante, la connaissance des
droits naturels des hommes ébranler dans leurs fondements les abus destructeurs qui ont régné si longtemps. C'est par là qu'on peut tromper encore ceux
qu'on n'ose plus opprimer, et cacher aux yeux du

faible les chaînes invisibles dont on veut l'entourer.

Il serait facile de détruire ce système en remontant aux premiers principes des sociétés, en montrant que le bonheur social est attaché au libre exercice des droits naturels, ce qui suppose le respect pour les droits d'autrui, et au développement le plus libre des forces et des facultés de chaque individu; développement qui, restreint par la justice seule, augmente pour soi-même, comme pour autrui, la masse des jouissances et les avantages de la société.

On ferait voir que les diverses professions, du moins celles qui naissent de la nature et non des institutions arbitraires, sont nécessaires l'une à l'autre, s'entr'aident, et ne se nuisent point; que les richesses, si des lois vicieuses ne s'opposent pas à leur distribution naturelle, tendent à se diviser et non à se réunir dans un petit nombre de mains; qu'en attendant que de bonnes lois, favorables même à la pluralité des riches, établissent lentement cette égalité plus grande, l'intérêt actuel des pauvres est de conserver une inégalité, qui seule peut faire employer l'espèce d'industrie pour l'acquisition de laquelle ils ont consumé leurs premières années; qu'enfin l'oppression ne produit jamais qu'un avantage passager, qui ne peut même s'étendre que sur le petit nombre de la classe des oppresseurs.

Les provinces d'un même empire, comme les diverses nations du globe, n'ont qu'un seul intérêt, celui d'une communication libre qui les fasse jouir des biens que les progrès de la civilisation doivent

amener, et ces biens sont d'autant plus grands, ces
progrès d'autant plus rapides que la communication
a lieu entre plus de nations et sur un plus grand espace. Une paix constante est donc l'intérêt commun
de la pluralité des citoyens de toutes les nations, et
l'on sait que la guerre la plus heureuse, utile à un
petit nombre d'individus, est nécessairement un
malheur pour le reste. Le véritable intérêt commercial est que chacun puisse se procurer avec plus de
facilité, et au prix d'un moindre travail, une plus
grande somme de jouissances, et que ces jouissances
soient également réparties; il n'existe donc qu'un
véritable intérêt commercial, le même pour toutes
les nations; c'est le rétablissement de la liberté la
plus entière. Une grande partie des négociants riches
d'un pays peut trouver du profit à détruire le commerce d'un autre pays; mais le reste des citoyens a
un intérêt précisément contraire, et ces prétendus
défenseurs du commerce national en sont les véritables ennemis; car la liberté n'est pas seulement
utile à ceux qui consomment, elle l'est à la pluralité
des marchands eux-mêmes, puisqu'elle tend nécessairement à répandre entre eux les profits avec plus
d'égalité. D'ailleurs, ceux qui sollicitent des lois exclusives pour le commerce qu'ils font, sont intéressés,
en qualité de consommateurs, à la liberté de tous les
autres genres de commerce, et ces intérêts se com-
pensent; car on ne peut prétendre sans doute que
des prohibitions qui s'étendraient à tout fussent préférables à une liberté générale. L'intérêt de la pluralité des capitalistes, comme de la pluralité des pro-

priétaires, n'est-il pas que l'administration prenne la bonne foi pour guide, et que l'État soit tranquille?

La métropole a-t-elle des colonies qui puissent augmenter sa puissance, elle doit, pour l'intérêt même de cette puissance, ne voir en elles que des parties d'une confédération commune qui ont droit à l'égalité. A-t-elle des colonies de commerce, son intérêt unique est que ses citoyens achètent au meilleur marché des denrées que les colonies produisent ou transmettent, et la liberté seule du commerce peut procurer cet avantage.

Dans l'état actuel des sociétés, le pauvre a intérêt que la propriété des riches soit assurée, puisque le plus grand nombre ne peut subsister que des salaires payés par cette propriété; et qu'envahir le bien de celui qui possède, ce serait condamner à mourir de faim celui qui ne possède rien, quand même il aurait sa part au pillage.

En un mot, ou les intérêts opposés sont ceux d'un très-petit nombre de tyrans en contradiction avec l'intérêt général, ou bien ce sont les intérêts de deux grandes classes d'hommes; et alors l'avantage de celle qui opprime est nécessairement presque nul pour chacun de ceux qui la composent, et ne peut entrer en compensation avec le danger auquel ils s'exposent : c'est donc encore à l'intérêt de quelques-uns des chefs de cette classe que l'intérêt commun serait sacrifié. Quel bien revient-il aux neuf dixièmes des Turcs, de la tyrannie que leur nation exerce sur les Grecs, sur les Arméniens, sur les Coptes?

Quel fruit retire le peuple français des horreurs exercées par les planteurs contre les malheureux habitants de l'Afrique, sinon d'acheter plus cher des denrées souillées de sang et de larmes?

Mais je dois me borner ici à examiner l'identité ou l'opposition d'intérêts entre une capitale et les provinces du même empire.

Qu'est-ce qu'une capitale? C'est la ville où résident les pouvoirs qui s'exercent sur la nation entière. Cette résidence y appelle nécessairement plusieurs classes d'hommes : d'abord ceux qui, sous quelque titre que ce soit, sont nécessaires à la décision, à l'expédition, à la sollicitation de ces affaires générales; ensuite ceux qui, par des vues d'intérêt, d'ambition ou de gloire, cherchent à influer sur les décisions, à obtenir des emplois.

Ces pouvoirs ne peuvent choisir qu'une grande ville pour le lieu de leur réunion, et ils l'augmentent encore; mais toute grande ville est nécessairement aussi, dans la division de l'État où elle est située, le chef-lieu d'une province; comme chef-lieu, elle est encore un centre d'affaires moins générales qui y attirent de nouveaux habitants : si au contraire il n'existe pas de telles divisions, alors un plus grand nombre de pouvoirs généraux sont concentrés dans la capitale. De plus, tous les gens riches, tous ceux que le nom de leurs pères, leurs places, leurs actions, leurs talents, ont illustrés, doivent se porter naturellement vers cette résidence; la curiosité, le plaisir de voir traiter de plus près de grands intérêts, la font préférer aux autres villes opulentes.

Le séjour de ces personnages riches ou accrédités doit devenir celui des arts et du luxe, et le séjour des arts et du luxe est celui des hommes qui ont une fortune indépendante, et qui veulent en jouir.

Dans une grande ville, occupée d'affaires importantes, la vie privée est nécessairement plus libre, et c'est un nouvel attrait. Mais dans ce séjour des arts et du luxe, où l'on consomme nécessairement beaucoup de superfluités, le talent de les préparer avec agrément, avec recherche, doit être en honneur : la capitale doit donc avoir un commerce d'objets de luxe, et en fournir toutes les parties de l'empire où l'on veut imiter son goût. La capitale d'un grand empire sera donc nécessairement une très-grande ville; son étendue, sa population, sa magnificence, seront donc proportionnées à la population, à la richesse de l'empire. Se plaindre de ce que la capitale est grande, c'est se plaindre d'une conséquence infaillible de l'existence d'une capitale; conséquence qui ne pourrait s'éviter que par des lois contraires à la liberté. Mais est-ce un mal que les grandes capitales? Non, sans doute, lorsque la nature seule en fixe l'étendue, lorsque l'on n'y traite que les affaires qui doivent être communes à tout l'empire, lorsqu'on n'y place que les établissements qui doivent en occuper le chef-lieu.

Ne faites rien contre la capitale : vous agiriez inutilement, et ce que vous feriez contre elle retomberait sur les provinces; ne faites rien pour elle, elle n'y gagnerait pas, et les provinces y perdraient.

On ne proposera pas sans doute de faire voyager

dans tout l'empire les pouvoirs exercés au nom de la nation entière. Ils y existeraient toujours d'une manière incommode et précaire, et ce ne serait qu'avec des dépenses énormes qu'on pourrait transporter, avec les législateurs et les ministres, la foule des hommes qu'ils emploient. D'ailleurs, chaque ville voudrait profiter du moment où elle jouerait le rôle passager de capitale, pour obtenir qu'on fît des dépenses destinées à son utilité particulière, des lois de commerce ou d'administration favorables à ses intérêts; et elle solliciterait avec d'autant plus d'ardeur, que le temps où elle ''pourrait espérer d'obtenir serait plus court. Ces complaisances pour la ville d'une résidence passagère deviendraient une politesse d'usage, et, à une justice toujours égale entre toutes les parties de l'État, on substituerait des faveurs successives, et distribuées avec inégalité. Rien ne serait plus propre à détruire l'esprit national pour en créer un de canton ou de province; rien ne serait plus nuisible au progrès des lumières qui ne pourraient plus avoir un foyer commun, qui sans cesse auraient à combattre des préjugés locaux toujours renaissants.

Parmi les avantages d'une capitale qui n'est que capitale, on doit compter pour beaucoup celui de placer tous les pouvoirs dans le lieu où il y a le moins d'erreurs et d'intérêts particuliers.

Si la capitale est une grande ville de commerce, l'esprit mercantile prend la place de l'esprit public, et les intérêts de tous les citoyens sont sacrifiés aux préjugés prohibitifs des négociants riches; on ne fait plus des lois pour que le commerce soit utile à la nation, mais pour que la nation fasse à ses frais la fortune des commerçants.

Si la capitale était placée au milieu d'un pays qui possédât exclusivement certaines manufactures, qui produisît, à l'exclusion de la plupart des autres provinces, une espèce particulière de denrée précieuse, alors le progrès de cette industrie, de cette culture, prendrait la place de l'intérêt national.

Voulez-vous qu'il règne dans un pays une politique fondée sur des principes libéraux; voulez-vous que les droits naturels des hommes, que les maximes éternelles de la justice soient la base unique de toutes les lois, faites que l'esprit de commerce ne domine point dans le lieu d'où elles émanent. Dans une ville, dans un pays où le commerce, proportionné aux besoins, n'occupe qu'une partie des habitants, où il existe pour les citoyens, il adoucit les mœurs, il produit les vertus domestiques; mais dans les villes où il est l'occupation générale, où il domine, où les citoyens existent pour lui, il devient avide et tyrannique.

La liberté du commerce et de l'industrie, en leur permettant de se répandre avec plus d'égalité, de se distribuer suivant le vœu de la nature et les besoins des hommes, préservera de ce danger. Ce que je viens de dire du commerce serait également vrai des militaires de terre ou de mer, des ministres de la justice, des gens occupés des opérations de banque, que, malgré une liaison nécessaire, il ne faut pas confondre avec les commerçants. Toute

profession qui devient dominante, après s'être corrompue elle-même, finit par altérer et par corrompre l'esprit public. Plus au contraire les diverses
classes sont mêlées de manière à se faire équilibre,
à ne permettre à aucune d'acquérir de la prépondé-
rance, plus les principes de justice seront respectés.
Il ne faut pas conclure que ces classes diverses aient
des intérêts réellement opposés, mais seulement que
la réunion des hommes qui doivent naturellement
avoir les mêmes préjugés rend ces préjugés plus
opiniâtres et plus dangereux, en opposant la force du
grand nombre et le poids de l'opinion à l'autorité
de la raison. L'esprit qui règne dans le lieu où réside le législateur a sur les lois une influence nécessaire, et l'on doit regarder comme un bonheur
pour un peuple libre d'avoir, comme la France,
une capitale où aucun grand intérêt n'oppose ses
préjugés à la voix de la raison et au sentiment de la
liberté.

Dans une capitale qui doit presque uniquement sa
grandeur à ce titre, l'habitude de voir traiter les affaires générales donne nécessairement plus d'étendue aux idées; les préjugés de tous les pays, de
toutes les professions, combattus les uns par les
autres, laissent à la raison un champ plus libre; des
intérêts locaux ou particuliers ne rétrécissent point
les vues; l'opinion publique qui s'y forme a plus de
dignité et de grandeur, s'éloigne moins des principes
de la justice universelle.

On y exerce, contre les abus d'un pouvoir quelconque, une vigilance moins inquiète, parce qu'il y

a plus de lumières; plus sûre, parce qu'il y a plus d'expérience; plus pure, parce que la prospérité des citoyens y dépend surtout de la paix et de la liberté.

Après avoir montré que les grandes capitales ne sont point un mal en elles-mêmes, il se présente trois questions à examiner.

1° En ne supposant que des lois égales et justes, les intérêts de la capitale et ceux des provinces sont-ils opposés?

2° Les lois qui, faites en faveur de la capitale, nuiraient aux provinces, seraient-elles vraiment utiles à la capitale?

3° Résulterait-il du bien pour les provinces de lois ·nuisibles à la capitale?

I. Depuis les pays peu étendus où tous les pouvoirs peuvent conserver une unité absolue, jusqu'à ceux où des États indépendants ne reconnaissent de pouvoir unique que celui qui règle les relations extérieures, qui dirige et emploie la force nécessaire pour la défense commune, on peut exécuter de mille manières différentes cette division entre les droits que réservent les parties séparées d'un même tout, et ceux qu'elles confient à une puissance commune; et moins les parties séparées en auront conservé pour les exercer par elles-mêmes, plus la capitale doit être grande.

Mais il n'est pas de son intérêt de réunir ces pouvoirs, si, en les divisant, ils doivent être exercés avec plus de justice, d'ordre, d'activité; car l'intérêt de chaque citoyen est de jouir de la sûreté, de la liberté, de la paix, de n'avoir rien à craindre pour sa propriété, de pouvoir, par son travail, par son industrie, subvenir à ses besoins, c'est-à-dire, que l'intérêt de tous est d'avoir de bonnes lois; et certainement si, en réunissant des pouvoirs qui doivent être partagés, l'État est mal gouverné, la capitale ne le sera pas mieux que le reste de l'empire; on n'y rendra pas la justice d'une manière impartiale et prompte, si elle est lente et partiale pour les provinces, qu'on obligerait à y aller chercher les jugements. Les richesses que cette réunion vicieuse de pouvoirs y amènerait ne seront pas un bien très-sensible pour les anciens habitants, parce que, si le nombre des gens aisés augmente, celui des hommes vivant de leur travail croît aussi dans la proportion des salaires que cette augmentation leur assure.

De même, il n'est pas de l'intérêt des provinces de séparer des pouvoirs qui doivent être uniques; car alors elles seront plus mal gouvernées; et un peu d'argent qu'elles conserveraient, mais toujours avec ceux que cet argent doit faire vivre, ne serait pas pour elles un grand avantage.

Les pouvoirs doivent donc être séparés ou réunis de manière qu'ils remplissent avec le plus de justice, de lumière, d'économie, les fonctions qui leur sont confiées. C'est uniquement d'après cette condition, et non suivant les vues d'une utilité locale, le plus souvent chimérique, que de sages législateurs chercheront à les distribuer.

Sous un autre point de vue, cette réunion dans un même lieu des hommes les plus éclairés dans tous les genres, de ceux qui aspirent aux places les plus

importantes, est à la fois un moyen d'augmenter la
masse des lumières, d'éclairer les citoyens qui
exercent les fonctions publiques, et de surveiller tous
les pouvoirs. Elle est nécessaire pour donner aux esprits et aux âmes de l'activité et de l'énergie, pour
les préserver de cette inflexibilité et de cette âpreté
que l'on contracte dans la solitude.

Dans quelque genre que ce soit, l'homme qui ne
connaît que ses propres idées, qui ne suit qu'elles,
n'est pas tout ce qu'il peut être; il lui manque le
commerce de ses égaux; et à un certain degré de
connaissance et de talent, cette égalité ne peut se
trouver que dans le centre commun.

La perfection des arts, qui n'existe que dans les
grandes capitales, ou pour elles, peut être regardée
comme un bien général. Les ouvrages d'un usage
vulgaire n'atteignent point le degré de bonté dont
ils sont susceptibles, si l'art lui-même ne s'est élevé
à une perfection beaucoup plus grande dans les productions recherchées, et réservées exclusivement
pour satisfaire la vanité ou la délicatesse du petit
nombre. C'est toujours par ces objets que commence
le progrès des arts, pour descendre ensuite avec plus
ou moins de lenteur à ce qui peut servir aux besoins
de tous. Cette marche est naturelle, parce qu'il est
plus aisé de trouver des procédés nouveaux lorsque
la considération de ce qu'ils coûtent n'arrête point
les efforts de l'artiste; et ensuite, quand ces procédés sont connus et employés, l'expérience conduit
bientôt aux moyens de les simplifier et d'en diminuer le prix. D'ailleurs, parmi le grand nombre des

X.   10

ouvriers qui aspirent à se distinguer dans leur art, ceux qui ne peuvent atteindre au premier rang acquièrent cependant, par leurs efforts, quelque degré d'habileté de plus, et ils la portent dans les ouvrages plus communs dont ils restent chargés. Si donc nous ne considérons que les lois conformes à l'égalité, à la liberté, à la justice; si nous abandonnons à lui-même l'accroissement d'une capitale, cet accroissesement, nécessité par la nature des choses, et borné par elle seule, loin de nuire au reste de l'empire, ne servira qu'à y assurer aux citoyens l'exercice de leurs droits, à y augmenter les lumières et les jouissances.

Il en résultera des avantages pour les habitants de la capitale; mais qu'importe si ceux des provinces en profitent. Faut-il renoncer à un bien, parce qu'il est impossible de le répartir également entre tous? Les hommes ont les mêmes droits, et, à cet égard, l'égalité doit être absolue et rigoureuse; mais il est impossible qu'ils aient une part égale dans les avantages de la société. La nature même ne l'a pas voulu : ils ne naissent pas avec les mêmes organes; le sol où ils vivent n'est pas également favorisé; tous ne peuvent recevoir la même éducation; tous ne peuvent pas faire le même usage de leurs forces; tous ne pourraient avoir une part égale de propriété, sans priver l'espèce humaine entière de toutes les jouissances qui naissent d'un heureux concert de lumières, de forces, d'industrie. Les mauvaises lois augmentent les effets de l'inégalité naturelle; les bonnes lois les corrigent, mais ne les détruisent pas. Enfin, la nature n'a pas voulu que les hommes fussent également dispersés sur le territoire qu'ils occupent; leurs travaux, leurs intérêts, leurs relations sociales les y distribuent avec une inégalité qui est un bien, si c'est le libre concours des volontés particulières qui y préside seul.

II. Les lois qu'on ferait en faveur de la capitale seraient-elles utiles en nuisant aux provinces? Comme il ne peut être question de prérogatives politiques (la constitution n'en laisse heureusement subsister aucune, mais seulement d'avantages économiques), il suffit de considérer les dépenses que l'on ferait sur le trésor commun, soit pour la subsistance de la capitale, soit pour des établissements avantageux à ceux qui l'habitent.

Or, 1º il est important pour l'empire entier que la ville où s'exercent les pouvoirs communs ne soit jamais troublée par la crainte de manquer de subsistances; qu'elle ne soit privée d'aucun des moyens qui peuvent assurer la tranquillité de ses habitants, et par conséquent la sécurité et l'indépendance de ceux qui exercent ces pouvoirs. Il est donc évident que l'intérêt général exige ces dépenses, et qu'elles sont utiles à tous, si elles sont réellement nécessaires.

2º La capitale renfermant en plus grand nombre que toute autre ville, des hommes salariés par la nation entière, et ces dépenses étant une partie de leur salaire, puisqu'elles sont faites pour eux, elles doivent être considérées en grande partie comme un remplacement de ces salaires, et même comme une

économie, si elles sont bien dirigées. Si l'on porte
ces dépenses au delà du terme où elles sont utiles à
la nation entière, si on fait payer par elle ce qui,
dans les autres villes, serait payé par les habitants,
ou de la cité même ou de la province, alors sans
doute on commettra une injustice; mais cette injustice ne produirait à la pluralité des citoyens de la
capitale que des avantages très-faibles pour chacun
d'eux, et impossibles à conserver sans perdre les
avantages bien plus grands d'une concorde que l'égalité seule peut maintenir.

III. Si nous considérons, enfin, les lois que les
provinces d'un empire ont quelquefois paru vouloir
opposer à l'agrandissement, à la prospérité de la capitale, nous trouverons qu'elles manquent encore
leur but. Ces lois ont en général pour objet de rendre
plus dispendieux par des impôts le séjour de la capitale. Mais ces impôts, sur quoi sont-ils payés? Ce
n'est par sur le produit territorial de la capitale, qui
n'en a point; c'est donc sur le salaire des personnes
employées pour l'exercice des divers pouvoirs réunis
dans la capitale; c'est sur les fonds des établissements publics payés par la nation; c'est sur le revenu
des habitants des provinces qui viennent dans la
capitale pour s'instruire, pour suivre leurs affaires,
pour s'amuser. C'est donc sur les provinces elles-
mêmes que porte la plus grande partie de ces impôts. Ce que les habitants de la capitale consomment
vient des provinces, et ce avec quoi ils payent vient
également d'elles. On croit que ces impôts pèsent
sur les capitalistes, sur ceux qui tirent leur revenu

des intérêts payés par l'État ; mais comme on est intéressé à ne pas éloigner les habitants des capitales de placer dans les emprunts qu'eux seuls peuvent remplir en grande partie, il faut en porter l'intérêt à un taux qui leur convienne, et ce taux s'étend sur la totalité des emprunts, quoiqu'ils n'en aient pris qu'une portion. L'État payera donc à des étrangers en pure perte, pour avoir le plaisir de reprendre sur les rentiers établis dans la capitale l'excédant d'intérêts qu'il leur aura donné.

On imagine que ces impôts éloignent de la capitale, et c'est une erreur. Les salaires augmentent dans le même rapport que l'impôt, depuis la journée des ouvriers jusqu'aux appointements des hommes qui remplissent les premières places.

Seulement, ceux qui vivent avec économie trouvent, dans ce haussement des salaires, un moyen d'augmenter leurs épargnes, d'amasser plus aisément des petites fortunes pour se retirer en province.

Enfin, ceux qui, pour quelque raison que ce soit, font une partie de leurs dépenses hors la capitale, sont payés comme si cette partie était assujettie à l'impôt. D'ailleurs, tous les hommes ne calculent pas : et quoique, par l'effet des taxes indirectes, six livres puissent être réduites à ne procurer que les jouissances qu'on aurait ailleurs pour trois, il arrivera cependant que beaucoup de personnes préféreront de les gagner, et croiront avoir davantage.

Enfin, est-il de l'intérêt national d'écarter du point où se traitent les grandes affaires de la nation, les citoyens qui ont plus de lumières que de richesses, plus de zèle pour le bien public que de talent pour obtenir des places ?

Ainsi, les lois contraires à l'égalité ne peuvent être bonnes pour les provinces en nuisant à la capitale, ni utiles à la capitale en nuisant aux provinces. Ainsi, c'est à la nature, c'est à la volonté libre des individus qu'il faut laisser le soin de fixer la grandeur, la richesse du chef-lieu de l'empire, comme de toute autre ville.

On pourrait demander si la capitale, étant trop petite, il ne faudrait pas chercher à l'agrandir. Non, sans doute ; il faut y placer tous les établissements qu'il est utile de réunir dans le centre commun, et bientôt les hommes que ces établissements attirent s'y réuniront d'eux-mêmes.

On peut demander s'il ne faut pas s'occuper de diminuer une capitale trop grande. Je répondrai que, bien loin d'accélérer ce changement, il serait sage de le rendre presque insensible, parce qu'une dépopulation trop rapide de la capitale deviendrait un mal pour les provinces, à qui elle renverrait, non les hommes distingués qu'elle renferme, mais ceux qui n'y subsistent que par de mauvais moyens ; non les ouvriers qui par leur conduite et leur habileté sont sûrs de trouver du travail, mais ceux qui par leur paresse, leurs vices ou leur faiblesse, ne sont employés que dans les cas de nécessité.

Ainsi, dans les circonstances où naturellement la capitale doit encore augmenter, il n'est pas utile aux provinces d'y mettre obstacle ; et si, par un changement dans la distribution des pouvoirs, elle doit diminuer, il est de l'intérêt des provinces que cette diminution ne soit pas trop rapide.

Concluons donc que les habitants des provinces et ceux de la capitale d'un même empire ont les mêmes intérêts ; que ces intérêts sont également la certitude de jouir des droits communs à tous, l'avantage d'être soumis à des lois douces et sages, appliquées avec une sévère impartialité ; enfin, la liberté de la propriété, de l'industrie, du commerce, qui seule assure aux hommes, et les choses nécessaires à leurs besoins, et la facilité d'acquérir par leur travail ou leur intelligence les moyens d'y satisfaire.

Concluons que la grandeur d'une capitale, lorsqu'elle n'a pour cause que la réunion des pouvoirs qui embrassent tout l'État, favorise la liberté, le progrès des lumières et des arts utiles, en augmentant l'activité des esprits par l'émulation qui naît du rapprochement des hommes habiles dans tous les genres.

Concluons enfin que ceux qui voudraient, par des lois inégales, favoriser les provinces aux dépens de la capitale, ou la capitale aux dépens des provinces, ne parviendraient qu'à faire leur mal commun. Appliquons maintenant à la France ces réflexions générales.

On a prétendu que la constitution libre que la France vient de conquérir, et qu'elle doit en partie au zèle des citoyens de Paris, serait l'époque du dépérissement de la capitale, qui ne pourrait conserver ni sa population ni sa splendeur. Les uns ont été trompés par cette diminution dans les dépenses,

par cette suspension de toute confiance, suite nécessaire de l'état des finances et de l'incertitude où,
dans ces grands changements, presque toutes les
personnes riches ont été sur ceux qu'éprouverait
leur fortune. Comme la crainte, l'humeur, ou l'a-
mour du repos ont écarté de la capitale un assez
grand nombre de familles opulentes, ils se sont exagéré ce nombre, et ont regardé cette retraite momentanée comme une absence éternelle. D'autres
ont cherché à accréditer cette opinion dans l'espérance de refroidir par là le zèle des habitants de
Paris.

Heureusement, s'ils ont réussi à leur inspirer des
craintes, ils n'ont pu diminuer leur enthousiasme
pour la constitution, et ces dignes citoyens ont
montré qu'ils préféraient la liberté à la richesse, et
qu'ils savaient supporter le malheur, mais non la
servitude. L'idée qu'ils devraient perdre beaucoup a
pu les affliger, mais n'a pu, ni les décourager, ni
changer leurs opinions.

Cependant, il importe à la nation entière de
connaître jusqu'à quel point cette opinion est fondée.
Une partie quelconque d'un État ne peut éprouver
un dépérissement subit sans que le reste n'en partage
les pertes.

Paris, par exemple, ne pourrait déchoir sans
que le pays qui l'entoure ne perdît une partie de sa
population et de sa richesse, puisqu'il doit au voisinage seul de Paris, et sa prodigieuse activité, et
les capitaux avec lesquels il a établi une culture flo-
rissante dans des terrains peu favorisés de la nature.

La diminution de Paris nuirait encore, si elle était trop rapide, à celles des provinces plus éloignées qui fournissent à sa consommation, et dont les denrées seraient obligées de chercher de nouveaux débouchés.

Pour connaître quel doit être à l'avenir le sort de Paris, et si cette ville est exposée à une diminution dont l'intérêt général oblige à prévenir les effets, il faut voir quels étaient ceux qui y consommaient leur revenu ou une partie de leur revenu, et examiner ensuite quels sont ceux qui resteront, et si une grande partie des habitants qui doivent quitter la capitale ne seront pas remplacés.

Les agents du pouvoir exécutif étaient partagés entre Paris et Versailles; il en était de même de la cour: le roi ne résidait pas à Paris, et il n'y existait pas de corps législatif.

Il faut espérer sans doute que le nombre des agents du pouvoir exécutif sera très-diminué, et leurs revenus encore plus; que la cour subira de grandes réformes; mais le roi, la cour seront à Paris au moins une partie de l'année, les agents du pouvoir exécutif y résideront. Les propriétaires riches, même en perdant leurs places à la cour, ne quitteront pas la capitale; le corps législatif y tiendra ses séances quatre mois de chaque année.

Quoique le roi fût établi à Versailles, les personnes de toutes les provinces qui avaient des affaires à suivre auprès du pouvoir exécutif s'établissaient dans la capitale. Le nombre de ces affaires diminuera sans doute; mais d'un autre côté les sessions des législatures attireront beaucoup d'habitants des provinces, les uns par curiosité, d'autres pour s'instruire, se former à la discussion des grandes affaires, se faire connaître des membres les plus importants des législatures, dont le suffrage aura nécessairement un grand poids dans les élections; ainsi, à cet égard, je vois encore une sorte de compensation.

Les tribunaux souverains de Paris avaient un ressort immense, une foule de plaideurs y portaient ou y envoyaient beaucoup d'argent, et ces tribunaux n'existeront plus.

La simplification dans l'ordre des finances causera de même une perte réelle par la diminution du nombre des employés résidant à Paris, et par celle de leurs appointements.

Enfin, il est vraisemblable qu'une grande partie des ecclésiastiques qui y vivaient, se retireront en province; et nous ne compterons point, comme faisant une compensation exacte, ceux que le goût d'une liberté plus grande y amènera, parce que sans doute des lois plus justes et plus douces leur assureront partout celle qui est nécessaire à leur bonheur. Cependant la sévérité de l'opinion, qui change plus lentement que les lois, en déterminera quelques-uns à y chercher un asile; réunie avec la force de l'habitude, elle en retiendra d'autres, et l'effet de cette réforme, d'ailleurs si utile, ne se fera sentir que graduellement.

Mais ces pertes ne seront-elles point compensées par d'autres avantages? Paris n'aura-t-il pas celui d'unir à la liberté civile, à la liberté la plus grande de la vie privée, les avantages d'une police plus sûre encore que l'ancienne, sans en avoir la tyrannie arbitraire? Aux agréments de ses théâtres, de ses arts, de sa société, Paris ne joindra-t-il pas le spectacle imposant d'une législature où tous les grands intérêts seront traités publiquement, avec liberté, dans une langue entendue de presque tous les hommes instruits de l'Europe? Paris attirera donc, et plus de citoyens français parmi ceux qui ne cherchent qu'à jouir, et un plus grand nombre d'étrangers.

On peut aussi compter pour beaucoup dans les premiers moments ceux des habitants des provinces dont le rétablissement de l'égalité naturelle blesse la vanité. Ils ne pourront souffrir d'avoir pour égaux ces simples citoyens dont ils auraient voulu rester les maîtres, et ils ne doivent pas espérer d'obtenir des places parce qu'ils ont trop dédaigné le peuple, dont le suffrage va seul les donner. Peut-être même ne dédaigneront-ils pas les places passagères, où l'on n'a plus que l'autorité de la loi, où l'on est comptable à ceux même dont on devient le supérieur ou le juge. Un sentiment naturel les portera vers la capitale, parce que les hommes pouvant y être étrangers à tout, hors à leur société, ont bien moins besoin de distinctions et de places.

La réforme de l'éducation, ou plutôt l'établissement d'une éducation vraiment nationale, sera pour Paris un nouvel avantage.

Sans doute la nation doit offrir à tous les citoyens l'instruction nécessaire pour travailler à leur propre bonheur, et remplir les devoirs communs de la société; mais les grands maîtres, les instructions plus

approfondies, plus étendues, qui ne peuvent convenir qu'à un petit nombre, auront naturellement
leur place dans la capitale; et il est important d'y
réunir surtout les établissements où l'on dévelop-
pera dans toute leur étendue les diverses parties des
sciences politiques.

Dans l'enseignement public d'une nation libre, la
morale est toujours pure. Un professeur qui voudrait
enseigner une politique insidieuse ou lâche, qui ferait l'apologie d'un usage injuste ou barbare, serait
bientôt avili. L'enseignement est toujours plus sévé-
rement conforme à la justice que la politique des
hommes d'État, même celle qu'ils annoncent dans les
assemblées publiques, parce que le crédit, la réputation d'habileté, la facilité de s'excuser sur les circonstances, diminuent l'espèce de honte que des
principes relâchés peuvent mériter.

Au contraire, celui qui enseigne n'a, comme l'écri-
vain, d'existence sociale, n'est honoré que par ses
opinions.

En général, la jeunesse s'attache plus fortement
aux maximes dont la pureté s'accorde, avec la droi-
ture naturelle du cœur humain. Rarement on voit
un jeune homme oublier pour un intérêt de parti
ou d'argent les opinions qu'il professe, faire retentir
aujourd'hui le nom de liberté et demain consacrer
l'esclavage, opposer les droits sacrés de l'humanité à
de petits abus qui le blessent, et trahir ces mêmes
droits en approuvant des crimes qui lui sont utiles.
Cet excès de perversité est rare, et on n'en peut citer
qu'un petit nombre d'exemples.

Ainsi l'enseignement public des sciences politiques dans la capitale, non pour les enfants (celui-là doit être commun à toute la nation), mais pour les jeunes gens déjà formés, pour ceux que bientôt le suffrage public peut appeler aux places importantes, serait un préservatif utile contre la corruption de principes qui pourrait se glisser dans les législatures. Cette censure, indirecte et grave, exercée par les maîtres, répétée par les disciples, contiendrait ceux qui, à l'aide de sophismes brillants, voudrait établir des maximes dangereuses.

Le commerce des livres, débarrassé de la censure, va devenir pour Paris une ressource presque universelle. On sait que les ouvrages qui ont eu le plus de lecteurs en France et chez les étrangers, n'ont jamais été imprimés à Paris, où l'ont été seulement lorsque, se trouvant déjà dans toutes les bibliothèques, on a eu l'esprit de sentir qu'il était inutile de les défendre. On sait que nos inquisiteurs (1) n'ayant toléré qu'un petit nombre d'imprimeries, il en était résulté une augmentation de prix qui ne permettait de soutenir la concurrence ni avec les étrangers, ni avec les provinces. Le peuple ne lisait pas les journaux, dont la main timorée d'un censeur effaçait tout ce qui aurait pu l'intéresser, tout ce qu'il pouvait entendre; on avait porté la précaution jusqu'à en réduire le nombre dans les limites les plus

(1) Un d'eux disait qu'il ne faudrait en France d'autre imprimerie que l'Imprimerie royale. Un autre, que l'on devait se borner aux auteurs du siècle de Louis XIV, puisqu'on ne ferait pas mieux.

étroites, tandis que des impôts secrets en augmentaient le prix. Il était défendu d'y annoncer les ouvrages où la vérité osait se montrer même à demi.

Pourquoi le peuple aurait-il lu, puisque les livres à sa portée ne lui offraient qu'une nourriture empoisonnée par l'hypocrisie ou par le despotisme?

Comptons encore l'avantage d'être le centre des sciences et des lettres. Je sais que je contredis ici l'opinion commune.

On croit que la constitution nouvelle sera moins favorable aux progrès des sciences, à la culture des lettres. On imagine que tous les hommes étant rétablis dans leurs droits, tous étant appelés aux diverses fonctions publiques, on ne connaîtra bientôt plus d'autre étude que la politique, d'autre gloire que de se faire un nom dans les assemblées de la nation; et que les citoyens, quels qu'ils soient, pouvant prétendre à tout, se précipiteront dans la carrière de l'ambition. La raison et l'expérience démentent ces craintes.

Les sciences ont-elles été moins cultivées dans Athènes que dans Alexandrie? L'Angleterre était-elle esclave, lorsque Newton et Boyle y ont fondé une école si féconde en hommes illustres? Le temps de la gloire de la Hollande dans les sciences n'a-t-il pas été celui de sa liberté? Dans quelle monarchie a-t-on vu une ville produire une succession d'hommes de génie, comme la patrie des Bernoulli et des Euler?

Mais, dit-on, les sciences et les lettres ne fleurissent pas en Angleterre, et la politique a tout absorbé. Il est vrai qu'elles semblent avoir fui vers

l'Écosse. Mais que conclure de cet exemple? Sans
doute, si la corruption offre à ceux qui se distin-
guent par le talent ou par l'intrigue, des places,
des honneurs et des richesses, une pente naturelle
entraînera tous les hommes vers cette utile et bril-
lante carrière ; et même l'homme vertueux pourra
regarder comme un devoir de s'y engager, puisque
la liberté, toujours en péril, aura sans cesse besoin
de tous ses défenseurs.

Mais est-il donc nécessaire qu'une constitution
libre soit fondée sur la corruption? Dans celle que
la France a choisie existera-t-il beaucoup de places
qui puissent flatter la cupidité ou l'orgueil?

Déjà cette constitution a rejeté du corps législatif
ces places héréditaires, fléau de la liberté. L'idée
d'un sénat composé de membres à vie a révolté la
raison et l'indépendance de nos députés.

Les législateurs seront réélus tous les deux ans.
L'administration est confiée à des assemblées dont
les membres doivent être souvent renouvelés. L'ordre judiciaire n'offre que des places à temps, peu
lucratives, et sans autorité personnelle. Que les finances soient régies avec économie, avec simplicité,
qu'elles soient rigoureusement soustraites à l'influence
du pouvoir exécutif. Dès lors la corruption ne devient plus un des agents nécessaires de la constitution; et le génie de la nation, qui avait conservé son
activité sous les chaînes du despotisme, ne sera pas
honteusement étouffé sous l'indigne poids de l'or.

L'étude des sciences politiques, si on leur donne
pour base les principes du droit et les maximes de

la raison, s'allie avec celle des autres sciences, avec
le goût de la philosophie, avec l'amour des lettres.
Croit-on qu'en France, à l'exemple de l'Angleterre,
tout homme qui ne respectera pas avec une religieuse frayeur le mystère de la constitution, qui
osera opposer le raisonnement à la routine, les intérêts de la justice à de prétendus intérêts du commerce, sera regardé comme un rêveur qu'il faut
reléguer dans les universités ?

Pourquoi une nation libre n'encouragerait-elle pas
autant que les princes, tout ce qui contribue aux
progrès des lumières ? Ignorera-t-elle que ce sont
les philosophes, les savants, les grands écrivains qui
lui formeront ces instituteurs, destinés eux-mêmes
à former des citoyens utiles ? Ne saura-t-elle pas que
si on voulait borner l'esprit humain à ce qui est
rigoureusement d'une utilité immédiate, il retomberait bientôt dans l'ignorance et dans la servitude ;
que tout art, toute science qui ne fait pas de nouveaux progrès se corrompt et s'altère ? Car tel est
le sort de l'espèce humaine, comme celui des individus qui la composent : il n'est pas dans sa nature
de pouvoir fixer un terme où elle reste toujours la
même ; il faut qu'elle se perfectionne ou qu'elle se
dégrade, qu'elle apprenne ou qu'elle oublie.

La nation française peut-elle ignorer ce qu'elle
doit au progrès des lumières? L'exemple des nations
peu éclairées, qui conservent leurs fers, ou qui ne
les brisent que pour en changer, ne l'instruit-elle
pas de ce qu'elle aurait à craindre de l'ignorance?
Les sciences continueront leur marche paisible ; la

poésie, l'éloquence, prendront un caractère plus fier et plus libre. Les hommes dont les talents, dirigés vers le bien général, vers le progrès des lumières, qui en est inséparable, mériteront des encouragements et des récompenses, les recevront de la sage économie d'une nation éclairée ; et il est difficile qu'ils y perdent : car ce n'est pas en leur faveur que les princes ont jamais porté la munificence jusqu'à la prodigalité.

Les sciences, les lettres gagneront donc à la révolution ; cette nécessité d'avoir un état pour obtenir de la considération, de s'enrôler parmi les oppresseurs pour ne pas rester parmi les opprimés, de s'élever aux yeux des préjugés pour ne pas être avili par eux, cette nécessité n'existera plus. Quand tous les hommes sont égaux aux yeux de la loi, la supériorité des lumières et celle des talents, ne doit-elle pas devenir naturellement l'objet d'une émulation générale? Quand toutes les places, à l'exception d'un très-petit nombre, ne sont conférées que pour un temps limité, la vanité même ne doit-elle pas entraîner vers les travaux qui peuvent seuls conduire à des distinctions indépendantes et durables?

Enfin, sous l'ancien régime, où l'argent, prodigué aux dépenses superflues ordonnées par l'ignorance plus encore que par la corruption, ne manquait que pour les dépenses utiles, où le défaut de confiance empêchait toute entreprise fondée sur ses avantages réels, et non sur une protection ministérielle, Paris n'avait pas les communications par eau nécessaires à la sûreté des subsistances, à la prospérité d'une ville si peuplée. Car les causes qui tendent à augmenter le nombre des habitants d'une capitale étant étrangères à sa position, la population ne s'y proportionne pas à ses ressources naturelles, comme dans les autres villes, et il est nécessaire de rétablir cette proportion. C'est aujourd'hui ce que Paris doit attendre de l'équité, osons le dire, de la reconnaissance de l'assemblée nationale ; c'est la juste récompense de son zèle ardent pour la liberté et de son inébranlable soumission.

Dans les raisons qui doivent rassurer les citoyens de Paris, nous n'en avons point compté une qui doit être de la plus grande force ; c'est l'augmentation de prospérité qui naîtra de la nouvelle constitution. Ce progrès, suite nécessaire de la liberté, de l'égalité, deviendra surtout sensible lorsque, par l'effet des principes de la constitution, le commerce et l'industrie auront aussi recouvré une liberté entière.

Or, cette prospérité de toute la nation s'étendra sur la capitale ; on ne sait pas assez combien la tyrannie féodale, fiscale, judiciaire et de police, ôtait aux citoyens de ressources, par les obstacles que mettait à leur activité une crainte vague qui l'arrêtait, qui la décourageait sans cesse. Le mal direct qui résultait de ces diverses tyrannies n'était, sous ce point de vue, qu'une faible partie de celui qu'elles faisaient par cette foule de petites entraves qui gênaient tous les mouvements, tous les projets, toutes les pensées.

Un homme qui voulait faire de ses bras, de son industrie, de son talent, de ses capitaux, de sa terre,

un autre usage que celui qu'il en avait fait la veille,
n'était jamais sûr de ne jamais violer une vingtaine
de lois, de n'être point poursuivi par huit ou dix
autorités différentes. Et de combien de pertes véritables ne peut point dédommager la destruction de
ces chaînes, surtout chez un peuple dont l'esprit
et l'activité naturelle avaient pu résister à tant de
moyens de le décourager et de l'abrutir ? Ses citoyens de toutes les professions, de toutes les fortunes, sont appelés également à l'acquisition d'une
masse immense de propriétés, et, par cette heureuse
circonstance, cette distribution moins inégale des
propriétés, si nécessaire au bonheur national, sera
l'ouvrage de quelques années, au lieu d'exiger quelques générations. Enfin, si on examine notre culture, nos arts, notre commerce, on ne peut s'empêcher de voir qu'ils sont bien éloignés du point de
perfection auquel la nature leur permet d'atteindre,
et que leur promet notre industrie. Dans cette heureuse
position, achetée aux dépens de ceux qui nous ont
précédés, les vices de l'ancienne administration nous
ont réservé des sources abondantes de richesses que
la liberté vient d'ouvrir, et dont nos lumières et notre
industrie, que le despotisme enchaînait, mais qu'il
n'avait pu étouffer, nous rendent dignes de profiter.

Qu'on daigne peser toutes ces considérations, et
l'on verra que les pertes locales doivent être compensées, et qu'elles disparaîtront, pour ne plus laisser sentir que les heureux effets de la prospérité
générale.

SUR LES TRIBUNAUX D'APPEL.

29 JUILLET 1790 (1).

(1) N° IX. *Journal de la Société de 1789.*

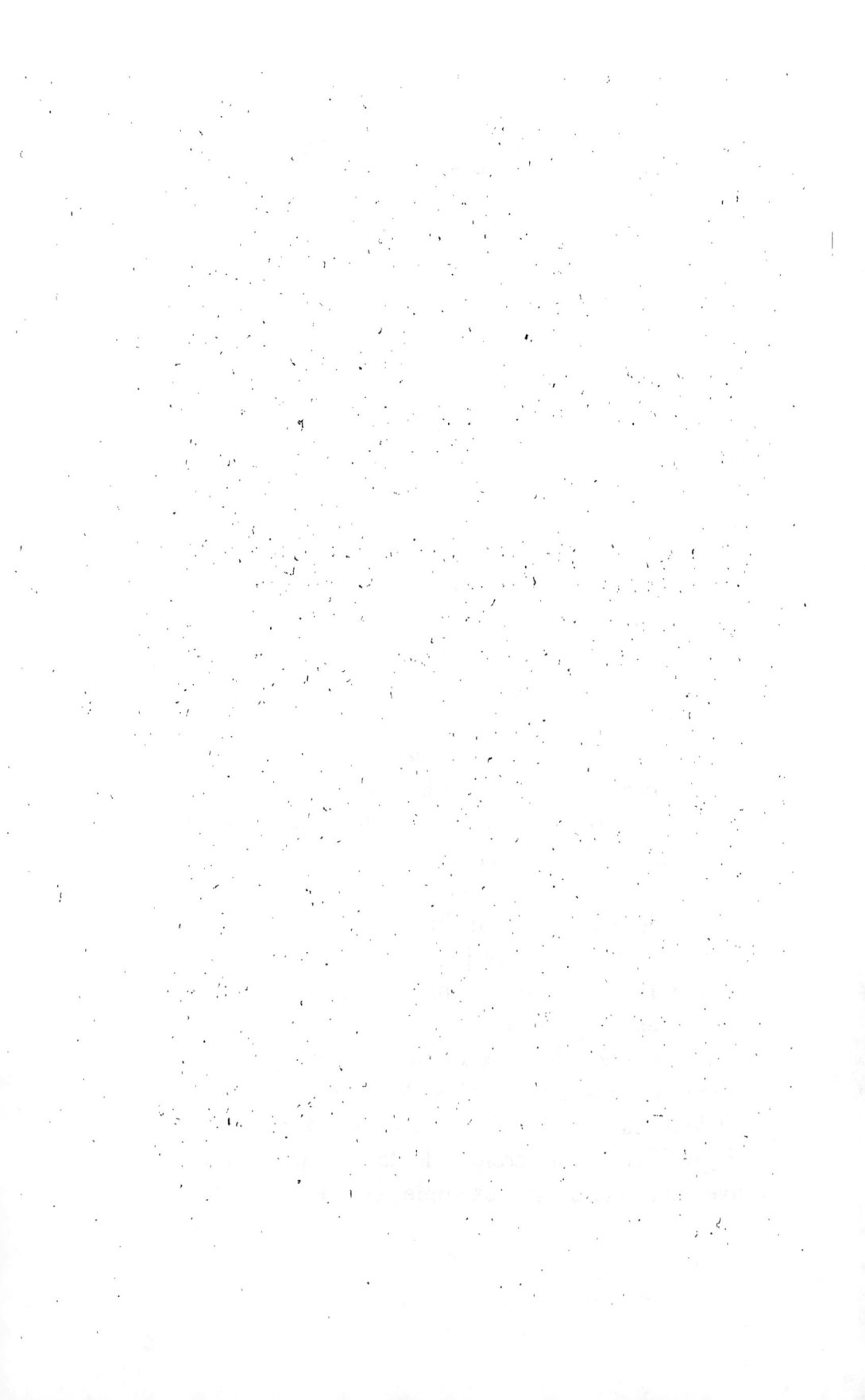

SUR LES TRIBUNAUX D'APPEL.

Toutes les fois que la décision du tribunal d'appel est exécutée sans avoir égard à celle du premier tribunal, il n'y a véritablement qu'un jugement rendu par un tribunal, d'après une instruction faite dans un autre.

Si l'appel n'a point lieu, c'est uniquement par la volonté des parties : la première décision est donc réellement arbitrale ; et si l'appel n'est pas suspensif, le premier tribunal n'a de plus qu'une juridiction provisoire, qu'il ne doit exercer que dans le cas où il y aurait du danger à laisser les parties dans l'état où elles étaient au moment de la demande.

C'est d'après cette vue que la jurisprudence a distingué les cas où l'appel empêchait, et ceux où il n'empêchait pas l'effet de la première sentence.

Mais lorsque les tribunaux d'appel ont une composition semblable à celle du premier tribunal, il résulte que l'on a deux jugements prononcés de même sur le même objet, qui peuvent être contradictoires, et dont l'un n'étant préféré à l'autre que par l'autorité de la loi, n'a aucun avantage que celui d'avoir laissé aux parties plus de temps pour faire valoir leurs moyens. Or, cet avantage ne suffit pas pour justifier la préférence de la loi, pour faire trouver naturel, si, par exemple, chacun des tribu-

naux est de cinq juges, qu'un homme perde son
procès, quoique sept juges aient été d'avis de le lui
faire gagner, et seulement parce que le hasard a
réuni dans le tribunal les trois juges d'appel qui lui
étaient contraires. Si même il y avait, par exemple,
trois juges dans le premier tribunal, et cinq dans le
second, on pourrait encore être condamné avec une
pluralité réelle de cinq contre trois.

Il faut donc établir nécessairement une différence
d'un autre genre entre ces tribunaux; et il ne suffit
pas que ce soit, comme dans les États despotiques
ou aristocratiques, une différence d'autorité et de
pouvoir; mais on doit en établir une qui entraîne
la confiance, de manière que, malgré l'unanimité du
premier tribunal pour une partie, et la simple pluralité du tribunal d'appel pour son adversaire, il
n'y ait pas lieu de douter de la bonté du dernier jugement, pour ceux qui connaissent seulement comment et par quel tribunal il a été rendu.

Car c'est là ce qui constitue réellement, pour
chaque citoyen, l'obligation étroite d'assurer l'exécution des jugements; autrement, elle ne serait
fondée que sur la nécessité de conserver la paix, et
non sur celle de maintenir la justice.

Par le décret de l'assemblée nationale, il n'existe
qu'une seule différence entre les deux tribunaux.
Le tribunal d'appel étant situé dans un district
étranger au moins à l'une des parties, peut être regardé comme étant plus impartial; mais cette différence ne suffit pas. Il est donc nécessaire d'en établir
une autre; et alors cette forme pourrait devenir pré-

férable de beaucoup à l'ancienne, qui n'avait aussi
d'autre avantage que l'indifférence des juges supérieurs, à l'égard du plus grand nombre des parties.
Je ne compte pas en effet celui du nombre plus
grand de juges, qui, bien que très-faible, cependant
est réel ; ni celui de leur richesse, qui peut rendre
des juges moins corruptibles, mais aussi plus accessibles aux considérations étrangères.

J'oserai donc proposer d'attribuer les jugements
d'appel à dix ou à douze jurés, dont six ou huit au
moins seraient pris parmi les gens de loi.

On opposera sans doute le décret par lequel l'assemblée a rejeté, du moins provisoirement, l'établissement des jurés au civil. Mais nous pourrons
répondre que des décrets successifs, sur une suite
d'articles qui doivent former un système lié, ne peuvent être regardés comme irrévocables, avant un examen qui réponde que leur ensemble n'offre rien de
contraire aux intentions de ceux qui les ont successivement rendus. Autrement, on serait exposé à
voir substituer à un plan régulier, dirigé vers un but
unique, une suite de règlements séparés, incohérents
et même contradictoires. En effet, en supposant à
tous ceux qui délibèrent l'attention la plus soutenue, les intentions les plus pures, l'esprit le plus
juste, ils ne pourraient parvenir à éviter les contradictions ou l'incohérence, qu'en se représentant à
chaque délibération particulière tous les articles
déjà décrétés, et en se déterminant d'avance sur
ceux qui doivent l'être, en se formant chacun un
système complet. Ce n'est pas tout encore : le ré-

sultat des articles admis ne détermine pas d'une manière unique le système total; il peut y en avoir un
grand nombre différents entre eux, quoique tous
d'accord avec ces premiers articles; mais le nombre
de ces systèmes diminue à mesure que celui des articles adoptés augmente; il doit donc arriver, à chaque article, qu'une partie des votants soit obligée
de changer de système. Ajoutons encore les variations sans nombre que de nouvelles idées, de nouvelles propositions peuvent introduire.

On voit donc qu'une cohérence entre tous les articles, qu'une exclusion de tous les systèmes réellement contraires à l'opinion de la pluralité des votants, ne peuvent être assurées d'une manière suffisante, sans supposer à tous les votants, si le nombre
des articles n'est pas très-petit, une force de tête
dont peu d'hommes sont capables; sans exiger un
travail suivi et journalier, fait par chaque votant sur
la suite des articles soumis à la discussion. On doit
donc renoncer à cette irrévocabilité d'articles successifs, et la réserver pour le système complet.

J'interrogerai sur cette question les hommes les
plus habitués à réfléchir, ceux qui, dans quelque
genre que ce soit, sont accoutumés à ranger leurs
idées avec le plus de méthode, à les combiner d'une
manière systématique; je leur demanderai si, seuls,
dans le silence, méditant sur les objets qui leur sont
le plus familiers, ils pourraient, en prenant un parti
sur chaque proposition à mesure qu'elle s'offre à
leur esprit, se répondre de former ainsi, du premier jet, un ouvrage suivi, dont toutes les parties

fussent d'accord ; s'il ne leur arrive pas souvent de revenir sur leurs pas, de balancer des opinions qui leur ont paru vraies, l'une après l'autre, en les considérant chacune séparément, et qui cependant ne peuvent subsister ensemble ?

Quel est l'homme qui voudrait faire des ouvrages à condition de ne pas les revoir, de ne pas rectifier ce qu'il a écrit au commencement ; si, avant d'avoir fini, il a observé des contradictions ; si la suite de ses réflexions lui a fait apercevoir des erreurs ?

Or, ce qu'il serait absurde d'exiger d'un homme, peut-on l'exiger d'une assemblée, pour qui la difficulté de conserver l'unité augmente avec le nombre de ses membres ?

Il ne résulte pas de cette opinion qu'on doive flotter dans une incertitude éternelle. En effet, il ne s'agit de soumettre à un changement que les articles qui ne peuvent subsister ensemble, et dont la combinaison n'étant pas prévue d'avance, n'a pu être réellement jugée. Or, ici on n'a point dit à ceux qui n'ont pas voulu admettre les jurés dans les causes civiles : Il n'y aura pas de tribunaux d'appel constitués exprès, mais chaque tribunal le deviendra à l'égard du tribunal voisin. D'ailleurs, il est évident que le tribunal d'appel n'ayant tout au plus qu'un juge, et peut-être deux de plus que le premier tribunal, et ces juges étant rigoureusement égaux dans ces divers tribunaux, il ne résulte aucune probabilité supérieure du bien jugé en faveur du tribunal d'appel, si les jugements sont contradictoires ; et cependant, cette probabilité est une condition que tout tribunal d'appel doit nécessairement remplir.

Or, je crois qu'on la remplirait en admettant des jurés, parce que leur tribunal différera de celui qui n'est formé que de juges, par la possibilité de multiplier les récusations non motivées, qui préviennent l'effet des inimitiés personnelles, comme de l'esprit de parti, et rendent la corruption presque impossible. Alors, si surtout on ôte aux juges la voix dans les décisions, on ne dira plus : Celui dont trois juges avaient, d'un accord commun, jugé la cause légitime, a été condamné par la pluralité de la voix d'un seul ; mais on dira : Elle a été reconnue mauvaise par la pluralité de jurés, dont les deux parties étaient obligées de reconnaître l'impartialité ; qui, appelés à juger cette seule affaire, y ont donné toute leur attention. Le premier jugement, différent du second par sa forme moins solennelle, ne paraîtra plus que ce qu'il est réellement, un jugement d'arbitres, auquel les parties restent libres de se soumettre. On verra que la loi n'a voulu confier qu'à des jurés le droit de prononcer ; mais qu'elle a cherché à épargner aux citoyens la nécessité de recourir à cette forme, en permettant aux officiers de justice, chargés de l'instruction, de leur donner un avis qui pût, en les éclairant, les empêcher de poursuivre une décision rigoureuse.

Par ce moyen, les appels retarderont moins le cours de la justice, puisqu'il suffira d'un juge pour chaque assemblée de jurés. Par ce moyen, on remédie aux jalousies, aux petites haines qui doivent s'élever entre ces petits tribunaux reviseurs l'un de l'autre, et dont chacun haïra celui qui réforme ses jugements, et celui dont il reçoit les appels. Par ce moyen, on évite l'inconvénient de faire réformer, par un tribunal, connu pour être moins instruit, les jugements d'un tribunal plus éclairé.

On ne serait plus exposé à une espèce de bizarrerie que présente le décret actuel : c'est que les propriétés des habitants d'un district soient soumises à la décision de juges élus par ceux d'un autre, et que toutes les peines que se donnaient les électeurs de bonne foi pour choisir de bons juges, soient perdues pour eux, et ne servent qu'à leurs voisins, tandis qu'ils souffriront des mauvais choix que d'autres de leurs voisins auront pu faire.

Enfin, on ne doit pas être alarmé d'un changement, puisque déjà le décret sur les tribunaux d'appel a forcé à multiplier très-inutilement les juges dans chaque district ; et ce ne sera pas la seule chose contraire aux véritables intentions de l'assemblée que l'on sera obligé de décréter, si l'on veut conserver deux conditions incompatibles : l'égalité de tous les tribunaux, la proscription des grands corps de justice, si sage en elle-même, et la non-admission du jugement par jurés.

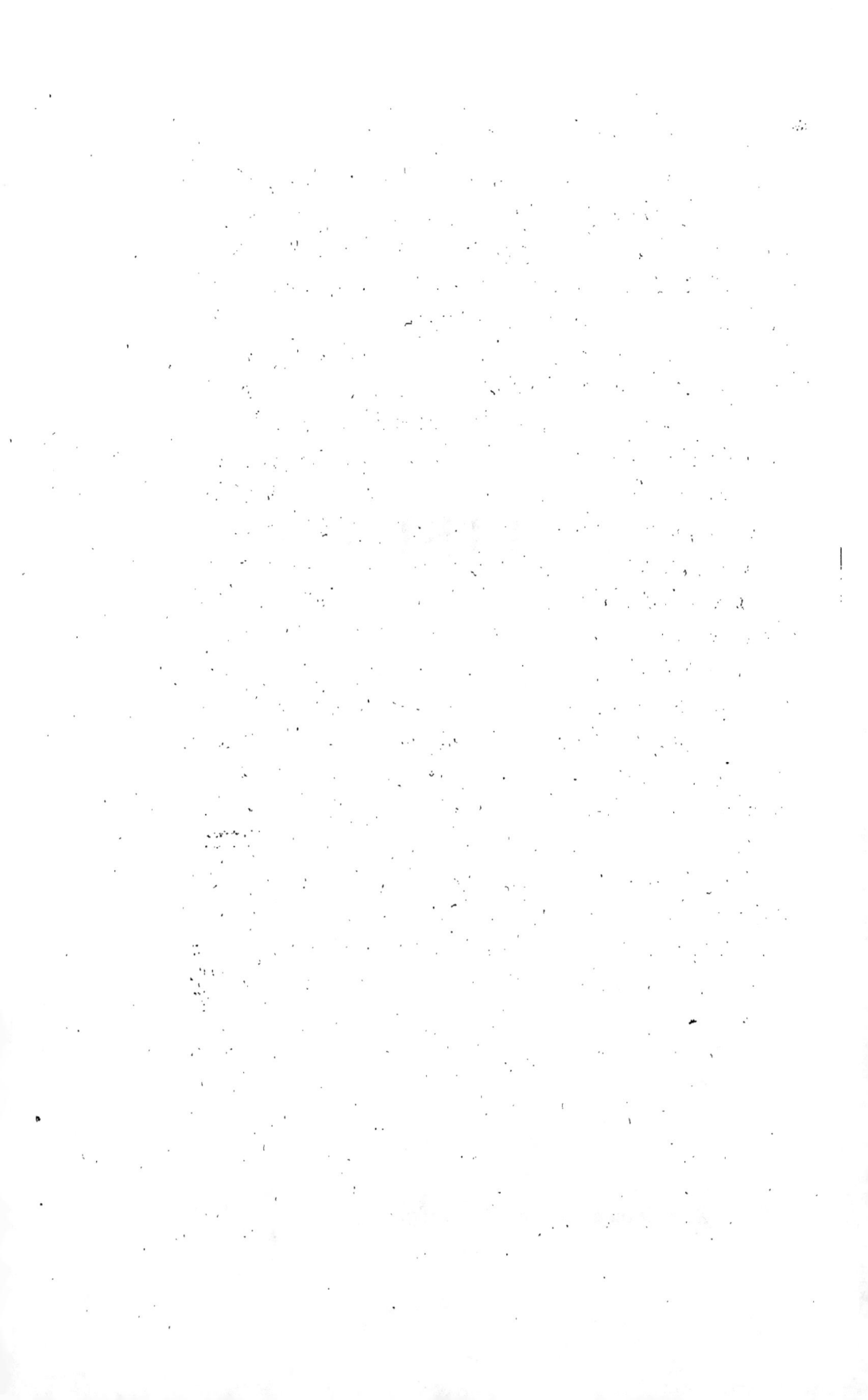

AUX AMIS

DE LA LIBERTÉ,

SUR

LES MOYENS D'EN ASSURER LA DURÉE.

7 AOUT 1790 (1).

(1) N° X, *Journal de la Société de 1789.*

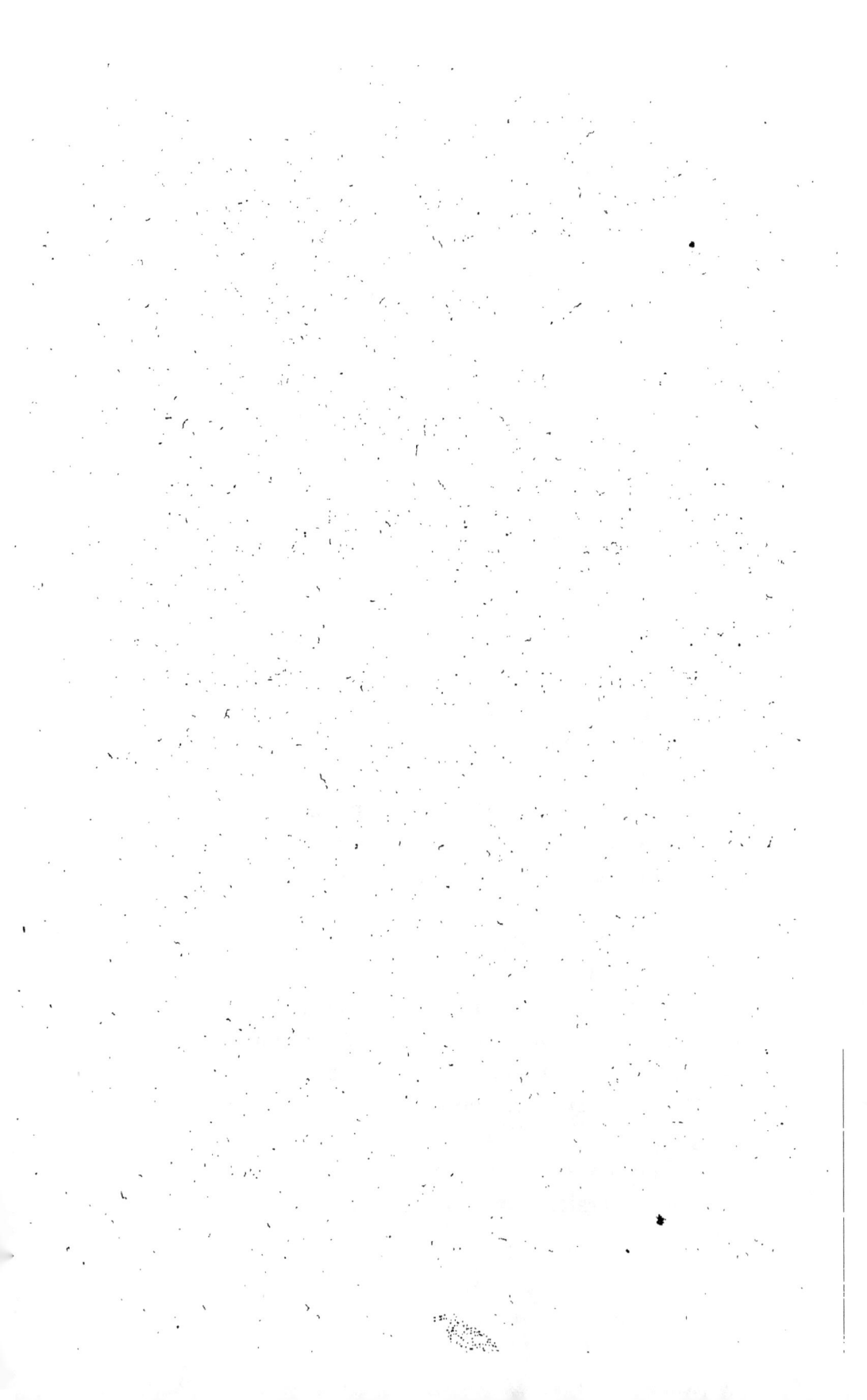

AUX AMIS
DE LA LIBERTÉ,

LES MOYENS D'EN ASSURER LA DURÉE.

———◆◆◆◆◆———

Une nation est libre quand elle n'obéit qu'à des lois conformes aux principes du droit naturel reconnus par elle, faites par ses représentants suivant une forme consacrée par une loi antécédente, et que de plus, la constitution lui assure un moyen de réformer, à des époques et à des conditions fixées pour chaque espèce de lois, celles qui paraissent à la pluralité des citoyens contraires à la justice, ou dangereuses pour la liberté.

Deux raisons principales obligent à ne pas laisser au pouvoir qui a fait les lois, le droit indéfini de les changer. La première, que le motif de se soumettre aux lois est la probabilité qu'elles seront conformes à la vérité. Or, si on peut arbitrairement changer les lois, il n'y a aucune raison de croire conforme à la vérité, celle qui a été faite aujourd'hui de préférence à celle qui a été faite hier. Une loi est une détermination générale, dont les preuves ne peuvent

X.   12

varier d'un jour à l'autre. Cette raison subsisterait
encore pour une nation qui délibérerait elle-même
sur ses lois, ou il faudrait convenir que la minorité,
en se soumettant au vœu de la pluralité, ne cède
qu'à la force, et que la loi exprime une volonté et
non un jugement.

La seconde raison est l'impossibilité de concilier
la révocabilité perpétuelle des lois, avec la jouissance paisible des droits naturels, l'exercice libre et
sûr des facultés de chaque individu, qui sont l'objet
de toute constitution, et le premier motif de toute
association politique.

On sait que cette révocabilité a détruit les républiques anciennes, quoique plusieurs d'entre elles
aient cherché à y mettre des obstacles, dont le choix
prouve combien peu les hommes étaient alors avan-
cés dans la science des constitutions politiques (1).
Il est donc nécessaire que la totalité d'une nation,
non-seulement obéisse à des lois dont beaucoup de
citoyens désirent la révocation, mais qu'elle se sou-
mette pour un temps à des lois que la pluralité désapprouve.

Cette contradiction passagère, entre la volonté du
plus grand nombre et la loi, existe même dans les

_____

(1) Pendant quelque temps le peuple d'Athènes s'était interdit
de faire des lois nouvelles, à moins qu'elles ne fussent proposées
par le sénat. Il s'aperçut que cette forme de constitution était
nuisible à la liberté; elle fut changée, et on imagina de rendre
responsable d'une loi nouvelle le citoyen qui l'aurait présentée.

Rien ne contribua plus que cette loi à la chute de la république.

démocraties immédiates, parce que les citoyens peuvent changer d'avis ; elle semble devoir être plus commune dans les démocraties représentatives. Cependant il est aisé de l'éviter, surtout en faisant en sorte qu'entre la proposition d'une loi et son adoption il s'écoule un temps suffisant pour que l'opinion générale puisse se manifester et être reconnue ; alors cette contradiction n'y existera, comme dans les démocraties immédiates, que si l'opinion générale a changé. Mais comme il est de l'essence d'une constitution libre, que les citoyens aient le droit de se réunir, de discuter leurs intérêts, de présenter leur opinion et leur vœu à ceux qu'ils ont chargés de prononcer en leur nom, il est évident que, dans ces constitutions représentatives, la force ne pourrait maintenir des lois désapprouvées par le grand nombre, sans changer en une véritable guerre l'exercice de la puissance qui protége l'exécution des lois. La contradiction entre la loi et le vœu, non-seulement de la pluralité, mais d'un grand nombre de citoyens, qu'il est difficile de distinguer de celui de la pluralité dans une nation dispersée, y exciterait nécessairement des troubles pendant le temps où cette contradiction doit subsister, si l'exécution des lois n'était garantie par un autre principe, par le respect pour la loi comme loi, même quand on la désapprouve. Un peuple chez lequel ce respect n'est pas un sentiment profond, que tout homme soit obligé de professer, comme celui de l'honneur, un tel peuple ne peut espérer de conserver sa liberté ; il est condamné à la perdre, après avoir plus ou moins longtemps flotté dans l'anarchie.

Dans un gouvernement arbitraire, où les hommes sont isolés, où il ne peut s'établir de résistance entre la force de quelques citoyens dispersés, et celle dont le despote est armé, elle suffit pour maintenir les lois, bonnes ou mauvaises, émanées de cette autorité; il importe peu à l'ordre public que le citoyen aime ou déteste les lois, les respecte ou les méprise au fond du cœur, pourvu que la crainte le contraigne à les exécuter. Tant que le despotisme ménage assez les citoyens pour ne pas élever une insurrection générale, et ses satellites, pour être sûr de leur dévouement, l'État reste tranquille, et peut même paraître florissant. Mais dans un pays libre aucune force ne peut maintenir l'ordre, si la raison, si la conscience des citoyens ne lui prête son appui.

Ce respect pour les lois, ressort nécessaire dans une nation libre, n'est pas un enthousiasme stupide pour les lois établies, une superstition politique qui suspende les progrès de la raison; ce n'est pas cette soumission servile que nos anciens tribunaux osaient exiger pour leur législation sanguinaire, lorsqu'ils poursuivaient comme des séditieux ceux qui avaient la témérité de discuter une opinion de Pussort, érigée en loi par Louis XIV, et de révoquer en doute la justice d'un arrêt ridicule ou barbare. Ce sentiment est la conviction intime qu'il importe au salut public que la loi, tant qu'elle subsiste, soit exécutée; c'est celui qui animait Socrate, lorsque, victime d'un jugement inique, il refusait de s'y soustraire par la fuite.

Ce sentiment existe en Angleterre, malgré la corruption, et il y conserve la liberté. Un homme soupçonné d'avoir voulu élever une insurrection contre la loi y serait déshonoré. L'Anglais sait souffrir du défaut de ses lois, même dans une constitution où il sait qu'une active persévérance peut seule, au bout d'un long temps, amener la destruction des abus. En Amérique, le respect pour la loi est le premier mobile de la conduite publique et privée des citoyens.

On reproche aux Français de pas connaître encore ce sentiment. Mais peut-être aucun peuple n'y était-il moins préparé. Depuis le règne de Charles le Chauve, le mépris pour les lois, la prétention de s'y soustraire, était en France un signe de grandeur, et même une sorte d'honneur. D'abord les gouverneurs, en se rendant héréditaires, cessèrent d'obéir aux lois générales, et ils ne purent soutenir leur indépendance qu'en souffrant celle des plus puissants de leurs vassaux. A l'avénement de Hugues Capet, l'unité monarchique avait disparu, et, jusqu'au troisième ou quatrième degré de vasselage, chacun prétendait au droit de n'avoir pour juge que son épée, et de faire la guerre au lieu de s'adresser à des juges. Ce droit de guerre ne disparut absolument que sous Louis XII; mais le préjugé des nobles dura plus longtemps que leur pouvoir. Un jugement qui les condamnait à payer leurs dettes, ou à rendre un bien usurpé, ne s'exécutait qu'après quelques combats, et souvent après un long espace de temps. Il était du bon air de battre, et même de tuer les ministres subalternes de la justice.

Pour les grands, le crédit à la cour, l'autorité des premières charges suppléait à leur ancienne puissance, et tous les ordres de la noblesse se partageant entre ces grands, par une sorte de clientèle, s'arrogeaient la même impunité. Des guerres étrangères qui imposaient la nécessité de ménager des capitaines dont les soldats leur appartenaient plus qu'à la patrie, ne permirent pas aux premiers successeurs de Louis XII de donner de la force aux lois, dont cependant la cause se confondait alors avec celle de leur autorité.

Les guerres de religion augmentèrent le désordre. Au moment de la pacification, Henri IV fut obligé, indépendamment de l'amnistie générale, d'accorder quatre mille lettres de grâce, pour des meurtres et des brigandages qui ne se confondaient pas avec les crimes de la guerre; il fallut pardonner pour ne pas montrer l'impuissance de punir les coupables, ou d'acquitter les innocents.

Sous les règnes suivants, l'autorité royale, toujours croissante, eut bientôt le pouvoir de maintenir l'ordre; mais les grands, les magistrats supérieurs en imposèrent encore assez aux ministres, pour se croire, comme eux, au-dessus des lois. Une prison secrète punissait sur eux les mêmes délits que le peuple expiait par des supplices barbares. Encore fallait-il que l'éclat du crime ne permît pas de leur accorder une honteuse impunité.

Dans toutes leurs causes ils avaient des moyens d'éluder les jugements ou de s'y soustraire. Le droit de ne payer ses dettes que volontairement était devenu une

sorte de privilége pour les présidents des parlements.
Dans les impôts directs sur les terres, tout ce qui
avait quelque puissance était ménagé. On a vu de
nos jours le ministère forcé de changer un intendant, parce qu'il avait osé imposer le vingtième sur
la terre d'un premier président. On n'avait pu parvenir à faire payer la capitation aux gens considérables,
qu'en la fixant d'après leurs dignités ou leurs places.
Tandis qu'une exécution rigoureuse faisait vendre à
l'encan les meubles du pauvre qui n'avait pas payé,
à peine une lettre polie osait-elle rappeler à un gen-
tilhomme un peu illustré, un oubli de payement
qu'on supposait involontaire. Les lois de police
n'existaient point pour les gens considérables. Ce
mépris des lois, regardé comme une prérogative de
la grandeur, et d'une grandeur héréditaire, devait
naturellement devenir la prétention de toute la noblesse, de toute la magistrature, et il était impossible
de ne pas y céder souvent, et de ne pas la maintenir
pour les grands; en sorte que, de degré en degré,
l'obéissance rigoureuse aux lois était devenue l'apa-
nage de la dernière classe du peuple, et le premier
devoir du citoyen, la preuve d'un État avili par le
préjugé. Ces fers sont rompus; mais il était difficile
que ceux qui étaient dispensés des lois, et ceux qu'on
forçait à s'y soumettre par mépris pour eux, trou-
vassent, au fond de leur cœur, ce respect que la raison ne doit qu'à des lois égales et protectrices.

La haine de l'oppression, retenue par la contrainte,
a pu se montrer dès les premiers moments avec une
énergie qui aurait dû ôter tout espoir aux oppres-

seurs. Le respect pour la loi est un sentiment plus réfléchi. Un philosophe n'a pas de peine à se dire : Puisque la loi doit être la même pour tous, pourquoi refuserais-je mon obéissance à celle qui est contraire à mon opinion, et cependant voudrais-je soumettre les autres à celle que j'approuve? Mais le premier mouvement de l'homme peu éclairé est de se dire : Cette loi est mauvaise, je ne dois pas y obéir. C'est ainsi que, s'il est question de la liberté religieuse, le philosophe dira : Cet homme croit sa religion comme je crois la mienne. Nous devons donc être également libres de la pratiquer. Mais le superstitieux dira longtemps encore : Ma religion est la seule vraie; on ne doit donc permettre de pratiquer qu'elle.

Ainsi, rien peut-être ne serait plus utile que de persuader aux citoyens qu'ils ne seront pas véritablement libres, si dans la société tous ne suivent les mêmes règles, et par conséquent si tous ne sont soumis à la loi légitime ; que s'y soustraire parce qu'on la désapprouve intérieurement, ce n'est pas jouir de la liberté, ni même de l'indépendance; c'est exercer une sorte de tyrannie, c'est asservir les autres à ses intérêts, à ses passions, que trop souvent on confond avec sa raison. Il faut leur faire sentir que l'insurrection contre les lois n'est un exercice du droit de résister à l'oppression, que dans le cas où la constitution n'offre aucun moyen légal d'obtenir la révocation d'une loi injuste; que chaque homme, maître de juger par lui-même de ce qui est ou n'est pas juste, ne peut donner sa raison pour règle à celle d'autrui; que cette autorité n'appartient qu'à la raison commune, dont la loi a elle-même déterminé les interprètes; et que le droit de l'indépendance privée cesse quand l'exercice de ce droit a sur les autres une influence involontaire.

Lorsque les lois n'émanent pas d'un pouvoir légitime, c'est-à-dire, de la volonté des citoyens égaux entre eux, ou de leurs représentants; lorsqu'elles forment un système oppresseur; lorsqu'elles attaquent directement les droits naturels, la conscience de chaque citoyen peut être juge de l'obéissance qu'il doit à ces lois, parce qu'alors il n'est pas lié à une société qui n'a pas une existence légitime, qu'il l'est seulement à ses semblables par le seul droit de la nature, qui n'est pas arbitraire, mais qui ne peut avoir pour juge que la raison et la conscience de chaque individu.

Au contraire, quand les lois émanent d'un pouvoir légitime, quand elles ont pour objet le maintien des droits naturels, quand elles n'en violent évidemment aucun des principes, alors c'est un devoir d'obéir à ces lois, précisément parce qu'elles sont des lois. La conscience n'a plus le droit de juger l'obéissance qu'on doit à chacune; mais elle ordonne impérieusement de leur obéir à toutes, d'en maintenir l'exécution, même lorsqu'on y trouve des dispositions injustes; même lorsqu'on en prouve les vices; même lorsqu'on en sollicite la révocation, d'après les moyens établis par une constitution légitime.

La nécessité d'inspirer à des citoyens libres le respect des lois, n'est pas uniquement fondée sur des

considérations générales; elle l'est sur d'autres principes qu'il peut être utile de développer.

Si on est obligé de soumettre un peuple libre au
payement d'une taxe indirecte, il faut ou que le payement de cette taxe soit prescrit par le respect pour
la loi comme un devoir d'honneur et de conscience,
ou attenter à la liberté, aux droits des citoyens,
par des visites, par des formalités oppressives, par
des peines toujours odieuses, quand elles tombent
sur des actions qui ne sont des crimes que par la volonté de la loi.

Il faut que celui qui se soustrait à ces impôts soit
regardé, même par le citoyen pauvre, comme un
ennemi de l'intérêt public, et non comme un défenseur de la liberté naturelle. Il est nécessaire, sans
doute, que la législation de l'impôt soit douce et
juste pour qu'elle puisse obtenir ce respect; mais
aussi ce respect est nécessaire pour que la législation
de l'impôt puisse être douce et juste. Les lois de ce
genre ne peuvent être bonnes, si les dispositions
des citoyens ne viennent à leur secours. Elles sont au
nombre de ces combinaisons politiques qui réus-
sissent moins par le talent de ceux qui les font que
par la volonté de ceux qui doivent s'y soumettre, et
dans lesquelles on ne peut faire aux hommes que le
bien qu'ils consentent à recevoir.

Ce sentiment de respect pour la loi a d'autres
avantages; il est du nombre très-petit de ceux dont
l'hypocrisie même est utile. On ne peut en abuser ni
pour séduire les hommes peu éclairés, ni pour égarer les enthousiastes. Rien n'est plus facile que d'af-

fecter l'amour de la liberté, celui de l'égalité, de cacher sous ce voile tous les projets de l'ambition ou de l'orgueil, ou de faire des hommes à qui ces dehors en imposent les aveugles instruments des desseins les plus coupables.

Mais lorsqu'il existe des moyens légaux d'obtenir la réforme des mauvaises lois, le respect pour la loi établie ne peut, même quand il serait porté jusqu'au scrupule, ni menacer la liberté, ni retarder les réformes nécessaires; au contraire, en les rendant plus paisibles, il les rend plus certaines, il assure qu'elles seront mieux faites. Un peuple en qui ce sentiment domine oppose à l'ambition, à l'intrigue, une digue qu'elles ne peuvent rompre tant qu'il ne s'affaiblira pas. A chaque pas que voudront faire les ennemis de l'ordre et de la paix, ils se trouvent arrêtés, parce qu'attendre et procurer par les moyens légaux la révocation d'une loi injuste, est alors l'unique vœu des citoyens, en qui ils seront parvenus à exciter un mécontentement bien ou mal fondé. L'ambitieux qui oserait leur proposer d'autres mesures, flétri du nom d'ennemi de la paix et de la loi, ne pourrait plus se faire écouter.

Le peuple voit alors ses ennemis dans les ennemis de la loi, et n'est plus exposé à confondre ses véritables amis et ses ennemis déguisés; il n'a pas besoin d'être éclairé pour éviter les piéges qu'ils lui tendent, et il a, pour juger du point où on veut le conduire, une règle à la portée de tous les esprits.

DES CONVENTIONS

NATIONALES,

DONT L'ASSEMBLÉE FÉDÉRATIVE DES AMIS DE LA VÉRITÉ A VOTÉ L'IMPRESSION, LE 1ᵉʳ AVRIL 1791.

DES CONVENTIONS

NATIONALES.

DISCOURS

DONT L'ASSEMBLÉE FÉDÉRATIVE DES AMIS DE LA VÉRITÉ A VOTÉ L'IMPRESSION, LE 1ᵉʳ AVRIL 1791.

Les amis de la vérité sont ceux qui la cherchent, et non ceux qui se vantent de l'avoir trouvée. Réunis par les mêmes sentiments, vous n'avez pas eu la prétention tyrannique d'imposer aux esprits une formule de croyance. Sûrs de la pureté de vos intentions, vous n'avez pas eu l'orgueil de croire à l'infaillibilité de vos opinions. En invitant tous les hommes à concourir au noble but de vos travaux, l'union générale du genre humain, sous la loi de la bienveillance naturelle, sous l'empire de la liberté, vous ne leur avez point ordonné de n'y marcher que sous vos étendards. Ce même but vous imposait la loi de vous occuper de ces vérités générales dont l'application successive, préparée par le temps, amenée par les événements, doit assurer le bonheur de l'espèce humaine. Par là, vous avez pu écarter de vous l'injustice et la petitesse qui caractérisent l'esprit de parti ou de secte ; et vous donnez au monde l'exemple nouveau d'une société nombreuse, où l'enthousiasme n'a point d'orgueil, où le zèle n'a point d'intolérance.

En jouissant du bonheur de vivre dans la France libre, vous vous êtes cru permis de chercher les moyens de faire partager ce bonheur à tous les hommes ; de le soustraire à la puissance du hasard, de le mettre à l'abri des passions, et de prévoir jusqu'où, dans l'avenir, il pourrait être permis d'étendre, de perfectionner la science de la liberté. Ce doit être encore un de vos principes, de ne regarder comme vraiment libres que les constitutions qui renferment en elles-mêmes un moyen de perfectionnement, qui peuvent, à chaque époque, se mettre au niveau des lumières, et n'ont pas besoin, pour se maintenir, d'opposer à la raison les préjugés de l'antiquité. Parmi ces moyens, le plus simple est la convocation, ou périodique ou déterminée par le vœu du peuple, d'une assemblée de représentants des citoyens, élus par eux, pour examiner et réformer la constitution.

Mais, si cette assemblée est périodique, comment cette période doit-elle être fixée ? Si elle peut être demandée par le vœu du peuple, comment doit-il exercer ce droit ? Laquelle de ces formes doit-on préférer, ou faut-il les admettre toutes deux ? Doivent-elles alors exercer absolument la même autorité ? Telles sont les questions que j'entreprends de traiter ici.

Au moment où les hommes ont senti le besoin de vivre sous des règles communes, et en ont eu la volonté, ils ont vu que ces règles ne pouvaient être l'expression d'une volonté unanime. Il fallait donc que tous consentissent à céder au vœu de la pluralité, et la convention d'adopter ce vœu comme s'il était conforme à la volonté, aux lumières de chacun, a dû être la première des lois sociales, a pu seule donner à toutes les autres le sceau de l'unanimité. La nécessité de donner aux lois une stabilité qu'exige le maintien de la paix, et sans laquelle les individus ne pourraient se livrer à des combinaisons de travaux et de projets qui ont besoin d'être garantis par la loi, cette nécessité a pu les déterminer à étendre leur consentement au vœu de la majorité, jusqu'à lui donner une durée égale à celle de leur vie. Chaque homme peut s'engager à regarder comme irrévocable la loi qu'il a une fois consentie, ou la convention qu'il a formée, et cet engagement réciproque peut justement lui imposer une obligation. Mais cette obligation ne lie que ceux qui s'y sont volontairement soumis. Ainsi, à mesure que de nouveaux membres entrent dans la société, une loi d'abord unanime en vertu de cette convention première, n'a plus qu'une pluralité qui diminue sans cesse; bientôt il arrive un moment où cette pluralité n'existe plus, où la loi cesse d'être légitime, et il faut qu'un nouveau consentement lui rende le caractère d'une volonté unanime.

En partant d'une époque donnée, on arrive, à peu près au bout de vingt ans (du moins dans notre climat), au moment où les nouveaux citoyens forment la pluralité, et c'est celui où l'on cesse de pouvoir dire qu'une constitution exprime le vœu de la nation qui s'y est soumise. Tel est donc l'espace de temps au delà duquel il serait tyrannique d'étendre l'irrévocabilité des lois constitutionnelles ; et l'on ne peut, sans violer ouvertement le droit naturel, séparer par un plus grand intervalle les assemblées constituantes, chargées de revoir ces lois, et de leur faire obtenir ce nouveau consentement, ce même signe d'unanimité qui seul rend les lois légitimement obligatoires.

Mais n'existe-t-il pas aussi un espace de temps en deçà duquel on ne puisse les rapprocher, sinon sans manquer à la justice, du moins sans offenser la raison ? Quand les hommes consentent à regarder comme leur volonté celle du plus grand nombre, ce n'est pas seulement à la nécessité qu'ils se soumettent, c'est aussi à leur propre raison ; elle leur dit que, dès qu'il faut se conduire d'après une opinion commune, chacun doit adopter pour règle, non celle qui lui paraît la plus probable, mais celle qui paraît telle au plus grand nombre. C'est la plus probable pour celui qui serait obligé de choisir, ou d'avance, sans connaître comment la question sera décidée, ou après qu'elle l'a été, sans connaître les motifs de la décision. Elle est donc aussi la plus probable pour tous, lorsque, pour maintenir l'égalité, chacun doit faire abstraction de son jugement personnel. Mais si cette opinion était tellement incertaine que l'on pût croire que la pluralité, consultée de nouveau, embrasserait à l'instant même l'opinion contraire, elle cesserait alors d'être un signe de vérité. Il faut donc pouvoir supposer que le vœu de la pluralité formée d'après la raison, ne sera changé que par elle, et que les changements qu'il éprouvera seront le résultat de l'expérience, ou la suite des progrès de l'esprit humain ; sans cela, ce ne serait plus à l'autorité de la pluralité que l'on obéirait, mais à la force qui l'accompagne.

Or, les leçons de l'expérience sont lentes et tardives, surtout s'il s'agit d'examiner des lois qui n'ont, par leur nature, qu'une influence indirecte sur le bonheur des hommes. Sans doute, il faut moins de temps pour que la raison ait pu s'élever à de nouvelles vérités. Cependant, comme on doit peu les espérer de ceux dont l'esprit avait déjà acquis toutes ses forces au moment de la première décision, et dont les opinions étaient déjà formées, la raison prescrit encore d'attendre les lumières d'une génération nouvelle. Un espace de huit ou dix ans paraît être celui après lequel on peut supposer que l'effet de ce progrès commence à devenir sensible ; c'est le temps nécessaire pour que ceux dont on ne comptait pas les voix aient acquis de l'autorité et de l'influence. C'est donc à ce terme qu'il faut s'arrêter, et entre cet espace et celui de vingt ans qu'on peut placer, sans injustice et sans imprudence, le terme des conventions nationales périodiques.

Nous avons parlé ici comme si l'on avait consulté sur les lois le vœu immédiat de la pluralité des citoyens. Mais les mêmes raisonnements s'applique-

13.

raient à celles qui n'auraient en leur faveur que la pluralité dans une assemblée de leurs représentants ; car la pluralité immédiate aurait alors voulu leur conférer ce pouvoir ; ce serait à cette volonté que le reste aurait donné son consentement, l'unanimité aurait accédé à cette manière de reconnaître le vœu commun.

C'est donc, comme je le dirai bientôt, sur un autre motif que s'appuie la nécessité de demander et de connaître l'opinion du peuple, et de remonter au delà des décisions de ses représentants.

On a proposé de faire dépendre la convocation d'une convention nationale, d'une demande formée par la pluralité des citoyens ; mais cette pluralité aurait pu renoncer au droit, soit d'exprimer ce vœu, toutes les fois que la généralité des citoyens est rassemblée, soit de se rassembler pour le former. Le plus petit nombre, en se soumettant au plus grand, a fait un sacrifice à la tranquillité ; mais ce n'est pas à la fantaisie, c'est à une volonté réfléchie qu'il a pu vouloir se soumettre. Ceux donc qui, après avoir été dans la pluralité, se trouvent de l'opinion la moins nombreuse, peuvent désirer avec justice que le vœu de cette pluralité nouvelle ait eu le temps d'acquérir quelque consistance ; et comme il peut y avoir plus de deux opinions, ceux qui ont cédé à celle qui avait d'abord la pluralité, peuvent, avant de céder encore contre leur propre jugement à une autre opinion qui la remplace, désirer un examen plus ou moins long, et mettre des conditions au sacrifice de leur volonté. Cependant, il est un motif d'un autre genre qui ne permet pas de suspendre l'exercice du vœu de la pluralité sur la convocation d'une assemblée constituante, et qui oblige de régler d'avance, par des lois, la forme suivant laquelle il doit être exprimé.

Dans l'état social, l'homme a le droit d'opposer la force à l'oppression, toutes les fois que la loi ne lui offre aucun secours ; la paix ne peut donc être assurée, tant qu'il existe une tyrannie, contre laquelle la loi resterait impuissante.

Dans les pays soumis à un gouvernement arbitraire, tout acte contraire au droit naturel peut être repoussé par la violence. Supposons ensuite qu'il existe des lois auxquelles le gouvernement soit soumis, et qui protégent contre lui les droits des individus ; c'est alors contre les lois qui violeraient la loi naturelle, que la résistance est seulement permise, et déjà elle prend un caractère plus imposant, plus éloigné de ressembler aux tumultes de la violence arbitraire. Existe-t-il un corps de représentants du peuple, chargé de corriger les lois, c'est à lui qu'il faut déférer les lois injustes, et le droit de résistance n'existe plus que dans le cas où ce pouvoir violerait ces mêmes droits pour la défense desquels il a été établi ; que dans celui où, opprimé lui-même par la force, il n'aurait plus l'autorité nécessaire pour les maintenir. Enfin, si le peuple peut, d'après le vœu de la pluralité, demander la réforme même des abus qui ont porté la corruption dans le corps législatif, ou qui lui ont ravi son autorité, le refus de lui accorder cette réforme, ou plutôt cet examen,

devient le seul motif légitime de résistance. Alors
cette résistance peut même perdre tous les caractères du désordre ou de la violence ; car les lois
peuvent fixer d'avance la forme sous laquelle la pluralité doit, dans ce cas, maintenir ses droits et faire
exécuter sa volonté souveraine, et l'on pourra dire
enfin que la loi seule gouverne les hommes. Ainsi, l'on
voit, contre une opinion jadis trop générale, et qui,
plus qu'aucune autre, s'est opposée au progrès de
la liberté ; on voit, dis-je, que plus une nation est
libre, plus la paix y est assurée, plus l'ordre y repose
sur une base inébranlable. Ainsi, l'on doit également
reléguer dans la classe des préjugés et les terreurs pusillanimes des hommes lâches qui tremblent
de devenir libres, parce que la liberté est entourée
d'orages, et les inquiétudes des âmes faibles et pas-
sionnées qui craignent la paix, comme les enfants
craignent les ténèbres, et placent la liberté dans la
violation tumultueuse des droits de la liberté même ;
ainsi l'on doit regarder comme également coupable,
et le ministre du despotisme qui annonce l'esclavage
sous le nom de la paix, et le factieux qui honore
du nom de liberté les troubles que son ambition
excite.

Il est donc nécessaire qu'il existe des conventions
non périodiques, et déterminées seulement par la
volonté des citoyens, exprimée sous une forme établie par la loi.

Mais doit-on se borner à celles-ci, et rendent-elles
les conventions périodiques vraiment inutiles ? Non,
sans doute, car les motifs de les établir ne sont pas

les mêmes. Les conventions périodiques sont nécessaires, pour que jamais la pluralité n'obéisse à des
lois qu'elle n'a pas consenties, et en même temps
pour que la constitution, et par elle les autres parties de l'établissement social, puissent s'améliorer
par le temps et suivre dans leur perfectionnement
le progrès des lumières. Les autres ne sont nécessaires que pour donner aux citoyens des moyens paisibles de faire entendre leurs plaintes, de manière
qu'aucun abus ne puisse échapper à ces réclamations, non-seulement légitimes, mais légales. Or, les
conventions périodiques ne rempliraient pas ce second objet : il faudrait les attendre pendant un
espace de temps qui pourrait lasser la patience des
citoyens, et les abus peuvent être assez graves pour
que cet intervalle mette la liberté en danger; surtout
si la constitution a créé des pouvoirs durables, actifs, étendus, indépendants, soit par leur nature,
soit par la loi du pouvoir confié aux représentants
des citoyens. D'un autre côté, ces conventions, appelées par le besoin, n'assureraient pas assez les
progrès de l'art social. La paresse, l'attachement
pour les choses établies, sont aussi des obstacles à
ce perfectionnement. Dira-t-on que si la pluralité
ne demande point une convention, c'est une preuve
qu'elle ne désire pas de changement dans ses lois
constitutionnelles? Oui, sans doute, s'il ne s'agissait
que de ces grands changements dont la nécessité
doit frapper tous les regards. Mais ces abus, qui,
d'abord insensibles, se fortifient par le temps, s'étendent par des progrès imperceptibles, corrompent le

système entier de l'ordre public, et ne peuvent plus être arrachés que par des secousses violentes de la terre où ils ont poussé de profondes racines; ces abus auront le temps de devenir indestructibles, si on ne leur oppose une vigilance périodique qui ait pour objet, non la réforme des maux dont on se plaint, mais la recherche de ceux dont les effets ne sont pas connus encore. Mille prétextes fournis par les circonstances peuvent empêcher de demander des conventions, en faire perdre l'idée, et bientôt, par un effet naturel de cette crainte qu'inspirent les choses extraordinaires, on regardera ces assemblées comme un de ces remèdes violents, plus dangereux que les maux qu'ils peuvent guérir. Si des conventions périodiques n'accoutument pas à l'usage de cette institution salutaire, si toute convention annonce de grands abus à réparer, toutes deviendront une crise pour l'empire. D'ailleurs, des conventions périodiques sont le moyen le plus sûr de parvenir promptement à un système de constitution vraiment digne de ce nom. En effet, dans l'intervalle qui sépare ces conventions, tous les hommes doués de cette force de tête, qui seule peut les rendre dignes d'être législateurs, s'y prépareront d'avance, y disposeront les esprits, prouveront, par leurs ouvrages, qu'ils méritent d'être appelés à ces fonctions augustes. Par là, on peut espérer de réunir, aux avantages d'avoir, comme les anciens, un système de lois sorti de la tête d'un seul homme, ceux d'une constitution adoptée par la raison, et non par l'enthousiasme.

Une convention appelée pour le besoin, ne sera

jamais propre qu'à réparer les abus qui en ont fait
naître le désir; et cette raison, qui suffit pour montrer la nécessité d'en établir de deux espèces, conduit
également à penser qu'elles ne doivent pas exercer
absolument la même autorité. Ainsi, il faudrait, par
exemple, que ces conventions non périodiques, dont
quelques ambitieux adroits pourraient aisément abuser, n'eussent le droit, ni de modifier les articles de
la déclaration des droits, ni de changer les conditions qui règlent le droit de cité, ni d'ajouter à celles
qui ont été imposées pour l'éligibilité des citoyens,
ni d'altérer les divisions fondamentales de l'empire,
de prolonger la durée des législatures, ni d'ôter aux
citoyens les nominations qui leur sont réservées;
elles pourraient ajouter à la liberté et à l'égalité, et
non les restreindre; elles pourraient réformer tous
les abus dont l'existence aurait fatigué le peuple,
tous ceux qui offriraient des dangers pressants, et
elle ne serait obligée de respecter que des dispositions, qui même, fussent-elles mauvaises, ne peuvent avoir qu'une influence lente, et permettent
d'attendre, sans danger, le moment où une convention nationale périodique pourra les soumettre à un
examen plus réfléchi et plus paisible.

Ainsi, par ces deux formes de conventions, on
remplira le double objet de la réforme et du perfectionnement de la constitution; on remédiera, par les
unes, aux fautes qui seraient échappées aux auteurs
de la constitution; on s'assurera, par les autres, de
pouvoir profiter des progrès successifs des lumières;
surtout les unes et les autres seront soumises à une

loi que chaque convention périodique pourra seule changer, et pour la convention suivante seulement. Elle-même restera inviolablement assujettie à la loi qui l'a établie. Cette disposition, dictée par la prudence, ne porte aucune atteinte à la liberté, puisqu'aucune convention n'exercera son pouvoir que dans un temps où l'irrévocabilité de la loi ancienne est encore légitime.

Nous avons parlé de cette espèce de consentement, par lequel chacun se soumettait d'avance au vœu de la pluralité ; nous avons observé que ce consentement était nécessaire, si l'on entendait le vœu immédiat des citoyens ; mais qu'il cessait de l'être, si l'on entend seulement le vœu de la pluralité de leurs représentants, puisqu'alors on peut recourir à ce vœu immédiat. Nous avons dit en même temps que ce consentement pouvait, dans ce dernier cas, être encore légitime ; voyons maintenant s'il est utile de le donner. Il faut distinguer deux choses dans une loi : l'obligation qu'elle impose, le droit dont le maintien légitime cette obligation, et ensuite les moyens employés pour atteindre ce but, la combinaison plus ou moins heureuse de ces moyens. Or, si les citoyens ne peuvent concourir immédiatement à la formation de leurs lois, ce n'est pas qu'ils ne puissent convenir entre eux de l'objet de ces lois, qui ne peut être que la conservation de leurs droits ; mais c'est qu'ils ne peuvent former les combinaisons nécessaires pour atteindre à ce but, ou même juger entre ces combinaisons. Ainsi, en reconnaissant cette impossibilité, on doit convenir en même temps qu'elle ne peut être un motif de leur ravir le pouvoir de décider si les lois auxquelles on les soumet renferment ou ne renferment rien de contraire à leur but essentiel, la conservation des droits communs à tous. Et quel autre motif que celui d'une impossibilité absolue pourrait porter leur raison à étendre jusqu'à ce point le sacrifice de leur raison même, à se démettre de leurs droits pour reprendre seulement ensuite ceux que des juges qu'ils se sont choisis voudront bien respecter et reconnaître?

D'après ce principe, on demanderait aux citoyens, non s'ils approuvent une loi, mais s'ils n'y trouvent rien de contraire à leurs droits. Cette décision serait prompte et facile. Dans une assemblée primaire, indiquée pour cet objet, chaque citoyen, muni d'un exemplaire de la loi, dont les articles seraient numérotés, rayerait ceux qu'il jugerait contraires aux franchises dont le maintien est la condition du pacte social. On relèverait ensuite le nombre des voix qui condamnent telle ou telle disposition, et on l'écrirait à côté de chaque article, sur un exemplaire de la loi, où l'on aurait eu soin de marquer en tête le nombre des votants. Un relevé de ces différentes listes envoyées à la convention nationale, donnerait le jugement du peuple sur tous les articles de la constitution. Si aucun article n'est rejeté, la loi est complète; si quelques-uns sont proscrits, la convention nationale obéira au peuple, et lui soumettra de nouvelles lois.

Il serait convenu de ne laisser établir aucune discussion dans ces assemblées; et, en effet, comme

les lois auraient été débattues dans la convention
nationale, comme chacun aurait pu s'instruire dans
la lecture des débats, comme les hommes éclairés
auraient eu le temps de développer leurs opinions,
cette discussion serait évidemment inutile. La connaissance de l'imprimerie peut faire espérer aux constitutions modernes une perfection à laquelle on
n'aurait pu atteindre sans elle. Par ce moyen, un
peuple répandu sur un grand territoire peut être
aussi libre que l'était autrefois le peuple d'une simple
cité. Les hommes dispersés peuvent examiner, délibérer, juger comme les hommes réunis. L'imprimerie
permet à tous un examen solitaire qui supplée à la
discussion, lorsque celle-ci entraînerait trop de lon-
gueurs, ou que, distribuée entre des assemblées séparées, elle ne pourrait donner que des résultats
équivoques et trompeurs. C'est par l'impression
seule que la discussion dans un grand peuple peut
être vraiment une; qu'on peut dire que tous ayant
pu suivre la même instruction, décident réellement
sur un même objet. La plupart des préjugés qui
nous restent, les prétendues impossibilités qui nous
effrayent, tiennent à ce qu'on ne sait pas encore
tout ce que cet art créateur de la liberté nous offre
de moyens pour la perfectionner et la défendre. On
dira, peut-être, qu'il ne suffira pas que les citoyens
aient reconnu que les lois constitutionnelles conservent tous leurs droits; mais je répondrai que si
ces droits sont réellement conservés, le but de la
société est rempli et l'homme vraiment libre. J'a-
jouterai que c'est la seule chose dont la généralité

des citoyens puisse juger. Or, c'est aussi un droit de l'homme, qu'il ne puisse être forcé d'obéir qu'à la raison ; et si elle prescrit de se soumettre au vœu de la pluralité, c'est seulement lorsque la pluralité ne juge que de ce qu'elle peut entendre. Il ne peut être question, pour des hommes libres, d'enchaîner leur volonté à celle d'autres hommes, mais de se conformer au jugement de la pluralité, parce qu'aux yeux de la raison, cette pluralité peut être regardée comme le signe auquel on doit convenir de reconnaître la vérité.

D'autres diront, au contraire, que les citoyens abuseront de ce pouvoir en effaçant, comme contraires à leurs droits, les articles qui leur déplairont ; mais cet inconvénient n'est pas à craindre. Le plus grand nombre, formé de ceux qui n'ont dans le choix des dispositions des lois aucun intérêt d'ambition ou de vanité, sentiraient bientôt qu'en voulant juger, non de leur justice, mais de la sagesse de leurs combinaisons, loin de décider réellement eux-mêmes, ils ne feraient que substituer à l'opinion des hommes éclairés de tout l'empire, celle de quelques chefs d'un canton particulier. Ce n'est pas dans cette classe modeste, qui forme le plus grand nombre, qu'on serait exposé à rencontrer le plus souvent de ces gens qui, sans rien savoir, se croient faits pour décider de tout, et la raison de l'homme simple répondra toujours juste quand on saura bien l'interroger. Serait-il donc si difficile de faire entendre aux hommes cette vérité, si facile à saisir ? Voulez-vous être et rester libres ? Eh bien ! soumettez-vous, avec une rigueur scrupuleuse, aux formes qui règlent la manière d'exercer vos droits politiques : car il n'y a point de liberté si la volonté commune ne peut être toujours reconnue à des signes évidents et incontestables.

Vous pardonnerez sans doute à la faiblesse de ce discours, en faveur de l'importance du sujet que j'ai osé traiter devant vous. Au milieu des incertitudes qui nous arrêtent, des craintes qui nous troublent ; au milieu de ce mouvement, où la vérité nous échappe sans cesse, où elle est sans cesse obscurcie par la nécessité de comparer les intentions avec les opinions, les projets avec les raisonnements, les actions avec les paroles, vous sentez aussi bien que moi combien il serait doux de pouvoir se reposer paisiblement sur l'avenir, de pouvoir se dire : Cette erreur, échappée aujourd'hui à nos législateurs, sera corrigée demain ; ce bien que nous avons appelé en vain, et qui nous a été refusé, se prépare déjà pour nos neveux ; si ces dangers sont réels, il suffira de les montrer pour les faire disparaître ; et si, comme Newton osait le penser de l'univers, la constitution française a besoin d'une main réparatrice, ceux à qui nous en devons le bienfait ont eu la noble modestie de la placer eux-mêmes à côté de leur ouvrage.

DISCOURS

SUR LES

CONVENTIONS NATIONALES,

PRONONCÉ A L'ASSEMBLÉE DES AMIS DE LA CONSTITUTION, SÉANTE AUX JACOBINS,
LE 7 AOUT 1791.

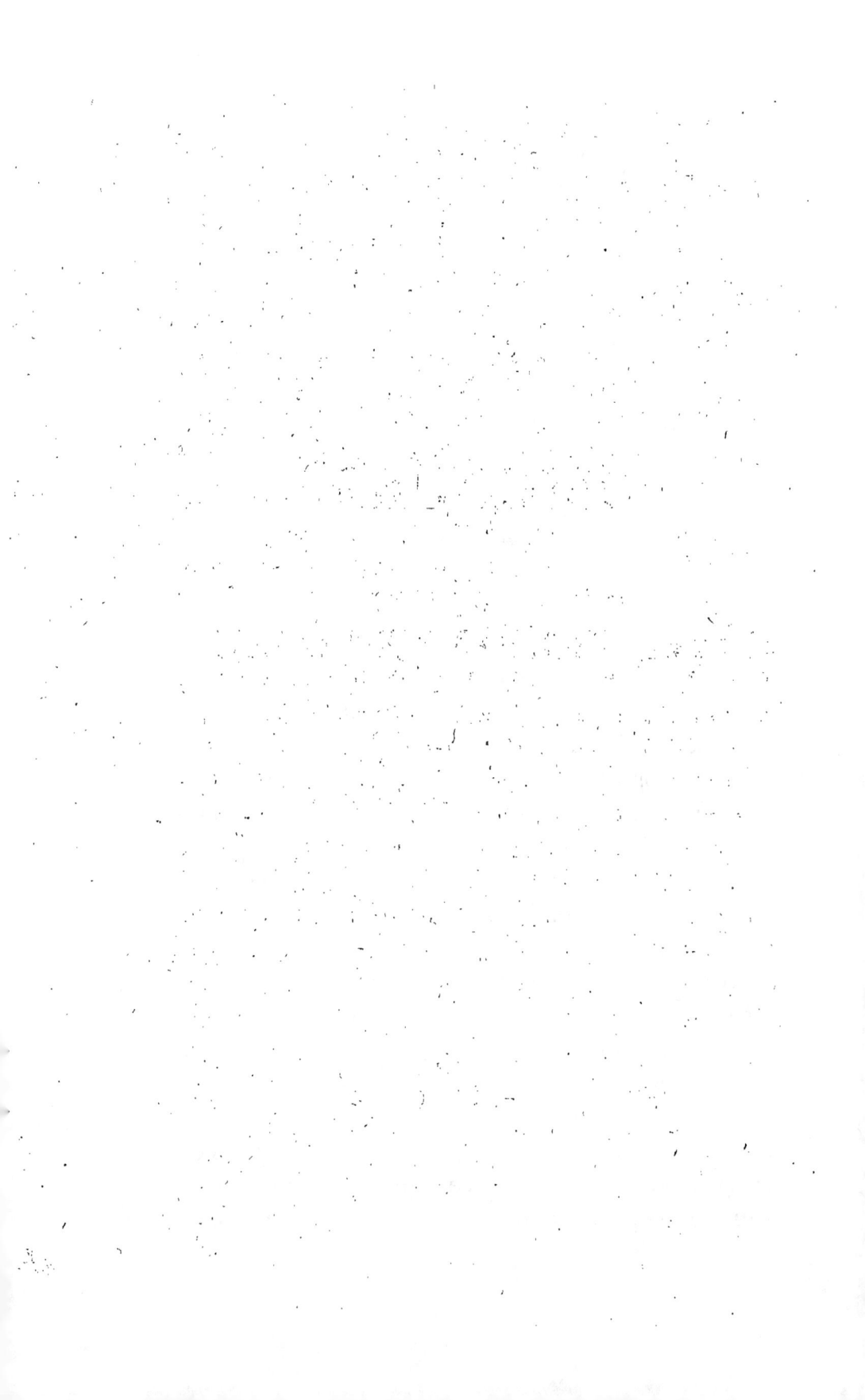

DISCOURS

SUR LES

CONVENTIONS NATIONALES,

PRONONCÉ A L'ASSEMBLÉE DES AMIS DE LA CONSTITUTION, SÉANTE AUX JACOBINS, LE 7 AOÛT 1791.

Les anciens législateurs aspiraient à rendre éternelles des constitutions qu'ils présentaient, au nom
des dieux, à l'enthousiasme du peuple. Mais des
constitutions dictées par la raison seule doivent en
suivre les progrès, et la raison ne permet pas qu'elles
se traînent à travers les siècles, chargées des préjugés de celui qui les a vues naître, et de tous les vices
introduits par le malheur des circonstances ou par
les passions des législateurs. Cependant, comment
trouver un milieu entre des constitutions perpétuelles, qui portent dès lors en elle-mêmes le principe d'une destruction violente, et une constitution
toujours variable, qui expose sans cesse un peuple,
fatigué de ces mouvements, à chercher le repos aux
dépens de la liberté? Ce moyen, inconnu des peuples
anciens, et dont l'ignorance a précipité la ruine de
leur liberté, a été enfin trouvé, de nos jours, dans

X.   14

le nouveau monde. C'est l'établissement fait, par la constitution même, d'assemblées chargées de revoir, de perfectionner, de réformer cette constitution, soit à des époques déterminées encore par elle, soit au moment marqué par la volonté nationale, recueillie et exprimée sous une forme prescrite par la loi. C'est à ces assemblées que l'on donne le nom de conventions.

Si l'on pouvait se répondre que la constitution établie fût conforme au vœu général du peuple, qu'elle n'eût pour adversaires qu'un petit nombre d'hommes, les uns au-dessous, les autres au-dessus des lumières communes; si on était sûr qu'elle ne renfermât que ces défauts qui ne peuvent devenir sensibles qu'au bout d'un long temps; alors, sans doute, il suffirait que la loi constitutionnelle établît une convention réformatrice à une époque marquée; et pourvu qu'elle ne fût pas assez éloignée pour excéder le temps où plus de la moitié des citoyens qui ont adopté la constitution première ont été remplacés par des citoyens nouveaux, on ne pourrait se plaindre, ni que la liberté fût enchaînée, ni que les droits de la postérité n'eussent pas été assez respectés.

Mais il n'en est pas ainsi : et comme une constitution établie même avec le consentement du peuple, peut, en très-peu de temps, perdre sa confiance, surtout si elle n'a obtenu qu'une faible majorité; si elle ne la doit qu'à l'influence nécessaire du pouvoir dont elle émane, comme l'expérience peut développer dans une constitution des vices qui auraient échappé à ses rédacteurs, et qui menaceraient la liberté, il faut donner aux citoyens un moyen légal et paisible d'en obtenir la révision, ou s'exposer à voir sans cesse les révolutions succéder aux révolutions; la liberté, toujours aux prises avec la tyrannie, perdre dans ces combats, ou de son étendue, ou de sa dignité, et flotter sans cesse entre l'obéissance aveugle qui l'avilit, et l'esprit de faction qui la déshonore.

Toute constitution libre doit offrir aux citoyens un moyen de maintenir leurs droits contre la violation des lois, lorsque ceux qui sont chargés de les exécuter s'en rendraient coupables. Si ces lois elles-mêmes sont contraires aux droits des citoyens, la constitution leur doit présenter l'appui d'un corps législatif formé de leurs représentants. Mais si c'est dans la forme même de ces pouvoirs qu'est la source de la tyrannie, alors le changement de la constitution en est le seul remède; et si l'on veut que ce remède soit paisible, il faut que la loi offre à la majorité des citoyens un moyen simple et facile d'obtenir cette réforme nécessaire; qu'elle ait déterminé la forme, la nature de l'assemblée à qui cette fonction sera confiée; qu'elle ne laisse rien d'incertain, rien d'arbitraire, rien qu'on puisse être obligé de régler dans le moment même, où des pouvoirs dont on demande la réforme, ayant dès lors perdu la confiance, il faudrait statuer sur ces objets incertains, d'après la volonté tumultueuse d'une nation justement irritée.

Alors la paix publique serait assurée; alors le re-

fus seul de laisser former la convention nationale
pourrait autoriser le peuple à ne pas se contenir dans
les bornes de la loi ; et rien même n'empêcherait de
porter encore plus loin son empire, en réglant d'a-
vance sous quelle forme légale ce refus de recourir
au remède établi par la constitution pourrait être
repoussé. C'est ainsi qu'en multipliant les précautions d'une sage vigilance, on peut maintenir une
éternelle tranquillité, sans cet appareil de force qui
effraye la liberté, rend la paix suspecte aux âmes généreuses, et présente, avec les menaces du despotisme, une si honteuse ressemblance. Mais faut-il, en
établissant ces conventions ordonnées par le peuple,
renoncer à des conventions périodiques? Non, sans
doute : toutes deux sont également des bases indispensables de toute bonne constitution.

En effet, l'objet de ces deux espèces de conventions n'est pas le même : celui des premières est de
remédier à des abus dont le peuple sent déjà tout
le poids; celui des secondes est de prévenir la naissance de ces mêmes abus. Les premières, nées des
circonstances, amèneront les corrections que ces circonstances rendent nécessaires ; les secondes s'occu-
peront davantage de ces perfectionnements, dont le
progrès des lumières aura fait sentir la possibilité;
l'amour de la liberté animera les unes, une sage philosophie dirigera les autres. On portera dans les unes
les idées, les passions même du moment; on sera
préparé par les ouvrages que le sentiment des défauts de l'ancienne constitution aura inspirés. Dans
les autres, on sera conduit par l'esprit général du

siècle, préparé par les ouvrages que le désir de perfectionner l'art social aura dictés aux publicistes.
N'établissez que des conventions périodiques, et rien
ne vous répond de la paix dans l'intervalle qui les sépare ; n'établissez que des conventions demandées
par le peuple, et rien ne vous répond qu'on n'ait
l'art d'en reculer la demande jusqu'au moment où il
serait obligé de les obtenir par la force, jusqu'au
moment, peut-être, où cette force lui serait déjà
enlevée. Ceux qui craignent que l'on ne donne aux
constitutions une perfection trop grande, qui ne
savent pas apparemment qu'un ouvrage fait par des
hommes ne sera jamais trop bon, quand ils y emploieraient tout ce qu'ils ont de forces et de lumières, aimeraient mieux qu'on abondonnât au hasard, aux circonstances, le soin des réformes qui
se feront naturellement, disent-ils, lorsqu'elles seront reconnues nécessaires. Ils craignent le trouble
que des conventions peuvent produire : mais qu'ils
expliquent donc comment des moyens réglés par la
loi seront moins paisibles que les mouvements spon-
tanés de leur volonté générale. Qu'ils montrent
comment des questions constitutionnelles, qui n'ont
par leur nature qu'une influence médiate sur le bonheur des individus, peuvent produire des crises si
dangereuses. Sans doute le passage du despotisme à
une constitution librè doit être accompagné de quelques orages ; sans doute ce travail d'un premier corps
constituant, obligé de se frayer une route sur les
débris des abus sans nombre, renversés par ses
mains, ne peut être tranquille. Au milieu d'un com-

bat entre un peuple qui se ressaisit de ses droits, et les tyrans qui les avaient usurpés, on ne peut espérer que les lois et la paix publique ne reçoivent aucune atteinte. Mais quand il s'agit de passer d'une constitution déjà libre à une constitution plus libre, qui elle-même doit être remplacée par une troisième, où la liberté aura fait encore quelques conquêtes; quand il s'agit de rendre, à des hommes qui jouissent déjà de leurs droits essentiels, la jouissance de quelques conséquences de ces droits, qu'on avait méconnus, comment cette marche, qui est celle de la pure raison, ne serait-elle pas paisible comme elle?

On craint la confusion de deux pouvoirs, quoique délégués à des assemblées différentes : mais d'abord on doit mettre dans la forme des conventions, dans le nombre de leurs membres, dans les incompatibilités de leurs fonctions publiques, des différences qui ne permettent pas de les confondre avec les législatures. D'ailleurs, une convention qui n'est chargée que de former une constitution nouvelle, ne doit la présenter à la nation que lorsqu'elle est terminée. Or, il serait difficile d'imaginer qu'elle y insérât des lois trop étrangères aux objets compris dans ses pouvoirs. Il ne doit émaner d'elle aucune loi particulière; il ne doit exister aucune forme sous laquelle elle puisse en décréter de semblables. Au contraire, lorsque la constitution est reconnue, les législatures sont obligées de s'y conformer; toute loi dont l'exécution y porterait atteinte, serait nulle serait même criminelle.

D'après ces principes, non-seulement toute bonne

constitution doit contenir l'institution d'une convention nationale; mais, de même qu'une déclaration
des droits serait incomplète, si elle ne renfermait
celui de n'obéir qu'à des lois émanées de la nation
ou de ses représentants, elle l'est encore si elle ne
reconnaît dans les citoyens le droit de n'être obligés
d'obéir qu'à une constitution dont ils puissent procurer la réforme, lorsqu'ils jugent cette réforme
utile à la liberté. Chaque constitution doit renfermer la loi qui règle la convention par laquelle elle
doit être immédiatement examinée et corrigée; mais
l'obligation que cette loi fasse partie de la constitution doit de plus être consacrée par la déclaration
des droits.

Jusqu'ici j'ai prouvé la nécessité des conventions,
même dans la supposition où la nation aurait ratifié
la constitution, non par de vains compliments, que
ceux qui ont le pouvoir sont toujours si sûrs d'obtenir, non par le silence auquel on aurait forcé ceux
qui la désapprouvent, mais par une adhésion solennelle, générale et libre. Mais combien cette nécessité
ne devient-elle pas plus forte quand, soit timidité,
soit orgueil, on a cru pouvoir se passer de cette adhésion? Comment oserait-on proposer d'obliger une
nation à obéir, par respect pour des hommes qu'elle
a choisis, à une constitution que peut-être elle
n'approuve pas, si on ne lui offre pas, en même
temps, les moyens d'obtenir, dès qu'elle le voudra,
la réforme de ce qui lui paraît menacer la liberté?

Supposons qu'une constitution attaque, dans plusieurs de ses dispositions, les principes de la décla-

ration des droits qui lui sert de base ; que l'une reconnaisse tous les hommes égaux, et que l'autre établisse des avantages en faveur des riches ; que l'une, proscrivant toute distinction héréditaire, appelle également tous les citoyens à tous les emplois, et que l'autre crée des emplois héréditaires ; que l'une déclare que tous les hommes doivent être jugés d'après les mêmes lois, et que l'autre décide que la personne d'un tel homme sera inviolable et sacrée : je demande s'il peut exister alors un motif de se soumettre en même temps à des décisions évidemment contradictoires entre elles, si ce n'est la juste espérance de voir des erreurs si palpables, livrées à l'examen de la raison publique, disparaître bientôt devant elle. Il y a plus : telle disposition qui, présentée comme devant avoir une durée indéfinie, serait une atteinte à la liberté, peut, si elle est susceptible d'une prompte révocation, n'être plus regardée que comme un sacrifice fait aux circonstances. Telle serait, par exemple, l'hérédité d'une place. Si une convention peut, au bout de cinq ans, peut au moment même où la nation voudra la convoquer, détruire cette hérédité, que devient-elle alors, sinon un mode passager de remplacement absurde, peut-être, en lui-même, mais que sa grande commodité peut faire tolérer pour une si courte durée ? Supposons de même qu'une partie des habitants du pays se plaignent d'être exclus du droit de cité, parce qu'on l'attache à des conditions qu'ils ne peuvent remplir. Si une telle loi semble avoir une durée indéfinie, ils sont à jamais rayés de la liste des hommes libres. Mais si,

au contraire, elle doit être bientôt l'objet d'une discussion nouvelle, on peut leur dire : Attendez l'époque
prochaine d'une convention réformatrice ; alors on
saura, sans doute, que les habitants d'un territoire
en sont les citoyens ; que ces habitants sont ceux qui
ne peuvent être exclus par la volonté arbitraire d'un
autre homme ; que le vrai citoyen est donc celui qui
a, par un acte, le droit d'occuper, pendant un temps
déterminé, une maison, ou une portion de maison ;
alors on saura que le droit de cité, que celui d'être
éligible pour une fonction publique quelconque,
étant les bases de l'ordre social, on ne peut les faire
dépendre de la quotité de l'impôt, dont toute législature doit pouvoir changer la masse. De telles erreurs, causées peut-être par les circonstances, ne
dureront pas longtemps : souffrez avec patience cet
outrage, afin de prouver combien peu vous l'aviez
mérité, et montrez, par votre conduite, combien se
trompent ceux qui ont le malheur de croire encore
qu'il existe quelque liaison entre le payement d'un
impôt et le talent de faire de bons choix, entre de
l'argent et des vertus. Reposez-vous sur les progrès
de la raison : le faible est sûr de gagner sa cause au
tribunal de ce juge incorruptible.

Ainsi, par l'établissement d'une convention, on
peut aisément concilier, et la liberté des opinions,
et la soumission aux lois. On ne peut accuser celui
qui prépare les esprits à des changements que la loi
elle-même a permis de solliciter ; et d'un autre côté,
on ne serait pas excusable de se refuser à des lois
dont on a des moyens légitimes d'obtenir la révision.

Négligez cette institution, et il faut, ou permettre d'opposer la force aux mauvaises lois, ou empêcher d'éclairer le peuple sur leurs défauts. Il faut, ou souffrir la tyrannie, ou rester exposé aux mouvements de la liberté indignée.

On a dit qu'en établissant une convention, en ne la remettant pas à un temps éloigné, il était à craindre que la constitution française ne fût renversée ; que par là on donnait des espérances à ses ennemis, aux partisans du despotisme, à ceux de l'inégalité.

Les hommes qui feraient cette objection ignoreraient donc bien profondément la pente vers laquelle les progrès de la raison entraînent tous les esprits. La convention qui serait appelée pour nous donner une constitution nouvelle n'augmenterait pas l'autorité des pouvoirs dangereux pour la liberté, ne porterait pas atteinte à l'égalité ; elle chercherait, au contraire, à détruire les restes du despotisme et de l'inégalité, et tel est le véritable motif de ceux qui s'élèvent contre cette salutaire institution.

Il sera toujours dangereux, sans doute, qu'une législature ait le droit de changer la constitution, parce qu'elle-même exerce un pouvoir particulier, parce qu'elle peut avoir intérêt d'en reculer les bornes, qu'elle peut trouver de l'avantage dans une représentation imparfaite, dans une multiplication de places superflues, dans tout ce qui favorise la corruption ou présente à l'ambition de grandes espérances. Voilà pourquoi ces mêmes hommes veulent, ou des lois fondamentales pour assurer la perpétuité des dispositions contraires à la plénitude de la liberté, ou des législatures toujours revêtues d'un pouvoir constituant, parce qu'ils espèrent que du moins, pendant quelque temps, elles donneront plus d'étendue à ces mêmes dispositions. Ils savent que ces deux opinions se confondent, qu'une constitution irrévocable laisse aux législateurs la facilité de la corrompre par des changements souvent insensibles; que tel a été le sort de celles qui ont été adoptées par les républiques modernes. Renvoyer une convention à un terme très-éloigné, c'est encore remplir leurs vœux. L'intérêt personnel ne calcule que pour lui, et pour une courte durée; la vertu seule peut embrasser, dans tous les temps, tous les hommes et tous les âges.

J'ai essayé de faire ici sentir la nécessité de réunir dans une constitution, l'établissement des conventions périodiques et celui des conventions ordonnées par le peuple. J'ai essayé de démêler les sophismes que l'ignorance oppose à cette institution salutaire, et de dévoiler les vues secrètes de l'intérêt et de la corruption.

C'est de l'établissement d'une convention qu'on ne puisse refuser aux citoyens, lorsqu'ils la demanderont sous une forme déterminée par une loi facile dans l'exécution; c'est de cette institution que dépend aujourd'hui notre liberté : la décision de l'assemblée nationale, sur cet objet, prononcera, en même temps, si nous sommes encore libres, ou si nous devons devenir esclaves.

Quelques amis de la liberté ont désiré que la première assemblée constituante fût remplacée par une assemblée revêtue des mêmes pouvoirs. J'ose croire, au contraire, qu'il est temps de les séparer. Sans doute, il serait utile que la constitution actuelle, provisoirement exécutée, fût revue par une convention ; que les moyens de la présenter à la sanction réelle du peuple y fussent combinés après de sages discussions. Une nouvelle assemblée ne doit pas être supposée avoir des lumières nouvelles ; l'expérience n'a encore rien appris sur les vices de la constitution établie. Mais le défaut d'acceptation nationale semble exiger une révision immédiate, qu'autrement il eût été plus sage de différer. Tandis que cette convéntion, paisiblement occupée de ce travail, laisserait agir la législature, son existence seule arrêterait ceux des pouvoirs établis par la loi, qui, s'ils comptent sur l'impossibilité d'être remplacés, et croient pouvoir conspirer en sûreté, emploieraient peut-être, pour la combattre, les forces qu'ils n'ont reçues que pour la défendre. La puissance nationale, toujours prête à se déployer dans toute son étendue, au jour, au moment où la liberté aura besoin d'elle, effrayera les conspirateurs. Une telle convention serait donc utile. Mais si la nation a le droit d'en exiger la convocation, c'est d'elle qu'il la faut obtenir, c'est à elle qu'il faut en montrer la nécessité pressante. Peut-être aurait-on dû attendre du patriotisme de l'assemblée nationale, qu'elle appelât cette convention nouvelle ; qu'elle ne craignît point de soumettre ses travaux à un examen sévère ? Mais n'est-il pas plus généreux encore de laisser prononcer la nation elle-même, de se borner à lui donner les

moyens d'ordonner cet examen, et de ne paraître ni
le désirer, ni le craindre, ni trop tenir à son propre
ouvrage, ni trop s'en défier ?

La reconnaissance d'un peuple éclairé pour les
fondateurs de la liberté, ne doit pas être un puéril
enthousiasme; il ne doit pas, dans une stupide ad-
miration, proclamer l'éternité de leurs lois ; il doit
exhorter la génération naissante à leur obéir, mais
aussi à les juger, à les étudier, mais à se rendre
digne de les corriger; il ne peut exister de temps où
le respect pour la tranquillité publique, puisse défendre de soumettre les lois à un examen sévère,
d'en montrer les dangers, d'en combattre les principes, d'en solliciter la réforme. Vous faites perdre
aux lois, dira-t-on, la confiance du peuple; mais
qu'est-ce donc qu'une confiance qu'il faudrait fonder
sur le silence de la raison ; et quel droit aurait-on
de tromper les hommes, en empêchant qu'on les
avertisse de ne pas accorder cette confiance à de
mauvaises lois? Ceux qui conseillent le crime sont
coupables; ceux qui discutent les lois, remplissent
un devoir; qu'on cesse donc de confondre le crime
et la vertu, en les enveloppant dans les mêmes calomnies, des hommes si différents d'intentions et de
principes, en cherchant à exciter contre eux les
mêmes ressentiments.

Autrefois, on traitait d'insensés ceux qui, présu-
mant trop bien de la nature humaine, osaient espérer, du pouvoir de la raison, la chute des préjugés,
et se hâtaient de l'accélérer. Autrefois, on appelait
ennemis des lois ceux qui osaient en montrer les

vices; et c'est sous le règne de la liberté qu'on voudrait consacrer cet insolent et absurde langage! c'est lorsque les hommes sont appelés à jouir de tous leurs droits, qu'on ne pourrait, sans crime, leur parler des moyens de les exercer! C'est lorsque le peuple a repris sa souveraineté, qu'il serait criminel de chercher à l'éclairer; comme si c'était pour lui, et non pour ses tyrans, que la vérité peut être dangereuse! Par quelle fatalité, en devenant libres, serions-nous obligés de renoncer à l'indépendance de nos opinions?

Loin de nous pour jamais ces maximes de la vieille tyrannie! Qu'importe à l'éternelle vérité que des hommes, revêtus d'une puissance passagère, la méconnaissent ou la craignent? Ceux qui ont reçu de la nature la faculté de la répandre, et le courage de la dire, en ont aussi reçu la mission, et rien ne les empêchera de la remplir.

OPINION

SUR

LES ÉMIGRANTS.

25 OCTOBRE 1791.

OPINION

SUR

LES ÉMIGRANTS

————◦————

C'est une grande erreur de croire que l'utilité commune ne se trouve pas constamment unie avec le respect pour les droits des individus, et que le salut public puisse commander de véritables injustices Cette erreur a été partout l'éternelle excuse des attentats de la tyrannie, et le prétexte des menées artificieuses employées pour l'établir.

Au contraire, dans toute mesure proposée comme utile, il faut d'abord examiner si elle est juste. Ne l'est-elle pas, il faut en conclure qu'elle n'avait qu'une vaine et trompeuse apparence d'utilité.

Nous avons promis de maintenir la constitution, de ne point souffrir qu'il y fût porté aucune atteinte; ce serment embrasse et la déclaration des droits qui lui sert de base, et les conséquences générales de ces droits que l'acte constitutionnel garantit expressément. Ainsi, nous devons avoir sans cesse devant les yeux ces maximes sacrées, ces principes de la justice naturelle, dictés à tous les hommes par la raison, mais reconnus par la loi française, et défendus,

X.   15

contre les sophismes qui voudraient les ébranler,
par l'autorité de la volonté générale. Vous ne devez
donc écouter, dans la question importante qui vous
occupe, ni une juste indignation, ni les sentiments
de votre générosité; mais vous devez peser avec sévérité, dans la balance du droit et de la justice, les
moyens qui vous seront proposés. Ainsi, avant de
chercher ce qu'il peut être à propos de faire, j'examinerai, Messieurs, ce que vous pouvez faire avec
justice; je chercherai à fixer les limites des moyens
dont l'inflexible équité vous a laissé le choix.

La nature accorde à tout homme le droit de sortir
de son pays; la constitution le garantit à tout citoyen français, et nous ne pouvons y porter atteinte.
Le Français qui, pour ses affaires, pour sa santé,
même pour l'intérêt de son repos et de son bien-
être, veut quitter son pays, doit en avoir la liberté
la plus entière; il doit pouvoir en user sans que son
absence le prive du moindre de ses droits. Dans un
grand empire, la diversité des professions, l'inégalité
des fortunes, ne permettent pas de regarder la résidence, le service personnel, comme une obligation
commune que la loi puisse imposer à tous les citoyens. Cette obligation rigoureuse ne peut exister
que dans le cas d'une nécessité absolue; l'étendre à
l'état habituel de la société, et même à tous les
temps où la sûreté, la tranquillité publique paraissent menacées, ce serait troubler l'ordre des travaux
utiles, et attaquer les sources de la prospérité générale.

Tout homme a de plus le droit de changer de

patrie; il peut renoncer à celle où il est né, pour
en choisir une autre. Dès ce moment, citoyen de sa
nouvelle patrie, il n'est plus qu'un étranger dans la
première; mais s'il y rentre un jour, s'il y a laissé des
biens, il doit y jouir de la plénitude des droits de
l'homme; il n'a mérité de perdre que ceux du
citoyen.

Mais il se présente ici une première question. Ce
citoyen se trouve-t-il, par la seule renonciation, dé-
lié de toute obligation envers le corps politique qu'il
abandonne? La société dont il se sépare perd-elle à
l'instant même tous ses droits sur lui? Non, sans
doute; et je ne parle pas seulement ici d'une obligation morale, je ne parle point de ces sentiments
qu'une âme noble et reconnaissante conserve pour
son pays, même injuste; je parle d'obligations rigoureuses, de celles auxquelles on ne peut manquer,
sans se rendre coupable d'un délit; et je dis qu'il existe
un temps pendant lequel un homme placé entre son
ancienne et sa nouvelle patrie, ne peut, dans les
différends qui s'élèvent entre elles, se permettre que
des vœux; où celui des deux peuples contre lequel
il porterait les armes aurait droit de le punir
comme un assassin; où l'homme qui emploierait ses
richesses, ses talents contre ses anciens compatriotes, serait véritablement un traître.

J'ajouterai que chaque nation a de plus le droit
de fixer le temps après lequel le citoyen qui l'abandonne doit être regardé comme libre de toute
obligation, de déterminer quels sont jusque-là ses
devoirs, et quelles actions elle conserve le pouvoir

de lui interdire encore. Nier ce principe, ce serait briser tous les liens sociaux qui peuvent unir les hommes. Ce terme n'est pas sans doute arbitraire; c'est celui pendant lequel le citoyen qui abdique peut employer contre sa patrie les moyens qu'il a reçus d'elle, où il peut lui faire plus de mal qu'un étranger.

Dans l'ordre ordinaire et commun, tout citoyen émigrant doit être supposé n'avoir que quitté son pays; et pour le regarder comme ayant voulu l'abandonner, on doit attendre qu'il en ait manifesté la volonté : on doit attendre de même que le citoyen qui renonce à sa patrie s'en soit montré l'ennemi, pour cesser de le compter parmi ceux dont l'abdication est innocente.

Mais cette marche, qui est celle de la justice générale, doit-elle être également suivie dans le moment où une notoriété publique à laquelle aucun esprit raisonnable ne peut se refuser, annonce qu'il existe un grand nombre d'émigrants dont les intentions hostiles ne peuvent être douteuses, où il est bien reconnu qu'ils forment un corps armé, une espèce de nation sans territoire?

Dans cette multitude de Français, les uns ne sortent de leur pays que pour des motifs légitimes; les autres le quittent parce que sa nouvelle constitution blesse leurs opinions, et surtout leur vanité.

Citoyens égarés, mais paisibles, ils sont plus malheureux que coupables; car c'est un malheur que d'avoir placé ses jouissances dans de vains préjugés que le jour de la raison a dissipés.

Nous devons les plaindre, et voir en eux des individus qui, pour avoir cessé d'être nos concitoyens, et pour s'être trompés, n'en sont pas moins des hommes, n'en doivent pas moins conserver comme tels tous les droits des étrangers propriétaires.

Une troisième classe enfin a manifesté, avec violence, le désir de renverser cette même constitution.

Plusieurs d'entre eux sont déjà coupables; or, je demande si, dans une telle circonstance, la justice la plus impartiale, la plus scrupuleuse, peut interdire à la nation française l'usage des moyens qu'elle peut avoir de connaître ses ennemis; je demande pourquoi elle ne pourrait user du droit naturel à tout individu de prendre des précautions pour sa sûreté; comment surtout ne le pourrait-elle pas, si elle se borne à obliger les émigrants d'expliquer leurs intentions, à priver ceux qui ne voudraient pas répondre, des moyens de nuire qu'il est en son pouvoir de leur enlever?

Refuser d'ailleurs de prendre des mesures de ce genre, ce ne serait pas ici rendre un hommage à la liberté, ce serait plutôt la violer. Comment, en effet, les citoyens français, que leurs affaires, que leur santé appellent dans les pays étrangers, auraient-ils une véritable liberté de s'y rendre, si, en sortant de France, ils courent risque d'être confondus avec de vils transfuges? Par cette fausse générosité, on sacrifierait l'innocent au coupable; on exposerait des hommes paisibles, des citoyens respectables, à cette haine terrible qui poursuit les ennemis de la patrie.

Enfin, si une puissance étrangère faisait des préparatifs de guerre qui pussent causer à une nation de justes inquiétudes, cette nation aurait le droit de solliciter la déclaration que ces préparatifs ne sont pas dirigés contre elle. Comment ne l'aurait-elle pas à l'égard des citoyens sortis de son sein, si leur nombre, si leurs dispositions excitent des inquiétudes égales ? Le droit est le même ; mais les moyens de l'exercer doivent être différents. S'il s'agit d'une nation, par exemple, la force armée, la propriété publique peuvent seules être regardées comme ennemies. Le citoyen paisible, soumis à la volonté générale, n'est rien dans cette lutte entre les nations. Mais dans un rassemblement qui n'a point une existence sociale reconnue, où il n'existe point de volonté commune, la majorité ne peut obliger la minorité ; on ne peut y reconnaître que des volontés individuelles ; tous sont membres d'une ligue volontaire, et chaque individu peut être considéré comme un ennemi.

J'oserai, d'après ces principes, proposer ici trois mesures que je crois également utiles et légitimes.

La première, d'établir une séparation entre les émigrants que nous pouvons continuer de regarder comme des citoyens, ceux qui doivent être pour nous de simples étrangers, ceux qui, enfin, n'ayant point voulu profiter de la faculté de détruire les soupçons élevés contre eux, ont mérité d'être traités comme des ennemis.

La seconde, de fixer de quels droits, réservés aux seuls citoyens français, doivent être privés ceux à qui leurs préjugés ont fait préférer la qualité d'étrangers.

La troisième, de déterminer quels moyens on peut employer pour ôter le pouvoir de nuire à ceux qui doivent être regardés comme ayant des vues hostiles, et que cependant un délit particulier n'expose pas à une instruction judiciaire.

Je crois avoir montré que la nation avait droit de prendre ces mesures, qu'aucune d'elles ne blessait ni les règles de la justice naturelle, ni les principes reconnus dans la déclaration des droits. Mais ces mêmes règles doivent être également observées, ces mêmes principes doivent être également conservés dans les dispositions que ces mesures nécessitent.

C'est donc encore dans leur rapport avec la justice que j'examinerai celles que je vais vous proposer.

Celui qui aurait prêté le serment civique, inséré dans l'acte constitutionnel; celui qui, résidant dans les pays étrangers, aurait souscrit, en présence d'un envoyé ou d'un consul de la nation française, la déclaration d'adhérer à la constitution, d'en exécuter toutes les dispositions, de la regarder comme une loi émanée d'une autorité légitime et vraiment obligatoire, sera regardé comme devant conserver tous les droits de citoyen. Or, quel est l'homme qui, ayant ou un motif sérieux, ou seulement la volonté de s'absenter de sa patrie, pourrait regarder cette précaution, ou comme une gêne, ou comme un doute injurieux à son patriotisme? Veut-il que son voyage soit un secret, il peut encore remplir cette obligation sans risquer de le compromettre. Il reste libre de prolonger son absence, et plus libre qu'il ne l'était lorsqu'il pouvait craindre d'être confondu avec les transfuges.

Celui qui ne voudra, ni prêter le serment civique, ni faire cette déclaration, sera autorisé à se présenter devant un envoyé ou un consul de la nation française, et à souscrire l'engagement solennel que, pendant l'espace de deux ans, il n'entrera au service d'aucune puissance, sans y avoir été autorisé par un décret de l'assemblée nationale, sanctionné par le roi ; qu'il n'agira d'une manière hostile, ni contre la nation française, ni contre aucun pouvoir établi par la constitution ; qu'il ne sollicitera le secours d'aucune puissance, ni contre le peuple français, ni contre aucun de ces mêmes pouvoirs. Regardé alors comme étranger, il jouira de tous les droits dont jouissent en France les étrangers propriétaires.

Il serait tyrannique, sans doute, d'exiger une telle déclaration pour un temps indéfini, et même il serait inutile de la demander : car celui qui croit illégitimes les pouvoirs établis par la constitution, qui regarde comme un devoir de s'y opposer, peut considérer comme nulle la promesse absolue de ne pas agir contre eux ; mais il n'en est pas de même d'un engagement pour un temps déterminé. Ce n'est point ici une distinction chimérique. Malgré le devoir très-réel de défendre sa patrie, personne n'a jamais réclamé contre l'engagement, pris par des militaires, de ne point porter les armes pendant tel nombre de mois ou d'années. Parmi les moralistes qui ont discuté ce genre de questions, aucun n'a combattu la validité de ces engagements à terme fixe, aucun n'en a justifié la violation.

Les émigrés qui souscriraient cet engagement, ré-

putés alors étrangers, ne pourraient rentrer dans
leurs droits de citoyens actifs, que de la même manière dont les étrangers peuvent les acquérir; les
récompenses pour services rendus leur seraient conservées; car leurs services n'en existent pas moins,
et une erreur ne peut en effacer la mémoire. Ils continueraient de jouir des traitements accordés comme
indemnités, comme retraite; car leur renonciation à
la patrie n'est pas un délit.

Mais ils doivent perdre et les grades militaires
qu'ils peuvent avoir acquis, et le droit qu'ils peuvent
avoir à un remplacement.

Toutes ces privations sont une suite nécessaire de
la qualité d'étranger; et l'on conviendra, sans doute,
que l'homme qui a refusé d'adopter la constitution
de sa patrie ne peut exiger qu'elle le regarde comme
lui appartenant encore.

Ceux enfin qui dédaigneront de faire la déclaration demandée seront censés avoir des intentions
hostiles; et certes, puisqu'ils ont refusé de les désavouer, on peut, sans injustice, les en reconnaître
coupables. On ne peut les punir, sans doute; car il
faudrait qu'ils eussent été jugés, il faudrait qu'un
délit formel pût leur être imputé; mais une intention
ennemie, non désavouée, et sur laquelle on ne peut
avoir de doute, donne le droit d'enlever les moyens
de nuire. Prétendre qu'il faut les leur laisser, parce
que le crime n'est pas consommé, ce serait dire que,
pour désarmer son ennemi, il faut attendre qu'il
vous ait assassiné. Ainsi, quant à ceux qui refuse-
ront cette promesse de ne pas se rendre coupables,

la nation peut, sans injustice, les priver de la disposition de toute espèce de revenus, de toute espèce de
fonds existant en France. Quel serait donc l'effet de
l'indulgence que la faiblesse ou la perfidie pourraient
réclamer en leur faveur, sinon de conserver à nos
ennemis le pouvoir de troubler notre repos, de leur
réserver précieusement les moyens, non de nous
faire la guerre, non de payer une armée, non de
soulever les nations, mais d'acheter contre nous des
ennemis à la cour des despotes, dans les bureaux de
leurs ministres ; mais de continuer cette distribution
systématique de mensonges, de fausses nouvelles,
de calomnies, source première des vexations que les
citoyens français ont éprouvées; mais de désorga-
niser sans cesse notre armée, d'y corrompre la discipline, de soudoyer l'hypocrisie de nos prêtres séditieux ; mais d'établir enfin des manufactures où l'on
puisse exercer en grand l'art des faussaires ? car ces
hommes qui nous parlent sans cesse de l'honneur, ne dédaignent aucune bassesse, pourvu qu'elle
puisse servir la noble cause du fanatisme et de la
tyrannie.

Offrons-leur encore une fois le moyen de cesser
d'être nos ennemis; mais, s'ils s'obstinent à l'être, de
vains ménagements deviendraient une faiblesse ou
plutôt un crime : et de quel droit, par pitié pour des
hommes méprisables, sacrifierions-nous la sûreté de
nos commettants, exposés, lorsque le besoin les appelle dans les pays étrangers, aux outrages de cette
horde insolente et barbare?

Mais quel sera l'effet de ces mesures de rigueur qui,

justes en elles-mêmes, ont cependant encore besoin
d'être justifiées par leur utilité?

Sans doute, elles auraient été inutiles, si, dès les
premiers temps de la révolution, le ministre des affaires étrangères eût parlé le langage qui convient à
l'agent d'une grande nation; si, par exemple, il n'eût
pas souffert qu'au moment où la France, agitée par
des troubles, fatiguée du désordre de ses finances,
oubliait ses propres maux pour secourir l'Espagne
menacée, cette même puissance osât refuser tout
autre ambassadeur que celui dont une trop juste
défiance avait exigé la destitution; s'il ne se fût pas
rendu complice des maux que le fanatisme nous fait
aujourd'hui, en laissant un cardinal chargé de soutenir à Rome la cause de la raison et de la liberté;
si, aux premières insultes faites à des individus de la
nation française, il eût osé déployer toute la hauteur
d'un peuple libre, qui demande justice au nom de
la nature outragée.

Si nos envoyés chez les puissances étrangères,
ennemis couverts ou même publics de la révolution,
et conservant dans leurs places une immobilité scandaleuse, n'y avaient établi l'opinion qu'il se préparait une révolution contraire; si, pour les remplacements, on n'avait pas affecté de chercher les
hommes qu'il était le plus impossible de soupçonner de ne point haïr la liberté; si la conduite du
gouvernement n'avait pas sans cesse excité une juste
défiance; si les premiers défenseurs des droits du
peuple n'avaient pas mérité le soupçon d'en avoir
abandonné la cause; si aucun indice n'avait annoncé

une connivence coupable entre Paris et Coblentz, alors, sans doute, la clémence eût pu ne paraître que l'effet de la bonté naturelle au peuple français, et du sentiment de ses forces ; mais aujourd'hui elle ne serait que faiblesse ; elle réveillerait toutes les défiances, elle fortifierait tous les soupçons.

Notre gouvernement nous a fait dévorer trop d'outrages ; sa timidité, son incertitude nous ont trop montrés à l'Europe comme les jouets d'une intrigue dont les fils nous étaient cachés, pour qu'il soit possible de céder au mouvement qui nous porte à l'indulgence. Que le nom français soit respecté, qu'on rende enfin justice au peuple généreux que nous représentons, et c'est alors seulement que, sans le trahir, il pourra nous être permis de pardonner en son nom.

C'est de notre conduite envers cette lie de la nation, qui ose encore s'en nommer l'élite, que dépend l'opinion des nations étrangères, si nécessaire au succès de nos travaux. Soyez modérés et justes, mais fermes, vous serez respectés par elles ; mais, si vous suivez les mouvements d'une juste indignation, on vous croira faibles ; si vous accordez un pardon qu'on ne vous demande point, on vous croira, ou dupes de l'artifice de vos ennemis, ou dominés par une influence secrète, et plus occupés des intérêts d'une famille que du salut d'un grand peuple.

D'autres considérations me paraissent devoir encore vous déterminer à prendre ces mêmes mesures.

Un grand nombre d'émigrants n'a, pour la constitution française, qu'une aversion fondée sur d'an-

ciens préjugés ; n'a été déterminé à la fuite que par la
crainte des troubles trop réels sans doute, mais qu'une
exagération coupable a rendus plus effrayants ; il
faut y joindre le désagrément passager d'un changement dans leur importance personnelle. Presque tous,
une fois assurés de la stabilité de la constitution française, désireront d'en partager les avantages : encore
quelque temps, et ils conviendront qu'il n'y a point
de proportion entre la suppression d'un vain titre et
celle de la Bastille ; ils sentiront qu'il est doux d'être
libre ; et quand vous leur offrirez un moyen de
prouver qu'ils tiennent encore à la nation, qu'ils ne
doivent point perdre sa confiance, et que vous leur
laisserez en même temps la liberté de choisir le moment de leur retour, beaucoup profiteront des avantages de cette loi bienfaisante et juste. Croyez qu'ils
ne voudront point se déclarer étrangers, et sacrifier
des biens réels, pour le vain orgueil de conserver de
l'humeur pendant quelques mois de plus. Quant à
ceux dont les préjugés sont plus enracinés, mais qui
n'ont point formé de projets criminels, qui n'y sont
entrés que par complaisance ou par air ; en voyant
que leur obstination les exposerait à des malheurs
plus grands, croyez qu'ils céderont à la voix de la
raison. Ainsi nous verrons le nombre de nos ennemis diminuer, en même temps que nous appren-
drons à les connaître.

Ajoutons ici, que si cette espérance était trompée,
si l'obstination était générale, elle annoncerait des
espérances bien coupables ; elle nous apprendrait que
nous devons multiplier les précautions et les efforts.

Une amnistie accordée sans les réserves, sans les précautions qui doivent accompagner ces actes de clémence, n'a eu jusqu'ici d'autre effet que de confondre l'innocent avec le coupable ; il est temps de les séparer, il est temps que l'homme retenu chez l'étranger par des motifs puissants, que l'homme faible poursuivi par des terreurs imaginaires, ne puisse plus être confondu avec le citoyen parjure, avec l'ennemi de la patrie. Ceux-ci, dira-t-on , nous tromperont encore, ils signeront ce qu'on voudra, et ne respecteront cette nouvelle signature que comme ils ont respecté leurs premiers serments; mais ne serait-ce rien que d'avoir ôté à leur perfidie une dernière excuse, que de les avoir réduits à un état où il n'y aura plus que des princes, des courtisans et des ministres qui osent ne point paraître les mépriser?

Je n'ai point proposé de mettre entre eux aucune distinction. Que l'émigrant qui renonce au titre de citoyen, ou qui refuse de s'engager à ne pas troubler la paix, soit un des suppléants du trône, ou qu'il soit appelé à remplir, à son tour, une lieutenance dans un régiment; qu'il abandonne la résidence imposée au régent présomptif du royaume, ou celle qu'on exige du fonctionnaire public le moins important, tous sont égaux aux yeux de la loi; tous, placés dans les mêmes circonstances, doivent également perdre tous leurs droits, et voir également tous leurs revenus suspendus. Osons enfin tout envisager d'un œil égal, et ne caressons pas l'orgueil, même par la distinction d'une rigueur plus grande; seulement la publicité nécessaire de leur conduite les empêchera de se soustraire à la loi. Mais que deviendront les familles des hommes dont on séquestrera les biens? Ce que deviennent les familles de ceux qui ont été ou qui sont tombés dans un autre genre de démence, et auxquels il a fallu retirer l'administration de leur fortune.

Je ne dis plus qu'un mot : toute mesure est inutile; toute espérance d'en imposer aux puissances étrangères est illusoire; toute démarche pour leur faire respecter le nom français, pour les empêcher d'aider nos ennemis, ne sera qu'une honte de plus, tant que les noms de nos ambassadeurs, choisis parmi ceux que les événements de la révolution ont consacrés dans les fastes de la liberté, n'apprendront pas aux rois et à leurs ministres qu'il n'existe plus parmi nous qu'une seule volonté efficace et puissante, celle du peuple français.

Voici le projet de décret que je propose :

L'assemblée nationale, considérant qu'il importe à la tranquillité publique et au salut de l'empire d'enlever, à ceux des Français qui ont trahi leur patrie, les moyens de poursuivre leurs projets, et convaincue de l'obligation de ne pas s'écarter, même à l'égard des ennemis les plus perfides, des lois de l'équité rigoureuse, a décrété ce qui suit :

ARTICLE PREMIER.

Tout citoyen français sera admis à prêter, dans sa municipalité, le serment civique, institué dans l'acte constitutionnel.

II.

Tous ceux qui auront prêté ce serment conserveront, malgré leur absence du royaume, la plénitude de leurs droits de citoyens.

III.

Il en sera de même de ceux qui, étant actuellement dans les pays étrangers, souscriront dans le délai de..... chez l'envoyé ou le consul de la nation française, l'engagement de maintenir la constitution de tout leur pouvoir, d'en exécuter toutes les dispositions, et déclareront qu'ils la regardent comme une loi émanée d'un pouvoir légitime et obligatoire pour tous les Français.

IV.

Quiconque n'aura pas rempli l'une de ces deux obligations, et restera hors du royaume, sera réputé avoir renoncé à la qualité de citoyen, et en conséquence il ne pourra en obtenir de nouveau le titre que comme tout autre étranger; il sera déchu de tout grade militaire, de tout droit à un remplacement dans l'armée, de toute expectative d'une place quelconque, de tout traitement pécuniaire, à l'exception des pensions qui seraient une récompense de services passés ou une indemnité.

V.

Tout citoyen français, déchu de ce titre en vertu de l'article précédent, qui souscrira chez l'envoyé ou le consul de la nation française, pour l'espace de deux ans, l'engagement de n'entrer au service d'aucune puissance, sans y être autorisé par un décret de l'assemblée nationale, sanctionné par le roi; de ne porter les armes, ni contre la nation française, ni contre aucun des pouvoirs établis par l'acte constitutionnel; de ne solliciter, ni contre la nation, ni contre aucun de ces pouvoirs, le secours d'aucune puissance étrangère, jouira des biens qui lui appartiennent en France, de la même manière que les étrangers qui y possèdent des propriétés mobilières ou territoriales.

VI.

Tout citoyen français absent, qui, dans le terme fixé, n'aura souscrit aucune de ces déclarations, ou qui aura manqué à ses engagements après les avoir souscrits, sera déclaré ennemi de la nation; ses revenus et ses propriétés de toute nature seront mis en séquestre; l'assemblée nationale se réservant de prononcer sur l'emploi des revenus, et les fonds étant gardés pour lui être rendus, s'il y a lieu, à une amnistie, ou restitués après sa mort à ses héritiers.

VII.

Il sera incessamment présenté par le comité de

législation une loi pour régler le mode d'exécution de cet article, afin de conserver le droit des femmes ou des créanciers antérieurs, et de pourvoir à la subsistance, à l'éducation, à l'entretien des enfants.

VIII.

Aucune saisie de biens ne pourra avoir lieu sur le motif d'absence, qu'à la réquisition du procureur-syndic du département où était situé le dernier domicile du citoyen tombé dans le cas de l'article VI.

OPINION

SUR LE RAPPORT

DES

COMITÉS MILITAIRE, DIPLOMATIQUE

ET

DE L'ORDINAIRE DES FINANCES RÉUNIS.

28 DÉCEMBRE 1791.

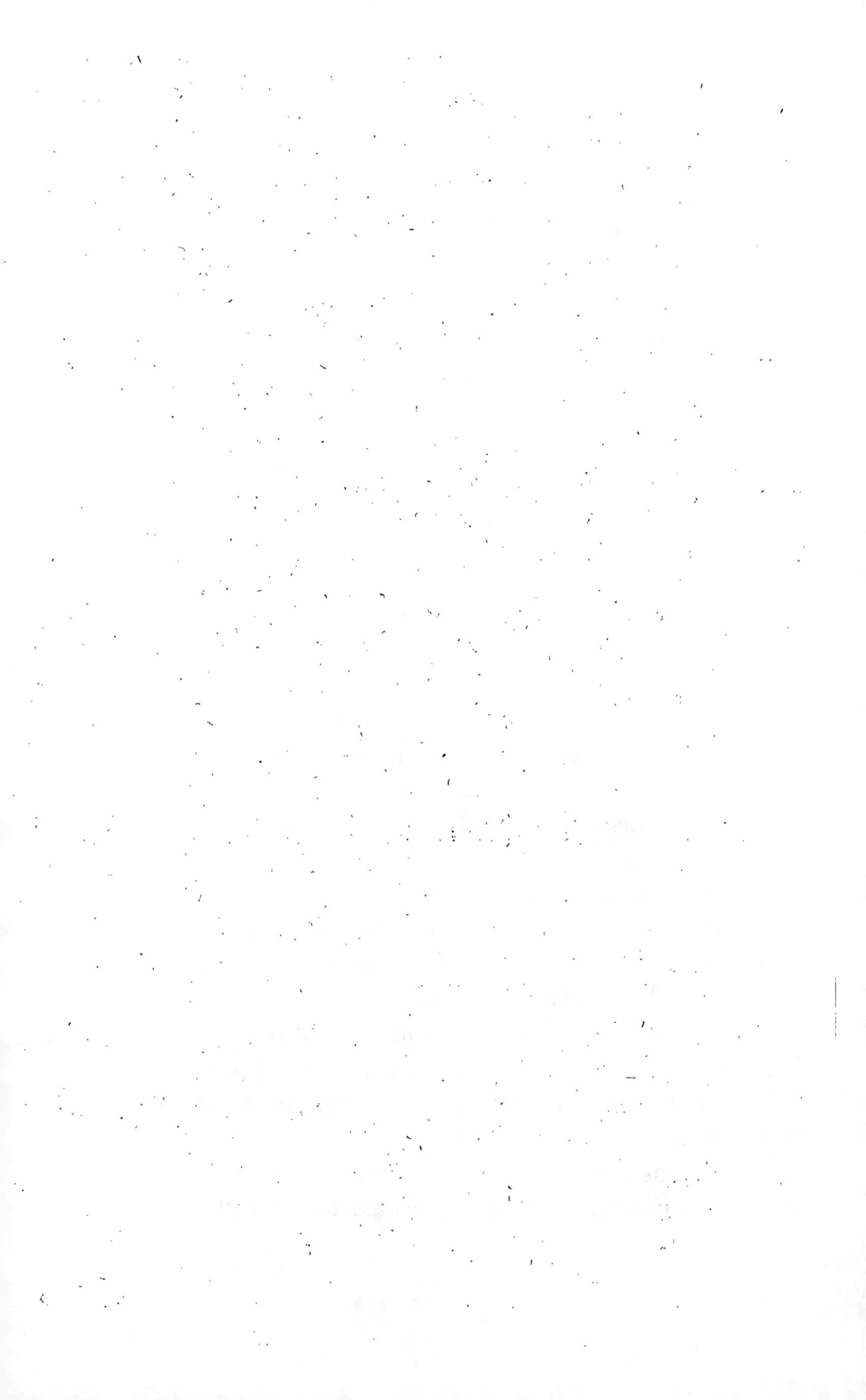

OPINION

SUR LE RAPPORT

DES

COMITÉS MILITAIRE, DIPLOMATIQUE

ET

DE L'ORDINAIRE DES FINANCES RÉUNIS.

MESSIEURS,

Je n'ajouterai qu'un petit nombre de réflexions à celles que vous venez d'entendre.

Lorsque, dans le cas d'hostilités imminentes, des préparatifs de guerre ont été ordonnés ; lorsque le roi fait part à l'assemblée nationale de ces préparatifs, elle est autorisée par la constitution, non à désapprouver ces mesures, mais à les arrêter, mais à poursuivre les ministres qui auraient mal à propos ordonné des préparatifs, ou provoqué des hostilités. La constitution garde ensuite le silence sur l'approbation que le corps législatif pourrait donner à ces mêmes mesures.

La raison de cette différence est simple : pour suspendre, pour accuser, il faut que l'assemblée législative exerce un pouvoir extérieur, et elle a besoin que le droit lui en ait été expressément délégué.

Au contraire, en approuvant (et il en serait de même pour une simple désapprobation), elle ne fait qu'exercer un droit commun à tous les hommes, et il suffit que la constitution ne lui ait pas expressément défendu d'en user.

Le droit de tout soumettre à son examen, de pouvoir exprimer son approbation ou sa désapprobation, d'émettre un vœu, de former une résolution, appartient essentiellement à l'assemblée nationale, non parce qu'elle exerce le pouvoir législatif, mais parce qu'elle est l'assemblée des représentants du peuple. Tout individu peut également prononcer son opinion, mais il n'a que son autorité personnelle : vos décisions, au contraire, ont toute celle de la confiance dont le choix du peuple vous a investis.

Mais l'assemblée doit-elle aujourd'hui user de ce droit? Doit-elle donner une approbation formelle à des mesures qu'elle-même a conseillées? Est-il utile qu'elle émette une seconde fois, mais d'une manière plus expresse, son vœu, que les événements n'ont pu changer?

Oui, Messieurs, c'est surtout dans les relations extérieures qu'il est important de ne laisser aucun doute sur l'harmonie qui règne entre les divers pouvoirs, de prouver que, si, dans l'administration intérieure, il existe quelquefois des différences d'opinions et de vues, tout cède à l'intérêt général; et que la France, comme l'ancienne Rome, oublie tout, quand il s'agit de combattre les ennemis de la patrie.

Une multitude active, irritée, de nobles et de prêtres, est intéressée à persuader à l'Europe que la France est dans une anarchie totale. Si nous exerçons, à l'égard des ministres, cette surveillance, qui est un de nos premiers devoirs; si, dans cette lutte qu'ils nous forcent de renouveler trop souvent, nous ne gardons pas toujours une contenance paisible, combien n'est-il pas facile de présenter aux étrangers cet exercice de nos fonctions comme une rivalité entre les pouvoirs établis par la loi, comme une espèce de guerre intestine!

Il est donc utile, nécessaire même, de montrer que vous désirez voir régner, entre les divers pouvoirs, ce concert où le peuple français croit voir le gage de son repos; de prouver que s'il est jamais troublé, ce ne sera point par vous, mais malgré vous; de faire connaître, par des actes solennels, qu'au milieu de ces mouvements tumultueux qui ont régné quelquefois dans cette salle, il n'existe cependant au fond de vos cœurs qu'une seule passion : l'amour de la liberté.

Montrons à l'Europe que la France est réunie dans une même volonté. Les rois apprendront que toute sa puissance lui est rendue, et elle ne verra plus autour d'elle que des amis.

Alors ces princes, à qui les traités n'ont garanti, n'ont réservé aucune souveraineté sur les terres réunies au territoire français, qui ne peuvent donc réclamer sur ce territoire des droits contraires aux lois souveraines émanées du peuple, mais seulement un dédommagement de ces droits, sentiront que leur intérêt n'est pas d'avoir pour ennemie une nation puissante, à qui sa constitution interdit les conquétes et commande de défendre ses alliés, une nation libre que ses opinions, ses principes, sa situation rendent la protectrice naturelle de leur indépendance. Ils sentiront que si leurs droits ont dû être sacrés tant que le reste de la France a reconnu aussi le régime féodal, tant que chaque province, chaque canton a eu sa coutume, ils perdent toute leur force, lorsque la volonté nationale soumet tout à une loi commune, lorsque leur féodalité ne serait plus une modification particulière de l'usage général, mais une atteinte directe à la constitution même; ils ne voudront pas risquer d'exposer, pour des avantages chimériques, leurs droits essentiels dont les mêmes traités sont la seule garantie.

D'ailleurs, Messieurs, vous avez des devoirs à remplir, et vous ne les négligerez point. La constitution oblige les ministres à présenter, au commencement de chaque session, l'aperçu des dépenses de leur département pour l'année suivante. Cette année va commencer, et hier encore un seul ministre avait obéi à la constitution ; deux seulement y ont obéi aujourd'hui, et vous serez forcés, par ce retardement, à décréter une partie de ses dépenses sous une forme qui ne sera point celle qu'une loi antérieure avait établie. Les ministres doivent, d'après la loi, le compte de l'emploi des sommes qui leur ont été confiées. Un décret rendu par l'assemblée constituante leur en a prescrit le devoir, pour l'époque actuelle, d'une manière plus expresse ; et aucun de ceux qui ont disparu du conseil n'a satisfait encore à cette obligation sacrée. La conduite de quelques-uns a été inculpée devant vous : dans plusieurs occasions importantes, dans les discussions sur les émigrés, ou sur les troubles religieux, dans celles où il aurait été nécessaire de connaître l'état actuel de nos relations extérieures, la véritable situation des conjurés, les ministres ont trop négligé de donner, soit à vous, soit à vos comités, les lumières qu'ils leur doivent. La lenteur dans l'établissement de l'impôt, dans la fabrication de la petite monnaie, excite des plaintes. Vous devez faire cesser ces négligences, examiner ces inculpations, forcer les ministres à remplir des devoirs que la loi leur impose ; devoirs d'autant plus importants, que l'ordre dans l'établissement des dépenses et dans les détails de l'exécution est la première base de la confiance publique, et qu'on ne vous pardonnerait pas de retarder encore d'une année cet ordre si nécessaire.

Une simple surveillance ne suffit même pas : il faut régler par des lois, et la forme suivant laquelle, à l'avenir, les ministres prépareront leurs états de dépense, et celle du compte qu'ils doivent rendre des dépenses ordinaires. Celui des dépenses extraordinaires, pour lesquelles des fonds pourront leur être accordés, doit exiger des précautions plus grandes encore, et devenir l'objet d'une loi particulière. Vous avez d'autres lois à faire pour la sûreté de l'administration du trésor public. Ces lois, par leur nature, doivent, pour être bonnes, présenter le caractère de la défiance, et même d'une défiance exagérée. Un de vos comités est chargé par vous de rédiger, sur la responsabilité des ministres, le projet d'une loi plus précise et plus applicable.

Forcés de préparer des lois de rigueur, obligés peut-être de prendre des mesures sévères, ne négligez pas une occasion solennelle de prouver, jusqu'à l'évidence, qu'aucune jalousie de pouvoir ne souille la pureté de votre patriotisme, et que vous attaquez dans les ministres, non le pouvoir qu'ils ont reçu de la loi, mais l'abus qu'ils en font contre la loi, mais leur négligence dans l'exercice des fonctions qu'elle leur a confiées.

Enfin, une dernière considération non moins puissante doit nous décider à donner cette nouvelle marque d'approbation aux mesures adoptées par le roi. C'est en son nom, c'est pour défendre sa cause que les nobles, chefs des rebelles, prétendent nous combattre. Nos prêtres fanatiques mêlent le nom du roi à celui de Dieu dans leurs prédications séditieuses : ce nom multiplie, encourage les partisans de ces deux castes divisées par l'intérêt, réunies contre nous par une haine commune pour la raison et pour l'égalité. Ainsi, toutes les fois que nous pourrons donner une preuve nouvelle de l'accord qui règne entre le roi et les défenseurs de la liberté, entre le roi et les représentants du peuple, nous affaiblirons la puissance de nos ennemis.

Forçons la foule que leurs chefs ont séduite, à ne plus douter que cet accord existe ; et bientôt, abandonnés par elle, nous verrons ces chefs insensés réduits à cacher, dans une retraite obscure, la honte de leurs complots.

Mais cette approbation, Messieurs, ne serait rien, si elle n'était, si elle ne paraissait qu'une aveugle adhésion : il faut qu'elle soit précédée d'un examen sévère ; il faut montrer que ce qui est approuvé par vous, vous l'avez discuté et jugé ; et voilà surtout pourquoi une nouvelle approbation est nécessaire. Amis de la liberté, vous avez senti ses injures ; représentants du peuple, vous jugerez si les mesures prises pour les repousser sont sages, si elles sont suffisantes. Je conclurai donc à demander la priorité pour le projet de décret proposé par M. Brissot ; mais aux mesures qu'il renferme, j'oserai vous proposer d'en ajouter une autre : ce serait de développer, dans une déclaration solennelle, les principes de la politique nouvelle que la lettre, et surtout l'esprit de la constitution, doivent inspirer à la nation française, afin que la manifestation de ces principes, faite en votre nom, rassurât, et les peuples dont les armées françaises peuvent occuper le territoire, et les princes qui pourraient en redouter le voisinage.

DÉCLARATION

DE L'ASSEMBLÉE NATIONALE,

DONT L'IMPRESSION ET L'ENVOI
ONT ÉTÉ ORDONNÉS DANS LES QUATRE-VINGT-TROIS DÉPARTEMENTS.

29 DÉCEMBRE 1791.

DÉCLARATION

DE L'ASSEMBLÉE NATIONALE,

DONT L'IMPRESSION ET L'ENVOI
ONT ÉTÉ ORDONNÉS DANS LES QUATRE-VINGT TROIS DÉPARTEMENTS.

A l'instant où, pour la première fois, depuis le jour de sa liberté, le peuple français peut se voir réduit à la nécessité d'exercer le droit terrible de la guerre, ses représentants doivent à l'Europe, à l'humanité entière, le compte des motifs qui ont déterminé les résolutions de la France, l'exposition des principes qui dirigeront sa conduite.

« *La nation française renonce à entreprendre au-* « *cune guerre, dans la vue de faire des conquêtes, et* « *n'emploiera jamais ses forces contre la liberté d'au-* « *cun peuple.* » Tel est le texte de la constitution. Tel est le vœu sacré par lequel nous avions lié notre bonheur au bonheur de tous les peuples, et nous y serons fidèles.

Mais, qui pourrait regarder encore comme un territoire ami, celui où il existe une armée qui n'attend, pour attaquer, que l'espérance du succès? Et n'est-ce pas nous avoir déclaré la guerre, que de

préter volontairement ses places, non-seulement à
des ennemis qui nous l'auraient déclarée, mais à
des conspirateurs qui l'ont commencée depuis longtemps? Tout impose donc aux pouvoirs établis par
la constitution, pour le maintien de la paix et de la
sûreté, la loi impérieuse d'employer la force contre
les rebelles qui, du sein d'une terre étrangère, menacent de déchirer leur patrie.

Les droits des nations offensées; la dignité du
peuple français outragée; l'abus criminel du nom
du roi, que des imposteurs font servir de voile à
leurs projets désastreux; la défiance que ces bruits
sinistres entretiennent dans toutes les parties de
l'empire; les obstacles que cette défiance oppose à
l'exécution des lois et au rétablissement du crédit;
les moyens de corruption employés pour égarer,
pour séduire les citoyens; les inquiétudes qui agitent les habitants des frontières; les maux auxquels
les tentatives les plus vaines, les plus promptement
repoussées pourraient les exposer; les outrages, toujours impunis, qu'ils ont éprouvés sur des terres où
les Français révoltés trouvent un asile; la nécessité
de ne pas laisser aux rebelles le temps d'achever
leurs préparatifs, et de susciter à leur patrie des ennemis plus dangereux :

Tels sont nos motifs. Jamais il n'en a existé de
plus justes, de plus pressants; et dans le tableau
que nous en présentons ici, nous avons plutôt atténué qu'exagéré nos injures; nous n'avons pas besoin de soulever l'indignation des citoyens, pour en-
flammer leur courage.

Cependant, la nation française ne cessera pas de voir un peuple ami dans les habitants des pays occupés par les rebelles, et gouvernés par des princes qui les protégent. Les citoyens paisibles, dont ses armées couvriront le territoire, ne seront point des ennemis pour elle; ils ne seront pas même ses sujets. La force publique, dont elle deviendra momentanément dépositaire, ne sera employée que pour assurer leur tranquillité et maintenir leurs lois. Fière d'avoir reconquis les droits de la nature, elle ne les outragera point dans les autres hommes. Jalouse de son indépendance, résolue à s'ensevelir sous ses ruines plutôt que de souffrir qu'on osât lui dicter des lois, ou même garantir les siennes, elle ne portera point atteinte à l'indépendance des autres nations. Ses soldats se conduiront sur une terre étrangère comme ils se conduiraient sur celle de leur patrie, s'ils étaient forcés d'y combattre; les maux involontaires que ses troupes auraient fait éprouver aux citoyens seront réparés.

L'asile qu'elle ouvre aux étrangers ne sera point fermé aux habitants des contrées dont les princes l'auront forcée à les attaquer, et ils trouveront dans son sein un refuge assuré. Fidèle aux engagements pris en son nom, elle se hâtera de les remplir avec une généreuse exactitude. Mais aucun danger ne pourra lui faire oublier que le sol de la France appartient tout entier à la liberté, et que la loi de l'égalité y doit être universelle. Elle présentera au monde le spectacle nouveau d'une nation vraiment libre, soumise aux règles de la justice, au milieu des orages de la guerre, et

X.   17

respectant partout, en tout temps, à l'égard de tous les hommes, les droits qui sont les mêmes pour tous.

La paix que le mensonge, l'intrigue et la trahison ont éloignée, ne cessera point d'être le premier de nos vœux. La France prendra les armes avec regret, mais avec ardeur, pour sa sûreté, pour sa tranquillité intérieure; et on la verra les déposer avec joie, le jour où elle sera sûre de n'avoir plus à craindre pour cette liberté, pour cette égalité, devenues le seul élément où des Français puissent vivre. Elle ne redoute point la guerre, mais elle aime la paix. Elle sent qu'elle en a besoin, et elle a trop la conscience de ses forces pour craindre de l'avouer.

Lorsqu'en demandant aux nations de respecter son repos, elle a pris l'engagement éternel de ne jamais troubler le leur, peut-être aurait-elle mérité d'en être écoutée; peut-être cette déclaration solennelle, ce gage de sécurité et de bonheur pour les peuples voisins, devait-il lui mériter l'affection des princes qui les gouvernent: mais ceux de ces princes qui ont pu craindre que la nation française ne cherchât à produire dans les autres pays des agitations intérieures, apprendront que le droit cruel de représailles, justifié par l'usage, condamné par la nature, ne la fera point recourir à ces moyens employés contre son repos; qu'elle sera juste envers ceux même qui ne l'ont pas été pour elle; que partout elle respectera la paix comme la liberté; et que les hommes qui croient pouvoir se dire encore les maîtres des autres hommes, n'auront à craindre d'elle que l'autorité de son exemple.

La nation française est libre, et, ce qui est plus que d'être libre, elle a le sentiment de la liberté. Elle est libre, elle est armée, elle ne peut être asservie. En vain compterait-on sur ses discordes intestines : elle a passé le moment dangereux de la réformation de ses lois politiques; et, trop sage pour devancer la leçon du temps, elle ne veut que maintenir sa constitution, et la défendre. Cette division entre deux pouvoirs émanés de la même source, dirigés vers le même but, ce dernier espoir de nos ennemis, s'est évanoui à la voix de la patrie en danger; et le roi, par la solennité de ses démarches, par la franchise de ses mesures, montre à l'Europe la nation française forte de tous ses moyens de défense et de prospérité. Résignée aux maux que les ennemis du genre humain, réunis contre elle, peuvent lui faire souffrir, elle en triomphera par sa patience et par son courage. Victorieuse, elle ne cherchera ni réparation ni vengeance.

Tels sont les sentiments d'un peuple généreux, dont ses représentants s'honorent d'être ici les interprètes. Tels sont les projets de la nouvelle politique qu'il adopte. Repousser la force, résister à l'oppression, tout oublier, lorsqu'il n'aura plus rien à redouter, et ne plus voir que des frères dans des adversaires vaincus, réconciliés ou désarmés : voilà ce que veulent tous les Français, et voilà quelle est la guerre qu'ils déclareront à leurs ennemis.

OPINION

SUR LA NÉCESSITÉ D'UNE

CONVOCATION EXTRAORDINAIRE

DES ASSEMBLÉES PRIMAIRES EN 1792.

OPINION

SUR LA NÉCESSITÉ D'UNE

CONVOCATION EXTRAORDIRAIRE

DES ASSEMBLÉES PRIMAIRES EN 1792.

Comme nous pouvons, d'un jour à l'autre, être réduits à la nécessité d'appeler à la décision des citoyens, avant d'examiner les avantages ou les dangers'de cette mesure, il faut examiner comment elle peut et doit être faite.

La loi nous interdit de faire aucun changement à l'acte constitutionnel.

Elle nous interdit également d'appeler une assemblée de révision et même une convention nationale, *destinée à changer la constitution.*

Mais elle ne nous interdit pas la faculté de déclarer à la nation que nous ne trouvons pas dans l'acte constitutionnel les moyens de sauver la patrie, et nous devons alors lui développer les motifs de cette déclaration.

Que deviennent alors notre devoir et notre légitime autorité, relativement aux actes qui peuvent suivre cette déclaration?

Que devons-nous faire relativement à cette mesure? que devons-nous faire pendant l'espace de temps où nous restons encore chargés du salut public, seuls, et avec les mêmes pouvoirs?

On peut, je crois, le déduire des principes suivants :

La nation ne peut être immédiatement consultée que dans plusieurs assemblées séparées.

D'où il résulte qu'elle ne peut exercer sa souveraineté que de deux manières : ou en portant un vœu sur des objets soumis à sa décision ;

Ou en nommant des représentants chargés de décider en son nom.

Ainsi, puisque, dans la circonstance actuelle, aucun pouvoir n'a le droit de faire à la nation une question précise, il est d'abord évident qu'elle ne peut exercer sa souveraineté qu'en nommant des représentants.

Mais elle peut, ou les investir de pouvoirs non limités, ou limiter ces pouvoirs ; soit en réservant quelques parties de l'acte constitutionnel, et déclarant, par exemple, que rien ne sera retranché, ni à la déclaration des droits, ni aux deux premiers titres de la constitution ; soit en les bornant à certains objets déterminés ; soit en prononçant immédiatement sur quelques points ; soit, enfin, en exigeant que, sur certains objets, elle soit immédiatement consultée, de manière qu'alors ses nouveaux représentants n'aient que le droit de proposer des articles, ou bien celui de porter des décisions, provisoirement obligatoires, jusqu'au moment de l'acceptation ou du refus.

Comme il est impossible de supposer que la volonté générale du peuple ne soit pas que ses représentants puissent émettre un vœu, il est clair qu'ils sont nécessairement investis du pouvoir de réduire à une question, susceptible d'être décidée par oui ou par non, toutes celles qui peuvent être décidées d'avance par leurs commettants, et qu'ils sont libres de voter suivant leur opinion, si la question, ainsi réduite, n'est pas résolue d'avance par ceux de qui ils tiennent leurs pouvoirs.

La volonté du peuple, manifestée dans des assemblées séparées, se divise en deux portions bien distinctes : établissement d'un corps de représentants ; détermination sur ce que ce corps doit faire. Lorsque l'on arrive à cette seconde partie, il est clair que c'est la nouvelle représentation qui peut seule agir, recueillir le vœu général d'après le vœu séparément manifesté, et déclarer ce vœu ; mais avant ce terme, comme elle n'existe pas encore, et que, cependant, il y a au moins un vœu à recueillir et à déclarer, et quelques objets qu'il est nécessaire de déterminer, à qui ce droit peut-il appartenir ?

S'il existe un corps de représentants du peuple, élus en cette qualité pour un objet quelconque, il est évident que c'est à lui seul qu'appartient le droit de déclarer la volonté du peuple. Il ne l'est pas moins, qu'à eux seuls appartient le droit de décider sur les questions qu'il est nécessaire de résoudre, dans celles qui ne le seraient point par le vœu du peuple. Par exemple, une assemblée de représentants doit avoir un lieu de séance déterminé : si donc le peuple, dans ses assemblées séparées, n'a pas émis un vœu sur la fixation de ce lieu, il est évident que, voulant qu'il le fût, il a voulu aussi en laisser le soin à ses représentants.

Voici donc deux premières questions à résoudre : Comment le peuple émettra-t-il un vœu ? Comment ses représentants actuels le recueilleront-ils, et le déclareront-ils ?

D'abord, la loi subsistante, établissant une forme régulière pour les assemblées immédiates du peuple, cette forme doit être rigoureusement suivie.

Le vœu immédiat du peuple sera donc émis dans les assemblées primaires.

Comment sera-t-il recueilli ? On ne peut compter les suffrages que de quatre manières : suffrages individuels, suffrages d'assemblées primaires, suffrages de départements, supposés égaux, suffrages de départements, supposés proportionnels au nombre des députés actuels.

Comme il serait très-long, très-embarrassant de calculer, pour tout l'empire, ce résultat des suffrages individuels, d'autant plus que personne n'a le pouvoir de faire des lois impératives sur la manière de former ces assemblées et d'y faire délibérer; comme le dépouillement général du vœu des assemblées primaires, considérées comme des unités, serait encore très-long, il paraît plus simple de chercher d'abord le vœu de chaque département, en comptant ceux des assemblées primaires, et ensuite, de calculer le vœu des départements suivant la proportion établie pour la distribution des députés actuels. Ainsi, le vœu du département de Paris compterait pour vingt-quatre; celui du département de la Seine-Inférieure, pour seize, etc. C'est le moyen qui doit se rapprocher le plus, dans ses résultats, de ceux que donnerait le vœu individuel, parce que, dans les départements plus riches, où la population est plus resserrée, les assemblées primaires sont aussi plus nombreuses.

On peut supposer que le peuple entier est bien convaincu qu'il ne peut pas décider les questions dans les assemblées primaires, à moins qu'il n'ait établi un corps de représentants pour les lui proposer, réduites à *oui* ou à *non*, puisque cette forme est évidemment la seule qui puisse donner un vœu définitif dans une assemblée quelconque : il ne s'agit que de recueillir son vœu sur la formation d'un nouveau corps de représentants. Or, sur cet objet, l'on peut observer, 1° que la loi subsistante établit une forme pour l'élection des représentants, et que cette forme doit être suivie ; 2° qu'elle en a également réglé la distribution et la proportion.

Les assemblées primaires n'auraient donc à prononcer que sur ces questions :

1° Y aura-t-il ou non une assemblée de représentants, autre que l'assemblée nationale, établie par la constitution ?

2° Cette assemblée sera-t-elle formée des membres actuels de l'assemblée nationale ?

3° Si elle n'est pas composée des mêmes membres, le sera-t-elle de membres tous choisis par une nouvelle élection ?

4° Ou bien le sera-t-elle, 1° des membres actuels, 2° d'autres membres ajoutés à ceux-ci, suivant la proportion représentative ?

Si la pluralité répond négativement à la première question, il n'y a plus rien à prononcer.

Si elle y répond affirmativement, et aussi affirmativement à la seconde, tout est également terminé; et l'assemblée actuelle, recevant le vœu des assemblées primaires, prendra le pouvoir qu'elles lui auront donné, et deviendra le nouveau corps de représentants.

Si, au contraire, la réponse est affirmative pour la première question, négative pour la seconde, il faut examiner les réponses aux deux autres questions.

Mais si, pour avoir la décision finale, on compte les voix par département, on peut regarder comme nulle la différence dans la manière de la résoudre, dans ce sens : que celui qui proposerait, par exemple, d'ajouter un tiers à la députation actuelle, et celui qui voudrait une députation nouvelle plus nombreuse d'un tiers, disent la même chose, quant à l'effet, à cela près, que les électeurs de l'un choisiront tous les membres par une élection nouvelle, et que ceux de l'autre n'en choisiront qu'un tiers, parce que leurs commettants ont adopté les autres.

En adoptant ces principes, on voit que chaque département peut même, s'il a décidé qu'il y a lieu à élection, la faire sur-le-champ; car, malgré l'inégalité du nombre des membres qu'ils voudraient élire, comme ils doivent être distribués suivant une proportion convenue, lorsque le vœu commun aura été constaté, la réduction sera facile, aussi bien que l'augmentation. Cette opération est d'autant plus simple, qu'en suivant la loi pour les suppléants, on n'aura plus, pour tous ceux qui voudront élire, que des réductions à faire.

Ainsi, il n'y aurait lieu à une convocation nouvelle que pour les départements qui n'auraient voulu aucune élection, et on peut prévoir d'avance qu'ils ne seraient pas en très-grand nombre.

Ici se présente une objection.

On n'a point eu égard au cas où la pluralité serait pour l'exclusion des membres actuels, ni à celui où la pluralité, voulant que les membres actuels fussent conservés, voterait contre un remplacement entier, ni, enfin, à celui où la même pluralité, en voulant le remplacement entier, voterait contre la conservation des anciens membres.

Je réponds ici que l'unité de vœu n'étant point nécessaire pour avoir un résultat, et ce résultat pouvant s'obtenir sans établir une dépendance de département à département, il est d'autant plus naturel de laisser subsister leur indépendance, que ces questions n'ont pu être décidées après un examen et une dissension commune. Or, dans ce cas surtout, la nécessité seule d'avoir un vœu unique peut autoriser à soumettre la majorité au vœu de la minorité.

Voici donc la marche que l'on pourrait suivre.

Chaque assemblée primaire prendrait d'abord sa résolution sur les objets qu'il faut décider nécessairement avant de former une assemblée de représentants, et l'enverrait au chef-lieu de département.

Toute assemblée primaire qui voudrait une élection, choisirait ses électeurs, et s'occuperait ensuite d'exprimer son vœu sur les objets qu'elle voudrait considérer.

On examinerait d'abord si la pluralité des assemblées primaires veut une nouvelle élection; et si ce vœu est prononcé, les électeurs seraient immédiatement convoqués.

On examinerait ensuite le vœu général sur le nombre des membres à choisir; on le déclarerait, et les électeurs y procéderaient sur-le-champ.

Un commissaire de l'assemblée nationale serait envoyé dans chaque département, pour être présent à ces opérations, qui seraient faites par trois commissaires élus par le conseil général. Il enverrait à l'assemblée nationale le vœu du département, 1° sur la convocation; 2° sur l'élection d'un nouveau corps; 3° sur le nombre de ses membres : ce vœu serait déclaré à mesure qu'il serait connu.

Comme on sait le nombre des assemblées primaires de chaque département, et celui des départements, du moment où un vœu serait connu pour celui de plus de la moitié, il pourrait être déclaré.

Par ce moyen, le résultat serait obtenu avec la plus grande promptitude.

Tout ce qui est rigoureusement nécessaire pour recueillir, constater, et pouvoir déclarer le vœu du peuple sur la manière dont il veut manifester son vœu, pourrait même être ordonné par ses représentants; mais une simple invitation, accompagnée d'une instruction précise, suffirait.

On y indiquerait, non-seulement la marche de

l'opération, mais la méthode suivant laquelle le vœu pourrait être rédigé.

Par ce moyen, six semaines suffiraient pour que l'assemblée fût formée.

D'après le résultat général, soit que l'assemblée nationale reste telle qu'elle est, soit avec une addition de membres, elle doit entrer en délibération aussitôt qu'elle sera réunie, et continuer les fonctions législatives et de surveillance suivant les formes établies, jusqu'à ce qu'elle ait reconnu et déclaré le vœu des assemblées primaires sur l'étendue de ses pouvoirs et la manière de les exercer.

Si, au contraire, la volonté du peuple établissait une assemblée nouvelle, celle qui existe devrait exercer ses pouvoirs jusqu'au moment où celle-ci, après avoir vérifié et déclaré le vœu du peuple, aurait établi les siens.

Il faudrait donc alors établir, à cause des membres qui pourraient être communs aux deux assemblées, qu'elles ne siégeraient pas aux mêmes heures ; mais comme cette complication ne durerait qu'un petit nombre de jours, il n'en résulterait aucun inconvénient.

On pourrait même, dans le cas d'une simple addition de membres, conserver à la législature actuelle, seule, l'exercice de ses pouvoirs, jusqu'à ce que l'assemblée nouvelle eût constaté et déclaré les siens, et alors n'admettre les députés nouveaux qu'aux séances où l'on s'occuperait de cet objet.

Mais, que l'on suive l'un ou l'autre de ces moyens, il n'en peut résulter aucun inconvénient un peu grave ; car l'assemblée actuelle, dans ce cas, serait intéressée elle-même à faire cesser cette distinction de deux assemblées, et à établir la forme définitive: elle le serait moins, s'il s'agissait d'une assemblée nouvelle ; et comme il est bon de se prémunir même contre ce qui est très-improbable, il serait bon, dans l'instruction, de faire sentir aux citoyens la nécessité de prononcer, d'une manière claire et formelle, sur la cumulation des pouvoirs législatifs avec les nouveaux pouvoirs, entre les mains de l'assemblée que leur vœu établirait, ou sur la séparation de ces pouvoirs ; de manière que l'assemblée actuelle conservât le pouvoir législatif qu'elle a reçu de la constitution. En effet, si ce vœu est clairement exprimé, les commissaires envoyés dans les départements, rapportant, avec le vœu des assemblées primaires, le résultat de ce vœu sur cet objet, et remettant leur travail à la nouvelle assemblée, il est évident que deux jours suffiraient alors pour terminer définitivement la question.

Il n'existe, en effet, que deux manières de la résoudre : ou réunion, ou séparation de pouvoirs: l'une dissout l'assemblée actuelle ; l'autre la conserve: dans l'une, il ne reste qu'une assemblée ; dans l'autre, il en subsiste deux. Car si, dans le premier cas, l'assemblée actuelle doit reprendre ses fonctions, après un espace de temps, ou sous des conditions déterminées, elle n'en est pas dissoute pour le moment des premiers travaux : si, dans le cas contraire, le vœu des citoyens est pour que la même assemblée exerce le pouvoir législatif, seule, et avec le nombre ordinaire de ses membres, et en exerce d'autres, en s'adjoignant de nouveaux membres, il en résulte, dans la réalité, deux assemblées coexistantes, et une vraie séparation de pouvoirs. On ne sera donc exposé, dans aucun cas, à une suspension de l'activité rigoureusement nécessaire.

DE L'INFLUENCE

D'UN MONARQUE

ET

D'UNE COUR

SUR LES MŒURS D'UN PEUPLE LIBRE.

1792.

DE L'INFLUENCE

D'UN MONARQUE

ET

D'UNE COUR

SUR LES MŒURS D'UN PEUPLE LIBRE.

Tous les besoins de la nature sont des liens entre les hommes; ils les laissent au même niveau. Tous ceux de la vanité sont des chaînes : pour un homme qu'ils élèvent en apparence, ils en assujettissent et dégradent mille autres. Si donc parmi les institutions sociales il s'en trouve une qui alimente nécessairement la vanité, qui donne à quelques hommes des besoins et des habitudes privilégiées, cette institution met en péril la liberté. Elle la mine sourdement, en accoutumant peu à peu à estimer et à rechercher des jouissances qu'il faut payer de la liberté même. Sous cet aspect, la royauté est la plus vicieuse des institutions. Que peut devenir ce monceau d'or que vous mettez aux pieds d'un homme? D'abord il va payer, d'un prix exagéré les soins nécessaires à son existence; il va faire envisager au peuple ces

soins comme un honneur : car il faut l'œil d'un philosophe pour ne pas évaluer l'importance d'une
place d'après le revenu qui y est attaché. Et de quel
droit demanderiez-vous au peuple un discernement
plus éclairé, tandis qu'à ses yeux les législateurs
mêmes mettent le monarque dans le cas de payer les
plus faibles services rendus à sa personne, vingt fois
au delà de ce qu'au nom de la patrie, ils adjugent
aux fonctions publiques les plus pénibles et les plus
assujettissantes? Et que peuvent être ces hommes
qui, pour des salaires scandaleux, se vouent à un
ennui dont il faut bien que les illusions de la vanité
les sauvent? Valets d'un maître, et rois de leurs valets, vils et orgueilleux, à la suite d'un roi, se trouve
donc inévitablement une classe d'hommes dégradés!
Qu'est-ce qu'une place dont l'atmosphère est ainsi
empoisonnée? Qu'est-ce qu'une place qui multiplie à
l'infini, par l'influence des richesses, la dépendance
d'homme à homme, qui en force un à accumuler
des trésors ou à corrompre tout autour de lui; une
place qui, par toutes celles qui en dépendent et le
luxe qui en est l'objet, offre sans cesse à l'envie et à
la cupidité un but dont l'intrigue et la bassesse
peuvent seules approcher? De quel droit nos représentants mettraient-ils entre les mains du roi assez
d'or, pour que la horde de ces brigands oisifs puisse
insulter à notre médiocrité, irriter notre jalousie,
faire varier à son gré, et pour notre ruine, le prix
de nos denrées et de nos marchandises; attirer sur
les objets du luxe le plus inutile des bras qui, occupés des commodités de la vie, les rendraient moins

dispendieuses et plus communes? Nous avons ordonné le partage égal des biens entre tous les enfants, nous avons détruit les rois des familles : serait-ce donc pour donner à la nation un roi, et un roi doté si richement, qu'il pût, à son gré, donner des rois à toutes les classes de fortunes?

Si vingt-cinq millions, dans les mains d'un seul, oppriment, et révoltent les habitants des villes, ces hommes, si longtemps stupides admirateurs du luxe, et dont toutes les habitudes avoisinent les vices, quelle idée prendra-t-on de cet excès de richesse, considéré relativement à la classe pure et indigente qui couvre nos campagnes, et qui forme la véritable majorité de la nation ?

Quelle insulte publique à celui qui naît sans propriété, qu'un degré de richesse tel, que tous les besoins de la nature, étendus et irrités par les chefs-d'œuvre des arts et par tout ce que le caprice d'une imagination dégoûtée peut inventer de variétés et de recherches, ne sauraient l'épuiser ; qu'un degré de richesse tel, que celui qui en est pourvu est forcé de donner à d'autres ses passions et ses goûts pour les consumer, et qu'il lui en reste encore assez pour acheter des pensées et des volontés! Quoiqu'il ne doive plus se trouver de pudeur et de raison dans l'âme d'un homme pour lequel des milliers d'hommes ont abjuré la raison, je demanderai au dernier de nos maîtres s'il pourrait, sans rougir, faire lire à un habitant de la campagne l'état de sa maison, même depuis les prétendues réformes qu'il y a faites? s'il oserait mettre sous ses yeux la ridicule et déplorable liste d'inutiles valets, occupés à épier et à servir les minutieuses volontés des premières classes de valets? L'homme qui laboure nos champs pourrait-il jamais concevoir cette incroyable division et subdivision des fonctions domestiques, qui finit par les réduire la plupart à quelques gestes et à quelques paroles? Législateurs de la France, quels reproches sa raison grossière ne ferait-elle pas à votre raison éclairée? Ne pourrait-il pas vous dire : Tandis que je lutte chaque jour, par mon travail, contre les besoins et la mort, pourquoi donnez-vous à un homme tous les moyens d'abuser de la vie? Tandis que je suis consumé par la crainte de ne pouvoir nourrir les enfants que j'ai fait naître, pourquoi créez-vous une place où, sous l'accablement des jouissances, il ne reste d'autre inquiétude que celle de ne pouvoir trouver un nouveau moyen de dissiper l'or? Je pardonne à la fortune de l'avoir accumulé dans quelques mains et dans quelques familles; mais puis-je vous pardonner à vous qui, à l'instant même où le voleur public de vingt-cinq millions d'hommes avoue l'immense dette qu'il a hypothéquée sur leurs bras et sur leur générosité, allez récompenser, par des trésors, ses rapines et ses dilapidations? Êtes-vous nos représentants, quand vous connaissez si peu nos droits? Et ne savez-vous pas quelles sont les volontés des hommes, dont la première et la dernière habitude est le travail et la douleur?

DISCOURS

SUR

L'OFFICE DE L'EMPEREUR,

PRONONCÉ A L'ASSEMBLÉE NATIONALE LE 25 JANVIER 1792.

DISCOURS

L'OFFICE DE L'EMPEREUR,

PRONONCÉ A L'ASSEMBLÉE NATIONALE LE 25 JANVIER 1792.

MESSIEURS,

Le rapport de votre comité vous a montré la France seule au milieu de l'Europe incertaine ou ennemie. Les monarques, jaloux de notre alliance, l'ont oubliée ou rompue. Il semble qu'un prince, devenu roi par la volonté du peuple, ne soit plus digne d'être leur ami. A peine peuvent-ils consentir à le croire libre, parce qu'il a reconnu la liberté et les droits de l'homme.

La nation française avait choisi, sous ses formes antiques, des représentants chargés par elle de réformer les abus, et de la faire remonter au rang des nations libres. Ils lui ont donné une constitution nouvelle.

Un serment solennel de tous les citoyens, une fédération universelle ont prouvé qu'en se revêtant de ce pouvoir, ces représentants n'avaient été que les

interprètes fidèles du vœu national. La constitution
rédigée par eux a été consacrée par la sanction du
peuple; car il a élu de nouveaux députés, et en les
élisant, il les a soumis au serment de maintenir cette
constitution; car, sur plus de dix mille assemblées
qui embrassaient la généralité des citoyens français,
il n'en est pas une seule qui ait fait entendre une
réclamation ou un murmure.

Jamais aucune constitution n'a obtenu le consentement immédiat d'une nation sous des formes plus
régulières; jamais une constitution n'a été plus clairement le résultat de la volonté du peuple, expressément manifestée. Cependant ces mêmes monarques la méconnaissent encore, ils ne voient dans
la France qu'un roi et point de nation; ses représentants ne seront rien pour eux, parce que leur assemblée n'existe pas en vertu d'un ancien usage,
mais seulement par la volonté et le droit du
peuple.

L'Espagne, pour laquelle nous avons armé en
1790, repousse, en 1791, les Français de son sein,
ou veut les forcer d'abjurer leur patrie.

L'empereur, qui avait mérité pendant vingt-cinq
ans, d'être placé dans la liste si courte des princes
éclairés, justes, pacifiques, nous menace de troupes,
dont, par une condescendance exagérée, nous avons
souffert la réunion, et qu'il ne pourrait employer
contre nous, si nous n'avions pas trop légèrement
compté sur sa bonne foi personnelle. Lié avec nous
par un traité utile à sa maison seule, onéreux à la
France, il forme contre son alliée des ligues secrètes;

il veut armer contre nous les mêmes puissances,
du joug desquelles nous avons défendu ses États. Il
s'unit à nos ennemis, lorsque nous aurions le droit
de lui demander des secours; il oublie le traité de
1756 au bout de trente-six ans, précisément à l'instant même où, pour la première fois, c'est à lui que
ce traité impose des obligations.

Devons-nous braver seuls l'orage? Devons-nous
négliger de chercher des alliés, ou désespérer d'en
trouver?

Tous les gouvernements ont-ils donc un intérêt si
pressant de se réunir contre la France? Sans doute,
cette caste orgueilleuse qui partout flatte, trompe
et gouverne les rois, a juré à l'égalité française une
haine éternelle. Mais la cause des courtisans est-elle
si évidemment celle de leurs maîtres? mais les nations sacrifieront-elles leur sang, leurs trésors, pour
éterniser leurs fers et leur humiliation? combattront-
elles contre elles-mêmes en faveur de leurs tyrans?
Mais est-il de l'intérêt des rois de risquer d'allumer
partout la guerre entre le petit nombre qui veut régner et le grand nombre qui commence à vouloir la
liberté?

D'un autre côté, n'y a-t-il aucune puissance pour
qui la France puisse être une alliée utile? Chacune
d'elles n'a-t-elle pas ses intérêts particuliers, ses motifs de défiance contre l'ambition de ses voisins? Ne
cherche-t-elle pas les moyens de prévenir les projets
qu'elle craint de leur voir former contre elle? Cette
ligue, en supposant qu'elle soit réelle, peut-elle donc
durer longtemps?

Il existe en Europe des nations qui, comme nous, ont une constitution représentative; croyez-vous que ces nations consentissent à voir leurs ministres s'unir sérieusement à une confédération qui voudrait changer par la force la constitution de la France?

Toutes sentiraient bientôt le danger de cet exemple; toutes verraient qu'elles doivent, au contraire, concerter avec la France une garantie mutuelle de l'indépendance de leurs constitutions. N'est-ce point parmi ces nations que la nature même des choses nous montre nos véritables alliés? N'est-ce pas entre elles et nous qu'existe cette identité évidente d'intérêts, seul fondement des alliances éternelles?

Et pourquoi repousseraient-elles celle de la France? Est-ce à cause de cet état de faiblesse où elle est, dit-on, réduite? Je sais que des journaux imposteurs, lus avidement dans les pays étrangers, y entretiennent ces idées; je sais que non-seulement nos conspirateurs les y accréditent, que non-seulement leurs chefs fatiguent l'oreille des rois par de vaines déclamations sur la situation de la France, par d'impudentes calomnies contre les défenseurs de sa liberté; je sais que ces erreurs sont même encore appuyées par ces Français pusillanimes qui ont quitté leur patrie, parce que les accents, quelquefois tumultueux, de la liberté, effrayaient leurs âmes énervées; je sais que des envoyés français, ennemis de l'égalité, ont fortifié ces opinions, et que ces envoyés ont longtemps conservé leurs places; je sais ce que l'on a pu penser, lorsque, pendant plusieurs mois, on a vu exister tranquillement en Allemagne des gardes du corps du roi de France, lorsqu'on y voit exister encore un 105ᵉ régiment du roi de France.

Mais les hommes éclairés ne devaient apercevoir, dans cet abandon de nos intérêts, de notre dignité, que les fautes de nos ministres, et non la nullité de la nation.

Mais les hommes qui réfléchissent pouvaient cependant se demander si le temps des orages ou des révolutions a jamais été pour les peuples un moment de faiblesse ; si les terres en seront moins bien cultivées en France, parce que le gibier ne les ravage plus, et qu'elles ne payent plus de dîmes ; si le peuple y sera moins industrieux, parce que l'inégalité des contributions est détruite, et que le pauvre ne sera plus forcé d'en faire les avances? Ils pouvaient se demander ce que la France a perdu, sinon des nobles et de l'or; s'il ne lui reste pas des hommes et un sol fertile? Elle a reconquis la liberté; l'égalité y règne : et depuis quand la liberté, l'égalité, ont-elles donc cessé d'être la source de la prospérité et de la force des nations?

Ces princes, dira-t-on, veulent empêcher que les idées françaises ne pénètrent dans leurs États; mais serait-ce un moyen de l'empêcher que de forcer ceux qui les habitent à s'occuper des affaires de la France? Ils craignent l'exemple du succès de notre révolution; mais ils savent bien que nous ne rentrerons pas dans l'esclavage, qu'ils peuvent tout au plus espérer de perpétuer quelques instants ce qu'ils appellent notre anarchie. Or, l'exemple de ce reste d'agitation, suite nécessaire d'une révolution si universelle, n'est-il pas encore plus à craindre pour eux que celui d'une paisible liberté? Peuvent-ils ne pas redouter l'exemple d'une constitution, dont toutes les parties n'ont peut-être pas encore ce mouvement facile que le temps seul peut donner, et pour laquelle cependant un peuple entier a juré de mourir? Croient-ils pouvoir montrer sans danger à leurs armées ces soldats de la liberté, conservant, sous la discipline militaire, la dignité de l'homme et la fierté du citoyen, soumis à des chefs, mais ne voyant en eux que des hommes, leurs égaux aux yeux de la loi, qui est la même pour tous, aux yeux de la patrie, qui offre à tous les mêmes récompenses? Croient-ils que leurs peuples ne feront aucune comparaison entre ces guerriers patriotes, qui regarderont comme des frères les habitants de terres ennemies, et ces nobles qui traitent en ennemis les frères que la nature leur avait donnés?

Les princes savent que la raison a desséché les racines de l'arbre du despotisme et de la superstition, et qu'il ne leur reste plus qu'à en rendre la chute plus lente et moins dangereuse pour eux-mêmes. Tous savent qu'ils n'en ont qu'un moyen : c'est de faire jouir les hommes de tous les avantages de la liberté, qui ne sont pas la liberté même; de détruire peu à peu tous les abus dont elle tarirait la source, de céder de bonne grâce au vœu tacite du peuple pour n'être pas obligés d'obéir à sa volonté suprême. Tous savent que la paix, amie du commerce et de l'agriculture, d'une sage économie, des occupations paisibles, éloigne les changements, et que la guerre, par le désordre des finances, par la chute du commerce et de l'industrie, par l'inquiétude qu'elle produit dans les esprits, par l'impulsion qu'elle leur donne, accélère les mouvements des peuples et prépare les révolutions.

Ils savent que si, en s'unissant contre la liberté de la France, ils disaient aux nations : Nous voulons vous empêcher d'être jamais libres, les nations leur répondraient : C'est aujourd'hui que nous voulons l'être.

Les rois peuvent montrer, sans doute, contre les principes de la révolution française une humeur passagère; mais ils ne voudront pas en faire la base d'un système politique, qu'ils ne pourraient suivre sans se perdre.

Les vieux préjugés, qui attachaient au nom de roi je ne sais quelles idées religieuses, sont effacés de la mémoire des hommes. Les princes n'ignorent pas qu'on ose les juger dans les camps comme dans les chaumières, et que celui qui se déclarerait l'ennemi de la liberté d'un peuple étranger, aurait à craindre, de la part du sien, un jugement juste, mais terrible.

La France a changé de système politique en adoptant une constitution nouvelle. Les puissances qui voulaient en faire l'instrument de leur ambition ne peuvent plus compter sur elle. Mais celles que cette même ambition menace, mais celles qui ne désirent que l'indépendance et la paix, celles qui ne veulent

X. 19

de grandeur que par leur industrie et leur commerce, celles-là ne deviennent-elles point, par l'effet de la révolution même, les alliées naturelles de la France?

Dans les plans que l'Angleterre peut former pour sa prospérité, n'y a-t-il pas des projets justes, utiles à l'Europe, et même au progrès général de l'espèce humaine, pour le succès desquels elle puisse désirer de voir s'évanouir les préjugés de notre ancienne rivalité?

Une grande nation, qui défend la liberté, trouverait-elle un ennemi dans un peuple généreux, qui s'enorgueillit d'avoir acheté la sienne par une guerre longue et terrible? Louis XIV n'a-t-il pas voulu aussi attenter à l'indépendance de l'Angleterre, méconnaître sa constitution, insulter à la volonté souveraine du peuple anglais? Et l'Europe n'a point oublié ce qu'il a fait pour venger sa dignité offensée. Blâmerait-il en nous aujourd'hui ce qui fut alors sa gloire? Oublierait-il que notre cause a été, qu'elle peut encore être la sienne? Ou notre querelle est juste, ou sa révolution fut un crime; ou les prétentions de nos princes rebelles sont une insulte aux droits des hommes, ou celui qui occupe aujourd'hui le trône des Stuarts n'est qu'un usurpateur.

Où sont ces intérêts politiques assez puissants pour séparer deux nations qu'un égal amour de leurs droits naturels, les mêmes lumières, le même respect pour l'humanité, semblent disposer à s'entendre et à s'aimer? Les Anglais, les Américains, les Français, n'ont-ils pas aujourd'hui les mêmes idées, les mêmes sentiments? ne parlent-ils pas en quelque sorte la même langue, celle de la liberté?

Mais le ministère anglais, dira-t-on, craint l'exemple du succès de la révolution française. On ignore donc qu'il ne peut, sans se perdre, braver longtemps le vœu national, et que jamais il n'a été plus éloigné d'avoir cette puissance dangereuse. Croit-on qu'il ne prévoie pas les changements nécessaires que la constitution anglaise doit éprouver? Il sait que s'il peut les retarder en ménageant l'opinion, il les précipiterait en la bravant, et le chef actuel de ce ministère n'a-t-il pas voté lui-même pour la réforme de la représentation parlementaire?

D'ailleurs, qu'a de commun la révolution française avec ces changements dont on accuse le gouvernement d'avoir une si grande terreur? En soupçonnant même que la France éprouve de longs malheurs pour avoir voulu changer en quelques mois le système entier de ses institutions sociales, s'ensuivrait-il que l'Angleterre ne pût, en quelques années, réformer, dans les siennes, une partie des vices qui les ont corrompues? D'un côté, l'orgueil, d'un autre, l'amour de la liberté, ont pu, en Angleterre, faire naître, sur notre révolution, des opinions, des sentiments opposés. Mais elle n'a pu entrer dans les combinaisons politiques d'aucun des partis qui agitent la nation anglaise sans la diviser.

Le peuple anglais, dit-on, hait encore la France; mais cette haine, jadis si violente, s'est affaiblie; et pourquoi ne disparaîtrait-elle pas avec les causes qui l'ont fait naître?

Depuis le rétablissement de Charles II, les ministres des deux nations n'ont pas cessé de s'accuser réciproquement de perfidie. Ces accusations étaient également méritées sans doute; et puisse un jour la main de l'histoire lever le voile qui couvre encore les détails de ces crimes; et, en effrayant les peuples par le tableau des maux que cette politique astucieuse et secrète leur a causés, prévenir ceux qu'elle leur prépare encore! Sans doute la France a contribué aux troubles du règne de Charles, a prolongé les orages de la révolution, a donné longtemps quelque consistance au fantôme des prétendants, mais le peuple français a vu le mal que ses ministres pouvaient faire, en son nom, aux nations étrangères, et il leur en a ôté les moyens. Comment serait-il encore l'ennemi de ceux dont il a été le vengeur?

Dans les quatre parties du globe, ajoutera-t-on peut-être, l'Angleterre et la France ont des intérêts opposés; partout une guerre sourde subsiste entre elles au milieu même de la paix. Mais n'est-ce point parce qu'elles se sont cherchées pour se combattre, au lieu de se séparer pour rester amies; qu'elles se sont étudiées à rivaliser en tout, au lieu de profiter, chacune, des avantages que la nature lui avait préparés? Est-il bien sûr que le globe ne suffise point à leurs spéculations commerciales réunies, et qu'elles soient intéressées à s'en disputer quelques points?

L'Angleterre enfin a garanti les Pays-Bas à la maison d'Autriche. Mais la France ne veut pas s'emparer des Pays-Bas. L'Angleterre n'a pas garanti qu'il s'y formerait sur nos frontières des armées destinées à nous combattre, et que la France ne pourrait les en éloigner.

Elle n'a pas entendu que les Pays-Bas seraient un asile sacré, du sein duquel les soldats impériaux pourraient impunément porter le fer et le feu chez leurs voisins. Elle n'a pas garanti les Pays-Bas, dans le cas où, contre les lois des nations, l'empereur en ferait la retraite de Français ennemis de leur patrie, et le foyer de leurs complots. L'Angleterre a garanti l'ancienne constitution belgique ; mais la France n'a point cherché à détruire cette constitution. En un mot, c'est contre une invasion injuste que l'Angleterre a garanti les Pays-Bas, et non contre des mesures nécessitées par le droit le plus légitime de la défense naturelle. Ce serait calomnier la générosité de la nation anglaise, que de croire qu'elle pût donner un autre sens à ses traités.

La Pologne, qui vient aussi de voir une révolution dans son sein, qui, comme nous, change le système entier de ses anciennes lois, qui a aussi ses conspirateurs et ses émigrés, agités des mêmes passions, égarés par les mêmes préjugés ; la Pologne recevrait-elle avec froideur l'ouverture d'une union plus intime avec la France ? N'a-t-elle pas comme nous, pour premier intérêt, celui d'assurer son indépendance, de soustraire sa constitution à toute influence étrangère ? Une considération plus particulière encore la rapproche de nous. Le trône, jadis électif, y est devenu héréditaire ; une nouvelle famille doit l'occuper ; et, seule, entre les grandes puissances, la France est sans intérêt sur le nom de cette famille ; seule, elle peut offrir à la Pologne une amitié désintéressée, indépendante de ce que le sort doit

prononcer sur ce choix qui, en ce moment, excite
ailleurs tant de passions royales.

La Prusse aurait-elle oublié que le traité de 1756
l'a menacée d'une destruction complète, que le génie seul de Frédéric a pu la sauver, et qu'il l'a
sauvée par une dernière victoire, qu'un de ces
hasards qui trompent si souvent les combinaisons
du génie aurait pu lui ravir? Son successeur em-
ploierait-il ses secours, sa neutralité même, pour
livrer à la maison d'Autriche toutes les forces de la
France?

Les nations plus faibles, forcées de s'unir à des
alliés puissants qui les fatiguent par leur ambition,
qui les humilient par leur orgueil; ces nations qui
n'échappent à la conquête que par la difficulté de
s'accorder sur le partage de leurs dépouilles, ne doivent-elles pas regarder les nouveaux principes de la
France comme le gage de leur affranchissement et
de leur sûreté?

Si l'empereur, par l'événement quelconque d'une
guerre, réduisait la France à devenir l'instrument,
ou même le témoin paisible de ses projets d'agrandissement, les princes de l'empire pourraient-ils espérer de conserver leur indépendance, et les villes
impériales, leur demi-souveraineté? Le roi de Sar-
daigne ne serait-il pas le vassal de l'empereur? Les
Suisses eux-mêmes, enclavés dans ses États, verraient bientôt leur liberté disparaître. Je sais qu'une
ligue d'intrigants a pu aveugler ces diverses puissances, qu'ils ont soulevé l'orgueil des princes, ef-
frayé les sénats aristocratiques, séduit les peuples

eux-mêmes, ici par le fanatisme, là par la crainte des agitations intérieures. Mais si on eût averti ces mêmes puissances de leurs vrais intérêts, croit-on qu'elles eussent continué de les sacrifier à des passions insensées, à des craintes puériles? Croit-on qu'elles eussent persisté à s'unir avec leurs ennemis, pour se priver de l'appui qui, depuis deux siècles, les a préservées de la tyrannie autrichienne, et qui seul peut les en préserver encore?

En un mot, pouvons-nous avoir d'autres ennemis que les ministres qui méditent des usurpations ou des conquêtes?

Si donc il s'est formé un orage contre nous, c'est par la nullité absolue de nos négociations, c'est par la négligence, le défaut de vues, l'inactivité stupide ou coupable de notre ministère.

Une conduite contraire peut seule le dissiper.

Vous avez juré de mourir plutôt que de laisser porter la plus légère atteinte à votre indépendance, et ce serment sera répété par la nation entière. Il n'est que celui de maintenir la constitution; car la constitution elle-même a compris, parmi les droits du peuple français, celui de la changer.

Mais, si la guerre doit être notre seule réponse à une ligue de rois qui voudraient nous forcer à modifier nos lois, parce qu'elles blessent leur orgueil ou la vanité de leurs esclaves, chaque puissance doit nous voir toujours disposés à la paix, toujours prêts à former une alliance digne d'elle et de nous, digne d'un siècle éclairé et d'un peuple libre.

Sans doute les bases d'après lesquelles ces allian-

ces seraient formées ressembleraient bien peu à celles
de nos anciens traités.

Des vues d'ambition, des animosités de rois, et
même de ministres, de favoris, de maîtresses, pré-
sidaient à ces unions du moment, préparées par l'intrigue et formées par la défiance. Aujourd'hui l'intérêt commun de deux nations doit seul en être le
motif et en garantir la durée. Elles avaient pour objet
l'affaiblissement ou la ruine d'une autre puissance,
la conquête d'une province, ou d'un monopole de
commerce; elles ne doivent plus servir qu'à étendre sur des peuples différents cette communauté
d'intérêts qui unit les citoyens d'une même patrie,
qu'à ouvrir à l'industrie et à l'activité de chacun
d'eux une carrière plus vaste et plus libre, qu'à détruire par une convention combinée avec franchise
et jurée de bonne foi, ces barrières élevées entre les
nations par des intérêts mal entendus, et plus souvent encore par le souvenir d'anciennes entreprises,
ou par la mauvaise habitude de se faire, pendant
la paix, une guerre de trahison et de mensonges.
Comment de tels traités proposés par une nation à
qui le texte des lois constitutionnelles interdit toute
conquête, à qui, par la forme de sa constitution,
toute politique astucieuse est impossible, ne se-
raient-ils pas acceptés par des gouvernements qui
ne voudraient que la paix, l'indépendance et la prospérité?

Comment les nations n'écouteraient-elles pas la
France, qui dirait à chacune d'elles : J'ai fondé sur
la justice et sur la raison seules, les lois qui unissent

les citoyens français; cherchons ensemble, d'après
la raison et la justice, celles qui doivent nous unir.

La liberté et l'égalité sont la base de la constitution; qu'elles soient aussi celle de nos traités. La
nature n'a point voulu, sans doute, que les intérêts
des nations fussent opposés entre eux; montrez-
moi cet intérêt commun qui doit nous réunir, et
qu'entre nous il devienne le lien d'une éternelle fraternité.

Forts de notre amour de la liberté, de la justice
de notre cause, de la pureté de nos intentions, nous
sommes trop au-dessus de cet orgueil qui nous con-
seillerait d'attendre et non de chercher des alliés;
et puisqu'en nous attaquant, en projetant de nous
amener à de honteuses transactions, c'est au droit
de l'humanité entière qu'on veut déclarer la guerre,
pourquoi n'irions-nous point partout où il y a des
hommes, leur dénoncer les complots tramés contre
leur liberté, leur indépendance et leur bonheur?

Mais ces nouveaux principes doivent être portés
par des hommes nouveaux, par des hommes pour
qui la langue de la liberté ne soit pas une langue
étrangère, qu'ils ne parlent qu'à regret; des hommes
dont les discours particuliers ne démentent point
les discours officiels; qu'on ne soupçonnera point
de suivre des instructions secrètes, contraires à leurs
instructions connues, et que l'on croirait encore,
quand bien même les amis du ministre contredi-
raient publiquement l'objet de leur mission; des
hommes, enfin, dont les principes et la conduite,
dans le cours de la révolution, puissent répondre au

peuple qu'ils seront loin de lui ce qu'ils étaient en sa présence, et qu'ils n'ont pas besoin d'agir sous ses yeux, d'être contenus par sa censure pour demeurer fidèles à la cause de la liberté.

Seuls entre les nations qui ont brisé leurs fers, les Français, en changeant leur constitution, ont conservé leur gouvernement; leur généreuse confiance ne sera point trompée; et le roi des Français est digne, sans doute, de montrer à la nation que lui seul nous est resté, et que cette phalange corrompue, qui l'a trop longtemps séparé du peuple, s'est évanouie tout entière, comme l'inégalité et la servitude.

Voici le projet de décret que j'ai l'honneur de proposer à l'assemblée :

L'assemblée nationale, considérant combien il importe à la sûreté de la France d'avoir une connaissance certaine des dispositions des puissances de l'Europe, de leur manifester non-seulement les principes généraux de la politique loyale et franche qu'elle veut suivre à l'égard de tous les peuples, mais les conséquences particulières de ces principes qui doivent régler ses relations avec chacun d'eux; considérant combien elle doit chercher à convaincre toutes les nations qu'un même intérêt doit les réunir contre des atteintes que, sous divers prétextes, on voudrait porter à l'indépendance de notre constitution; à leur montrer, surtout dans l'état actuel des esprits, les dangers d'une protection accordée à des citoyens révoltés contre les lois de leur pays; à leur faire sentir, enfin, les avantages qui peuvent égale-

ment résulter, pour chacune d'elles, d'alliances formées avec la France, non pour soutenir des projets
d'ambition particulière, mais pour conserver la paix,
pour s'assurer les avantages que chaque pays peut
espérer de son industrie et de son commerce;

Déclare que le roi sera prié d'envoyer auprès des
puissances étrangères des hommes dignes de la confiance du peuple, et chargés de s'assurer des dispositions de chacune; de faire connaître les principes et les vues de la France; de détruire l'effet des
fausses insinuations répandues par ses ennemis; de
proposer, enfin, de négocier les traités d'alliance,
de commerce et de garantie qui peuvent assurer la
paix générale, l'indépendance de chaque nation et
la prospérité commune des citoyens de chaque
empire.

SUR LA DISTRIBUTION

DES ASSIGNATS

ET

SUR L'ÉTABLISSEMENT DU PAYEMENT PAR REGISTRE.

JANVIER 1792 (1).

(1) *Chronique du mois.*

SUR LA DISTRIBUTION

DES ASSIGNATS

ET

SUR L'ÉTABLISSEMENT DU PAYEMENT PAR REGISTRE.

———

La distribution de la masse des assignats, en billets
de différentes valeurs, ne répond pas aux besoins du
commerce, de l'industrie, de la dépense journalière
des citoyens, et l'on a vu des papiers émanés de la
même source s'échanger les uns contre les autres,
avec une différence qui a monté jusqu'à huit pour
cent.

Non-seulement il en est résulté d'abord une perte
pour ceux qui, n'ayant obtenu qu'en gros assignats
le payement des sommes qui leur étaient dues, ne
les destinaient pas à être employées en masse, et de
plus un embarras dans le commerce, dans les manufactures, dans les détails d'économie domestique de
la plupart des individus; mais encore cette distribution inégale a dû produire un accroissement général de la perte que souffrent les assignats échangés
contre l'argent. En effet, on a cherché à l'acheter, non-seulement pour l'employer à ses besoins,

mais pour en rassembler des masses qu'on pût vendre avec profit contre des gros assignats ; on a dû en réserver pour ne l'échanger que contre ces mêmes assignats : ainsi, d'un côté, il y a plus de demandes d'argent contre les assignats de cinquante livres, par exemple; et de l'autre, il s'est présenté moins d'argent pour cet échange.

Ce mal ne tient pas à la nature des choses; il vient de la loi seule. Il ne faut pas cependant en accuser l'assemblée constituante. En examinant les décrets qu'elle a faits sur l'émission des assignats, on voit qu'elle a été moins occupée de chercher une combinaison avantageuse dans leur distribution, que de l'accélérer; de tout faire en une seule fois, dans la crainte de ce parti, renfermé dans son sein, qu'elle voyait sans cesse occupé d'empêcher le succès de ses travaux, d'exciter contre elle l'opinion publique. En effet, ce parti aurait pu, sans doute, dans une suite d'opérations successives, et cependant liées entre elles, trouver le moyen d'en arrêter, d'en dénaturer une; et il n'en eût pas fallu davantage pour répandre la méfiance et le désordre.

Chaque fois que l'on y parlait d'assignats, le zèle, d'un côté, la fureur et le dénigrement, d'un autre, y faisaient naître une chaleur effrayante pour ceux qui savaient combien une décision imprudente pouvait amener de malheurs.

C'est à l'assemblée actuelle qu'il appartient de réparer ce mal que ses prédécesseurs n'ont pu éviter, et d'établir, pour tous les papiers nationaux, cette égalité de valeur qui doit exister entre eux.

Jusqu'ici on n'y a opposé que des fabrications successives d'assignats de petite valeur; distribués d'abord par les payements, et bientôt après, par une disposition nouvelle, accordés en échange aux manufacturiers, aux cultivateurs, qui employaient un grand nombre d'ouvriers; enfin, aux municipalités, aux départements. Ces moyens ne peuvent conduire qu'à une distribution très-inégale.

Les manufactures qui emploient un grand nombre d'ouvriers ne sont pas celles à qui l'achat du numéraire est le plus onéreux; s'il leur en faut davantage, elles ont aussi plus de crédit et de moyens. Il était impossible de leur fournir, à beaucoup près, tout ce dont elles avaient besoin; cette distribution enfin ne pouvait se faire que d'une manière presque arbitraire.

On vient de décréter une distribution entre les départements, dans la proportion du nombre de leurs députés à l'assemblée législative. Mais les échanges à bureau ouvert seraient une mesure plus simple, plus générale, plus juste, et qu'il faudrait combiner avec la première. Les assignats de mille et de deux mille liv.; de cinq cents, trois cents et deux cents; de cent, de cinquante et de cinq liv., devraient être successivement échangés graduellement dans une suite de bureaux, de manière que chaque porteur ne pût échanger à la fois qu'un seul billet, ou une somme déterminée; comme, par exemple, jusqu'à deux mille livres en billets de 2000 liv., de 1000 liv., et de 5oo livres, contre une somme égale en billets de 3oo, de 2oo et de 1oo livres, et ensuite une

X.   20

somme jusqu'à trois cents livres en billets de 50, et
ainsi de suite.

La caisse de l'extraordinaire échangerait, pour
chaque établissement, les billets de 2000 et 1000 liv.;
ceux d'une valeur plus faible seraient reportés chaque jour, du bureau où ils auraient été reçus,
au bureau supérieur, dans lequel ils doivent servir
d'échange.

Ces bureaux seraient établis d'abord à Paris, et
ensuite dans les villes qui les demanderaient, à
mesure que la quantité d'assignats fabriqués en assurerait le service.

On sent que ces mesures n'augmenteraient pas la
masse des assignats en émission, puisque les bureaux
en renfermeraient toujours une égale quantité, et
qu'après le premier établissement, la caisse de l'extraordinaire n'en rendrait qu'à mesure qu'il lui en
rentrerait pour être brûlés.

Je proposerais d'avancer les premiers assignats aux
bureaux d'échange, et non d'exiger, comme on l'a
fait jusqu'ici, un payement immédiat par les départements, dans la vue d'une sûreté qu'on peut obtenir
autrement. Par là on leur épargnerait l'intérêt de cette
avance, pour tout le temps de la durée des échanges.
Si des citoyens riches en faisaient le sacrifice, la perte
n'en serait pas moins réelle, puisque sans cela le
même zèle aurait pu être employé d'une manière
plus utile.

Au bout d'un certain temps, il se trouverait en
émission, des assignats, à peu près distribués suivant les besoins du commerce. Les bureaux d'é-

change deviendraient presque inutiles; les assignats qui n'y seraient plus nécessaires pourraient être retirés pour servir à des émissions nouvelles; et il n'y aurait eu de dépenses réelles de fabrication, que pour le remplacement des gros assignats qui ne servaient pas à la circulation.

Après avoir épuisé, par ce moyen, les assignats de 2000 et de 1000 livres, il faudrait (du moins si la présentation pour les échanges avait encore une grande activité) détruire une grande partie de ceux de cinq, et même de trois et de deux cents livres; cette mesure serait utile même quand on en devrait fabriquer de nouveaux. C'est sur la fabrication des gros assignats que se porte l'avidité des contrefacteurs. On y mettra un double obstacle en rendant ces assignats plus rares, et en ne les employant qu'avant cet état de vétusté qui rend les faux billets plus difficiles à reconnaître.

Lorsqu'il existera des billets au-dessous de cinq livres, il faudra en délivrer également contre un ou deux assignats de cinq livres; enfin, établir un bureau d'échange pour les assignats de la plus petite valeur contre des sous.

On peut faire trois objections contre ce plan d'échange. La première est la difficulté d'y fournir. Je réponds que la quantité d'assignats que l'on peut fabriquer étant connue, de même que celle des pièces de cuivre ou de cloche qu'il est possible de destiner à ce service, le nombre des bureaux, comme le temps qu'ils seront ouverts chaque jour, seront réglés d'après la très-grande probabilité de suffire aux demandes.

20.

En donnant, par exemple, aux bureaux d'échange les deux tiers seulement de ce qu'on croit pouvoir leur destiner, on sera sûr de n'être jamais exposé à une interruption.

On peut augmenter d'ailleurs la fabrication des assignats, et même celle des monnaies. Toutes les fois qu'il n'est question que d'opérations mécaniques, les moyens de les multiplier, de les accélérer ne manqueront jamais.

On a craint d'abord de mettre trop de personnes dans le secret de la fabrication du papier : mais l'expérience a malheureusement prouvé que ce secret n'était pas difficile à découvrir. Il n'existe presque aucune production des arts qu'il ne soit facile d'imiter lorsqu'on en possède des modèles, et que l'on n'est pas arrêté par la nécessité de ne faire qu'une dépense inférieure à la valeur de l'objet que l'on veut fabriquer.

La seconde objection est la crainte que les distributions, à bureau ouvert, ne se proportionnent pas au besoin du commerce; mais on continuerait pendant quelque temps les distributions suivant la forme aujourd'hui établie. D'ailleurs, personne n'ignore que toute distribution à bureau ouvert sert doublement la circulation, et par les sommes qu'elle verse, et par l'assurance qu'elle donne d'un moyen de subvenir aux besoins les plus pressants, assurance qui éloigne ces besoins.

La troisième objection est la crainte qu'une distribution à bureau ouvert n'excite des troubles parmi les citoyens. Mais cette crainte me paraît chimérique. Dans les premiers moments de la révolution, le peuple a respecté les caisses royales. Comment ces caisses, devenues nationales, ne seraient-elles pas encore plus sacrées? L'esprit de pillage ne s'est point mêlé aux troubles, aux mouvements qui ont agité la France. Ne se rappelle-t-on pas que les hommes qui, le 5 octobre 1789, avaient enlevé pour cent mille francs de billets dans la caisse de l'hôtel de ville de Paris, les ont rendus tous jusqu'au dernier? Ainsi cet exemple, le seul qu'on puisse citer de ce genre de délit, doit rassurer encore sur la crainte de le voir se renouveler. Il y a loin du sentiment qui fait détruire avec violence les propriétés de l'homme qu'on regarde comme un traître, comme un ennemi, comme un tyran, à celui qui porterait à voler une propriété publique; et quand cette propriété publique est employée à un service utile à tous, et dans lequel tous sont traités avec une égalité absolue, n'est-ce pas une raison de plus pour croire qu'aucune main ne pourra violer ce dépôt? Enfin, comme ce ne sont pas les gens riches qui font ces mouvements, je demande comment un homme pauvre, qui doit à son tour recevoir en assignats de cinq livres, l'échange d'un billet de 5o livres, ou celui d'un billet de 5o sous, ou de 10 sous en petite monnaie, pourrait être fâché d'autre chose, que de ne voir pas arriver ce moment assez tôt, et qu'ainsi, en bornant le temps où les bureaux seront ouverts, on pourra sans peine éviter, et une trop grande foule, et une trop grande impatience?

On calomnie les classes les plus pauvres et les moins instruites du peuple, en les supposant toujours prêtes à briser le frein des lois, à se livrer à tous les genres d'emportement et de fureur. Ces vieux préjugés de la tyrannie auraient dû céder depuis longtemps au jour de la raison, à l'habitude de la liberté. Mais on se plaît à les nourrir, et c'est une des ruses des ennemis de la chose publique, qui ne cesseront de calomnier le peuple que lorsqu'ils auront perdu l'espérance de l'enchaîner.

Observons enfin qu'à Paris les caisses de secours et de billets patriotiques, qui n'étaient cependant que des caisses privées, ont échangé à bureau ouvert; que la trésorerie nationale a payé des coupons à bureau ouvert, et qu'il n'en est résulté aucun désordre.

Ces caisses méritent aussi d'attirer l'attention; car il est également nécessaire d'en arrêter l'activité, et de ne pas en ébranler le crédit.

Des particuliers, dans la vue d'un avantage personnel, qui se trouvait d'accord avec l'intérêt des citoyens, ont émis des billets dont la valeur pouvait répondre aux besoins du commerce de détail. Les sections de Paris et plusieurs administrations de département, plusieurs municipalités ont fait de semblables émissions. Les particuliers n'ont fait en cela qu'user d'un droit garanti par la constitution. Les administrations ont obéi à leur zèle. Mais il devait résulter un inconvénient de cette multiplicité de billets différents; c'est la difficulté du contre-échange de ces billets contre des assignats. En effet, comme chaque caisse ne reprend que ses propres billets, il faudrait, pour chaque échange, avoir des billets de la même caisse jusqu'à la concurrence de 5o livres; lorsque ces billets s'usent, il n'est pas moins difficile de les échanger, puisque pour un seul billet de 10 sous, par exemple, il faudrait souvent aller à un bureau éloigné; on aime mieux conserver celui qui peut encore passer, et le conduire ainsi jusqu'au terme où il devient impossible de le reconnaître.

Le papier unique que l'assemblée nationale doit établir n'aura pas ces mêmes inconvénients; et il serait possible encore de le substituer à ces billets particuliers, sans gêner la liberté des caisses privées, sans nuire à la confiance que leurs papiers ont obtenue.

Il suffirait de leur fournir, ainsi qu'aux caisses établies par les districts de Paris, ou dans les départements, une quantité suffisante de papiers nationaux, d'une valeur commode pour l'échange de tous ces billets. Comme les caisses ont en dépôt les assignats qu'elles ont reçus, elles rendraient une somme équivalente à celle qu'on leur confierait; il serait aisé de trouver des moyens d'éviter que celles des particuliers n'abusassent de cette facilité d'obtenir de petits billets. On peut, sans nuire à la liberté, leur imposer les formes que l'intérêt public exigera; et il n'y a aucun doute que les propriétaires n'y consentent, même volontairement.

Quels motifs allégueraient-ils pour refuser une mesure dont l'objet est de faciliter un échange qu'ils doivent, puisque le seul motif de ne pas le proposer au moment de l'établissement, a été la non-existence de petits billets ayant une garantie publique? Auraient-ils, si les assignats de cinq livres avaient été dans un état de circulation facile, pu proposer de ne reprendre à la fois que pour 5o livres de leurs billets?

Qu'on ne craigne point les inconvénients d'une trop grande précipitation à retirer ces billets : l'expérience a prouvé qu'on doit s'attendre à l'effet contraire; et loin d'avoir discrédité ces caisses, loin d'avoir accéléré les effets dangereux de ce discrédit, on consolidera la confiance en ces billets, par cela seul que l'on aura facilité les moyens de les échanger.

Je crois pouvoir insister ici sur un autre moyen de favoriser la circulation, de diminuer l'embarras des échanges et le besoin du numéraire pour les appoints, et surtout de prévenir les mauvais effets des fabrications de faux assignats. Ce moyen est celui d'un établissement de payements par registre, comme il existe à la banque d'Angleterre pour la partie non échue de la dette publique; à la banque de Hollande, pour les sommes qui ont été déposées en monnaies du pays; à la caisse d'escompte de Paris, pour celles que des particuliers y ont déposées en assignats. Dans l'établissement que l'on formerait, on recevrait de tout individu une somme quelconque en assignats, dont il serait crédité sur le registre. S'il voulait en transporter une partie, ou le tout, à un autre, il en serait débité, et l'autre serait crédité, à la place, d'une somme égale. On pourrait, à volonté, retirer la totalité, ou une portion quelconque de ses fonds, en se faisant débiter de la même somme;

seulement, dans ce cas, les appoints en argent nécessaires seraient fournis par l'individu qui retirerait ses
fonds; ce qui conduirait naturellement à ne retirer
que des sommes payables en assignats. On voit que
cette facilité de retirer ses fonds conduit encore à
des échanges; mais il n'en résulte que la nécessité
de s'assurer la masse d'assignats de petites valeurs
qu'exige ce service.

On tiendrait, chaque matinée, pendant que la
caisse serait ouverte, une feuille sur laquelle les dépôts, les transports, les payements, seraient inscrits;
le résultat de ces feuilles serait chaque jour porté
sur un registre.

Elles seraient, de là, envoyées à un dépôt où se
formerait un second registre semblable; et enfin
transportées dans un dépôt public, où elles seraient
conservées.

Il faudrait donc, pour que le titre résultant de ces
inscriptions fût anéanti, que ces deux registres
fussent détruits à la fois, ce qui est déjà presque
impossible; et de plus, que les feuilles qui peuvent
servir à les reformer fussent enveloppées dans la
même destruction. S'il s'élevait du doute sur le résultat du registre restant dans l'établissement, celui
du second dépôt servirait à l'éclaircir; au besoin
l'on aurait encore le recours aux feuilles originales,
où chaque article se trouverait avec la plus grande
facilité.

On sent quels seraient les avantages d'un tel établissement. De quelque nature qu'aient été les assignats déposés, ils serviraient au transport, au paye-

ment d'une somme quelconque. La sûreté est bien plus grande que celle qu'on peut avoir pour les assignats que l'on avait conservés; car il est difficile d'imaginer un temps de trouble, où ces trois dépôts puissent être attaqués et détruits à la fois, où l'on n'eût ni le temps ni la possibilité d'en sauver un seul. Personne n'a d'intérêt à détruire ces registres; car ils sont des titres de créance pour tous les particuliers; aucun n'en est débiteur. On est sûr de ne recevoir que du papier absolument certain; et l'on échappe au danger des contrefaçons, soit que le paye ment se fasse par transport seulement, soit même que l'on reçoive un payement réel.

Il pourrait y avoir des établissements semblables dans les grandes villes de commerce, et il en résulterait un grand avantage, celui d'épargner les frais et les risques du transport des assignats. En effet, l'établissement de chacune de ces villes ayant un compte ouvert avec toutes les autres, un négociant de Nantes, par exemple, qui aurait 100,000 livres à la caisse de Nantes, se ferait débiter de 50,000 livres pour en faire créditer la caisse de Paris; celle-ci le créditerait de pareille somme, et dès lors il aurait 50,000 livres disponibles à Paris.

Par ce moyen on aurait seulement, de loin en loin, de grands transports d'assignats à faire pour ces établissements publics seulement; et c'est alors que les moyens connus de les annuler au départ pour les rétablir à l'arrivée, ne pourraient causer aucun embarras, et mettraient à l'abri de tout danger. Le trésor public pourrait également se servir de ce

moyen, par lequel il s'épargnerait des frais qui sont
aujourd'hui, et qui seront peut-être encore quelque
temps, beaucoup plus considérables qu'on ne le
croit.

Les assignats déposés dans ces établissements se-
raient-ils conservés ou brûlés, pour être, dans le cas
d'un payement effectif, remplacés par des assignats
nouveaux ?

J'observe d'abord que cette question est indifférente aux propriétaires qui les auraient déposés. En
Angleterre, où les payements par registres sont en
usage pour la portion non échue de la dette nationale, on n'a pas d'autre titre de sa créance sur l'État
qu'une inscription de ce genre.

A la banque d'Amsterdam, où cette même opération se fait sur des sommes d'espèces déposées, on
garde ces sommes, parce qu'elles ont une valeur
réelle. Mais ici, l'engagement national de payer en
assignats, à présentation, la somme inscrite sur le
registre, est absolument équivalente à l'existence de
la somme d'assignats déposés.

En effet, le seul titre de chacun, pour répéter ce
qui lui est dû, n'est que l'inscription sur le registre;
et l'existence individuelle des assignats ne pourrait
être utile que contre la crainte, non du refus de
payement, mais du défaut de numéraire en papier;
crainte contre laquelle il sera facile de rassurer, par
l'activité dans la fabrication des assignats. D'ailleurs
l'opération physique du brûlement n'est pas ici nécessaire ; et des assignats annulés, destinés à être rétablis, si, par une interruption de fabrique, il de-

venait utile de les employer, dissiperaient toute inquiétude, et on ne perdrait aucun des avantages du brûlement.

Le plus grand avantage est de les renouveler souvent ; c'est un des moyens les plus sûrs d'éviter les inconvénients de la contrefaçon. Dans la circulation des billets usés, difficiles à reconnaître, elle peut devenir très-dangereuse : mais si on donne des billets neufs, celui qui les reçoit est bien plus sûr qu'ils ne seront pas faux ; car, malgré le soin qu'on aurait à la caisse de vérifier les billets reçus, on peut se tromper ; et au contraire, il ne peut y avoir de doute sur la bonté des billets qui sortent immédiatement de la fabrique nationale.

La banque d'Angleterre est dans l'usage de détruire ses billets à mesure qu'ils lui sont rapportés, et de ne payer qu'en billets neufs ; elle a regardé l'excédant de dépense de fabrication qui en résulte, comme plus que compensé par l'avantage d'avoir moins à craindre la circulation de faux billets ; et ce qu'elle fait dans un temps paisible, où elle ne peut craindre que l'avidité des faussaires, et non les manœuvres coupables d'un parti ennemi de la chose publique, ce que fait, aux dépens de ses propres actionnaires, une association particulière, intéressée à augmenter ses profits, nous devons le faire avec d'autant plus de raison que nous sommes entourés d'ennemis, et que l'intérêt de diminuer le danger des contrefaçons est pour nous celui de la sûreté publique.

L'ASSEMBLÉE NATIONALE

AUX FRANÇAIS.

16 FÉVRIER 1792.

L'ASSEMBLÉE NATIONALE
AUX FRANÇAIS.

Une conjuration de rois, suscitée par les ennemis de l'égalité, les complots des conspirateurs, les trames du fanatisme, les intrigues des ambitieux, les ruses de la corruption, ont entouré d'orages et de dangers le berceau de la liberté française. Les représentants du peuple, forcés de donner aux soins toujours renaissants d'une surveillance pénible, les heures qu'ils auraient voulu consacrer à compléter, à consolider la nouvelle organisation sociale, doivent à leurs commettants un compte fidèle de leurs efforts, de l'état où ils ont trouvé la chose publique, de celui où elle est aujourd'hui, des obstacles qu'ils ont éprouvés, et de ce qu'ils ont fait pour les vaincre.

Quatre grands objets semblaient devoir appeler leurs premiers regards : la nécessité d'établir enfin dans les finances un ordre simple et rigoureux; la destruction d'un droit civil incohérent et barbare, qu'il faut remplacer par un code uniforme pour tout l'empire, et fonder, comme la constitution même, sur les droits que l'homme tient de la nature, et que la société lui doit garantir; une instruction nationale digne de la France libre et des lumières du dix-huitième siècle ; enfin , l'organisation d'un système fraternel de secours publics, où le malheur soit consolé sans être avili, et l'indigence secourue sans que l'oisiveté soit encouragée ; où l'enfant abandonné soit élevé pour la patrie ; où des maisons de force, des moyens répressifs, malheureusement nécessaires encore, servent moins à punir les fautes qu'à corriger les vices.

Les finances exigeaient à la fois, et des mesures promptes, et des travaux longs et difficiles.

Un papier fondé sur l'hypothèque certaine des biens nationaux, et sur la foi d'une nation libre, était devenu la seule monnaie. Mais l'organisation de cette monnaie n'était pas complète ; le nombre des billets de cinq livres, répandus dans la circulation, ne suffisait pas aux besoins journaliers des citoyens.

Vos représentants en ont augmenté la masse, et diminué d'une somme égale celle des billets de 2,000, 1,000 et 500 livres, dont la contrefaçon, encouragée par de plus grands intérêts, était plus dangereuse, dont l'échange contre les monnaies métalliques était plus onéreux.

Ils ont arrêté entre les départements une distribution proportionnelle de cette monnaie nouvelle devenue nécessaire au commerce, aux dépenses les plus indispensables de la vie commune.

Mais cette mesure ne suffisait pas. Des billets d'une valeur inférieure à celle des assignats les plus faibles, avaient été répandus par les municipalités et par des caisses particulières. La masse de ces derniers billets augmentait celle du papier-monnaie, puisque ces sociétés n'avaient formé leurs établissements que pour employer en opérations de commerce les assignats qu'elles avaient reçus en échange.

Ainsi, à une monnaie qui avait une hypothèque territoriale et la sauvegarde de la bonne foi publique, on avait substitué une monnaie sans hypothèque, et garantie par la seule bonne foi particulière.

Vos représentants ont donc senti l'utilité de remplacer ces billets par un papier national plus sûr, aussi commode pour le commerce. Par là, ils diminuaient la masse du papier-monnaie, et compensaient, du moins en partie, les nouvelles émissions que les besoins de l'État pouvaient rendre encore nécessaires.

Les plus petites monnaies de papier ont été fixées à dix sous; et par conséquent il a fallu accélérer la fabrication des sous de cuivre ou de métal de cloche, destinés aux derniers échanges, afin d'avoir un système monétaire complet; de pouvoir se passer des monnaies d'or ou d'argent pour la presque universalité des transactions formées entre les citoyens sur le territoire français; de rendre moins onéreuse la différence entre la monnaie de papier et celle d'argent, et même d'anéantir une des causes de cette différence en faisant cesser le besoin réel des monnaies de métaux précieux.

Ces opérations, simples en elles-mêmes, exigent des détails minutieux, des combinaisons multipliées; et il a fallu plusieurs mois pour les terminer.

Convaincue de la nécessité de fixer à seize cents millions la limite des assignats en circulation, que l'assemblée constituante avait portée à douze cents, et qu'elle avait été forcée d'augmenter de cent millions dans ses dernières séances, l'assemblée nationale s'est occupée des moyens de prévenir toute augmentation ultérieure qui ne serait pas commandée par l'intérêt de la sûreté publique et de la défense de la patrie. Elle a cherché si même il ne serait pas possible de diminuer cette masse, afin de se tenir toujours au-dessous de celle que la circulation peut souffrir, et de se ménager des ressources plus étendues pour les besoins extraordinaires.

Mais ces questions étaient nécessairement liées aux moyens à prendre pour l'acquittement de la dette et la perception plus régulière des contributions publiques.

L'assemblée a cru qu'il n'était plus temps de fonder des opérations si importantes sur de simples aperçus; qu'il fallait, d'un côté, établir une balance rigoureuse entre la valeur des biens nationaux à vendre, et la masse des assignats qu'ils doivent éteindre; comparer, d'un autre, le montant de la dette exigible, avec la valeur des biens dont la vente est réservée; hypothèque non moins solide, et sur laquelle il est possible de fonder le système d'une liquidation certaine et complète.

La confiance du patriotisme a suffi longtemps; mais le moment est venu où il faut que l'enthousiasme fasse place à la raison et au calcul, où l'on a besoin de cette confiance paisible et durable, qui ne s'appuie que sur des faits.

Ainsi l'assemblée s'est procuré des états exacts de

la valeur de tous les biens dont la vente est décrétée, de ceux dont, par différents motifs, la vente
avait été suspendue, de ceux enfin dont la conservation pouvait paraître utile : telles sont les forêts nationales.

Pour connaître ensuite le montant de la dette,
elle a fixé aux créanciers un terme, où ils sont te-
nus de présenter les titres sur lesquels ils fondent
leurs prétentions. En effet, alors on connaîtra quelle
sera la masse des créances, en supposant que toutes
les demandes sont légitimes : on aura une limite
qu'elle ne peut excéder; et en faisant ainsi le calcul
sur des bases nécessairement défavorables, on sera
certain d'agir avec une sûreté plus entière.

Mais il faut beaucoup de temps pour rassembler
ces faits; il en faut pour les apprécier, pour en déduire des résultats; il en faut encore pour fonder
sur ces résultats un système général d'opérations
liées entre elles, dont le succès soit à l'abri de toutes
les ruses de l'avidité, de toutes les noirceurs de la
trahison. Il serait donc injuste de regarder comme
une inaction coupable, un travail obscur, mais pénible, mais nécessaire, dans lequel une portion considérable de députés a consumé toutes les heures
que le devoir d'assister aux séances leur permettait
d'y consacrer.

Le déficit des impositions de 1791 avait porté un
coup fatal au crédit, et parce qu'il forçait d'augmenter la masse des assignats-monnaie existants à
la fois dans la circulation, et parce qu'il fournissait
aux ennemis de la patrie un prétexte de calomnier

la révolution. L'état de la nation, appuyé sur des preuves authentiques, offre encore une sûreté entière; mais cette sûreté s'anéantirait, si l'on pouvait croire qu'il fallût encore longtemps suppléer, par la consommation des capitaux, aux dépenses qui doivent, chaque année, être acquittées par les impôts. La confiance ne peut donc exister tant qu'on regardera leur recouvrement comme incertain; la défiance doit augmenter à mesure que les retards, en s'accumulant, semblent annoncer que le moment d'une perception exacte est encore éloigné.

L'assemblée constituante a fixé la forme et le montant des impôts : tout changement à cet égard serait une imprudence.

La confection des rôles arrête seule le recouvrement, et cette confection est confiée aux corps administratifs.

L'assemblée s'est occupée de compléter les lois relatives à la perception, d'en préparer de nouvelles qui puissent l'accélérer; de choisir entre les mesures qui lui ont été présentées, celles qui lui paraîtraient à la fois les plus efficaces et les plus douces.

Nous ne ferons pas aux citoyens l'outrage de leur rappeler que le payement des contributions, consenties par les représentants de la nation, est pour eux un véritable devoir; nous n'exhorterons pas à un sacrifice pécuniaire, des hommes qui volent avec ardeur sur les frontières, pour défendre, au prix de leur sang, la cause de la liberté.

Nous ne leur ferons point observer que la gêne dans la circulation, la baisse du change, le défaut de numéraire, le renchérissement des denrées, sont pour chacun d'eux une charge plus onéreuse, et qu'en payant la contribution réclamée par la patrie, ils seront encore soulagés.

Mais nous leur dirons : Ne croyez pas aux insinuations perfides des prêtres non sermentés, des anciens privilégiés, des ennemis de la révolution, qui vous persuadent que la masse des nouveaux impôts est plus pesante que celle des anciens. Des calculs rigoureux ont prouvé qu'elle était moindre de près d'un tiers. Si, pour tel département, tel district, tel individu, cette diminution est plus faible; si même vous pouvez croire payer davantage, défiez-vous d'abord de l'exactitude de ces calculs particuliers, dans lesquels les erreurs sont si faciles; examinez si on n'a pas atténué vos charges anciennes; voyez ensuite si votre département, votre canton, si tel genre de propriétés ne payait pas autrefois moins qu'il ne devait payer : alors, si cette perte, ou plutôt cette diminution d'avantages, est réelle, si elle est injuste, que faut-il en conclure ? Qu'il s'est glissé des erreurs dans la répartition, et que vous devez, non acquitter avec répugnance l'impôt nécessaire à la défense de la liberté, mais solliciter, suivant les formes que la loi vous offre, les moyens de réparer une inexactitude commise dans son application. Avez-vous donc oublié que la justice souveraine de la nation a détruit pour toujours ces priviléges humiliants, cette inégalité onéreuse, ces violations de vos domiciles, ces amendes ruineuses, ces vexations fiscales, ces supplices prodigués avec tant de barbarie, infligés avec tant de légèreté, ces dîmes si nuisibles à l'industrie, ces droits féodaux personnels, monuments odieux de l'antique servitude?

Nous dirons aux administrateurs : Votre vigilance, votre activité pour le recouvrement de l'impôt, ne sont pas en ce moment une simple obligation de votre place, une fonction que la loi vous confie; c'est un devoir impérieusement imposé par le salut public, par l'amour de la liberté.

Chaque heure que vous consacrerez à ce travail, chaque ligne que vous inscrirez sur ce registre, est un pas que vous ferez faire à la révolution; chaque obstacle que vous lèverez est une victoire remportée sur les ennemis de la patrie. Que ces fonctions minutieuses et pénibles prennent à vos yeux un plus grand caractère; qu'elles s'ennoblissent par l'idée que les circonstances y ont attaché le sort de la liberté française, et, peut-être, de celle du genre humain!

Mais, en pressant le recouvrement des impositions, les représentants du peuple ont veillé sur leur emploi. Les dépenses publiques doivent être fixées par l'assemblée nationale; et les ministres étaient obligés, par la loi, de lui en présenter le tableau au commencement de sa session. Trois mois se sont écoulés; et c'est au moment même où l'examen devait être terminé, que les aperçus nécessaires ont été remis à l'assemblée. Cependant, jamais ces dépenses n'avaient été soumises à une discussion sévère et détaillée : la rouille de tous les abus les infectait encore. Devions-nous donc nous contenter d'un établissement provisoire? devions-nous, pour acquérir l'honneur d'une fausse activité, laisser les anciens désordres s'identifier avec le nouveau régime, et leurs racines meurtrières s'étendre sur le sol de la liberté? Non, sans doute : il faut enfin au peuple français un système de dépenses publiques, lié à celui de la constitution, fondé sur les mêmes principes d'égalité, combiné pour la conservation de nos droits, et qui, par sa sagesse comme par sa justice, fasse reconnaître une nation libre et souveraine. L'assemblée, conduite malgré elle à l'inaction jusqu'à la fin du mois de décembre, n'a donc voulu abandonner à la routine que les premiers mois de cette année. Elle a fixé au premier mars le terme de son travail, au premier avril l'époque de cette révolution dans les finances.

Des épargnes importantes en seront la suite, et les représentants du peuple lui montreront, par une économie sévère, que, fidèles à leurs devoirs, ils ont également cherché à ménager le trésor du pauvre, et à éloigner de la liberté les dangers de la corruption. On ne laissera subsister que les places nécessaires; on ne donnera pour chacune que le juste salaire des talents indispensables pour la bien remplir; et sans flatter jamais la cupidité par une libéralité coupable, une parcimonie non moins funeste n'éloignera point des emplois la pauvreté éclairée et laborieuse.

L'assemblée nationale n'ignore pas que les portions de l'impôt les moins nécessaires au service public, sont précisément celles qui coûtent le plus aux citoyens indigents, celles qui obligent d'étendre jusque sur eux le fardeau des impositions, et que les derniers vingt millions sont une charge plus pénible que les deux cents premiers.

La crainte arrache l'impôt aux peuples esclaves; l'homme libre acquitte volontairement la contribution employée pour lui-même. Elle ne souffrirait aucun obstacle dans un pays où tous les citoyens pourraient dire, pour chacune des dépenses générales, ce que les habitants d'un village disent tous les jours pour une dépense locale : voilà ce qu'on me demande; mais voilà l'utilité que je dois en retirer.

Tel est le but que l'assemblée nationale s'efforcera d'atteindre.

Ainsi, sur ces objets importants, sur cet ensemble des finances, malgré le travail assidu qu'exigeaient une foule de lois de détail, rien n'a été négligé de ce qui devait conduire à des opérations plus vastes, appuyées sur des bases certaines, et propres à rappeler enfin le crédit et la prospérité. Déjà presque tout ce qui tient à la perfection du système monétaire est terminé; et, dans l'organisation du bureau de comptabilité, dans le refus d'augmenter le nombre des visiteurs de rôles, on voit l'assurance précieuse d'une rigide économie, et d'une volonté ferme de ne confier le trésor du peuple qu'à des mains indépendantes et pures.

La réforme du code civil, l'établissement de l'instruction nationale, demandaient de longues préparations; et les membres de l'assemblée qui ont été chargés de ces travaux, ont préféré d'entendre inculper leur lenteur, et de ne pas s'exposer aux reproches que les imperfections d'un ouvrage trop précipité leur auraient justement attirés.

Aucune grande nation n'avait jamais été appelée à une régénération totale des lois civiles et de l'instruction publique. Jamais le système entier de ces deux parties essentielles de l'ordre social, n'avait été soumis à l'examen de la raison; et une foule de questions qu'on n'avait jamais examinées, parce qu'on les trouvait partout décidées par le fait, naissaient de toutes parts, exigeaient qu'une discussion approfondie réunît et fixât les opinions.

Cependant, une partie importante du travail sur l'instruction publique, celle dont l'exécution exige le plus de temps, celle dont la nécessité est la plus pressante, est déjà rédigée : c'est la distribution et l'organisation des établissements consacrés à une instruction qui doit être offerte à tous les citoyens, embrasser toute l'étendue des connaissances humaines, rendre la génération qui s'élève digne de la liberté, préparer, assurer enfin le perfectionnement des générations futures.

La constitution, en déclarant le mariage un contrat civil, en plaçant la liberté du culte au rang des droits de l'homme, rendait indispensable une loi nouvelle sur les moyens de constater les mariages, les naissances et les sépultures.

Les efforts des prêtres fanatiques, pour écarter les citoyens des ministres, seuls dépositaires des registres publics, ne permettaient pas de retarder : il a donc fallu, sans nuire à l'ensemble du plan général, en détacher cette loi importante. Ce travail difficile est terminé, et va bientôt enlever à la superstition une de ses armes les plus dangereuses.

Le comité des secours publics, chargé en même temps, et des soins nécessaires pour subvenir aux besoins présents, pour maintenir les établissements actuels, et du travail de préparer les établissements nouveaux, a profité des matériaux précieux que l'assemblée constituante nous a légués, des lumières que les citoyens se sont empressés d'offrir, y a réuni les connaissances nouvelles que lui-même a rassemblées, et touche enfin au terme si longtemps attendu. Après quatre mois seulement de travaux continuels et pénibles, il est sur le point de présenter à l'assemblée le système complet des encouragements, des secours qu'une nation riche et libre doit à cette portion de citoyens qui, nés avec des droits égaux, mais privés des avantages de l'association commune, par des malheurs imprévus, par l'effet de l'inégalité nécessaire des fortunes, par le défaut d'instruction qui appauvrit encore l'indigence, par la grossièreté des mœurs qui suit l'ignorance, ont droit d'exiger que la société répare l'ouvrage de la nécessité et de la nature, rétablisse l'égalité que le sort avait altérée, et conserve ou rende à l'indigence abattue la dignité de l'homme, le caractère imposant et sacré de la liberté.

Mais le soin de rétablir la paix dans l'intérieur, de veiller à la sûreté de l'État, a surtout occupé tous nos moments.

A l'ouverture de nos séances, de nombreux rassemblements de Français rebelles menaçaient nos frontières; une longue et inexplicable indulgence

avait augmenté leur audace ; l'Europe retentissait du
bruit de leurs préparatifs de guerre ; toutes les cours
étaient agitées de leurs intrigues ; ils avaient des ambassadeurs auprès des rois, et des émissaires dans
nos régiments, dans nos villes, dans nos campagnes.
En même temps le clergé, dépouillé des biens usurpés
sur la crédulité de nos ancêtres, profitait, pour se
venger, des restes d'une ignorance et d'un fanatisme que les lumières ont démasqué et avili, mais
qu'elles n'ont pas éteint. Ces mouvements, d'abord
faibles et isolés, prenaient, par l'influence de quelques chefs, toute l'importance d'une conspiration
religieuse. Le paisible habitant des campagnes, qui,
d'abord, n'avait pensé qu'à conserver son prêtre,
malgré le refus du serment, osait parler de le substituer à celui qui avait été élu suivant les formes
légales. On avait d'abord fait quelque scrupule de le
reconnaître comme ministre du culte ; bientôt on fit
un crime d'avoir contribué au maintien de la loi.
On s'occupa d'éloigner des fonctions publiques les
âmes timorées, sous prétexte qu'une de ces fonctions était de faire exécuter les décrets sur l'organisation du clergé ; on arma contre les citoyens, les
femmes et leurs enfants ; on jeta dans les familles
des semences de discorde ; enfin, on opposa toutes
les honteuses passions de la terreur religieuse, tous
les sentiments féroces du fanatisme, à la noble passion de la liberté ; on essaya de placer le peuple
entre Dieu et la patrie, et on lui offrit le ciel pour
prix de la trahison, pour récompense de la servitude.

L'assemblée nationale voulut opposer des lois sévères à des hommes que l'impunité enhardissait, et qui, par le caractère de bassesse et d'atrocité imprimé à leurs complots, avaient perdu tout droit à l'indulgence.

Le refus de sanction a rendu ces mesures inutiles : le roi prouva par ce refus cette liberté dont les courtisans de quelques princes affectaient encore de douter. L'assemblée nationale, respectant la constitution, ne répondit que par son silence, et redoubla de vigilance et de zèle. Un décret d'accusation, porté contre les chefs des rebelles, donna un grand exemple de l'égalité des citoyens aux yeux de la loi, et les biens des émigrés ont été mis sous la main de la nation.

L'assemblée a espéré que les lumières répandues par les patriotes éclairés suffiraient contre le fanatisme ; que les Français libres du dix-huitième siècle ne recevraient pas ce joug étranger, rejeté par eux dans les temps de leur ignorance et de leur servitude ; qu'ils ne verraient qu'avec le mépris de l'indignation, employer contre leur raison, les ridicules prestiges, les ruses honteuses de la vieille superstition ; qu'ils sentiraient combien est hypocrite ce zèle qui attend toujours, pour déployer son vain appareil, que l'intrigue lui ait promis d'ajouter des moyens humains à ses moyens célestes.

Cependant, un orage se formait en Europe contre la France. Depuis les premiers jours de la révolution, ses agents extérieurs semblaient lui être devenus étrangers. Le roi d'Espagne avait refusé de recevoir

un autre ambassadeur français que M. de la Vau-
guion, révoqué par le roi; et ce refus, contraire à
tous les égards observés entre les nations, avait continué même lorsque le besoin qu'avait eu l'Espagne
du secours de la France, aurait pu répondre du succès d'une réclamation nécessaire au maintien de la
dignité nationale.

Tandis que des sociétés anglaises se réunissaient
pour célébrer le jour de la fédération, et consacraient
par des fêtes cette époque glorieuse, l'ambassadeur
de France laissait à un simple citoyen l'honneur de
réunir ses compatriotes. L'amour de la paix avait
déterminé l'assemblée constituante à suspendre l'exécution de ses décrets sur l'organisation du clergé, à
souffrir que le roi traitât avec Rome; et on laissa
chargé de la négociation, un cardinal dont cette organisation détruisait la fortune et blessait les préjugés. Telle a été la première cause de ces troubles
religieux, qu'une conduite plus ferme eût étouffés
dans leur naissance.

L'ambassadeur en Suisse avait donné sa démission;
et au moment de renouveler les capitulations, au
moment où les intrigues des émigrés français rem-
plissaient ce pays de préjugés contre la France, où
l'Espagne y entretenait un envoyé extraordinaire,
dont les desseins étaient au moins suspects, cet ambassadeur n'était pas remplacé.

Plusieurs des places les plus importantes n'étaient
point remplies; les autres étaient occupées ici par des
ennemis déclarés de l'égalité; là, par des hommes
qu'on pouvait soupçonner de n'avoir fait que céder

à la nécessité. On se conduisait comme s'il y eût eu
en France, non une révolution, mais de simples
agitations, après lesquelles on devait rentrer dans
les formes anciennes, et qui n'avaient pas mérité
que l'on changeât, même provisoirement, nos agents
auprès des puissances étrangères.

Et pendant que les négociations, pour renouveler
l'alliance des Suisses, que les mesures pour régler
les dédommagements des princes allemands, dont la
déclaration des droits avait supprimé les droits féodaux, étaient, ou totalement oubliées, ou livrées à
une inactivité plus dangereuse encore; tandis qu'on
laissait aux Français ennemis de leur patrie, le temps
d'exciter les réclamations de ces princes, dont le
bruit avait retenti parmi nous longtemps avant que
les intéressés eussent songé à s'irriter de cette prétendue violation des traités, aucune mesure politique ne s'opposait à la ligue que les rois prépa-
raient contre la nation française.

Les cours étrangères étaient assiégées par des
émissaires connus des princes rebelles, par des
hommes qui, nouvellement sortis du ministère ; qui,
employés comme ambassadeurs quelques mois auparavant, ou revêtus de titres, autrefois honorables,
qu'ils conservaient malgré la constitution, ne pouvaient être traités comme ces agents obscurs dont
on feint quelquefois de méconnaître l'existence.

Au moment où le roi avait solennellement adopté
la constitution, une simple notification l'annonça
aux princes de l'Europe.

Aucune réquisition pour la dispersion des rassemblements, aucun changement des agents suspects, aucun désaveu de ces conjurés qui allaient solliciter en son nom des secours qu'il ne demandait pas, n'avertit les puissances étrangères, et de la vraie situation de la France, et des intentions réelles du roi.

Tel était l'état de nos relations extérieures. Deux années de cette conduite lâche et perfide nous présentaient aux nations comme un peuple divisé en partis, agité par des factions, dont la faiblesse offrait un succès facile à tous les projets d'une politique ennemie. Ainsi, avant même que nous fussions assemblés, tous les piéges étaient tendus, toutes les combinaisons étaient formées. Nous n'avons pas craint d'envisager des périls dont il n'était pas permis aux représentants du peuple de détourner ses yeux plus longtemps. Forcés de choisir entre des mesures faibles, qui n'eussent retardé la guerre que pour la rendre plus hasardeuse, en laissant à nos ennemis l'avantage d'en fixer l'époque, et une conduite courageuse qui diminuait le danger, quand même elle aurait pu en accélérer le moment, nous n'avons pas hésité.

Nous avons invité le roi à menacer de la justice de la nation française les princes qui souffraient sur leur territoire, et des rassemblements d'hommes armés, et des magasins d'armes et de munitions. Des monarques puissants s'étaient ligués pour défendre, disaient-ils, l'honneur des couronnes, comme si le sang des nations devait couler au gré de l'orgueil des rois ; pour maintenir la paix générale, comme si les élans d'un peuple généreux vers la liberté pouvaient troubler une autre paix que celle de l'esclavage! L'assemblée nationale, profondément indignée de cet aveu d'une conspiration contre les droits des hommes, mais plus économe du sang des peuples étrangers que leurs princes mêmes, a cherché tous les moyens honorables d'épargner une guerre à l'humanité, et d'en diminuer les fléaux. Elle a invité le roi à déclarer à l'Empereur, son allié, qui avait signé ces traités, que, s'il n'y renonçait, la France ne pourrait plus voir en lui qu'un ennemi.

Elle a désiré que le roi cherchât à réunir, dans une fraternité commune, toutes les nations qui, comme nous, aimeront la liberté, tous les princes qui ne voudront que la tranquillité et le bonheur de leurs États.

Elle a déclaré aux peuples que, même au milieu de la guerre, elle respecterait les lois de l'humanité et de la justice, et que jamais le soldat français ne verrait un ennemi dans un cultivateur paisible, dans un citoyen désarmé.

Elle a vu que le désir d'altérer une constitution où l'unité du corps législatif, où l'égalité absolue des droits opposaient aux intrigues du despotisme d'invincibles obstacles, était le mobile secret de toutes les ligues, de toutes les conspirations; que l'idée de rendre un conseil de rois, juge souverain du degré de liberté qu'ils daigneraient accorder à chaque nation, avait ranimé en eux l'espoir d'éterniser la servitude sur la terre. Et, par un acte solennel, elle a déclaré traître à la patrie quiconque consentirait à la moindre atteinte portée à l'égalité, quiconque prendrait part à ces honteuses transactions : elle a déclaré que la nation française regarderait comme un ennemi tout prince qui voudrait porter atteinte aux droits du peuple français, à l'indépendance absolue de sa constitution et de ses lois.

Amis de l'humanité, si nous sommes forcés à la guerre, nous aurons du moins la consolation de sentir qu'elle ne sera pas notre ouvrage, mais le crime de ceux qui l'ont préparée, et dont la conduite coupable nous a placés entre la victoire et l'esclavage.

Cependant, il fallait pourvoir à la sûreté de la nation : et quel était l'état de l'armée ?

Des mouvements que des motifs différents semblaient exciter, et qui paraissaient néanmoins tenir à une cause unique, mais inconnue, en avaient successivement agité, désorganisé presque tous les corps. Les officiers, qui d'abord ne les quittaient qu'en cédant à ce qu'ils appelaient des violences, avaient, depuis quelques mois, levé presque ouvertement le masque, et prouvé que les soldats, en présentant la haine de leurs officiers contre la révolution comme l'excuse de toutes leurs fautes, n'avaient dit qu'une vérité d'abord trop peu sentie.

Et ces officiers, qui déjà grossissaient l'armée des rebelles, n'étaient pas remplacés ; il semblait qu'on attendît le moment où un traité, fait aux dépens des droits des hommes, leur permettrait de reprendre leur place, où ils daigneraient pardonner au peuple français d'avoir voulu l'égalité ; il semblait qu'on crai-

X. 22

gnît que des officiers patriotes ne rétablissent la discipline, et ne défendissent les soldats des piéges dont l'adresse des conspirateurs se plaisait à les environner.

Cent mille gardes nationaux avaient volé aux frontières, et les mesures nécessaires pour les mettre en état d'agir se prenaient avec une lenteur qui eût refroidi un zèle moins énergique. Il fallait réparer les dangers de cette négligence du dernier ministre de la guerre, examiner la situation de l'armée, chercher par quelles lois on devait ou compléter son organisation, ou détruire les obstacles qui auraient pu ralentir son activité. Combien d'heures n'avons-nous pas employées à préparer ces lois de détail, formées de dispositions dont chacune est minutieuse, mais dont l'ensemble est si important! et combien de difficultés n'offrent pas ces lois, où il est si nécessaire de concilier l'intérêt de la défense de l'État et celui de la liberté, la discipline militaire et l'égalité sociale!

La marine est une partie essentielle de la force publique; et une lettre du roi, adressée aux commandants, avait appris que l'émigration des officiers y faisait des progrès funestes. Les mêmes causes y avaient produit les mêmes effets que dans l'armée; et une négligence plus grande y a plus longtemps retardé, y retarde encore les remplacements.

Le moment approche, sans doute, où ces désordres vont être réparés; mais pour en sonder l'étendue, pour en saisir les remèdes, pour ôter tout prétexte aux retards, il a fallu du temps, et une surveillance active et soutenue.

Dé grands mouvements ont été excités dans des colonies placées à deux mille lieues de la France; et cette distance augmentait également la difficulté de connaître les faits avec exactitude, et d'en pénétrer les causes.

Les remèdes ne pouvant être appliqués que plusieurs mois après l'époque où le mal qu'on veut guérir est arrivé, tout peut avoir changé dans l'intervalle, et le moyen le plus salutaire peut n'être qu'inutile et dangereux.

Mais, dans tous les troubles de l'empire français, il est une cause toujours agissante : la lutte de ceux qui veulent la liberté contre ceux qui la craignent; et dans toutes les affaires il est des principes dont l'application est toujours sûre : l'humanité, le respect pour la justice, pour les droits essentiels de l'espèce hnmaine; ces principes ont seuls guidé nos résolutions. Secourir les victimes des troubles, n'employer la force que pour conserver ou ramener la paix, telles ont été nos seules mesures. Une conduite chancelante, des ménagements pour les préjugés, la crainte d'attaquer de front des questions qui mettaient en mouvement des passions si ardentes et de si grands intérêts, n'avaient fait qu'aggraver les maux. Nous osons croire qu'un attachement sévère aux règles de la justice en marquera le terme, en arrêtera les progrès.

Dans une année où quelques parties de la France souffraient des effets d'une mauvaise récolte, combien n'était-il point facile d'exciter, parmi les citoyens, des terreurs dangereuses! Cent mille ennemis implacables, indifférents sur les moyens comme sur les suites de leurs complots, employant sans relâche contre la tranquillité publique leurs discours, leurs écrits, leurs intrigues et leur or, devaient sans doute réussir dans ce funeste projet ; et, tout en gémissant sur les excès auxquels le peuple s'est porté, sur le mal qu'il s'est fait à lui-même, en écartant, par la crainte, les secours que le commerce lui eût préparés, peut-être faut-il se féliciter encore de ce qu'il a si bien résisté à ces perfides insinuations, de ce que son amour pour la liberté, son zèle pour la constitution n'ont point été altérés, de ce que le respect pour la loi a si rarement cessé de modérer ses mouvements.

Des secours accordés aux départements qui éprouvent des besoins étaient le seul moyen actif que l'assemblée pût employer : elle a dû se borner à maintenir la liberté entière de la circulation intérieure, établie par l'assemblée constituante, et conséquence nécessaire de l'égalité prononcée par la constitution comme par la nature, entre toutes les parties de l'empire français. En même temps elle a cru pouvoir ajouter des dispositions plus sévères à la loi contre les exportations, et aux précautions destinées à empêcher que les transports dans le voisinage des frontières, les envois par mer d'un département dans un autre, ne pussent se transformer en de véritables exportations. Elle a voulu surtout que ces précautions fussent confiées aux magistrats du peuple ; que chaque citoyen pût vérifier si les formalités avaient été remplies. Elle a reconnu par là cette vérité fondamentale dans toute constitution populaire, que le peuple délègue bien ses pouvoirs, mais ne délègue pas sa raison; qu'il remet le droit d'agir, mais qu'il se réserve celui de voir si les hommes qui agissent pour lui et en son nom exécutent les lois et veillent à ses intérêts.

Tel est l'exposé fidèle de nos travaux, des mesures que nous avons prises pour assurer la liberté de la nation et le salut de l'empire. Nous ne vous parlons pas de cette lutte entre les pouvoirs établis par la loi, dont peut-être les ennemis de la liberté ont cherché à vous effrayer.

Nous savons que le succès des lois constitutionnelles dépend du concert entre ces pouvoirs, mais que ce concert doit avoir pour base la fidélité du ministère à faire exécuter les lois, et non la soumission des législateurs aux propositions des ministres; nous savons que nous devons assurer au pouvoir exécutif toute son activité, mais aussi ne pas souffrir que cette activité le porte au delà des bornes prescrites par la loi, et qu'une rigoureuse surveillance est une de nos obligations sacrées, dont ses plaintes, ses vains appels au peuple, ne nous détourneront jamais. Il ne parviendra ni à nous irriter ni à nous séduire. Trop convaincus de la dignité de la représentation nationale, pour que les manœuvres de quelques-uns de ses agents puissent nous atteindre, nous leur pardonnerons tout, hors la négligence de leurs devoirs, la violation des lois, la trahison contre la patrie, les conspirations contre la liberté.

Français, nous ne vous avons pas dissimulé vos

dangers, parce que nous connaissons votre courage. Il s'agit, entre vous et vos ennemis, de la plus grande cause qui jamais ait été agitée parmi les hommes, de la liberté universelle de l'espèce humaine, de ces droits éternels que l'instinct a souvent disputés contre la tyrannie, que la raison a reconnus, que vos généreux efforts ont rétablis, et que rien ne peut plus ébranler. Ces droits sont la base unique sur laquelle puisse reposer le bonheur durable des nations. Si les orages inséparables d'une révolution ne vous ont pas encore permis de le sentir dans toute son étendue, déjà vous éprouvez celui que la nature attache au sentiment si pur et si touchant, de ne voir autour de soi que des égaux, de ne dépendre que des lois. Bientôt vous jouirez de cet autre bonheur qui doit naître d'une législation sage et juste, et des progrès rapides que le règne de la liberté assure au commerce, à l'industrie, aux arts, aux lumières.

Voudriez-vous renoncer à ces biens, abandonner vos espérances, vous livrer encore à cette politique incertaine, qui a si longtemps agité les hommes entre la liberté et la servitude? Sacrifierez-vous les générations futures à l'avantage d'une fausse paix, dont même vous ne jouiriez pas? car les tyrans que vous avez fait trembler ne vous épargneraient qu'après avoir cessé de vous craindre, et des chaînes que vous avez pu rompre une fois ne suffiraient plus à leur sûreté.

Mais en même temps nous ne vous verrons pas, égarés par l'espoir incertain d'une liberté plus grande,

vous diviser et vous perdre. Vous resterez attachés
à votre constitution, parce que vous voulez rester
libres; et, réunis autour d'elle, vous triompherez
de cette ligue puissante qui s'était flattée d'anéantir
d'un seul coup, avec la constitution, la liberté et les
droits du genre humain.

CE QUE C'EST

QU'UN CULTIVATEUR

ou

UN ARTISAN FRANÇAIS.

FÉVRIER 1792 (1).

(1) *Chronique du mois.*

CE QUE C'EST

QU'UN CULTIVATEUR

ou

UN ARTISAN FRANÇAIS.

———————

Tout habitant de la France qui paye une imposition égale à trois journées de travail peut être citoyen actif.

Or, il suffit, pour la payer, d'avoir une habitation dont le loyer soit de 14 livres à Paris, de 10 environ dans les campagnes.

Ainsi, tout artisan, tout cultivateur marié peut être citoyen actif. Tout homme laborieux, économe, amassera aisément de quoi acheter quelques meubles; alors il peut louer un logement, et devenir citoyen actif.

Comme tel, il a voix dans toutes les assemblées générales, appelées primaires; il est susceptible de presque toutes les places; il peut même être élu membre de l'assemblée nationale.

A la vérité, il ne peut être ni électeur, ni remplir quelques autres places, en petit nombre, pour lesquelles on exige, dans les grandes villes, qu'il ait,

ou un bien rapportant 150 livres de rente au plus,
ou un logement de 200 livres, et, dans les campagnes, qu'il possède un revenu d'environ 100 livres,
ou qu'il soit fermier d'un bien de 240 livres, richesse à laquelle un père de famille laborieux peut
atteindre en peu d'années.

Un étranger qui arrive en France avec une industrie quelconque, mais sans aucun bien, peut se placer chez un maître; et après y avoir travaillé cinq
ans, s'il a pu amasser de quoi acheter une propriété, quelque petite qu'elle soit, ou former un établissement d'industrie, ou, enfin, s'il a épousé une
Française, il acquiert tous les droits de citoyen français; dès lors il n'a plus que des égaux, il ne doit
précisément à aucun homme, que ce que cet autre
homme lui doit à lui-même.

Le citoyen non actif, l'étranger qui n'est pas encore citoyen, jouissent des mêmes droits que le
citoyen actif, excepté de celui de pouvoir remplir
une fonction publique, et de donner sa voix dans
les élections.

Il n'existe aucune différence entre eux, ni pour
l'impôt, ni dans les tribunaux, ni quant aux lois de
police.

Un impôt proportionné au loyer auquel tous les
citoyens sont assujettis; un autre impôt, aussi proportionné au loyer, payé par ceux qui veulent exercer un métier, sont les seules charges imposées à
celui qui n'est pas propriétaire. Ainsi, l'homme qui
n'a qu'un loyer modique ne paye presque rien : sa
terre, s'il vient à en posséder une, paye un autre

impôt, mais elle est affranchie de toute dîme, de toute servitude; il peut y chasser, la garantir des ravages du gibier, pêcher dans la rivière qui en baigne les bords. Si on lui fait un procès, un juge conciliateur, très-voisin de sa demeure, se place d'abord entre son adversaire et lui; des tribunaux composés de juges élus à temps par les citoyens, lui sont accessibles comme au riche : est-il accusé par un ennemi, d'abord il ne peut être poursuivi que sur la décision de citoyens dont les précautions les plus sévères lui garantissent l'impartialité; et s'ils décident qu'il doit subir un jugement, il ne peut être déclaré coupable que par neuf citoyens sur douze, et ces douze sont tirés au sort sur une liste de laquelle il aura droit de faire effacer vingt de ceux qu'il soupçonnerait d'être ses ennemis.

Aucun ordre arbitraire ne peut gêner sa liberté, aucun ne peut troubler son asile. Il peut librement exercer toute profession, tout genre d'industrie. Quelle que soit sa religion, il est libre de la suivre et de la professer publiquement. Il peut choisir le moulin, le pressoir dont il voudra se servir. Aucune de ses paroles, aucun de ses écrits ne peuvent lui attirer une punition, à moins qu'il n'y ait calomnié quelqu'un. Non-seulement ses enfants héritent de lui, mais, ce qui est si doux à une âme paternelle, tous partagent avec égalité.

Sûreté, liberté, égalité, voilà les biens que la loi lui assure dans toute leur étendue.

Des écoles gratuites seront ouvertes à ses enfants; s'ils en profitent, s'ils se rendent capables de remplir des places, il n'en existe aucune à laquelle, quelle qu'ait été la profession de leur père, ils ne puissent prétendre, non pas de droit seulement, mais de fait, et avec une entière égalité ; non comme la récompense d'un mérite extraordinaire, mais par une suite naturelle et ordinaire de l'ordre social. S'ils embrassent l'état de soldat, il n'existe aucun terme à leur avancement militaire ; même en supposant qu'ils n'aient pour eux que la durée de leur service, leurs qualités personnelles et leurs actions guerrières, ils peuvent encore espérer d'atteindre à des grades très-élevés.

Tel est, sous la constitution française, le sort de l'homme qui vit de son travail, soit en totalité, soit en grande partie, c'est-à-dire, des quatre-vingt-dix-huit centièmes des habitants. Tel est le sort qu'elle offre à l'étranger laborieux, économe, qui a besoin de la liberté, et qui a l'âme assez élevée pour sentir les douceurs de l'égalité.

D'UN AVANTAGE

PARTICULIER

A LA CONSTITUTION FRANÇAISE.

MARS 1792 (1).

(1) *Chronique du mois.*

D'UN AVANTAGE

PARTICULIER

A LA CONSTITUTION FRANÇAISE.

———————

Il me semble que l'on n'a pas assez fait valoir un avantage particulier à la constitution française.

C'est celui de pouvoir s'organiser d'elle-même, en très-peu de temps, à quelque degré de l'échelle politique que se trouve la volonté qui détermine un peuple à se constituer ; celle de l'empereur de la Chine ou de l'orateur d'un village.

Je ne m'arrêterai qu'à cette dernière hypothèse. Un village se trouve avoir besoin de se gouverner lui-même ; il forme une assemblée, élit une municipalité et un conseil général de commune ; il a donc des officiers publics et des agents.

D'autres villages voisins ont-ils la même idée, ils l'imitent, s'unissent ensemble en assemblée primaire, nomment un tribunal de paix et des représentants. Plusieurs cantons sont-ils formés, leurs représentants se réunissent, deviennent des électeurs, élisent un tribunal et une administration commune, et voilà un

X.   23

district. Le même moyen conduit ensuite à l'organisation d'un département. Des départements formés
sur le même modèle peuvent enfin se réunir en corps
de nation.

On peut parcourir tous ces degrés sans une convention première, parce qu'il suffit à chaque réunion
nouvelle que le même corps d'élus du peuple, assemblée législative, tant que les parties sont séparées, devienne simple corps électoral au moment de
la réunion.

Chacune de ces opérations peut se faire en quelques jours : ainsi une province qui, par un événement quelconque, se trouverait tout à coup sans
puissance publique, serait, au bout de huit ou dix
jours, un État très-bien constitué.

Au point où l'on arrête les réunions, il faut un
gouvernement ; mais le corps législatif est ici pouvoir constituant ; dès lors il a droit d'établir ce gouvernement, et la machine sociale est organisée. Entre
ce dernier terme et les premières réunions, les administrateurs élus rempliraient les fonctions du pouvoir
exécutif.

Ainsi, une collection d'hommes parlant la même
langue, répandue sur un terrain de deux cents
lieues de long sur autant de large, peut, sans avoir
eu besoin de chefs et sans désordre, se donner, en
un ou deux mois, une assemblée constituante assez
bien organisée, un gouvernement du choix de cette
assemblée, et une administration populaire régulièrement distribuée.

On avait bien dit qu'un peuple, pour devenir

libre, n'avait qu'à le vouloir; mais il fallait que ce peuple pût se réunir et s'entendre : au lieu qu'au moyen de cette organisation graduelle, particulière à la constitution française, tout s'exécute de soi-même. Ainsi, quelles que puissent être d'ailleurs ou la sagesse ou l'imprudence d'une partie de ses dispositions, on voit qu'elle est bonne à imiter par tous les peuples, ne fût-ce que pour s'en donner paisiblement une autre.

Il leur suffirait d'avoir sous les yeux les titres relatifs aux élections dans le code municipal ou administratif et dans la constitution. On adopterait les mêmes bases de distribution, quant au nombre des officiers, des électeurs, des députés, en supprimant la distinction de citoyen actif, ou non actif, qui ne convient pas à une formation spontanée. On sent que ces déterminations de nombres, ces bases de distribution, doivent n'être regardées que comme provisoires; mais elles suffisent pour un premier établissement régulier, et ce premier pas fait, toutes les améliorations deviennent faciles, toutes les premières disproportions s'évanouissent aisément. Quant aux choix des chefs-lieux, aussi nécessairement provisoires, s'il se formait plusieurs réunions, les moins nombreuses iraient se joindre aux plus fortes.

Une garde nationale serait bientôt établie ; car elle est la réunion de tous les citoyens âgés de vingt et un ans au moins, et au-dessous de cinquante; elle se forme par divisions de cent hommes, puis de cinq cents, et chacune élit ses officiers; et ainsi la constitution , à mesure qu'elle s'organiserait, verrait naître à côté d'elle une force publique pour la maintenir, une armée citoyenne pour la défendre.

On voit donc avec quelle facilité un peuple, une portion de peuple, peut se donner la constitution française, sans s'unir à l'empire français; et comment, si l'oppression étrangère venait à la détruire dans une ou plusieurs de nos provinces, elle se rétablirait d'elle-même à la première distraction des tyrans, au premier signal de la volonté populaire.

SUR LA LIBERTÉ

DE LA

CIRCULATION DES SUBSISTANCES.

MARS 1792 (1).

(1) *Chronique du mois.*

SUR LA LIBERTÉ

DE LA

CIRCULATION DES SUBSISTANCES.

Des inquiétudes sur les subsistances se sont manifestées dans plusieurs départements ; l'assemblée
nationale s'est assurée qu'elles n'avaient point de
fondement réel, que les secours du commerce intérieur suffiraient pour faire disparaître une rareté
locale et momentanée, et que ceux du commerce
extérieur, préparés par les administrations, achè-
veraient de dissiper jusqu'à l'ombre du danger.

Cependant elle a vu avec douleur, dans quelques
endroits, les citoyens trompés s'opposer à la liberté
que les lois de l'assemblée constituante avaient rétablie, et, en arrêtant la circulation, en effrayant le
commerce, produire réellement le mal dont la crainte
peu fondée avait égaré leur patriotisme.

Elle a pensé qu'il était digne des représentants
d'un peuple libre d'instruire les citoyens par la raison, toutes les fois qu'elle était forcée de les contenir
par des lois, et qu'à l'égard de ceux qui, par erreur,
avaient troublé l'ordre public, son premier devoir
était de les éclairer.

D'ailleurs, les inquiétudes sur les subsistances, comme les fausses opinions sur la comparaison des contributions nouvelles et des anciennes impositions, comme les erreurs sur les prétendues atteintes portées à la religion, comme les craintes sur la situation des finances, ne sont pas en ce moment l'effet des préjugés isolés de quelques hommes qui les communiquent autour d'eux, ou d'une ignorance si excusable, après tant de siècles de servitude, et encore si peu d'années de liberté.

Toutes sont le fruit d'un complot formé pour égarer le peuple, le fatiguer par ses propres mouvements, affaiblir sa confiance dans ses représentants, parce que cette confiance est le seul moyen de conserver la paix, l'unique rempart de la constitution.

Vingt partis divisés entre eux d'opinions et d'intérêts, mais réunis dans un même but, emploient les mêmes moyens : tous s'accordent pour détruire cette confiance, parce qu'elle rend également impossibles tous les projets d'ambition particulière, toutes les espérances de despotisme religieux ou politique, tous les systèmes d'inégalité.

Il faut donc opposer la lumière à ceux qui ne peuvent espérer de combattre avec succès que dans les ténèbres, et faire entendre au sens, naturellement juste et droit du peuple, le langage de la vérité, lorsque ses ennemis parlent, à ses préjugés et à ses passions, celui de l'erreur.

Le sol de la France produit plus de grains qu'il n'en faut pour la consommation de ses habitants; rarement même, dans les mauvaises années, la récolte tombe - t - elle au - dessous du nécessaire, et presque toujours les grains réservés de l'année précédente seraient plus que suffisants.

Mais ces grains ne sont pas répartis avec égalité : tel canton en a une quantité surabondante, tel autre en manque, soit habituellement, parce que la terre y est employée à une autre culture, soit par l'effet de l'intempérie de l'année.

Le blé, même lorsqu'il est cher, a une très-petite valeur par rapport à son poids, et, par conséquent, les frais de transport par terre en augmentent le prix dans une proportion qui ne permet pas de l'employer pour de grandes distances. Ainsi, cet équilibre, cette compensation établie par la nature entre les diverses années et les différents sols, mais qui n'existe que pour un grand pays, pour la France, par exemple, n'offrirait qu'une ressource insuffisante, si l'on était borné à ce seul moyen de transport.

Des communications par eau, multipliées dans l'intérieur, et bien combinées, feront disparaître cet obstacle à une distribution de subsistances constamment égale.

L'assemblée nationale s'occupe de cet objet important ; mais l'effet de ses travaux ne pourra devenir sensible qu'après un certain nombre d'années.

Le transport par mer peut y suppléer pour les départements qui ne sont pas éloignés des côtes, ou qui se trouvent placés le long des rivières navigables; et c'est une ressource précieuse dont il importe au salut public d'augmenter l'étendue, bien loin de chercher à la restreindre par des craintes chimériques.

Mais ce n'est pas assez qu'il existe des grains, que le transport en soit possible, il faut que, pour tous les lieux où le besoin se fait sentir, les secours soient préparés et puissent s'y porter avec rapidité.

Un commerce libre, auquel des négociants honnêtes pourraient se livrer sans crainte d'éprouver des obstacles ou d'encourir la haine du peuple, en est le moyen le plus sûr.

Par le tableau des prix, par la connaissance qu'ils ont des moyens de transport, ils jugent des cantons où la denrée est surabondante, de ceux où elle est rare, et ils savent comment on peut l'y transporter. La concurrence les oblige de borner leurs profits; la nécessité de retirer leurs fonds, la crainte de voir leurs blés se détériorer, et d'autres négociants en offrir à un moindre prix, les force à vendre promptement.

Le commerce libre a un autre avantage non moins important : c'est qu'il n'attend point, pour agir, le moment du besoin, qu'il se prépare d'avance, qu'il est déjà prêt lorsque le besoin se déclare. L'expérience a prouvé qu'aucune mesure administrative ne peut le remplacer, ne peut agir avec la même activité, la même économie, la même sûreté.

Ce qui importe vraiment aux citoyens pauvres, ce n'est pas de payer le blé très-bon marché, mais de le payer toujours à peu près le même prix. C'est sur le prix commun ordinaire du blé que se règle celui des salaires; il ne peut suivre les variations momentanées, ou même annuelles, du prix des subsistances, et il n'y aurait pas de proportion pour l'ouvrier, quand même il trouverait autant de travail, entre l'aisance passagère qui résulterait de quelques mois de bas prix, et l'état de souffrance où quelques mois de cherté peuvent le réduire.

C'est encore la liberté, la sûreté du commerce qui, seules, peuvent maintenir cette constance dans les prix, parce que ces opérations en préviennent tour à tour l'avilissement ou la hausse exagérée. Elles ne laissent subsister que ces variations nécessaires à l'existence même du commerce; variations qui, lorsqu'il est libre, sont trop petites pour jamais rendre insuffisants les salaires une fois bien établis.

Cette même liberté peut seule encourager l'agriculture, et engager les cultivateurs à faire de fortes avances pour augmenter le produit de leurs terres; car, sans l'assurance de vendre, qu'un commerce constant peut seul donner, ils n'auraient pas une espérance assez certaine de les retirer. Or, il importe au peuple que cet accroissement de produit qui donnerait un plus grand superflu dans les bonnes années, soit porté jusqu'à pouvoir répondre que jamais, même dans les années les plus désastreuses, la récolte ne tombera au-dessous du nécessaire. Il faut que l'état habituel des récoltes soit une surabondance assez grande pour être généralement reconnue : or, la liberté peut seule conduire à cet état, et le maintenir.

Enfin, le blé appartient à celui qui l'a recueilli, ou à celui qui l'achète : le citoyen près duquel il se trouve n'a pas plus de droit de s'en nourrir que celui

d'une autre ville, d'un autre département; et la circulation libre est une suite nécessaire du droit de
propriété, de l'égalité des hommes, reconnue par la
constitution.

Tels sont les motifs qui ont engagé l'assemblée
constituante à maintenir de tout son pouvoir cette
libre circulation, et qui déterminent l'assemblée législative à suivre invariablement son exemple.

Le principe qui promet le plus sûrement, dans
tous les temps, une subsistance facile à tous les habitants de l'empire, principe duquel seul peut résulter une loi égale pour tous, était aussi le seul que
les représentants d'hommes égaux et libres pussent
adopter.

Mais en même temps qu'ils ont pris la ferme résolution de maintenir cette liberté intérieure, ils ont
formé celle d'arrêter, avec non moins d'efficacité,
toute exportation, tout transport à l'étranger.

Sans doute, le commerce avec les autres nations
est utile, et au maintien de la constance dans les
prix, et à l'augmentation du produit annuel. Il donne
une assurance plus grande d'une production toujours suffisante; il facilite, par l'extension qu'il permet aux opérations commerciales, la concurrence
entre les productions d'un plus grand nombre de
départements; et même celles des productions étrangères, toujours utiles pour fixer les variations du
prix dans des limites plus resserrées. Mais ces considérations ont dû céder à des motifs plus pressants.
L'existence de conspirateurs, les uns dispersés dans
l'intérieur, les autres rassemblés aux frontières, a fait

craindre, avec raison, des manœuvres dangereuses. Il leur aurait été trop facile d'exciter des inquiétudes, de causer des disettes locales et momentanées. Ces manœuvres, qu'il est absurde de craindre dans les circonstances ordinaires où l'amour seul du gain pourrait les inspirer, parce qu'il ne peut en résulter de profit pour les hommes avides qui les tenteraient; ces manœuvres auxquelles des ennemis étrangers ne se livreraient pas, quelque pervers qu'ils pussent être, parce qu'elles ont besoin d'un foyer de troubles intérieurs; ces mêmes manœuvres pourraient aujourd'hui produire des effets funestes. Aussi ceux qui, dans d'autres temps, ont parlé de ces terreurs avec le plus de mépris, savent qu'en ce moment elles ont cessé d'être chimériques : on a pu dire de ne pas craindre, et cependant proposer aujourd'hui de multiplier les précautions, sans avoir changé d'opinion ou de principes.

Mais, puisque le transport par mer est nécessaire pour établir la circulation des subsistances entre les départements, et que, par conséquent, il est impossible de fermer absolument les ports; et puisqu'on ne peut, sans une injustice évidente, une violation ouverte de l'égalité des droits, ne pas permettre aux grains de circuler dans le voisinage des frontières, on n'a d'autres moyens de prévenir la sortie à l'étranger, que d'assujettir ceux qui sortent par les ports, ceux qui se transportent près des frontières, à des formalités qui garantissent qu'ils resteront dans l'intérieur de la France, ou qu'ils y rentreront par un autre port.

Jusqu'ici l'inspection sur ces formalités avait été confiée aux agents des fermiers ou régisseurs des droits de douane; mais quoique depuis la révolution ces agents soient devenus des fonctionnaires publics, agissant, comme tous les autres, au nom de la nation seule, institués par elle et pour elle; cependant, comme ils ne dépendent point de chefs qu'elle ait choisis, l'assemblée nationale a cru devoir appeler sur ces mêmes formalités la vigilance des officiers municipaux, c'est-à-dire, des fonctionnaires publics les plus immédiatement élus par les citoyens.

Sans doute, ils sentiront que, dans l'exercice de cette surveillance, ils ne sont ni les représentants ni les officiers d'une seule ville, mais des fonctionnaires chargés de l'intérêt général de la nation; et que cet intérêt exige d'eux l'exécution littérale de la loi, et le maintien de la liberté, tant qu'elle ne s'exercera que conformément à la loi.

Rassurés par la confiance qu'ils doivent à des hommes de leur choix, libres d'ailleurs, et de vérifier si les formalités ont été remplies, et de s'assurer ensuite si elles ont été efficaces, à l'abri même des surprises, par la publicité donnée aux déclarations, les citoyens doivent enfin perdre toutes leurs terreurs.

Alors, dans l'homme qui, en achetant des grains pour les revendre, maintient, pour les diverses saisons de l'année, une plus grande égalité de prix; dans celui qui, en transportant des grains, les répand avec plus d'uniformité sur tous les cantons de la France, le citoyen verra, non un ennemi, mais son

bienfaiteur ou celui de ses frères, un simple négociant qui, dans l'espoir d'obtenir un bénéfice légitime, procure aux autres hommes les denrées nécessaires à leurs besoins; c'est-à-dire, un anneau
nécessaire de cette chaîne de travaux, de services
et de salaires qui lie tous les individus aux intérêts
de la grande famille nationale.

On a cherché à rendre odieux ceux qui font le
commerce des grains, en leur donnant les noms de
monopoleurs, d'accapareurs. Ce premier mot désigne
celui qui voudrait s'emparer seul du commerce d'une
denrée, et le second, celui qui s'assure d'avance,
par des marchés sur lesquels il donne des arrhes,
d'une quantité assez grande d'une marchandise, pour
en augmenter la rareté et le prix. Il est aisé de sentir combien de pareilles manœuvres sur les grains
deviennent difficiles, lorsque le commerce en est
libre, actif, constant, et comment alors une prompte
concurrence arrêterait la marche de ces opérations
et en détruirait le succès. Ainsi, loin que la crainte
du monopole ou des accaparements doive rendre
odieux le commerce libre, c'est une raison, au contraire, de désirer d'en voir les agents se multiplier.

Sans doute, dans ce commerce, comme dans tous
les autres, les négociants peuvent se livrer à des
opérations contraires à l'intérêt public, à la probité.
Mais pourquoi, dans les autres commerces, la loi
n'a-t-elle rien prononcé contre ces manœuvres?
C'est qu'on a senti la difficulté de distinguer l'innocent du coupable; c'est qu'on a craint de frapper
sur l'industrie, en croyant ne frapper que sur la mau-

vaise foi; c'est qu'on a craint d'arrêter le commerce
au lieu d'en prévenir les abus. Or, si on a eu raison
de redouter l'incertitude d'une loi faite par des
hommes éclairés, les erreurs des jugements confiés
à l'examen rigoureux d'hommes instruits, quelle
confiance pourraient avoir, dans leur propre opinion, des citoyens qui n'ont pas les mêmes moyens
de s'assurer des faits, de les suivre, de les apprécier?
Ce qui paraîtrait, à quelques-uns, un immense acca-
parement, ne serait, dans la réalité, qu'une faible
partie de ce qu'il faudrait, non pour fournir, mais
pour soutenir, dans un état constant d'abondance,
pendant un ou deux mois, les marchés d'un département, ou seulement d'une grande ville.

Comment un négociant serait-il sûr de pouvoir,
dans les temps qui précèdent immédiatement la nouvelle récolte, fournir des grains aux pays qui ont
besoin de cette ressource, s'il n'avait la liberté de les
acheter et de les rassembler d'avance? Comment
pourrait-il faire parvenir à un département qui
éprouve la disette, des bâtiments chargés de grains,
s'il n'avait la faculté d'en réunir paisiblement la
masse nécessaire pour leur chargement? N'est-il pas
évident que si, au lieu d'arrher des grains, il fallait
en acheter, en payer, en transporter sur-le-champ
la masse entière, il en résulterait des frais inutiles,
dont l'effet serait un rehaussement de prix au détri-
ment du seul consommateur?

Ainsi, par cette haine aveugle contre ceux qu'on
flétrit de ces noms odieux, on s'expose à regarder
comme des scélérats des négociants utiles à la chose

publique, on s'expose à écarter les hommes désinté-
ressés, honnêtes, amis de la patrie, d'un commerce
nécessaire, qu'il serait à désirer de ne voir confié qu'à
des mains pures ; on produit encore réellement le
mal dont on se plaint.

Ces inquiétudes, ces faux jugements, en dimi-
nuant, en suspendant pour un temps, en éloignant,
en troublant les secours qu'apporterait un commerce
libre, font plus de mal que l'intempérie des saisons
et la rareté réelle des denrées. Les mesures administratives, qui d'ailleurs, en établissant une concurrence inégale, éloignent ces mêmes secours, ne
peuvent les remplacer qu'imparfaitement. Elles ne
sont utiles qu'autant que le commerce libre n'a point
acquis encore une activité, une constance suffisante.
Elles le sont encore, lorsque des obstacles étrangers
gênent la liberté. Ainsi, bien loin qu'il faille la restreindre par des lois pour se reposer habituellement
sur l'effet des mesures administratives, il faut, au
contraire, chercher à l'établir pour pouvoir se passer de ces mesures si dangereuses par les erreurs
que peuvent commettre ceux qui en sont chargés,
par les infidélités dont ils peuvent se rendre coupables.

Ce n'est donc point par une indifférence qui serait
criminelle, ce n'est point par des vues de politique
commerciale, que l'assemblée nationale, en ne négligeant point des moyens dont les circonstances au-
torisent l'emploi, a cependant fondé sur les secours
du commerce libre ses plus fermes espérances ; c'est
par une conviction intime, appuyée sur la raison,

X. 24

sur l'opinion des hommes les plus éclairés, sur une expérience constante. Si elle ne fait pas de lois répressives, c'est qu'elle sait combien ces lois seraient injustes et funestes; si elle ne cède pas aux désirs des citoyens, à leurs inquiétudes, c'est que, plus à portée de connaître l'ensemble des détails, le système général des faits, elle sait qu'en cédant à ces désirs, elle ne ferait que redoubler leurs terreurs, tromper leurs espérances, nuire à d'autres portions de l'empire, sans utilité pour celle qui se plaint, et causer un mal général, sans même pouvoir se flatter de produire un bien particulier. Ainsi, la justice, la loi, l'intérêt général, celui de chaque individu, tout fait aux citoyens un devoir de respecter la libre circulation des subsistances; et pourraient-ils oublier que ce devoir leur est imposé par ce serment célèbre, prêté au nom de la France entière, dans le champ de la fédération, et qu'il est une des conditions de ce pacte éternel sur lequel reposent l'union et la force de l'empire français?

RÉVISION DES TRAVAUX

DE LA

PREMIÈRE LÉGISLATURE.

JANVIER, FÉVRIER, AVRIL ET JUIN 1792 (1).

(1) *Chronique du mois.*

24.

RÉVISION DES TRAVAUX

DE LA

PREMIÈRE LÉGISLATURE.

C'est à des assemblées très-nombreuses que doit appartenir, en Europe, pendant très-longtemps, le droit de faire les lois, et celui de former les constitutions ou de les corriger.

Sans doute une nation peut être très-bien représentée par un petit nombre d'hommes. L'assemblée qu'ils formeraient alors discuterait avec plus de méthode, déciderait avec plus de maturité, aurait une marche à la fois plus sûre et plus rapide.

Mais, tant que la lumière ne sera point répandue dans la masse entière du peuple avec plus d'égalité, tant que les hommes ne seront pas convenus entre eux d'un assez grand nombre de principes, pour qu'une autorité quelconque ne puisse plus attenter à leurs droits, sous prétexte d'en régler l'exercice, il sera impossible qu'une grande nation accorde sa confiance à une assemblée peu nombreuse. Le peuple doit vouloir beaucoup de représentants, tant qu'il croira pouvoir craindre leur faiblesse, leur corruption, leurs vues personnelles. Il n'en voudra qu'un petit nombre quand il croira n'avoir besoin que de leur raison.

Le sort du genre humain doit donc encore dépendre de grandes assemblées pendant plusieurs générations, et le perfectionnement de ces assemblées est un des objets les plus dignes d'occuper les hommes qui réfléchissent.

Je parlerai d'abord de quelques considérations physiques.

Parmi les hommes livrés à des travaux continus, il n'en est aucun qui n'ait cherché pour lui les moyens de se mettre à l'abri des petites incommodités qui, en partageant son attention, lui rendaient le travail plus pénible. Il faut donc aussi chercher comment on peut épargner aux membres d'une grande assemblée une foule de petites gênes qui sont autant de sources de distractions.

Il faut d'abord que la tribune d'où l'on prononce les opinions un peu longues, et le bureau du président, soient placés de manière à voir et à être vus, à entendre et à être entendus de toutes les parties de la salle, sans assujettir personne à une contention gênante.

Il faut aussi que ceux qui ont quelques mots à dire de leur place puissent facilement être entendus.

La forme la plus propre à concilier ces conditions est celle d'une demi-ellipse peu allongée, et disposée de manière que le président soit placé peu au delà du centre, et la tribune à l'extrémité de l'axe. Dans cette disposition, chaque individu étant sous les yeux de presque toute l'assemblée, les membres exercent une censure réciproque, utile au maintien de l'ordre et du silence.

On doit faire en sorte que les mouvements de ceux qui entrent, qui sortent, qui changent de place, qui vont au bureau ou à la tribune, causent le moins de dérangement et fassent le moins de bruit possible. Il faut donc recouvrir avec des nattes, avec des toiles, les escaliers, les marchepieds, en un mot, tous les endroits sur lesquels on marche. On doit multiplier les issues, de manière que l'on ne traverse la salle que rarement, et pendant le plus court espace.

Le public doit être témoin des discussions, mais il faut qu'il soit absolument séparé des membres de l'assemblée, qu'ils puissent se retirer dans un bureau, sortir, rentrer, pourvoir à leurs besoins, sans aucune communication extérieure, sans qu'ils rencontrent d'étrangers, excepté dans des salles spécialement destinées à cet usage. Toute autre disposition entraîne une grande perte de temps.

On ne doit non plus souffrir dans la salle d'assemblée rien qui tende à former de petits rassemblements particuliers.

Ces observations, minutieuses en elles-mêmes, sont très-importantes, parce que le plus petit désordre excité dans une assemblée nombreuse, s'accroît et se prolonge par les moyens mêmes employés pour le réparer; parce que l'attention, une fois détournée par ces petits désordres, ne se rétablit qu'avec effort, qu'on reprend difficilement le fil d'une discussion, si une fois on l'a laissé échapper.

Dans les questions importantes, le mal serait moins grand, parce que les opinions se forment alors, presque toutes, hors des assemblées. Cependant, comme cela n'est vrai que du fond même des questions, et non des dispositions accessoires; comme les petites questions acquièrent de l'importance par leur nombre, le sort du travail de ces grandes assemblées dépend, plus qu'on ne le croit peut-être, de ces obstacles extérieurs si faciles à lever.

Il faut que les salles soient saines et commodes, et que les séances ne se prolongent au delà d'un terme fixe, que dans les circonstances extraordinaires. La gêne, l'épuisement, la fatigue agissent sur tous les votants, l'attention devient plus faible, l'âme est moins calme, on saisit moins vite et moins bien les combinaisons un peu compliquées. Mais, après ces inconvénients généraux, il y en a de particuliers pour les gens de bonne foi. Le malaise qu'ils éprouvent leur laisse toute leur volonté, mais ils ne conservent plus la même netteté d'idées ; leur passion pour la liberté, pour le bien public, peut en être même exaltée, mais ils n'ont plus la même force pour en contenir les premiers mouvements ; c'est alors qu'on peut égarer ceux qu'il est impossible de séduire, les entraîner dans des mesures exagérées ou dangereuses, quand on n'a pas pu leur en faire adopter de faibles. C'est alors que la contradiction de leurs adversaires, ou la fausse chaleur des hommes de leur parti peut avoir sur eux une influence dangereuse. Les gens de mauvaise foi, au contraire, qui n'ont besoin que d'user d'adresse, que de placer à propos de petites ruses connues, ont conservé leurs avantages et multiplié les moyens d'en tirer parti.

Je viens maintenant à l'organisation morale de ces assemblées. Toute décision renferme quatre parties bien distinctes : une première proposition, la discussion sur cette proposition, la position définitive de la question, la délibération finale.

En France, l'expérience a prouvé que c'était dans la première et la troisième de ces parties qu'il était le plus difficile de maintenir l'ordre, et de se mettre à l'abri de l'inconvénient très-grave d'égarer le vœu réel de l'assemblée.

Lorsqu'il s'agit de préférer une question à une autre, d'en accélérer ou d'en retarder la discussion, on ne peut guère alléguer que ces raisons vagues qui se présentent à tous les esprits ; tous peuvent également parler, et ont à dire à peu près les mêmes choses. C'est aussi alors qu'agissent tous les petits motifs : le désir de prononcer plus tôt une opinion que l'on a préparée, celui de faire obtenir une préférence aux objets dont on s'occupe plus spécialement, l'empressement de décider une question, parce que l'on croit la majorité de l'assemblée disposée dans un certain sens, l'intérêt de retarder cette même décision, dans l'espérance de pouvoir changer la direction des esprits.

Les moyens d'éviter ces inconvénients ne sont pas très-faciles à trouver. On ne peut adopter un ordre purement méthodique, parce que l'on doit souvent changer cet ordre d'après les circonstances. On ne peut abandonner à un bureau le droit de l'établir et enchaîner la liberté générale. Les assemblées divisées en deux partis qui reconnaissent des chefs, n'éprouvent point ces difficultés : mais n'est-ce point un remède plus dangereux que le mal même ? Tout parti qui se soumet à des chefs n'est-il pas nécessairement dirigé par des vues personnelles ?

L'ordre de la parole est encore une occasion de tumulte. L'avantage est pour celui qui, ouvrant la discussion, communique les premières impressions, et encore plus pour celui qui, parlant le dernier, peut résoudre toutes les difficultés, répondre à toutes les objections, et dont les raisons ne seront pas réfutées. Ce dernier avantage n'est réel que pour ceux qu'une considération méritée ferait écouter, même quand l'assemblée fatiguée, ou se croyant assez instruite, est prête à fermer une discussion.

En Angleterre, il n'y a point d'ordre de la parole; quand un membre a parlé, un autre se lève; s'il est seul, on le laisse parler. Si deux ou plusieurs se lèvent en même temps, l'orateur qui fait les fonctions de président décide entre eux ; et en cas de contestation, la chambre prononce.

Ce moyen est préférable à une liste écrite d'avance, et de laquelle résulte l'inconvénient de faire monter à la tribune un orateur dont tous les arguments ont déjà été exposés ou réfutés, et qui n'a pas eu le temps d'en trouver de nouveaux. D'autres fois, celui qu'on appelle n'a pas prévu la direction que les orateurs précédents ont donnée à la discussion, et le discours qu'il a préparé ne peut que l'interrompre ou la troubler.

La méthode anglaise ne produirait pas à Paris les mêmes effets qu'à Londres, où un petit nombre d'orateurs, considérés dans chaque parti, prennent ordinairement la parole, suivant un ordre convenu entre eux, et la prennent seuls. Cependant, cette méthode est préférable à la nôtre ; et avec une disposition de salle telle que le président vît à la fois tous les membres, on pourrait établir la règle de ne demander la parole qu'en se levant et en présentant son chapeau, de rester debout si on continue à la vouloir, jusqu'à ce que le président ait prononcé qui s'est levé le premier. Ensuite, s'il y avait des réclamations, l'assemblée jugerait ou le sort déciderait ; moyen que J. Bentham regarde comme plus prompt, et qui, dans ce cas, ne renferme rien d'injuste, puisqu'il ne fait que remettre à la décision du hasard une priorité dont réellement il devait déjà disposer sous une autre forme.

La tranquillité est facile à maintenir dans la discussion : il suffit d'établir la loi rigoureuse de ne pas interrompre celui qui parle, excepté dans le seul cas où il doit être rappelé à l'ordre, de proscrire toute motion d'ordre, tout récit de faits, tout avertissement donné à l'orateur de se renfermer dans la question. Ennuie-t-il jusqu'à un certain point, on ne l'écoute plus, on cause ; et l'expérience a prouvé, en Angleterre, qu'on tient moins longtemps contre cette inattention marquée que contre des cris, parce qu'il est dans la nature humaine de supporter plus aisément l'humeur que le mépris.

Il est plus difficile encore d'établir l'ordre dans

le moment où il s'agit de déterminer l'objet précis
sur lequel doit porter une délibération. Personne
n'ignore combien il serait difficile, même pour un
homme très-éclairé et d'un esprit très-juste, de rédiger dans son cabinet, et après une méditation
tranquille, les objets d'une délibération, de manière
que tout votant pût complétement émettre le vœu
de sa raison et de sa conscience, et qu'ainsi la décision fût réellement conforme à l'opinion de la pluralité. Tout le monde sent combien il est facile, au
contraire, de placer sans cesse les opinants entre
plusieurs propositions, dont aucune ne leur paraît
admissible, mais dans lesquelles cependant ils sont
forcés de choisir, à peu près, comme l'on est obligé,
au troisième tour de scrutin, de donner sa voix au
moins mauvais des deux candidats, entre lesquels il
faut bien se décider. Ce ne serait pas un grand mal,
sans doute, si, après la discussion d'une question,
après celle des projets de lois proposés, et lorsqu'ils
auraient été corrigés suivant les réflexions que cette
discussion aurait fait naître, on avait une bonne méthode de choisir entre tous ces projets. Mais ce n'est
point là ce qui existe; c'est au milieu d'une discussion nécessairement tumultueuse que s'établit un
état de question quelconque, et qu'arrive la nécessité de prononcer.

On voit que tout l'avantage est encore pour les
hommes adroits et de mauvaise foi; on sent combien, en profitant d'une distraction, il est facile,
par quelques mots insidieux, de dénaturer absolument les questions, et combien, si on délibère ar-

ticle par article, il est encore facile, en écartant les uns, en modifiant les autres, en y faisant ajouter quelques dispositions, d'arriver à un résultat insignifiant, incohérent, et d'emporter, à la majorité, une loi que peut-être personne n'approuve.

Ici les difficultés sont bien plus grandes. Si, pour fixer l'ordre dans lequel on doit traiter les questions, on était forcé d'établir un peu d'arbitraire, il n'en résulterait pas des inconvénients très-graves; jamais on n'écarterait une question que la majorité de l'assemblée aurait véritablement envie de traiter, jamais on n'éloignerait celle qu'un intérêt pressant oblige de décider. Mais, par la nature même des choses, la manière de poser les questions a une influence très-grande sur la décision même. Cette espèce de dictature peut résider, sans doute, entre les mains des chefs de deux partis, parce qu'alors tout se borne à faire adopter ou rejeter ce que l'un ou l'autre a proposé, et que, dans le dernier cas, la question est ou abandonnée ou résolue par une autre délibération, d'après le vœu du chef du parti victorieux.

Mais cette existence de deux partis, gouvernés par des chefs, conduit nécessairement à la corruption et à une véritable aristocratie. Il se forme dans un pays une classe d'hommes destinée au rang de chefs de parti, aux places qui en sont la récompense, à l'autorité qui accompagne ce titre, et malheureusement ce moyen étant celui qui se présente le premier pour donner, à la marche d'une assemblée nombreuse, de l'activité et de la suite, il est dangereux que ces assemblées ne s'y laissent entraîner par une sorte de nécessité, par le besoin d'agir, par l'impatience des obstacles qui retardent leurs décisions.

Il serait possible d'établir qu'on ne prononcerait jamais que sur la motion toujours écrite, qui aurait été l'objet de la discussion. C'est l'usage d'Angleterre, mais on y permet les amendements; et, sous le nom d'amendement, il est bien facile de changer l'état de la question. Peut-être vaudrait-il mieux les proscrire. Rejeter la motion écrite, quand même elle n'a besoin que d'être amendée; mais permettre d'abord à l'auteur, et ensuite successivement à ceux qui auraient porté la parole dans la discussion, de représenter la motion corrigée ou changée, suivant les observations que cette discussion aurait fournies. Si l'assemblée en ouvrait une nouvelle, cette motion corrigée serait traitée comme une motion principale, sinon on les épuiserait toutes, jusqu'à ce qu'une eût été acceptée ou soumise à la discussion, ou qu'aucune n'eût échappé à la proscription.

Par ce moyen, on gagnerait du temps; les discussions seraient plus paisibles, les décisions plus promptes et plus réfléchies, les lois mieux combinées.

Les corrections de détail que l'on sacrifierait par ce moyen, sont bien peu importantes auprès de l'inconvénient de faire, article par article, des lois incohérentes, et qui seraient presque unanimement rejetées, si on en mettait l'ensemble aux voix.

Lorsqu'on arrive à la décision, on est souvent arrêté par une foule de petites propositions inci-

dentes que la forme oblige de faire décider, et à
l'aide desquelles on retarde les décisions; on parvient quelquefois à égarer une assemblée, à sur-
prendre un vœu contraire à son opinion. Le seul
remède à cet inconvénient est de ne souffrir sur
ces questions que des discussions très - courtes,
d'opposer le calme, et surtout le silence à ces petites
ruses d'une tactique méprisable. Alors, un quart
d'heure pourrait voir décider vingt de ces questions,
et le ridicule ferait justice de ceux qui s'amusent à
les multiplier. Je voudrais qu'on établît que jamais,
sur ce genre de questions, la discussion ne s'ouvrît
qu'en vertu d'une décision, et qu'une décision nouvelle fût encore nécessaire pour accorder la parole
à un second, à un troisième orateur.

Par ce moyen, on épargnerait le temps, on évi-
terait le tumulte; et, pour peu que les hommes
bien intentionnés voulussent faire le sacrifice de leur
impatience, on se soustrairait à l'influence de ce
moyen de lenteur et de ce désordre, que bientôt
la pudeur forcerait d'abandonner.

J'essayerai une autre fois de résoudre ces difficultés d'après des principes plus généraux, plus
approfondis; mais il est bon, du moins, de les exposer, afin d'avertir combien il serait dangereux,
par des reproches exagérés sur le défaut d'ordre et
d'activité d'une grande assemblée délibérante, de l'effrayer sur sa propre situation, et de la forcer à recourir, pour ramener l'ordre, à des moyens funestes
pour la liberté, pour l'égalité, pour l'indépendance
des opinions.

Ce tableau des obstacles naturels qui s'opposent
à l'activité d'une grande assemblée, à la régularité
de sa marche, à l'ordre des séances, à la dignité de
ses délibérations, et même à la clarté, à la méthode,
à la justesse de rédaction de ses actes, devait pré-
céder celui des opérations de la législature actuelle;
et il n'est pas moins nécessaire d'exposer encore et
ce qu'elle avait à faire, et quels obstacles s'élevaient
contre elle, et quelles étaient à l'ouverture des
séances, soit les affaires qu'elle devait traiter, soit les
opinions des citoyens, et les dispositions du peuple.

L'assemblée devait compléter l'établissement de
la constitution décrétée, et, par là, il faut entendre
ici l'organisation de tous les pouvoirs publics, compris en partie dans les lois irrévocables de l'acte
constitutionnel, partie dans les lois aujourd'hui
réglementaires, auparavant décrétées constitutionnellement; car ce mot de constitutionnel a eu deux
sens dans l'assemblée constituante. Il a signifié également et les lois irrévocables pour un temps, qui
forment ce qu'on appelle la constitution, et les lois
qui règlent l'établissement, la forme, les fonctions
des pouvoirs sociaux.

Il fallait établir un code civil uniforme, fondé sur
les principes du droit naturel, et qui, par là, se
trouvât d'accord avec le système de la constitution.

Il fallait créer une éducation nationale, propre,
non-seulement à former des hommes libres, des citoyens attachés à leur patrie, mais à presser les progrès
de la raison, et à perfectionner l'espèce humaine.

Il fallait porter l'ordre et la lumière dans le chaos

ténébreux des finances. Les assignats de diverses
valeurs n'étaient pas distribués dans la proportion
qu'exigeaient les besoins du commerce et de la circulation. On avait laissé des caisses particulières
augmenter la masse du papier-monnaie, sans ordre,
sans mesure, sans aucune précaution pour empêcher qu'un moment de terreur n'anéantît tout à
coup, entre les mains du peuple, la seule monnaie
qui lui restait pour son usage; au lieu de multiplier
les fabriques des monnaies de cuivre ou métal de
cloche, d'en établir dans toutes les villes un peu
grandes, de hâter partout le travail, on l'avait entouré de difficultés et d'entraves. Les impôts directs
de l'année qui allait expirer n'étaient pas encore
établis; comme on avait laissé perdre l'habitude de
les payer, et l'idée qu'il existait une force pour y
contraindre, il ne restait d'espérance que dans le
patriotisme des citoyens; patriotisme sur lequel on
ne peut compter que dans le cas où la répartition
ne leur paraît pas injuste; et personne n'ignore combien, sur ces objets, il est facile de les égarer. Il
n'existait aucun ordre dans la dépense publique;
celle qu'on nomme ordinaire avait été fixée au hasard, et par des additions successives, sous le nom
de dépenses particulières à l'année 1791; cette fixation même était devenue illusoire. Le montant de la
dette était ignoré; celui des ressources n'était pas
mieux connu : c'est uniquement sur cette connaissance, sur l'équilibre de ces deux valeurs opposées,
que s'établit le crédit public; ce crédit n'existait pas,
et il était important de le créer.

Mais ces difficultés n'étaient pas les seules. La révolution de 1789 avait soulevé la masse entière de
la nation ; presque personne n'était demeuré à sa
place , et si on en excepte quelques philosophes ,
tous les citoyens avaient été obligés de prendre de
nouvelles habitudes et de nouvelles pensées.

Une défiance vague agitait encore tous les esprits.
Le moment de voir l'empire des lois s'exercer paisiblement au sein de la liberté et de l'égalité , n'était
pas encore venu. Tous les hommes savaient qu'ils
avaient recouvré leurs droits; tous les fonctionnaires
publics savaient qu'ils avaient une certaine autorité ;
mais quelle en était la limite ? Tous l'ignoraient également ; et il faut du temps , de l'expérience, pour
que chacun puisse entendre de la même manière
ces lois qui déclarent les droits et règlent les fonctions.

Il subsistait donc nécessairement quelques restes
d'anarchie, que le temps et la confiance dans une
législature nouvelle , pouvaient seulement faire disparaître peu à peu , et qu'il aurait été aussi imprudent qu'injuste de vouloir dissiper par la force
et par des mesures trop rigoureuses. La loi ne devait
attaquer ce mal qu'en ménageant les esprits, qu'en
mêlant à son autorité sévère l'autorité plus douce
de la raison.

C'est par la raison seule qu'on gouverne les peuples vraiment libres ; car c'est à leur raison qu'ils
cèdent encore , même quand ils obéissent à des lois
contraires à leurs opinions.

Dans les constitutions où l'on a cru devoir faire

servir une lutte habituelle entre les pouvoirs, de régulateur pour la machine politique, de rempart pour la liberté, il est évident qu'un premier concert a nécessairement précédé l'opposition ; qu'il a fallu établir l'ordre, la paix, l'exécution régulière des lois, avant de se disputer le pouvoir, avant de se combattre sur les moyens de gouverner.

Qu'on lise l'histoire de Guillaume : personne ne l'accusera d'avoir manqué de courage ou d'amour pour le pouvoir ; et, cependant, on le verra suivre constamment, souvent prévenir le vœu des communes, ne rien négliger pour obtenir une confiance qui sans cesse lui échappait. C'est seulement après avoir vu écouler la génération qui avait fait la révolution ; c'est après avoir laissé la constitution acquérir l'autorité de l'habitude, que le ministère anglais a cru pouvoir essayer de gouverner, mais non de braver les corps des représentants du peuple.

Combien ce concert entre les pouvoirs n'était-il pas plus nécessaire encore dans les premiers instants de la constitution française, qui le suppose partout, et sans lequel leur discorde habituelle suspendrait tous les mouvements, arrêterait toutes les opérations ?

Mais, ce n'était pas en pliant l'assemblée nationale sous la volonté des membres ; ce n'était pas en faisant semblant d'avoir en eux de la confiance, qu'on pouvait faire naître ce concert. Il fallait le fonder sur la constance des ministres à marcher dans le sens de la liberté, et n'agir que pour elle.

Le roi devait à la nation un ministère patriote, un ministère animé du même esprit que la majorité

des représentants du peuple, un ministère actif,
vigilant, dont on n'eût jamais besoin d'exciter le zèle,
et qui, par la confiance de l'assemblée nationale,
gagnât bientôt celle de la nation; c'est alors que
l'assemblée eût pu s'honorer en renonçant à la guerre
contre les ministres; mais, pour obtenir la confiance,
il faut savoir agir, penser par soi-même, il faut ne
pouvoir être soupçonné de se laisser diriger par une
influence secrète.

Enfin, tandis qu'une partie des rois de l'Europe
s'obstinent à croire que la réunion de Louis XVI avec
la nation n'est pas sincère; tandis que des hommes
liés avec lui, par le sang, par l'habitude, fatiguent
les oreilles de leurs projets pour sa délivrance,
peut-on exiger que toute défiance soit bannie? peut-
on exiger même que tous les hommes soient assez
sages pour n'en conserver que sur des motifs raison-
nables? Il faudrait donc que, dans cette foule d'actions libres, purement personnelles, sur lesquelles
on ne peut même soupçonner l'influence de l'assemblée nationale, le roi se montrât l'ami de la constitution, de la liberté et de ceux qui les défendent?

De quelle utilité aurait-il été que les représentants
de la nation eussent eu l'air de n'avoir aucune défiance? Ce qui importait à l'ordre public, c'est qu'on
leur ôtât celle qui pouvait leur rester. Cette politique, qui met l'apparence à la place de la réalité,
ne peut subsister dans les pays où règne la liberté
des opinions, où la presse les communique avec
rapidité.

Les inquiétudes sur les subsistances étaient un

autre obstacle à la marche de la nouvelle assemblée.

L'intérêt du peuple est que le prix des denrées de première nécessité subisse le moins de variations qu'il est possible ; et la liberté la plus entière est l'unique moyen d'approcher de cette invariabilité. Mais cette liberté ne produit ces heureux effets que par l'activité constante, soutenue, d'un commerce bien établi ; elle ne les produit complétement qu'au moment où l'opinion a ratifié la loi conservatrice de la liberté.

L'opinion a bien prononcé que le commerce devait être libre dans l'intérieur ; le défaut de canaux ne permet à nos départements de se donner des secours que par le commerce maritime : il faut sortir pour rentrer ; or, ce ne sont pas les mêmes yeux qui voient ces deux opérations : la sortie est publique ; les mesures prises pour assurer les rentrées ne peuvent l'être de la même manière ; elles sont nécessairement trop compliquées pour être bien comprises par la masse du peuple, dans l'état actuel de son instruction.

Il y a plus : quand le commerce n'est pas habituel, n'a pas une marche à peu près constante, les achats faits pour subvenir aux besoins d'une province produisent, dans celle qui a du superflu, une hausse beaucoup plus grande. Enfin, le blé acheté pour un département, en traverse d'autres qui en ont aussi besoin. Voilà de nouvelles sources d'inquiétudes.

C'est donc par le progrès des lumières, par l'accroissement successif d'un commerce libre, par l'établissement d'un bon système de navigation inté-

rieure, qu'on peut seulement espérer d'être délivré
des maux et des désordres que produisent les inquiétudes du peuple ; et, tant que ces causes n'auront pas eu le temps d'agir, ces inquiétudes seront
toujours, dans une constitution populaire, une
source d'embarras pour tous les pouvoirs ; car il est
à la fois nécessaire de maintenir la liberté du commerce ; et cependant il serait souvent impossible et
injuste de faire exécuter à la rigueur les lois qui le
maintiennent.

Le décret du 19 juin avait excité l'indignation de
la noblesse française, qui croyait n'avoir rien perdu,
tant qu'elle pourrait former une classe distinguée,
même par un préjugé. Jusqu'alors elle avait espéré
trouver, dans ces chimères de la vanité, le moyen
de former une caste honorée, à qui toutes les places
importantes continueraient d'appartenir par une suite
des anciennes habitudes.

C'est donc à cette époque seulement que les projets des princes émigrés ont pu prendre quelque confiance ; c'est alors qu'ils ont eu des complices sans
nombre dans les garnisons et dans les châteaux. Mirabeau en prévit les conséquences dangereuses ; il
proposa dès lors de forcer M. Condé à une explication précise ; mais l'espèce d'ostracisme qu'il était
à la mode d'exercer contre lui dans l'assemblée fit
rejeter sa motion. Le succès en eût été certain. Les
rebelles n'avaient alors ni plan formé, ni moyens,
ni liaisons entre eux. Depuis, le ministère les a laissés
se multiplier, se réunir, intriguer dans l'Europe, se
procurer des armes, des munitions ; et cette inaction

coupable leur a donné les moyens de déterminer l'événement du 21 juin.

On avait lieu d'attendre alors que la prompte dispersion des conjurés serait une des conditions de la réunion du roi et de la nation. Au contraire, une amnistie générale, sans motif, sans condition, sans limite, ne fit qu'accroître leurs forces, et enhardir ceux qui n'avaient pas encore osé devenir coupables. On accorde une amnistie à des ennemis soumis ou repentants. On traite d'une amnistie avec des ennemis armés. L'assemblée constituante, après avoir, par une suite de fautes, exposé la France au danger d'une conspiration de rebelles riches, armés, ayant des complices dans le sein de la France, et au dehors des protecteurs puissants, laissait à ses successeurs, revêtus seulement d'une partie de sa puissance, le soin difficile de dissiper ces complots.

Cette assemblée avait voulu réformer l'Église et ceux qui la dominaient, voulant se conserver l'appui d'un parti janséniste, avait fait adopter ce qu'on appelait alors la constitution civile du clergé, ce qu'on n'appelle plus aujourd'hui que son organisation. On espérait alors la faire agréer par le pape. Le ministre des affaires étrangères laissa le soin de la négociation à un ambassadeur cardinal, dépouillé de ses immenses revenus par la révolution. Aussi n'avançait-elle point au bout de quelques mois, pendant lesquels la loi resta sans être acceptée. La patience de l'assemblée se lassa. Un dernier courrier fut expédié pour Rome : il ne revenait point; l'impatience redoubla; la loi fut acceptée et publiée. On exigea de

tous les ministres du culte, conservés par cette loi,
le serment de maintenir la constitution dont elle
faisait alors partie. Pouvait-on, suivant la conscience
théologique, prêter ou ne pas prêter le serment? Les
prêtres se divisèrent, et il y eut un schisme dans
l'Église de France. Un moyen bien simple pouvait
en prévenir les inconvénients ; l'assemblée nationale
pouvait dire :

« La liberté du culte est un des droits de l'homme,
« et elle doit être établie ; mais la nation ne s'est
« engagée qu'à payer un seul de ces cultes ; elle ne
« payera donc que celui dont elle a fait choix : ceux
« qui en veulent un autre peuvent le suivre à leurs
« dépens. Les ministres religieux ne seront plus char-
« gés de la fonction purement civile de constater les
« naissances, les mariages et les morts : toute in-
« fluence sur l'instruction publique leur sera en-
« levée. »

Mais on attacha un grand prix à l'établissement
des nouveaux ministres ; les patriotes soutinrent leur
cause ; les ennemis de la révolution soutinrent celle
du clergé papiste. On fit persuader au roi, par des
prêtres de la religion de Machiavel, que sa conscience et son intérêt lui prescrivaient de suivre ce
parti.

Des hommes, des femmes que jamais on n'avait
soupçonnés de croire à la religion, se couvrirent
tout à coup du masque de la dévotion. Mais, ce qui
n'était, à Paris, qu'une intrigue, devenait, dans les
provinces, une affaire importante. Les prêtres de
l'ancien clergé soutenaient que les sacrements con-

férés par les curés qui avaient prêté serment étaient nuls : ils promettaient l'enfer à ceux qui contribueraient à leur élection, qui soutiendraient leur cause, qui seulement fréquentaient leurs églises. A l'aide de la confession, ils mettaient le trouble dans les familles; et ils le mettaient dans les fortunes, en éloignant leurs sectateurs des ministres chargés, suivant la loi, de faire des actes qui constatent les droits et l'état des citoyens.

Au bout de quelques mois, on voulut revenir à des mesures plus sages et plus justes : l'éloquence, la raison profonde de deux des membres de l'assemblée constituante, parvinrent, avec assez de peine, à lui persuader que la liberté du culte était une conséquence nécessaire de la liberté des opinions religieuses, consacrée par la déclaration des droits. Mais il n'était plus temps; en vain la constitution a-t-elle, depuis, consacré la liberté : la tolérance était dans la loi, mais l'intolérance régnait sur les esprits.

La question avait changé de face. Il était difficile d'engager les citoyens à regarder seulement comme ministre d'un culte différent, le prêtre qui menaçait de l'enfer les sectateurs du prêtre salarié par la loi; qui s'emparait de l'esprit de leurs femmes, de leurs filles, de leurs parents, pour leur susciter des chagrins domestiques; qui, enfin, dévouait à l'anathème et les fonctionnaires publics, et les électeurs, et les gardes nationales, comme fauteurs d'hérésie. Il s'était évidemment formé une coalition entre les prêtres fanatiques et les nobles rebelles. Il fallait donc, en respectant la liberté du culte, mettre un frein à celle

des conspirations, laisser toute facilité pour les cérémonies religieuses, mais n'en donner aucune pour
les séditions.

On pouvait s'attendre encore à des troubles dans
les colonies. Depuis plusieurs mois, elles connaissaient le décret du 15 mai; mais il ne leur était pas
envoyé officiellement ; et l'incertitude y maintenait
une fermentation sourde et dangereuse. Ce décret
avait été révoqué par une loi que le parti des colons
de Paris avait dictée, et que, par une atteinte directe
à la constitution, on avait osé appeler constitutionnelle. Quel effet ce décret pouvait-il produire ? Serait-il conservé? Ceux qui avaient juré de maintenir
la constitution, pourraient en laisser subsister sans
réclamation une violation directe. De quel œil une
nouvelle assemblée pouvait-elle voir une loi qui
créait, au delà des mers, une monarchie séparée;
où tous les abus, proscrits en France, pouvaient se
régénérer; où l'on trouverait des moyens faciles de
rendre illusoires et la loi sacrée de l'égalité et les
bornes, déjà si reculées, données à la liste civile?
Devait-on laisser s'établir en Amérique un atelier où
pouvaient se forger les fers de la France ?

Telles étaient les difficultés que l'assemblée constituante léguait à ses successeurs. Mais ce n'est pas
tout encore. La loi ne permettait pas de réélire les
membres de cette assemblée; elle les excluait du
ministère pendant deux ans. Un grand nombre re-
tournèrent dans leurs foyers, y jouir de la reconnaissance de leurs concitoyens, y soutenir, par leurs
discours, par leurs actions, la constitution qu'ils

avaient formée, y exercer les places que l'estime de leurs concitoyens leur avaient confiées.

Mais d'autres regrettèrent de voir échapper de leurs mains ce pouvoir absolu, dont ils avaient pris la séduisante habitude. Ils n'avaient qu'une ressource : conserver leur influence sur le pouvoir exécutif, et gouverner ou perdre, dans l'opinion publique, la nouvelle assemblée. S'ils réussissaient dans le premier projet, ils demeuraient les maîtres ; le succès du second diminuait le nombre de leurs rivaux pour une élection, et leur rendait, au bout de deux ans, le rôle honorable de restaurateurs de la France. Un obstacle se présentait. Il devait naturellement arriver que l'assemblée nationale renfermât des patriotes éclairés, incorruptibles, dont ils ne pourraient faire ni des instruments ni des dupes. Il fallait donc les désigner à l'opinion publique, comme de fâcheux ennemis de la constitution, des républicains.

On commença par faire courir le bruit qu'une grande partie des membres de la nouvelle assemblée refuserait le serment ; qu'ils voulaient les forcer à se déclarer assemblée constituante, sous prétexte que la première assemblée, régulièrement élue par le peuple, avait droit, sans doute, de revoir une constitution faite par des hommes dont un grand nombre n'avait été appelé que par le vœu de corporations particulières.

Ces bruits étaient absurdes ; car aucun député n'ayant reçu de mandats des assemblées primaires, ne pouvait prétendre à aucun autre droit que celui qui lui était accordé par la constitution. Les députés dont le serment aurait blessé la conscience, ayant librement accepté leur place, ne pouvaient plus alléguer cette excuse.

Aucune de ces circonstances extraordinaires, qui couvrent du voile de la nécessité les grands crimes et les actions généreuses, ne donnait le moindre prétexte, ni pour la démarche de se déclarer pouvoir constituant, ni même pour celle d'inviter une nation à en convoquer un.

Une constitution libre monarchique, ne diffère d'une constitution libre républicaine, que par la forme du pouvoir exécutif. Un républicain est donc un homme qui préfère une de ces formes à l'autre.

Or, dans un pays où la déclaration des droits consacre la liberté des opinions, pourquoi celle-là serait-elle exceptée ?

Si la liberté des opinions était uniquement le droit de soutenir celles qui sont d'accord avec les lois du pays, elle existait en France sous l'ancien régime ; elle existait même dans les pays d'inquisition. Une semblable idée ne pouvait naître que chez des hommes qui avaient conservé, sous l'empire de la liberté, les lois de l'ancien régime. Alors on était un mauvais citoyen, aux yeux des parlements et des ministres, si on osait désapprouver l'ordonnance criminelle de 1670, ou la forme des impôts. Ces gothiques opinions excitaient le mépris et l'indignation. Pourquoi celle qui, aujourd'hui, érigerait en crime des idées politiques, contraires aux nouvelles lois, n'exciterait-elle plus les mêmes sentiments ?

Quant au nom de factieux, on ne calomniait avec

autant de fureur, plusieurs de ceux à qui l'on adres-
sait ce reproche, que parce qu'ils avaient refusé de
le mériter.

Ces absurdités pouvaient à peine séduire quelques
têtes faibles ; mais elles renfermaient une adresse
cachée. On savait très-bien que le serment de maintenir la constitution n'est pas celui d'en admirer
tous les articles, et moins encore de les entendre
dans le sens qu'il plaît à un sophiste de leur donner.
On savait fort bien que le serment de ne pas y laisser
porter atteinte, ne pouvait s'entendre que des décrets qui seraient proposés, et non du maintien de
l'orthodoxie dans la doctrine politique. On se dou-
tait que des hommes de bonne foi, les hommes éclairés, trouveraient ridicule cette espèce d'inquisition
sur les pensées, sur les expressions ; qu'ils parle-
raient avec franchise des inconvénients de tel ou tel
article, qu'ils se permettraient de discuter librement
le sens de tel autre ; et qu'alors on dirait aux gens
crédules : Vous voyez bien ce qu'on vous avait annoncé ; on pouvait prévoir également que le pouvoir
exécutif n'obtiendrait pas une confiance absolue.
Pour qu'il inspire de la défiance, il suffit que ces
mêmes hommes parussent la gouverner ; et alors ils
pouvaient dire encore : Ne voyez-vous pas que ces
gens, qui se défient des ministres, veulent établir
une république ? Enfin, la France entière n'est pas
tranquille ; on devait prévoir que les amis de la liberté ne seraient pas persuadés que le peuple a
toujours tort ; et voilà des preuves de l'esprit de
faction qui les anime.

Ainsi, des calomnies ridicules ne sont pas toujours une conduite absurde. Il n'était pas même nécessaire d'avoir d'abord un parti nombreux. Quelques leçons de tactique suffisent pour mettre quelques hommes en état de semer le désordre dans une grande assemblée, d'y faire naître le tumulte ; et alors, quel texte pour des sermons sur le peu de dignité des délibérations, sur le temps qui se consume en vaines discussions, sur les mouvements impétueux de quelques membres ! Quel plaisir de regretter le temps qu'on a fait perdre, de se plaindre du bruit qu'on a causé, des passions qu'on a cherché à exciter !

Telles étaient les difficultés, réelles ou factices, au milieu desquelles le hasard ou l'intrigue avaient placé la première assemblée législative ; assemblée dont les membres avaient rempli, chacun pour la première fois, les fonctions auxquelles ils étaient appelés ; ils ne se connaissaient point entre eux, et n'avaient jamais pu sonder le terrain sur lequel ils devaient marcher.

Dans cet exposé des travaux de l'assemblée nationale, pendant les trois premiers mois, on a cru devoir présenter séparément chaque objet, et non les confondre tous sous un ordre chronologique.

Cependant, lorsque des questions d'une nature différente se trouveront liées entre elles par les circonstances, lorsque la décision de l'une aura eu sur celle de l'autre une influence réelle, alors on se permettra de les réunir.

Comme les détails des faits se trouvent répétés partout, on ne s'arrêtera qu'à ceux qui conduisent à des résultats, qui indiquent les causes des événements, qui font connaître les hommes, l'état des opinions, la conduite des partis.

Je dirai les faits comme je les ai vus, les choses comme je les ai jugées; je ne donnerai pas toujours raison à ceux que je désirerais n'avoir jamais eu tort. En promettre davantage, dire qu'on est sans affection, sans prévention, au milieu des plus grands intérêts qui puissent agiter les hommes, c'est se vanter d'une vertu à laquelle la nature humaine ne peut atteindre, c'est s'avouer indifférent ou hypocrite.

Décret sur le cérémonial.

On avait annoncé à l'assemblée que le roi se rendrait à la séance du vendredi 6 octobre.

Un des membres propose de délibérer sur le cérémonial.

Vers la fin de l'assemblée constituante, pour éviter à ces hommes qui, sous une constitution libre, conservent une âme esclave, la douleur de voir des Français assis et couverts devant un roi, un député de beaucoup d'esprit avait proposé que l'assemblée fût assise ou debout, couverte ou tête nue, suivant que le roi préférerait une de ces manières d'être. Par ce moyen, le roi, en se tenant debout et découvert, tenait l'assemblée entière dans la même attitude, et l'on sauvait à la fois de toute atteinte l'orgueil du trône et la majesté du peuple.

Il est des questions qu'on peut désirer de ne

pas voir traiter, mais qu'il serait lâche d'écarter, quand une fois elles se sont élevées, et alors des hommes libres ne peuvent les décider que d'une seule manière.

L'assemblée nationale décréta donc que le fauteuil du président et celui du roi seraient absolument semblables.

Qu'en parlant au roi, le président ne se servirait plus des mots de Sire et de Majesté, mais que, fidèle à la constitution, il emploierait le seul titre qu'elle ait accordé au roi, celui de roi des Français.

Que l'assemblée se lèverait et se tiendrait découverte pour recevoir le roi, mais qu'une fois rendu à sa place, les députés s'assiéraient ou se couvriraient à leur gré.

Par là, tout signe d'idolâtrie disparaissait; et, comme la raison et la constitution le voulaient, le roi n'était plus qu'un homme. Mais celui qui avait eu l'idée profonde de faire commander l'exercice par le roi à l'assemblée nationale, voyait avec peine détruire, après huit jours, cette invention sublime.

Tous les partisans ouverts ou cachés de l'autorité royale, tous ceux qui en avaient besoin pour leur ambition ou leur fortune, tous ceux qui avaient combattu ou abandonné la cause de la liberté, furent consternés du caractère que cette délibération imprimait à cette assemblée, dont l'avilissement ou la nullité était nécessaire au succès de leurs vues. On espéra qu'il ne serait pas impossible de la tromper.

Des députés, nouvellement arrivés de leurs départements, ignoraient combien, à l'aide d'un petit nombre d'intrigants, répandus dans les lieux publics, il est aisé de créer, pour un jour, *l'opinion de tout Paris*, et comment, avec une très-modique somme, ou même avec profit, on peut produire à la bourse une baisse de circonstance.

En effet, comme alors on est à peu près sûr qu'elle sera suivie d'un mouvement en sens contraire, rien n'est plus facile que de couvrir sa perte, en achetant d'une main, mais sans bruit, ce qu'on vend de l'autre avec fracas.

On s'assura du petit parti qu'on s'était ménagé d'avance dans l'assemblée; on le fortifia par quelques leçons de tactique; on chargea des hommes habiles de le diriger du haut de certaines tribunes; on fit valoir la consternation de la bourse, le mécontentement de Paris, le malheur de ne pas voir le roi venir à l'assemblée, le danger de commencer la session par une brouillerie entre les deux pouvoirs.

Enfin, on proposa le rapport du décret. Cette attaque ne parut pas d'abord bien sérieuse, les défenseurs de cette cause furent aisément réfutés; mais les confidences à voix basse, sur le danger de maintenir l'ouvrage de la veille, furent plus puissantes.

La grande pluralité se leva pour le détruire, et les patriotes, les hommes éclairés, qui avaient trop compté sur la force de la raison, furent étonnés de leur défaite. Cependant on avait vu des membres de l'assemblée constituante, dont les intentions n'étaient ignorées de personne, prendre à la délibération un intérêt trop marqué.

Le lendemain, un homme en uniforme de la garde

X.   26

nationale, introduit, contre la loi, dans l'enceinte des séances, menaça des députés dont la conversation libre offensait son oreille servile. L'assemblée, après l'avoir mandé à la barre, daigna lui pardonner. Les tribunes que les membres de l'assemblée constituante s'étaient réservées, et qui les plaçaient, en quelque sorte, dans le sein de l'assemblée, furent supprimées. Le piége fut découvert, et du moins cette variation, qui a nui longtemps au crédit de l'assemblée, a eu l'effet utile de ne lui laisser aucun doute sur les projets de ses ennemis, sur la nature de leurs moyens, et sur l'existence du parti qu'ils avaient déjà au milieu d'elle.

Cette petite victoire, en les démasquant trop tôt, leur en a ravi de plus importantes.

L'égalité des fauteuils avait blessé les satellites du trône; et lorsqu'on vit apporter un fauteuil doré, pour le placer à côté du siége modeste du président, quelques mains applaudirent. Mais le roi est venu à l'assemblée une seconde fois; et lorsqu'on vit arriver deux fauteuils égaux, envoyés par son ordre, du garde-meuble, on applaudit encore. Car les rois valent mieux que leurs flatteurs, et les esclaves ont, pour leur maître, plus d'orgueil qu'il n'en a pour lui-même.

Décret sur les émigrés.

Le vœu des départements appelait les regards de l'assemblée sur deux grandes affaires : les rassemblements des émigrés et les complots des prêtres.

La première obtint la priorité.

Tout citoyen a le droit de voyager hors de son pays ; il peut même abdiquer sa patrie , mais il ne peut y retourner pour lui faire immédiatement la guerre. Et lorsque des hommes qui forment des rassemblements , qui font des préparatifs de guerre , n'ont pas un territoire à eux , qu'ils ne forment pas une société régulièrement constituée , chacun d'eux est un ennemi particulier , quand même il ne serait pas un citoyen coupable. Une nation a donc alors le droit d'interroger chacun de ses membres absents, de lui demander compte de ses desseins , de s'assurer s'il est ou s'il n'est pas un ennemi.

On avait proposé de commencer par exiger d'eux une déclaration pour un terme fixe , et de regarder comme ennemis ceux qui refuseraient de la donner, en conservant le droit de citoyen à ceux qui adhéreraient à la constitution , en traitant seulement comme étrangers ceux qui s'engageraient à ne pas nuire. Ce moyen , le plus simple , ne fut pas adopté, il ne satisfaisait pas l'impatience de l'assemblée ; on croyait , d'ailleurs , que les émigrés donneraient les déclarations exigées , sans renoncer à leurs projets.

L'expérience a prouvé depuis , que , pour les grandes assemblées, la marche la plus régulière est toujours la plus rapide ; et si les ministres avaient instruit le corps législatif de la situation publiquement hostile des émigrés , et de l'éclat de leurs démarches, il aurait vu que ce moment des déclarations hypocrites était passé , et qu'une fausse soumission eût ôté , aux rebelles, le pouvoir de nuire aussi sûrement que si le remords ou la crainte leur en eût ôté la volonté.

Cependant, l'assemblée nationale sentait également la nécessité de n'agir que contre les conspirateurs, la difficulté de les distinguer, la convenance d'ouvrir encore une porte au repentir. Elle commença donc par exécuter la loi constitutionnelle à l'égard du frère aîné du roi (ci-devant Monsieur), premier appelé à la régence, et, comme tel, obligé de résider en France pendant la minorité de l'héritier présomp-tif, et elle déclara que, faute par lui de rentrer dans le délai de deux mois, il serait, au terme de la loi, censé avoir abdiqué la régence.

Ensuite, son comité de législation, qu'elle chargea du soin de rédiger un projet de décret contre les rebelles, proposa de regarder comme tels, ceux qui, ayant pris part à des rassemblements, ne s'en sépareraient pas avant un terme fixé. Ce signe ne parut point encore assez précis, et l'assemblée, bornant sa sévérité aux princes et aux fonctionnaires publics, leur enjoignit de rentrer en France avant le mois de janvier, sous peine d'être alors poursuivis comme rebelles, et punis de mort.

Le roi refusa de sanctionner ce décret; il usait de ce droit pour la première fois : il choisissait, pour cet essai du plus grand acte de son pouvoir, un dé-cret en faveur duquel le vœu général s'était haute-ment déclaré. C'était prouver à l'Europe combien il était libre; et la conduite du peuple montra com-bien, en France, on savait déjà respecter la loi, combien on savait obéir à la constitution, quand

même elle servait à empêcher des mesures que l'opinion regardait comme nécessaires au salut public.
Ces idées consolèrent les amis de la liberté.

Le roi, sans doute, pouvait user librement d'un
droit que la loi constitutionnelle lui avait donné.

Il aurait pu même dire aux législateurs : « Pourquoi m'obligez-vous de sanctionner indirectement
des décrets d'accusation que la loi exempte de cette
formalité? On a senti que ces décrets devaient tomber quelquefois sur des hommes à qui je serais uni
par les liens du sang, ou par l'amitié ; on n'a pas cru
devoir exiger des rois ces actes d'une vertu pénible,
qui souvent auraient été trop au-dessus d'eux. Je
crois pouvoir répondre que j'en aurais été capable ;
mais la loi m'en dispense, et dès lors ils ont cessé
d'être pour moi un devoir. Usez donc de tout le
pouvoir qu'elle vous a confié, et ne m'y associez pas,
lorsque, en l'exerçant, vous ne serez que justes, et que
je serais cruel. »

Mais ce langage n'était pas celui qui convenait
aux hommes intéressés à diviser des pouvoirs dont
l'union, en accélérant le moment où le système social, organisé d'après la constitution, prendrait une
marche régulière, condamnerait ceux qui n'ont de
talent que pour les factions à retomber dans leur
nullité naturelle.

On conseilla au roi une *proclamation*. Cette démarche était une violation de l'acte constitutionnel;
car, dès qu'il autorisait le roi à faire des proclama-
tions pour ordonner ou rappeler l'exécution des lois,
c'était le violer que d'employer à d'autres usages

cette forme consacrée par lui. D'ailleurs, cette proclamation renfermait, non les motifs du refus de sanctionner le décret, mais des qualifications vagues et peu mesurées, comme dans un arrêt du conseil d'État du roi, supprimant un livre de philosophie.

On y parlait, d'ailleurs, des mesures que le roi prendrait contre les rassemblements, et ces mesures étaient une lettre à ses frères, dont l'inutilité était évidente : ainsi, rien n'était plus propre à diminuer son autorité sur l'opinion, que de lui faire annoncer avec faste une démarche vaine, dont l'effet se bornerait à une réponse que, par égard pour ses frères, il serait obligé de dissimuler.

On a dit, pour justifier cette proclamation, que le refus de sanction étant un appel au peuple, il fallait bien lui en développer les motifs.

Ceux qui ont soutenu l'utilité du *veto provisoire*, l'ont présenté sous cette apparence populaire ; mais d'abord on ne doit pas confondre la nature d'un pouvoir public avec le motif ou le prétexte d'utilité qui a pu déterminer le législateur à déléguer ce pouvoir. Le *veto* est un acte par lequel le roi suspend la loi, en disant : *J'examinerai.* On ne peut lui présenter la même loi pendant la même législature ; mais peut-il l'approuver ? S'il vient à changer d'avis, peut-il, après avoir suspendu une loi utile quand elle a été faite, la mettre en activité lorsqu'elle ne serait que nuisible ? La constitution est restée muette sur cette question. Mais, de quelque manière qu'on la décide, le roi, en disant : *J'examinerai*, ne dit point : Je consulterai l'opinion du peuple. D'ailleurs, comment consulte-t-on l'opinion du peuple dans une constitution représentative? C'est en consultant le vœu des représentants nommés par le peuple, dans le moment où une question est agitée. Ainsi, en Angleterre, lorsque le roi, différant d'opinion avec la chambre des communes, sur une question d'importance, dissout le parlement à cause de cette opposition, et qu'il en a convoqué un nouveau, on peut dire qu'il appelle réellement au peuple.

Mais, en France, où le roi n'a point ce pouvoir dangereux, cet appel ne peut avoir lieu tout au plus que dans les derniers mois de chaque législature; il ne peut avoir lieu que dans le cas où la loi suspendue occuperait les esprits, où l'opinion sur cette loi déterminerait les suffrages. Enfin, aucun acte n'appelle, vers cet objet en particulier, l'attention des citoyens : il serait donc absurde de regarder de l'essence même du *veto*, ce qui ne doit que rarement accompagner cet acte royal ; on ne le pourrait que dans un sens incompatible avec la nature d'une cons titution représentative, où l'opinion du peuple doit avoir une grande autorité morale, mais où il serait dangereux de lui attribuer la moindre force légale.

Cette proclamation fut dénoncée à l'assemblée, et elle passa à l'ordre du jour ; preuve convaincante qu'à force de l'accuser et de persécuter les ministres, on était déjà parvenu à lui faire exagérer l'indul- gence.

Mais les émigrés, rassemblés au delà du Rhin, y formaient des magasins, y rassemblaient des mu- nitions, achetaient des armes, des chevaux, des eanons ; ils se vantaient hautement de l'appui des puissances étrangères : nos envoyés semblaient partout leur appartenir plus qu'à la nation, et cependant les ministres restaient dans une inaction coupable. M. Vaublanc proposa d'envoyer au roi un message, pour lui rappeler ce qu'il devait à la sûreté, à la dignité du peuple français.

Peu de jours après, le roi vint annoncer à l'assemblée la résolution qu'il avait prise de déclarer à l'électeur de Trèves, que s'il continuait à souffrir chez lui des rassemblements, il le regarderait comme un ennemi. Le terme du 15 janvier lui était indiqué pour les dissiper. Un envoyé extraordinaire devait lui porter cette déclaration. L'empereur devait être instruit de cette démarche, et sollicité d'employer ses bons offices auprès de l'électeur. L'assemblée nationale approuva cette conduite du roi, à laquelle cependant on pouvait reprocher de ne pas s'étendre à tous les points de rassemblement. On vota la somme de vingt millions, nécessaire pour accélérer les préparatifs de la guerre ; on autorisa le roi à nommer deux maréchaux de France, en portant momentanément à sept leur nombre, fixé à six par la loi. MM. Rochambeau et Luckner, qui commandaient nos deux armées, obtinrent ce titre, objet des vœux de tous les guerriers. Enfin, l'assemblée publia une déclaration solennelle des principes qui dirigeront la conduite de la France à l'égard des nations étrangères (1).

(1) Voyez page 253.

Décret sur les prêtres.

Les philosophes ont étendu la liberté des opinions et des cultes, même aux systèmes religieux dont les maximes intolérantes ou dominatrices sont contraires aux droits des hommes, aux principes de la morale et de la société. La force des lois, disent-ils, ne peut être employée légitimement contre les sectateurs, les apôtres de ces maximes, tant qu'ils ne les réduisent pas en pratique, que leurs pensées ne sont pas devenues des actions.

Ces principes sont justes, sont incontestables à l'égard des individus ; mais doivent-ils s'appliquer sans restriction aux communions des fidèles, aux colléges des prêtres ?

Si tous les sectateurs d'une religion conviennent des mêmes principes de morale, si surtout les prêtres d'un même rit professent une doctrine unique dont ils soutiennent qu'on ne puisse sans crime changer ou retrancher une seule partie, n'est-il pas évident que si l'un d'eux viole la loi d'après un de ses principes de conscience, on est en droit de croire ses confrères disposés à se rendre coupables des mêmes violations, lorsqu'ils en auront les mêmes motifs et qu'ils trouveront la même espérance de succès ?

Quelques hommes ont formé entre eux une société intime ; ils ont, par un goût particulier, qu'ils avaient droit de suivre librement, choisi pour retraite d'anciennes carrières abandonnées, éloignées des habitations et voisines d'une grande route. Un d'eux s'est permis d'arrêter, de dépouiller des voyageurs ; et il est revenu tranquillement auprès de ses amis, qui l'ont souffert dans leur société ! Dira-t-on que ces hommes soient des citoyens honnêtes, qu'en vertu des droits naturels on doive laisser continuer paisiblement leur association ? Dira-t-on que, pour prendre des précautions contre eux, il faille attendre que chacun d'eux ait été personnellement convaincu ? Non, sans doute.

Je suppose qu'un de ces hommes réponde : « Il est vrai que nous professons, sur la propriété, des principes qui vous paraissent dangereux ; il est vrai que c'est par une application fausse de ces principes qu'un de nos associés s'est trouvé coupable : il est vrai que, excusant son erreur, nous l'avons laissé parmi nous. Mais examinez notre vie ; nous ne l'avons jamais souillée par aucun crime ; nous avons donné des preuves de notre bienfaisance, de notre fidélité à nos engagements. »

Qu'alors on leur dise, au nom de la société générale : « Déclarez du moins que vous obéirez à toutes les lois ; et à ce prix vous restez libres, et à ce prix nous vous laissons l'exercice de tous vos droits. » Ne sera-t-il pas évident que la société aura épuisé envers ces hommes toute mesure d'indulgence, compatible avec la sûreté publique ? Et s'ils répondaient encore : « Nous ne voulons pas jurer d'obéir à vos lois, parce qu'il y en a quelques-unes qui blessent nos principes ; » ne devrait-on pas leur dire : « Vous êtes ou des ennemis de la société, ou des insensés ; nous ne vous punirons pas, mais nous vous ôterons

tous les moyens de nuire; et tout ce qui est nécessaire pour vous les ôter devient légitime contre vous.»

Telle était précisément la position de l'assemblée
nationale à l'égard des prêtres attachés aux formes
de l'ancien clergé. Leurs principes antisociaux ne
pouvaient être révoqués en doute; l'application que
plusieurs d'entre eux en avaient faite était prouvée.
Le silence ou l'approbation des autres annonçait la
volonté de les imiter, et d'en attendre seulement
l'occasion. Les précautions devenaient donc légitimes. Elles l'étaient d'autant plus que, si ces prêtres
n'avaient été que des hommes égarés, de bonne foi,
et non des intrigants coupables, ou des instruments
insensés du machiavélisme de leurs chefs; si la répugnance à prêter le serment n'eût été que le sentiment d'une conscience égarée, rien ne les empêchait
de désarmer la défiance par des explications précises et claires.

La nation leur disait : « La loi établit la liberté des
opinions et des cultes; promettez de ne pas la troubler, et continuez à croire, si vous le pouvez, que
des lois d'intolérance eussent été plus utiles. La loi
dit que les sectateurs de chaque culte nommeront
leurs ministres : eh bien, si les sectateurs du vôtre
veulent qu'ils soient nommés par des évèques, par
le pape, cette même loi leur en laisse la liberté. Si
la loi fixe la forme de l'élection des ministres du
culte payé par le trésor public, elle ne vous oblige,
ni d'approuver cette forme d'élection, ni de vous
servir de ces ministres. Elle ne reconnaît plus les
vœux religieux; mais vous êtes libres d'en former :

seulement vous ne pourrez plus, ni tourmenter ni punir ceux qui voudraient les rompre. Rien ne vous empêchera donc de promettre d'obéir à ces lois.

« Vous ne pouvez, dites-vous, jurer de les mainte-nir : eh bien, c'est encore une équivoque; car, main-tenir une loi, signifie seulement, empêcher qu'elle ne soit révoquée autrement que suivant les formes autorisées par la constitution du pays : or, vous ne prétendez pas, sans doute, avoir le droit de faire pré-valoir vos opinions à main armée; vous ne voulez ni conseiller, ni souffrir qu'on les établisse par des moyens coupables. »

S'ils ne trouvaient point ce langage dans la cons-titution, si elle paraissait leur offrir un autre sens, pourquoi ne pas se hâter de prévenir à la fois, par une explication de bonne foi, et le reproche de tra-hir leur conscience, et celui d'être les ennemis de leur patrie?

Ainsi, lorsque l'assemblée nationale s'occupa des moyens de dissiper les troubles dont la religion était le prétexte, les prêtres papistes n'étaient pas seule-ment les ministres d'un culte religieux, mais un corps dont les principes, dont la conduite mena-çaient la tranquillité publique. Il ne s'agissait point de la liberté des opinions, ni même de celle du culte, mais de reconnaître les intentions d'une asso-ciation ennemie, et de lui ôter les moyens de nuire.

Il faut avouer, cependant, que la liberté religieuse n'était pas totalement établie, et par conséquent ce défaut de liberté avait pu être aussi une cause de trouble.

Mais aurait-il suffi de détruire cette cause, pour faire disparaître le danger? Était-ce bien cette liberté seule que voulaient les prêtres perturbateurs?

Tout observateur attentif apercevait cette chaîne qui, s'étendant de Coblentz au château des Tuileries, du château des Tuileries à tous les départements de la France, liait entre eux tous les fanatiques.

On voyait également dans les actions, dans les discours, dans les ouvrages des prêtres dépossédés, le désir de reprendre l'empire, de redevenir les ministres d'une religion exclusive. La liberté de leur culte, ils en appelaient hautement la destruction. Avoir rendu aux citoyens le droit d'en exercer un autre, c'était, à leurs yeux, le comble de l'impiété.

Il eût donc été imprudent d'établir une liberté entière, sans recourir à des précautions évidemment nécessaires. Cependant, il fallait que ces précautions ne portassent point atteinte à la liberté reconnue par la constitution.

Tout citoyen, suivant l'acte constitutionnel, *a le droit d'exercer son culte, et d'en nommer les ministres.* Mais en résulte-t-il que l'on ne puisse l'assujettir, dans ce choix, à quelques conditions?

J'ai droit de louer ma maison, et de choisir tel locataire que je voudrai; mais les lois de police ne seraient pas injustes, en m'empêchant de la louer à un homme qui se proposerait d'y exercer un métier dangereux pour les maisons voisines. Ce n'est pas même ici restreindre le droit; l'expression serait impropre, car le droit cesse lorsqu'il anéantit, dans un autre, un droit plus sacré.

On pouvait donc exiger des conditions de ces ministres, et la promesse d'obéir aux lois; l'engagement de ne pas troubler la tranquillité publique devait être une de ces conditions.

Une autre difficulté compliquait encore cette question.

L'assemblée constituante avait fait *une constitution civile du clergé*. Ce clergé, élu suivant les formes réglées par la loi, formant une hiérarchie établie par elle, ayant des fonctions qu'elle avait déterminées, payé enfin par la nation, avait pu espérer de devenir celui d'une religion nationale et dominante. Déjà l'habitude d'en appeler les membres des évêques, des prêtres constitutionnels, s'était introduite. Déjà il se mêlait à toutes les cérémonies publiques. Le grand nombre de citoyens attachés aux anciens prêtres mettait un obstacle au succès de ce projet.

Trois millions, à peu près, de protestants, n'auraient été que des dissidents, des non-conformistes qu'on eût tolérés. Mais la liberté d'un autre culte catholique détruisait toute idée de domination religieuse, nécessitait d'enlever aux prêtres toute influence, et sur l'instruction publique, et sur les actes nécessaires à l'état des citoyens. Séparé absolument de l'établissement politique de la société, un prêtre n'était plus qu'un homme. Ainsi, puisque ces prêtres désiraient des lois de rigueur qui leur assurassent l'empire, on pouvait craindre de raffermir, par ces mêmes mesures, ce pouvoir dangereux de la superstition, ébranlé avec tous les autres despotismes, et que les intérêts du genre humain ordonnent de détruire. Il était également dangereux pour la liberté, et de s'imposer l'obligation de faire régner un culte plutôt qu'un autre, et de se servir de l'appui d'un de ces cultes. Il fallait réprimer les prêtres ennemis de la constitution, mais ne pas donner de nouvelles forces aux prêtres ennemis de la liberté et de l'indépendance des esprits.

Et ce milieu était difficile à saisir.

L'assemblée nationale a d'abord exigé de tout ministre du culte catholique, le serment civique, en interdisant tout exercice public de ce culte, si les prêtres employés à ses cérémonies n'avaient rempli cette condition.

Comme ce serment est précisément celui qu'on exige de tout citoyen actif; comme la constitution en fait dépendre le droit de n'obéir qu'aux lois qu'on a faites par soi-même et par ses représentants; comme tout honnête homme, domicilié dans un pays, l'a prêté au fond de son cœur quand sa bouche n'en a pas prononcé la formule, il était impossible de trouver la moindre violation de la liberté religieuse dans cet article de la loi.

D'ailleurs, la loi, en déclarant que ce serment était indépendant de toute opinion religieuse, avait levé tous les scrupules pour les hommes de bonne foi, pour tous ceux qui se servaient de leur raison; car un serment doit être entendu dans le sens de celui qui en a rédigé la formule, et qui en a eu l'autorité. Autrement, tout engagement commun, pris individuellement, serait absolument illusoire.

On y joignit ensuite des précautions plus sévères:

d'abord la suspension des pensions données en remplacement des bénéfices.

En considérant ces prêtres comme annonçant,
par le refus de prêter le serment, la résolution de
troubler la paix publique, il y avait d'autant moins
d'injustice dans cette suspension, que ces traitements
remplaçaient des revenus dont la saisie, dans le
cas d'une conduite semblable, aurait été ordonnée
d'après les plus simples principes du droit commun.
Mais ce refus de prêter le serment civique suppo-
sait-il cette résolution? et le serment d'obéir aux
lois établies par le pouvoir législatif, et de n'employer, pour en obtenir la révocation, que des moyens
autorisés par la constitution, n'eût-il pas été suffisant? D'un autre côté, l'assemblée devait-elle annoncer, par un acte public, que le serment exigé pour
exercer le droit de cité renfermait des expressions
dont la conscience pouvait s'offenser; surtout lorsque aucune demande d'être admis à des explications,
aucune marque de disposition à l'obéissance, au respect pour la loi, aucune démarche annonçant que
ce scrupule absurde était au moins sincère, ne pouvait excuser cette indulgence?

On donnait aussi aux corps administratifs une
autorité de police très-sévère sur ces mêmes prêtres,
lorsque les administrateurs jugeaient leur présence
dangereuse pour la tranquillité publique; et à cet
égard, la loi n'était pas injuste; car la conspiration
n'étant pas douteuse, ceux qui s'en étaient déclarés,
sinon les complices, du moins les approbateurs,
pouvaient légitimement être soumis aux précautions

nécessaires, pour les empêcher de jouer un rôle plus prononcé.

La seule disposition vraiment trop dure était celle qui, ne donnant que huit jours pour prêter le serment, changeait en une véritable confiscation une suspension malheureusement exigée pour la sûreté de l'État, et ne laissait ni un temps suffisant pour délibérer, ni une ressource au repentir.

Le roi refusa la sanction, mais sans faire de proclamation. La première n'avait pas réussi. L'impulsion factice qu'on avait essayé de donner au peuple, contre ses représentants, commençait à s'arrêter. On savait déjà, d'un bout de la France à l'autre, que le *veto* apposé à une loi temporaire était un véritable *veto* absolu. On commençait à sentir qu'en bornant ainsi le corps représentatif à faire des lois générales, on changeait la nature de la nouvelle constitution, on était insensiblement ramené à l'ancienne constitution française, où, consultés seulement sur les impôts et sur les ordonnances générales, les états généraux laissaient au roi une autorité absolue sur tout le reste.

Il était impossible, d'ailleurs, de ne pas soupçonner, dans la conduite des ministres, le projet de placer le roi à la tête d'un des deux partis catholiques. Le soin qu'ils avaient pris de lui donner pour conseil de conscience des théologiens machiavélistes, ennemis de la révolution; leur partialité pour les prêtres non sermentés; leur affectation à cacher, à déguiser les manœuvres de ces prêtres, et l'ignorance où ils tenaient l'assemblée sur les troubles religieux;

X.   27

ces moyens adroits de solliciter une loi trop sévère, à laquelle on pût refuser la sanction sans exciter des murmures violents; les tentatives pour se faire demander ce refus, et élever contre l'assemblée une espèce de vœu des corps administratifs; tentatives qui ne réussirent qu'à Paris, parce qu'elles furent arrêtées par la prompte indignation du peuple; leur inertie absolue, quant aux moyens conciliatoires, tandis qu'entre le décret et le moment où le roi est forcé de s'expliquer, un espace de deux mois leur donnait le temps d'agir et le crédit de se faire écouter : tout annonçait leur projet; et si on le rapproche de la nullité des négociations, de la conduite plus que faible à l'égard des émigrés, de l'anéantissement où on laissait tomber l'armée, de ces places, toujours vacantes, qu'on y réservait aux héros de Coblentz, d'Ath et de Mons, du système absolument semblable suivi dans le département de la marine, des préparatifs de troubles dans le Midi, au moins tolérés par eux, on y verra de quels dangers l'assemblée nationale et le bon sens du peuple ont préservé l'empire. Les intrigants furent trompés : l'opinion produisit les effets d'une loi, sans qu'on fût obligé d'en exécuter les dispositions les plus rigoureuses.

Troubles des colonies.

Une insurrection des noirs esclaves désolait la plus riche des trois provinces de Saint-Domingue. La nouvelle en fut reçue dans le premier mois des séances de l'assemblée. Les dépêches des agents du pouvoir exécutif, les lettres des colonies, l'opinion des planteurs établis en France, les députés envoyés du Cap, enfin, le ministre lui-même, en accusaient les amis des noirs.

Quelques-uns des plus connus étaient membres de l'assemblée ; un grand nombre d'autres députés, choisis parmi ceux des citoyens qui, depuis la révolution, avaient montré un zèle plus ardent et plus soutenu pour la liberté, devaient partager les mêmes opinions, et c'étaient précisément ceux que le ministère craignait le plus, parce qu'un amour de la liberté et de l'égalité, fondé sur les principes invariables de la justice et du droit, est à la fois et plus incorruptible et plus difficile à égarer. Les mêmes intrigants, qui avaient continuellement trompé l'assemblée constituante sur les colonies, espéraient obtenir un succès égal, diviser les patriotes, et peut-être en perdre quelques-uns. L'assemblée sut éviter le piége. Elle sentit aisément qu'il avait été impossible d'empêcher le nom de liberté, de retentir même au milieu des ateliers des noirs; que l'obstination des blancs à refuser aux hommes de couleur libres le droit de cité, les violences qui en avaient été la suite, les querelles sanglantes des blancs entre eux, montraient aux noirs comment on pouvait soutenir ses droits par la force, et leur donnaient l'espoir de triompher aisément de leurs ennemis divisés.

Tout esclave qui avait pu entendre parler de la déclaration des droits, avait-il besoin de livres pour sentir que la justice de la nation avait prononcé, et qu'il ne restait plus que des considérations commerciales à détruire? Sans doute il faudrait employer toutes les ressources de la logique et de l'éloquence pour prouver à un maître avide que l'esclavage est une violation du droit naturel, qu'aucune autorité, aucun exemple ne peut jamais le légitimer. Mais croit-on tout cet appareil bien nécessaire pour persuader aux esclaves cette même vérité; et n'est-ce pas le comble de l'imbécillité de supposer que, pour regarder la servitude comme une oppression injuste, l'Africain des colonies ait besoin qu'un philosophe européen vienne l'en faire apercevoir?

L'assemblée vit, dès les premiers moments, que l'insolence des blancs à l'égard des mulâtres était la véritable cause des troubles; que les soulèvements des noirs et les querelles des blancs cesseraient quand les uns auraient à combattre les ennemis qu'ils craignent le plus, quand les autres verraient les hommes de couleur, rétablis dans leurs droits, mettre un obstacle invincible à leurs projets d'indépendance et de banqueroute.

Le concordat entre les hommes de couleur et les blancs, quoique dicté par la crainte, eût pu ramener la paix. On avait proposé d'abord, à l'assemblée nationale, de le confirmer et de le faire servir de base provisoire au rétablissement de la paix. Mais alors l'assemblée, quoique animée des mêmes principes, quoique pénétrée d'une juste horreur pour les motifs qui avaient dicté le décret du 24 septembre, pour les manœuvres qui l'avaient préparé, ne connaissait pas encore assez les événements de

Saint-Domingue, ne se connaissait pas assez elle-même pour oser embrasser ce parti. D'ailleurs, elle espérait pouvoir prendre, dans un délai très-court, une résolution définitive plus digne d'elle. Elle se borna donc à inviter le roi à ordonner que les troupes envoyées pour secourir Saint-Domingue ne fussent employées qu'à faire cesser le soulèvement des noirs et à maintenir la paix.

Cependant, le décret du 24 septembre arrivait dans cette île, et avec lui, dans le cœur des blancs, l'espérance de pouvoir rompre impunément les conventions faites avec les hommes de couleur, et de les opprimer dans les colonies, tout en faisant dire en France, que, s'ils voulaient être maîtres de prononcer sur le sort de ces victimes de leur orgueil, c'était seulement pour avoir le plaisir de les déclarer libres. Le nom du ministre des colonies, ses principes bien connus, devaient augmenter leurs espérances. Aussi la division des partis se changea-t-elle bientôt en une guerre ouverte, et la révocation solennelle du décret du 24 septembre devint le seul moyen de la terminer.

L'orgueil du rapporteur qui l'avait fait rendre se plaisait à le croire irrévocable : néanmoins, l'acte constitutionnel avait été seul déclaré irrévocable, et cet acte avait été terminé le 3 septembre, par la déclaration solennelle de ne pouvoir y rien changer ; et le même acte déclarait que les lois relatives aux colonies étaient étrangères à la constitution.

On ne pouvait donc soutenir cette opinion qu'à l'aide d'une misérable équivoque sur le mot constitutionnel, inséré dans la loi du 24 septembre, qu'en s'étayant sur la formalité de la présentation à l'acceptation, et non à la sanction, formalité absolument étrangère à l'irrévocabilité.

Tout au plus, on aurait pu conclure, de ces caractères particuliers à la loi du 24 septembre, que l'assemblée, de qui elle était émanée, avait elle-même violé la constitution, et que la loi devait être, en conséquence, non révoquée par une autre, mais annulée.

Quelque absurde, néanmoins, que fût le système de l'irrévocabilité de cette loi, il était opiniâtrément soutenu par les partisans de l'ancien comité colonial, par ceux du ministère, par le plus grand nombre des colons établis en France, quoique, à cet égard, on puisse citer des exceptions honorables; en un mot, par tous ceux qui cherchaient à favoriser les prétentions des blancs des colonies : les uns, parce qu'ils en partageaient les préjugés; les autres, parce qu'ils regardaient les discussions qui s'élevaient pour ou contre cette loi, comme un moyen de perpétuer, dans les îles, des troubles utiles aux projets formés en France contre la liberté. Mais, heureusement, leurs efforts ont été infructueux. Après un long examen, après avoir triomphé de toutes les petites ruses employées pour retarder la décision, la discussion s'est ouverte. La cause de l'égalité des droits civils et politiques entre les hommes libres a été défendue avec toutes les armes de la raison et de l'éloquence, et elles ont triomphé de quelques vains sophismes, inutilement employés, soit pour obtenir de nouveaux délais, soit pour des mesures faibles, où l'on aurait eu l'air d'accorder, aux circonstances du moment, ce que commandait la voix impérieuse de l'éternelle justice. L'assemblée nationale n'a pas accordé des droits aux hommes de couleur; elle a déclaré, elle a reconnu qu'ils les avaient reçus de la nature. Ainsi, pour la première fois, depuis l'ère de la liberté, les représentants de la nation française ont rendu, sur les colonies, un décret digne d'elle et de leur siècle. La crainte que le refus de sanction, en montrant une opposition de vues entre l'assemblée nationale et le conseil, n'augmentât les troubles des colonies, et peut-être ceux de la France, avait fait balancer quelques-uns de ceux qui aiment à se décider d'après les considérations politiques, plutôt que par les principes de la raison et de la justice. Mais un heureux changement dans le conseil avait fait disparaître leur crainte; l'unanimité a été presque entière; l'assemblée nationale a placé le 24 mars au nombre des jours glorieux pour la liberté française, et la loi vient encore de proscrire un préjugé de plus.

Hâtons-nous d'attaquer ceux qui nous restent; ne laissons plus leurs nombreux partisans revenir de l'étonnement où les ont jetés et les progrès rapides de la raison générale, et le courage de l'assemblée nationale à soutenir la liberté et l'égalité, à ne consentir à aucune des atteintes que l'on essaye de porter sans cesse à ces deux bases de toute bonne institution politique. Ne cédons ni à leurs sophismes, ni à leurs plaintes éternelles sur des désordres dont eux seuls sont coupables; car c'est leur opiniâtreté à soutenir ce que la raison condamne, ce que la volonté nationale a proscrit, qui seule empêche la loi de reprendre sur les citoyens son autorité paisible.

Ils avaient osé compter sur la législature actuelle; leurs piéges étaient tendus pour la séduire; leurs moyens de la décrier étaient prêts. Elle a méprisé leurs séductions, et bravé leurs impuissantes fureurs; mais leurs perfides espérances se portent déjà sur la seconde législature. Les patriotes ne succomberont-ils pas à deux années de calomnies? L'or, prodigué à faire incessamment mouvoir vingt presses corrompues, n'aura-t-il pas, enfin, le pouvoir d'égarer l'opinion publique? Cette armée d'imposteurs, de sophistes, qu'ils tiennent à leurs gages, ne pourra-t-elle rien, à la longue, pour la cause de la sottise et de l'inégalité?

Non, sans doute; mais c'est en réveillant sans cesse l'esprit public contre les préjugés qui restent à détruire; c'est en multipliant, dans le code français, les lois déjà décrétées par la raison générale; c'est en repoussant cette philosophie faible et trompeuse, dont la prudence funeste éternise les préjugés, en composant avec eux; c'est en saisissant, pour achever de briser nos fers, l'instant où un mouvement général des esprits a ébranlé toutes les vieilles croyances, toutes les habitudes de l'erreur; c'est en écoutant la justice, et en méprisant le reste, que nous triompherons de leurs efforts. Osons donc marcher, d'un pas ferme, dans la route de la vérité, sans daigner seulement entendre les clameurs de

ces hypocrites, qui viennent, au nom de la philosophie, prêcher la doctrine des préjugés, de la corruption, de l'esclavage, et qui nous répètent sans
cesse que le peuple est stupide, parce qu'il ne veut
pas être leur dupe, et que ses défenseurs sont des
barbares, parce qu'ils ne l'abandonnent pas aux complots de ses ennemis.

Laissons-les se plaindre du peu de respect pour
les autorités constituées, dans les mêmes libelles où
ils tentent d'avilir la première de toutes, celle des
représentants de la nation; crier contre la confusion des pouvoirs, tout en s'occupant d'étendre ce
que leur vénale bassesse appelle la prérogative royale;
gémir de ce que la loi n'est pas exécutée, en cherchant à ravir la confiance des citoyens aux organes
de la loi ; prêcher l'union, et accuser l'assemblée
nationale d'avoir provoqué la guerre, en ne flattant
point, par une contenance servile, auprès du roi
constitutionnel, l'orgueil des autres rois ; fatiguer,
enfin, les oreilles du peuple de prétendues atteintes
portées à la constitution, tandis que toutes leurs opinions, toutes leurs calomnies, toutes leurs intrigues,
n'ont pour but que de la détruire, pour y substituer
je ne sais quel système aristocratique.

Faisons notre devoir, et laissons dire aux sots.

Émigrés et leurs protecteurs.

La demande de la dispersion des émigrés devait
lever le voile qui couvrait les machinations formées

contre la nation. On devait s'attendre que leurs protecteurs secrets ne laisseraient pas sans appui ceux
qui, d'après leurs insinuations et sous la foi de leurs
promesses, avaient accordé un asile aux Français
rebelles. On devait s'attendre que le dessein d'employer une médiation armée pour détruire la première base de la constitution française, l'égalité, allait
se manifester; et ce fut pour ôter aux ennemis de
la France tout espoir de séduire l'assemblée nationale et d'égarer les citoyens, que M. Guadet proposa ce serment du 14 janvier, répété par toute
la France. Mais ce serment ne fut pas envoyé, au
nom du roi, aux armées françaises. Il ne fut pas
communiqué aux puissances étrangères, comme renfermant le vœu exprès et irrévocable de la nation.
Elles purent le regarder, ainsi que la déclaration du
23 décembre, comme l'opinion de ce parti qu'elles
appellent la faction des Jacobins, qu'elles savent
bien être celui des amis de la liberté, mais sur la
force duquel il n'est que trop facile de les tromper.

Bientôt on apprit que l'empereur Léopold soutien-
drait l'électeur de Trèves, si on employait la force
pour disperser la nouvelle maison du roi de France,
qui s'était formée à Coblentz; si on ne se contentait
pas de quelques satisfactions illusoires qui n'avaient
pour but que de lui laisser le temps de consolider
les complots destructeurs de notre liberté. Le comité
diplomatique proposa d'exiger de l'empereur une
déclaration précise de ses intentions. Le ministre
(M. Lessart) n'osa se refuser à cette démarche, et
il la fit au nom du roi, sans même attendre l'invita-

tion formelle de l'assemblée. Mais il parlait avec faiblesse, et le cabinet autrichien devait voir dans ses dépêches un homme qui cédait, malgré lui, à une impulsion étrangère. La réponse de l'empereur fut rédigée d'après cette idée : il ne renonçait point au concert formé avec les autres puissances, parce que l'état de la France le rendait encore nécessaire. Ce n'était point la volonté nationale qui y dominait, mais un parti de factieux, mais une association de sociétés populaires. La plus saine partie de la nation devait avoir les mêmes vues que l'empereur, et devait être prête à se réunir à lui.

L'intention perfide d'exciter une guerre civile en France, et de dicter à la nation des lois contraires à ses intérêts, comme à ses droits, ne pouvait se manifester plus clairement. On voyait qu'il s'agissait d'augmenter le pouvoir royal, de rétablir la noblesse, afin que dans la suite le roi et la noblesse devinssent les instruments des projets de la maison d'Autriche, qui leur ferait acheter, à ce prix, son appui contre la nation.

Deux mois, perdus en négociations, n'avaient pas même procuré une réponse qu'on pût regarder comme définitive. La non-communication d'une note du 7 janvier, qui eût éclairé sur les intentions du cabinet de Vienne, la négligence à instruire le comité de l'assemblée des nouvelles intrigues tramées par ce même cabinet, pour tromper le roi de Prusse, et le rendre complice d'un projet dont il devait être une des premières victimes, tout annonçait, dans le ministre, ou l'incapacité ou la perfidie.

L'assemblée nationale, chargée de veiller aux intérêts du peuple, ne pouvait donc se dispenser d'appeler sur cet agent inepte ou infidèle l'examen de la loi. Cette sévérité était d'autant plus nécessaire, que le ministre de la guerre (M. Narbonne), qui avait montré du zèle pour la sûreté et la dignité de la nation, venait d'être renvoyé à l'instant même qu'il s'occupait sérieusement de former pour la France de nouvelles liaisons politiques, et à s'opposer aux intrigues de la cour de Vienne en Prusse, ou dans l'Empire : c'était donc à cette cour qu'on paraissait le sacrifier. L'assemblée avait dénoncé au roi les mensonges du ministre de la marine, la protection accordée par lui aux officiers émigrés ; et le roi avait répondu par une lettre qui annonçait le dessein de conserver ce ministre ; cette lettre renfermait une allégation fausse, injurieuse au corps législatif, et elle était contre-signée par le ministre de la justice lui-même, accusé d'avoir violé les lois. Ainsi la sûreté de l'État, la tranquillité publique, exigeaient qu'un acte d'une justice sévère effrayât un ministère faible et corrompu.

Le ministre des affaires étrangères fut décrété d'accusation, et ses collègues donnèrent leur démission.

L'assemblée nationale ne voulait pas la guerre, mais une paix honorable et sûre ; elle devait aux citoyens qui allaient combattre pour leurs droits ; elle devait aux peuples étrangers, victimes de l'ambition de leurs chefs, qui les forçaient à combattre contre l'intérêt de leur liberté ; elle devait à l'humanité entière de ne déterminer la guerre qu'après avoir employé tous les moyens possibles de l'éviter. Or, il pouvait arriver que la faiblesse du ministère français, que ses ménagements pour les émigrés, que son dévouement à la maison d'Autriche, eussent à la fois et encouragé les intrigues de la cour de Vienne, et détourné les autres puissances de se lier avec une nation dont la politique était dirigée par les partisans de ses ennemis déclarés. S'unir à la France, dans une telle position, eût été en quelque sorte s'assurer d'avoir bientôt pour ennemis et la maison d'Autriche et la France.

La cour de Berlin connaissait ces dépêches honteuses, où les ministres d'une nation outragée par l'empereur annonçaient le désir le plus humble de conserver un traité fait contre la maison de Brandebourg. Elle avait vu, au mois de juillet, arrêter un de ses correspondants, dont les desseins ne pouvaient déplaire qu'à la cour de Vienne, et la France le traiter précisément comme l'envoyé secret de Frédéric, que M. de Choiseul avait lui-même appelé. Or, on ne négocie pas avec une puissance dont les ministres appartiennent à une autre. D'ailleurs, le chef de la maison d'Autriche venait de mourir ; il fallait donc et connaître les intentions de son successeur, et voir quel effet un changement de système dans le ministère pouvait produire, avant de se décider à faire la guerre.

Mais les ex-ministres avaient obtenu du roi une lettre qui annonçait assez aux puissances étrangères que ce changement était l'ouvrage de la nécessité ;

que l'ancien ministre conservait son crédit; que, malgré ce changement, l'accord des deux pouvoirs ne serait qu'apparent et passager, et que le gouvernement attendait, pour reprendre ses anciens principes, l'espérance de pouvoir les suivre avec impunité. La réponse du roi de Hongrie fut donc ce qu'elle devait être; le roi proposa la guerre, et l'assemblée nationale l'accepta.

Il était impossible de prendre une autre résolution. L'intention avouée de protéger en France le parti des ennemis de l'assemblée nationale, de l'employer à changer ce qui, dans la constitution, était contraire aux intérêts de la maison d'Autriche et à la faction qu'elle voulait rendre dominante; ses intrigues publiques contre la France; les secours d'argent fournis hautement aux conspirateurs; la protection qu'elle leur accordait dans ses États, ne permettaient plus de ne pas voir, dans son chef, un ennemi acharné de la liberté française. Il était évident que, s'il ne déclarait pas la guerre, c'est qu'il n'avait pas eu le temps d'achever ses préparatifs, de mettre en mouvement les troupes de ses alliés; c'est que son parti, dans l'intérieur du royaume, n'était pas encore assez formé. Devions-nous donc laisser notre ennemi choisir le moment où il lui serait le plus avantageux de nous attaquer; et, pour soutenir une telle opinion, ne faudrait-il pas ou l'imbécillité la plus complète, ou la plus noire perfidie?

Enfin, dans une constitution telle que la nôtre, au milieu des partis qui peuvent, par une simple demande de question préalable, ou d'ordre du jour, suspendre les mesures les plus nécessaires, lorsqu'enfin les agents subalternes du pouvoir exécutif étaient les premiers ennemis des ministres patriotes, n'était-il pas évident que la présence seule de la guerre pouvait nous mettre en état de la faire, et que tout retardement serait perdu pour les préparatifs comme pour l'action ? Ne sait-on pas que les mêmes hommes qui, aujourd'hui, se plaignent si amèrement que rien n'était prêt, connaissent mieux que personne pourquoi rien ne pouvait l'être, pourquoi rien ne l'aurait jamais été au moment de la déclaration ?

Il y avait lieu d'espérer que la guerre réunirait tous les citoyens, que leurs querelles cesseraient à l'instant d'un danger réel ; il ne pouvait plus y avoir que deux partis : celui de la France, et celui de l'Autriche.

Cependant, jamais les petites divisions n'éclatèrent avec tant de fureur. On put reconnaître alors quels progrès funestes la conjuration autrichienne avait faits au sein même de la capitale. Avoir consenti à la guerre avec l'Autriche, l'avoir jugée nécessaire, devint un crime aux yeux des nombreux partisans de l'ancien ministère : et ce fut alors que l'on put juger quel était le but et l'étendue de leurs projets ; alors on vit que ces mêmes hommes qui avaient inondé la France d'accusations contre des républicains, des partisans de l'Angleterre, des factieux qui voulaient un protectorat, une dictature, un changement de dynastie, n'étaient eux-mêmes que les serviteurs d'une puissance étrangère,

que des traîtres liés avec elle pour détruire une égalité qui blessait leur orgueil, une liberté qui gênait
leur ambition; pour obtenir, en un mot, une constitution qui donnât au pouvoir exécutif l'intérêt de
les acheter et les moyens de les payer.

C'est alors qu'on en vit d'autres, prévoyant que
l'union de l'assemblée nationale, du ministère et des
généraux allait les rendre à leur nullité naturelle,
s'efforcer de semer entre eux des défiances, réveiller
toutes les petites passions. Des hommes qui devaient
tous leurs soins à la patrie s'occupaient gravement
d'acheter un ou deux journaux de plus, de désigner
ceux contre qui on devait diriger les calomnies.
Un intérêt de crédit ou de gloire, celui d'un ministre, ou d'un général, faisaient oublier les dangers de
la patrie.

La trahison de quelques officiers nous fit essuyer
des revers peu importants en eux-mêmes, honteux
par leur suite, et on fut moins occupé de les réparer que de prouver les torts d'un ministre, ou la
bonne conduite d'un général.

Des officiers généraux ont donné leur démission,
en présence de l'ennemi, sous les prétextes les
plus puérils; et rien, depuis l'ère de la liberté,
n'avait mieux prouvé qu'il existait en France une
classe nombreuse, active, puissante par la richesse
et par l'intrigue, formée d'hommes qui n'avaient vu
dans la révolution qu'un changement dans le gouvernement; qui, dans la constitution, n'avaient calculé que leurs espérances; pour qui la liberté, l'égalité
étaient des mots qu'il fallait savoir employer à pro-

pos, comme auparavant ceux de dévouement à la personne du roi et de reconnaissance pour son ministre; qui dans une nation, voyaient toujours des pouvoirs, et n'y voyaient jamais le peuple; enfin, dans la langue desquels les citoyens sont des instruments; les amis, des complices; la vérité, ce qu'il leur est utile de faire croire, et la vertu, l'art de faire des dupes.

De tous les projets de ces deux classes d'hommes que l'intérêt unit en ce moment, mais que l'intérêt divisera demain, le plus dangereux, celui qu'ils suivent avec le plus de fureur, est le projet de l'avilissement d'une assemblée nationale qu'ils n'ont pu corrompre, et qu'ils ne peuvent espérer de tromper.

Dans la masse des nouvelles lois, le système judiciaire est celui qui annonce le plus la petitesse des vues des rédacteurs. Ainsi, l'ordre judiciaire, menacé d'une grande réforme dès les premiers moments de son existence, composé d'hommes encore étonnés qu'on ait voulu faire une révolution pour le peuple, et non pour les gens de loi, devait paraître, aux ennemis de l'assemblée nationale, un instrument d'autant plus utile, qu'il était facile de faire concevoir à ses membres la prétention si chère aux anciens parlements, d'exercer même sur les états généraux, sur les représentants de la nation, je ne sais quelle censure, et de former une portion du pouvoir législatif. Aussi n'a-t-on pas manqué de l'employer. Deux ex-ministres, dont l'un serait bien fâché qu'on ne crût pas à son attachement au traité de 1756, dont l'autre conservait des places vacantes dans la ma-

X.   28

rine, pour les héros d'Ath ou de Coblentz, se sont
plaints d'être désignés comme membres d'un comité
autrichien. Le juge de paix qui a reçu la plainte,
apprenant, par l'information, que cette accusation
était fondée sur le témoignage de trois membres du
comité de surveillance, instruits par des pièces déposées aux archives de ce comité, n'a trouvé rien de
plus simple que de faire arrêter ces trois députés par
des hommes armés, et de les faire conduire de force
à son tribunal.

Si cet attentat était resté impuni, il était évident
que le pouvoir législatif passait entre les mains des
juges de paix, puisqu'eux seuls pouvaient choisir,
entre les représentants du peuple, ceux auxquels ils
permettraient d'assister aux séances.

La liberté de la presse et la sûreté des citoyens,
dépendant alors de l'accusateur public qui dénonce,
et du procureur-syndic qui nomme les jurés, il en
résultait que cinquante citoyens de Paris devenaient
les dépositaires de toute la puissance nationale.
Heureusement que l'absurdité de ce système en faisait disparaître le danger, et qu'un décret d'accusation contre le juge de paix a détruit, en un jour,
tout l'édifice de cette constitution robinocratique.

Mais en même temps l'importance attachée tout
à coup à l'existence d'un comité autrichien, dont
personne n'avait fait mystère depuis trois ans, fit
sentir la nécessité d'en examiner les preuves; et
puisqu'il craignait tant d'être découvert, il fallait
bien qu'il commençât à devenir dangereux.

Y a-t-il en France un parti autrichien? Oui, car il

paraît chaque jour dix gazettes dévouées à ce parti ; or, ces gazettes sont écrites par des hommes, et payées par d'autres, en grand nombre, s'ils sont simples souscripteurs ; riches et puissants, s'ils en font les frais.

Ce parti a-t-il des chefs ? Il est difficile qu'il n'en ait pas ; car les hommes de ce parti tiennent le même langage, ont les mêmes opinions, aiment et haïssent, ou plutôt flattent ou déchirent les mêmes personnes ; et un tel accord ne va pas sans des chefs.

Mais qui sont ces chefs ? S'agit-il de conviction morale, tout le monde les connaît, chacun peut faire une liste plus ou moins longue ; mais il y a plus d'un nom qui se trouverait sur toutes. S'agit-il de preuves de la nature de celles qui doivent motiver une accusation, l'intérêt public ordonne de les chercher et de les recueillir.

Ce n'est pas que notre liberté puisse dépendre de quelques traîtres, comme elle ne dépend point de quelques hommes. Le succès d'une révolution qui a remué la masse entière de la nation, qui a placé tous les citoyens en présence de leurs droits, qui a brisé les liens de toutes les habitudes, de tous les préjugés, dépend du courage, de la volonté du peuple entier, et non des talents ou des vertus de ses chefs. Des hommes peuvent être utiles, aucun ne peut être nécessaire. Les citoyens tiennent aux principes qu'ils croient à un chef, et non à sa personne : il a peut-être des esclaves et des complices, mais il ne peut avoir un parti ; et bientôt les hypocrites, alliés du roi de Hongrie, n'auront de partisans qu'à Coblentz et dans les bureaux de leurs gazetiers.

Mais quel sera, pour la France, pour le genre humain, le résultat de cette guerre ? Elle a été nécessaire, sera-t-elle utile ?

La révolution française peut être regardée comme la guerre de la raison contre les préjugés. Je ne dis pas des peuples contre les rois, parce qu'il n'est pas bien sûr que tous les rois veuillent choisir les préjugés pour leurs hauts alliés.

Le despotisme d'un seul est une chimère, si on n'en excepte celui d'un conquérant à la tête de son armée. Partout ailleurs ce qu'on appelle despotisme n'est autre chose qu'une aristocratie anarchique. L'intérêt des riches, des nobles, des prêtres, etc., peut être de la conserver ; mais n'est-il pas évident, au contraire, que l'intérêt des rois absolus est de rendre la liberté à leurs peuples, pour éviter qu'ils ne la reprennent par la force ; d'établir une constitution représentative, pour qu'elle ne s'établisse pas malgré eux, et de remplacer, par la reconnaissance des citoyens, cette partie de leur autorité qu'ils ne peuvent espérer de conserver longtemps. L'intérêt des rois qui gouvernent sous une constitution représentative, n'est-il pas d'éviter qu'on les soupçonne d'avoir une puissance indépendante de celle de la loi, et qu'on ne sente que leur existence augmente, d'une manière onéreuse pour les citoyens, les frais du gouvernement ? La gloire, l'estime des hommes éclairés sont un bien plus réel que des millions ajoutés à des millions, et le plaisir d'ériger en lois les volontés de ses ministres. Il y a aussi du plaisir pour un homme de bon sens, à se séparer

de sa place , à être soi, à exercer une autorité personnelle. D'ailleurs, il n'y a point de proportion
entre les dangers de ces deux partis , entre le sacrifice presque volontaire de quelques avantages , et
une chute violente et honteuse.

Mais quand les rois continueraient d'être dupes
de leurs courtisans , quand ils entreraient dans la
ligue formée contre la raison , cette ligue peut-elle
être heureuse ?

On avait autrefois attaché au nom du roi une
sorte de superstition religieuse, et elle n'existe plus.
On a essayé de la remplacer par une superstition politique , et l'analyse plus approfondie des principes
du système social la menace d'une ruine prochaine.
Les rois espéreraient-ils le retour des anciennes erreurs? Les peuples pourraient-ils le craindre ? Espé-
rerait-on prolonger longtemps , pour quelques-uns,
l'ignorance où ils sont encore de leurs droits ? Non,
sans doute. La véritable méthode de chercher et de
prouver les vérités , d'employer avec sûreté les observations et le calcul , l'analyse et le raisonnement,
est trouvée pour les sciences politiques , comme
pour toutes les autres. L'imprimerie garantit que ni
les méthodes une fois reconnues , ni les vérités une
fois établies ne s'effaceront jamais de la mémoire
des hommes. Les langues les plus répandues, celles
de l'Angleterre et de la France, appartiennent à la
liberté. Il faudrait anéantir ces deux langues ; il
faudrait effacer de la mémoire du genre humain la
connaissance des moyens de multiplier et de fixer
la pensée, pour conserver quelque espoir d'éterniser
ses fers.

En vain fonderait-on son espoir sur la tourbe des écrivains vendus au pouvoir : les listes civiles de tous les rois de l'Europe s'anéantiraient par une seule vérité, n'arrêteraient pas l'influence d'un bon livre, ne détruiraient pas la réputation d'un seul philosophe.

D'ailleurs, notre déclaration des droits, le préambule, et le titre premier de la constitution, qui en sont les conséquences, renferment des vérités si simples, si évidentes par elles-mêmes ; ces vérités sont tellement à la portée de tous les esprits, elles entrent si aisément dans toutes les âmes que l'avarice n'a point corrompues, que la vanité n'a point endurcies ; elles offrent des espérances si consolantes pour tous les hommes qui souffrent, que tout l'art des sophistes ne parviendra point à obscurcir ces idées.

Mais on peut se demander si la ligue formée contre la France, si la guerre qui en est la suite, doivent avancer ou reculer ce triomphe de la raison ?

Je répondrai d'abord par une autre question. On sait combien la révolution d'Amérique a influé sur celle de France ; on sait combien elle a contribué à l'affranchissement de l'Irlande, combien elle a servi à répandre en Angleterre les principes d'une politique plus généreuse, à disposer les esprits à une plus grande liberté de culte, à l'abolition de la traite, à la réforme parlementaire, etc., etc. Croit-on qu'elle eût produit tous ces effets dans un si court espace de temps, si dès 1778 l'Angleterre eût reconnu l'indépendance ? Croit-on que cette guerre qui a forcé l'Europe de s'occuper pendant plusieurs années des

principes politiques des Américains, des arguments
employés à défendre leur cause, n'ait pas servi à
répandre ces principes, à les porter dans des provinces reculées, chez des peuples où ils n'auraient
point pénétré?

Mais il y a plus : il est impossible, pendant la
guerre, d'empêcher les soldats des armées ennemies
de comparer l'état du soldat français et celui du
soldat allemand ; il est impossible qu'ils ne compa-
rent point sans cesse leur servitude à notre liberté,
qu'ils n'apprennent point, par leur communication
nécessaire avec les Français, à détester la morgue de
la noblesse, les humiliations et les exactions féodales,
la tyrannie de la chasse, la circonscription militaire.
Il est impossible qu'ils n'apprennent point que, pour
se délivrer de toutes ces tyrannies, il leur ¡suffit,
comme à nous, de le vouloir ; qu'une journée du 14
juillet peut s'amener dans un camp aussi aisément,
aussi paisiblement que dans la capitale de la France,
et s'imiter aussi en peu de jours d'un bout à l'autre
de la Germanie.

On compterait en vain sur la stupidité, sur la fé-
rocité de ces peuples qu'on appelle de l'extrémité
de l'Europe : ils deviendront bientôt plus dangereux
pour leurs maîtres que pour leurs ennemis.

D'ailleurs, l'effet infaillible de la persécution est
d'inspirer un intérêt pour ceux qui en sont les victimes. Nos prêtres, nos nobles persécutés, dans leur
avarice, dans leur orgueil, dans leur intolérance,
n'ont pu intéresser que les hommes qui leur res-
semblent. Mais ceux qui ne veulent que la liberté,

que l'égalité, ont pour amis tous les hommes. La haine de l'Europe entière attend les ennemis de la constitution française, et répond des progrès de la liberté.

Enfin, la guerre, en épuisant le trésor des rois, en les forçant à mettre de nouveaux impôts, à faire de nouveaux emprunts, amènera plus promptement les révolutions que l'exemple de la liberté française, et même les ouvrages de nos écrivains, du moins lorsque la paix étant rétablie, et notre révolution terminée, ils ne seront plus que des philosophes, et non les propagateurs des nouvelles courantes, qu'ils ne réveilleront que la curiosité qui veut s'instruire, et non plus celle qui veut savoir ce qui se passe et ce qu'on en dit.

Comment, par exemple, le roi des Français, en se déclarant l'ennemi des constitutions représentatives, trouvera-t-il des ressources, s'il ne peut augmenter les impôts que par le vœu d'assemblées représentatives, s'il ne peut emprunter que sur leur crédit ? N'est-il pas évident qu'il se met entre les mains de ces mêmes assemblées, à l'instant où il les avertit de ses intentions ? Et quand bien même M. de Calonne se chargerait de lui arranger une assemblée de notables, la guerre un peu prolongée, en le conduisant à la même nécessité que Louis XVI, le conduirait à la même révolution.

L'exemple le plus dangereux pour les rois que la France ait offert à leurs réflexions, n'est pas l'exemple de sa liberté, mais celui de ses impôts et de ses dettes.

Peut-on croire enfin à la durée de l'alliance, contre nature, entre l'Autriche et la Prusse ? Frédéric-Guillaume fera-t-il sérieusement la guerre pour le maintien du traité de 1756 ? S'il croit la France partagée en deux partis, combattra-t-il contre celui qui veut son alliance ? La dignité et l'honneur des couronnes furent-ils donc ménagés lorsque Jacques II fut chassé du trône, lorsque son fils fut traité comme un enfant supposé, et cependant la maison d'Autriche s'unit-elle avec la France en faveur d'un roi catholique ? Louis XIV, moins audacieux que Kaunitz, osa-t-il même en avoir l'idée ? N'est-il pas évident que l'intérêt du roi de Prusse est d'opposer à l'ambition de l'Autriche l'alliance d'une nation libre qui ne peut avoir une politique active, mais qui saura défendre ses alliés, et d'opposer à l'ambition de la Russie l'alliance de la nation polonaise ? Les hommes éclairés de ses États n'ignorent pas que l'alliance de la Pologne et de la France peuvent, en peu d'années, rendre son empire le centre d'un commerce florissant, et lui donner, ce qui seul manque à sa puissance, une grande masse de capitaux disponibles entre les mains des habitants de son pays. Lui-même ignore-t-il, que la France une fois soumise à la faction autrichienne, il s'expose à voir renouveler la ligue qui, dans son enfance, lui montra les troupes autrichiennes et russes dans le palais de Berlin ? Et quel est encore un des prétextes des hostilités de l'Autriche ? C'est le rétablissement des abus du culte romain. Frédéric-Guillaume a-t-il donc oublié l'épée et la toque bénite du maréchal Daun ?

A-t-il oublié que l'hypocrisie de ce Kaunitz qui le gouverne aujourd'hui, a voulu faire et a fait une guerre de religion du complot de dépouiller sa famille? Cette alliance autrichienne ne lui a-t-elle pas déjà coûté la couronne impériale, que la nation française eût placée sur sa tête? Ne voit-il pas que la maison d'Autriche ne peut plus échapper à la haine de la nation française, et que la haine d'un peuple libre, transmise de générations en générations, enchaîne les combinaisons politiques de son gouvernement, et ne lui permet pas de choisir pour alliés ceux en qui le peuple voit ses ennemis? Qu'il devienne donc le pacificateur de l'Europe; que la constitution française, la constitution polonaise, délivrées à sa voix de leurs ennemis extérieurs, assurent à lui-même, à ses enfants, la généreuse reconnaissance de deux grands peuples libres!

Dira-t-on qu'il est lié par des traités? Non, sans doute. N'a-t-il pas été trompé par les impostures du cabinet de Vienne, impostures ourdies par ces Polignac convaincus de vol, et condamnés à de honteuses restitutions; par cet Esterhazy, qui, nourri par la France, s'unit, pour la détruire, aux augustes successeurs des assassins de sa famille? Dans ce moment encore, la paix de l'Europe, l'égalité dans l'empire entre les deux religions, la couronne impériale, la sûreté de la puissance prussienne dépendent d'un mot de Frédéric-Guillaume! S'il ne le dit pas, jamais prince, peut-être, n'aura payé plus cher quelques instants d'erreur.

PROJET

D'UNE

EXPOSITION DES MOTIFS

QUI ONT DÉTERMINÉ L'ASSEMBLÉE NATIONALE A DÉCRÉTER,
SUR LA PROPOSITION FORMELLE DU ROI,
QU'IL Y A LIEU A DÉCLARER LA GUERRE AU ROI DE BOHÊME ET DE HONGRIE.

20 AVRIL 1792.

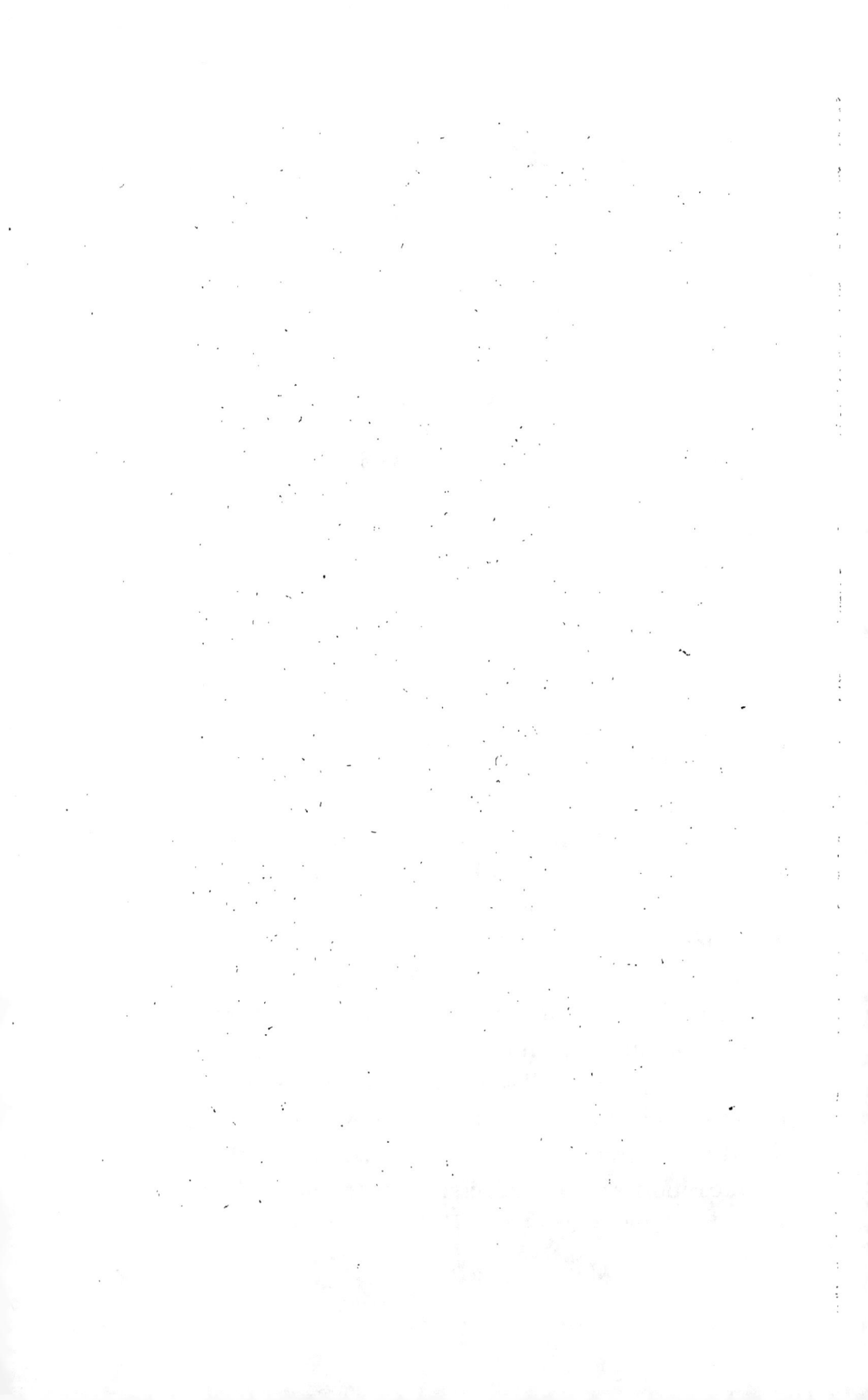

PROJET

D'UNE

EXPOSITION DES MOTIFS

QUI ONT DÉTERMINÉ L'ASSEMBLÉE NATIONALE A DÉCRÉTER,

SUR LA PROPOSITION FORMELLE DU ROI,

QU'IL Y A LIEU A DÉCLARER LA GUERRE AU ROI DE BOHÊME ET DE HONGRIE.

Forcée de consentir à la guerre, par la plus impérieuse nécessité, l'assemblée nationale n'ignore pas qu'on l'accusera de l'avoir volontairement accélérée ou provoquée.

Elle sait que la marche insidieuse de la cour de Vienne n'a eu d'autre objet que de donner une ombre de vraisemblance à cette imputation, dont les puissances étrangères ont besoin pour cacher à leurs peuples les motifs réels de l'attaque injuste préparée contre la France; elle sait que ce reproche sera répété par les ennemis intérieurs de notre constitution et de nos lois, dans l'espérance criminelle de ravir la bienveillance publique aux représentants de la nation. Une exposition simple de leur conduite est leur unique réponse; et ils l'adressent, avec une confiance égale, aux étrangers et aux Français, puisque la nature a mis au fond du cœur de tous les hommes les sentiments de la même justice.

Chaque nation a seule le pouvoir de se donner des lois, et le droit inaliénable de les changer. Ce droit n'appartient à aucune, ou leur appartient à toutes, avec une entière égalité : l'attaquer dans une seule, c'est déclarer qu'on ne le reconnaît dans aucune autre; vouloir le ravir par la force à un peuple étranger, c'est annoncer qu'on ne le respecte pas dans celui dont on est le concitoyen ou le chef; c'est trahir sa patrie, c'est se proclamer l'ennemi du genre humain. La nation française devait croire que des vérités si simples seraient senties par tous les princes, et que dans le dix-huitième siècle personne n'oserait leur opposer les vieilles maximes de la tyrannie. Son espérance a été trompée; une ligue a été formée contre son indépendance, et elle n'a eu que le choix d'éclairer ses ennemis sur la justice de sa cause, ou de leur opposer la force des armes.

Instruite de cette ligue menaçante, mais jalouse de conserver la paix, l'assemblée nationale a d'abord demandé quel était l'objet de ce concert entre des puissances si longtemps rivales; et on lui a répondu qu'il avait pour motif le maintien de la tranquillité générale, la sûreté et l'honneur des couronnes, la crainte de voir se renouveler les événements qu'ont présentés quelques époques de la révolution française.

Mais comment la France menacerait-elle la tranquillité générale, puisqu'elle a pris la résolution solennelle de n'entreprendre aucune conquête, de

n'attaquer la liberté d'aucun peuple; puisqu'au milieu de cette lutte longue et sanglante qui s'est élevée
dans les Pays-Bas et dans les États de Liége, entre les
gouvernements et les citoyens, elle a gardé la neutralité la plus rigoureuse?

Sans doute, la nation française a prononcé hautement que la souveraineté n'appartient qu'au peuple,
qui, borné dans l'exercice de sa volonté suprême,
par les droits de la postérité, ne peut déléguer de
pouvoir irrévocable; sans doute elle a hautement
reconnu qu'aucun usage, aucune loi expresse, aucun
consentement, aucune convention, ne peuvent soumettre une société d'hommes à une autorité qu'ils
n'auraient pas le droit de reprendre. Mais quelle idée
les princes se feraient-ils donc de la légitimité de leur
pouvoir, ou de la justice avec laquelle ils l'exercent,
s'ils regardaient l'énonciation de ces maximes comme
une entreprise contre la tranquillité de leurs États?

Diront-ils que cette tranquillité pourrait être troublée par les ouvrages, par les discours de quelques
Français? Ce serait alors exiger, à main armée, une loi
contre la liberté de la presse; ce serait déclarer la guerre
aux progrès de la raison : et quand on sait que partout la nation française a été impunément outragée,
que les presses des pays voisins n'ont cessé d'inonder
nos départements d'ouvrages destinés à solliciter la
trahison, à conseiller la révolte; quand on se rappelle
les marques de protection ou d'intérêt prodiguées
à leurs auteurs, croira-t-on qu'un amour sincère de
la paix, et non la haine de la liberté, ait dicté ces
hypocrites reproches?

On a parlé de tentatives faites par des Français pour exciter les peuples voisins à briser leurs fers, à réclamer leurs droits. Mais les ministres qui ont répété ces imputations, sans oser citer un seul fait qui les appuyât, savaient combien elles étaient chimériques; et ces tentatives, eussent-elles été réelles, les puissances qui ont souffert les rassemblements de nos émigrés, qui leur ont donné des secours, qui ont reçu leurs ambassadeurs, qui les ont publiquement admis dans leurs conférences, qui ne rougissent point d'appeler les Français à la guerre civile, n'auraient pas conservé le droit de se plaindre; ou bien il faudrait dire qu'il est permis d'étendre la servitude, et criminel de propager la liberté; que tout est légitime contre les peuples; que les rois seuls ont de véritables droits; et jamais l'orgueil du trône n'aurait insulté avec plus d'audace à la majesté des nations.

Le peuple français, libre de fixer la forme de sa constitution, n'a pu blesser, en usant de ce pouvoir, ni la sûreté, ni l'honneur des couronnes étrangères. Les chefs des autres pays mettraient-ils donc au nombre de leurs prérogatives, le droit d'obliger la nation française à donner au chef de son gouvernement un pouvoir égal à celui qu'eux-mêmes exercent dans leurs États? Voudraient-ils, parce qu'ils ont des sujets, empêcher qu'il existât ailleurs des hommes libres? Et comment n'apercevraient-ils pas qu'en se permettant tout pour maintenir ce qu'ils appellent la sûreté des couronnes, ils déclarent légitime tout ce qu'une nation pourrait entreprendre en faveur de la liberté des autres peuples?

Si des violences, si des crimes ont accompagné quelques époques de la révolution française, c'était aux seuls dépositaires de la volonté nationale qu'appartenait le pouvoir de les punir, ou de les ensevelir dans l'oubli. Tout citoyen, tout magistrat, quel que soit son titre, ne doit demander justice qu'aux lois de son pays, ne peut l'attendre que d'elles. Les puissances étrangères, tant que leurs sujets n'ont pas souffert de ces événements, ne peuvent avoir un juste motif ni de s'en plaindre, ni de prendre des mesures hostiles pour en empêcher le retour. La parenté, l'alliance personnelle entre les rois, ne sont rien pour les nations; esclaves ou libres, des intérêts communs les unissent; la nature a placé leur bonheur dans la paix, dans les secours mutuels d'une douce fraternité; elle s'indignerait qu'on osât mettre dans une même balance le sort de vingt millions d'hommes, et les affections ou l'orgueil de quelques individus. Sommes-nous donc condamnés à voir encore la servitude volontaire des peuples entourer de victimes humaines les autels des faux dieux de la terre?

Ainsi, ces prétendus motifs d'une ligue contre la France n'étaient tous qu'un nouvel outrage à son indépendance. Elle avait droit d'exiger une renonciation à des préparatifs injurieux, et d'en regarder le refus comme une hostilité. Tels ont été les principes qui ont dirigé les démarches de l'assemblée nationale. Elle a continué de vouloir la paix; mais elle devait préférer la guerre à une patience dangereuse pour sa liberté; elle ne pouvait se dissimuler, que des changements dans la constitution, que des violations

X.   29

de l'égalité qui en est la base, étaient l'unique but
des ennemis de la France; qu'ils voulaient la punir
d'avoir reconnu, dans toute leur étendue, les droits
communs à tous les hommes; et c'est alors qu'elle
a fait ce serment, répété par tous les Français, de
périr plutôt que de souffrir la moindre atteinte, ni
à la liberté des citoyens, ni à la souveraineté du peuple, ni, surtout, à cette égalité, sans laquelle il
n'existe pour les sociétés, ni justice, ni bonheur.

Reprocherait-on aux Français de n'avoir pas assez
respecté les droits des autres peuples, en n'offrant
que des indemnités pécuniaires, soit aux Allemands
possessionnés en Alsace, soit au pape?

Les traités avaient reconnu la souveraineté de la
France sur l'Alsace, et elle y était paisiblement exercée depuis plus d'un siècle. Les droits que ces traités
avaient réservés n'étaient que des priviléges. Le sens
de cette réserve était donc, que les possesseurs des
fiefs d'Alsace les conserveraient avec leurs anciennes
prérogatives, tant que les lois générales de la France
souffriraient les différentes formes de la féodalité.
Cette réserve signifiait encore, que si les prérogatives
féodales étaient enveloppées dans une ruine commune, la nation devrait un dédommagement aux possesseurs, pour les avantages réels qui en étaient la
suite; car c'est là tout ce que peut exiger le droit de
propriété, quand il se trouve en opposition avec la
loi, en contradiction avec l'intérêt public. Les citoyens
de l'Alsace sont Français, et la nation ne peut, sans
honte et sans injustice, souffrir qu'ils soient privés
de la moindre partie des droits communs à tous ceux

que ce nom doit également protéger. Dira-t-on qu'on peut, pour dédommager ces princes, leur abandonner une portion de territoire? Non : une nation généreuse et libre ne vend point des hommes, elle ne condamne point à l'esclavage, elle ne livre point à des maîtres ceux qu'elle a une fois admis au partage de sa liberté.

Les citoyens des comtats étaient les maîtres de se donner une constitution : ils pouvaient se déclarer indépendants; ils ont préféré d'être Français, et la France ne les abandonnera point après les avoir adoptés. Eût-elle refusé d'accéder à leurs désirs, leur pays est enclavé dans son territoire, et elle n'aurait pu permettre à leurs oppresseurs de traverser la terre de la liberté, pour aller punir des hommes d'avoir osé se rendre indépendants, et reprendre leurs droits. Ce que le pape possédait dans ce pays était le salaire des fonctions du gouvernement : le peuple, en lui ôtant ses fonctions, a fait usage d'un pouvoir qu'une longue servitude avait suspendu, mais n'avait pu lui ravir, et l'indemnité proposée par la France n'était pas même exigée par la justice.

Ainsi, ce sont encore des violations du droit naturel qu'on ose demander au nom du pape et des possessionnés d'Alsace; c'est encore pour les prétentions de quelques hommes qu'on veut faire couler le sang des nations; et si les ministres de la maison d'Autriche avaient voulu déclarer la guerre à la raison au nom des préjugés, aux peuples au nom des rois, ils n'auraient pu tenir un autre langage.

On a fait entendre que le vœu du peuple français,

pour le maintien de son égalité et de son indépendance, était celui d'une faction : mais la nation française a une constitution ; cette constitution a été
reconnue, adoptée par la généralité des citoyens ;
elle ne peut être changée que par le vœu du peuple,
et suivant des formes qu'elle-même a prescrites. Tant
qu'elle subsiste, les pouvoirs établis par elle ont
seuls le droit de manifester la volonté nationale ; et
c'est par eux que cette volonté a été déclarée aux
puissances étrangères. C'est le roi qui, sur l'invitation de l'assemblée nationale, et en remplissant les
fonctions que la constitution lui attribue, s'est plaint
de la protection accordée aux émigrés, a demandé
inutilement qu'elle leur fût retirée ; c'est lui qui a
sollicité des explications sur la ligue formée contre
la France ; c'est lui qui a exigé que cette ligue fût
dissoute. Et l'on doit s'étonner, sans doute, d'entendre annoncer, comme le cri de quelques factieux,
le vœu solennel du peuple, publiquement exprimé
par ses représentants légitimes. Quel titre aussi res-
pectable pourraient donc invoquer ces rois qui forcent des nations égarées à combattre contre les intérêts de leur propre liberté, et à s'armer contre des
droits qui sont aussi les leurs, à étouffer sous les
débris de la constitution française les germes de leur
propre félicité et les communes espérances du genre
humain ?

Et d'ailleurs, qu'est-ce qu'une faction qu'on accuserait d'avoir conspiré la liberté universelle du genre
humain ? C'est donc l'humanité tout entière que des
ministres esclaves osent flétrir de ce nom odieux !

Mais, disent-ils, le roi des Français n'est pas libre. Eh! n'est-ce donc pas être libre que de dépendre des lois de son pays? La liberté de les contrarier, de s'y soustraire, d'y opposer une force étrangère, ne serait pas un droit, mais un crime.

Ainsi, en rejetant toutes ces propositions insidieuses, en méprisant ces indécentes déclamations, l'assemblée nationale s'était montrée, dans toutes les relations extérieures, aussi amie de la paix que jalouse de la liberté du peuple. Ainsi, la continuation d'une tolérance hostile pour les émigrés, la violation ouverte des promesses d'en disperser les rassemblements, le refus de renoncer à une ligue évidemment offensive, les motifs injurieux de ces refus, qui annonçaient le désir de détruire la constitution française, suffisaient pour autoriser des hostilités qui n'auraient jamais été que des actes d'une défense légitime; car ce n'est pas attaquer que de ne pas donner à notre ennemi le temps d'épuiser nos ressources en longs préparatifs, de tendre tous ses piéges, de rassembler toutes ses forces, de resserrer ses premières alliances, d'en chercher de nouvelles, d'acheter encore des intelligences au milieu de nous, de multiplier dans nos provinces les conjurations et les complots. Mérite-t-on le nom d'agresseur lorsque, menacé, provoqué par un ennemi injuste et perfide, on lui enlève l'avantage de porter les premiers coups? Ainsi, loin d'appeler la guerre, l'assemblée nationale a tout fait pour la prévenir. En demandant des explications nouvelles sur des intentions qui ne pouvaient être douteuses, elle a montré qu'elle ne renonçait qu'avec douleur à l'espoir d'un retour vers la justice ; et que si l'orgueil des rois est prodigue du sang de leurs sujets, l'humanité des représentants d'une nation libre est avare même du sang de ses ennemis. Insensible à toutes les provocations, à toutes les injures, au mépris des anciens engagements, aux violations des nouvelles promesses, à la dissimulation honteuse des trames ourdies contre la France, à cette condescendance perfide sous laquelle on cachait les secours, les encouragements prodigués aux Français qui ont trahi leur patrie, elle aurait encore accepté la paix, si celle qu'on lui offrait avait été compatible avec le maintien de la constitution, avec l'indépendance de la souveraineté nationale, avec la sûreté de l'État.

Mais le voile qui cachait les intentions de notre ennemi est enfin déchiré. Citoyens ! qui de vous, en effet, pourrait souscrire à ces honteuses propositions ? La servitude féodale et une humiliante inégalité, la banqueroute et des impôts que vous payeriez seuls, les dîmes et l'inquisition ; vos propriétés, achetées sur la foi publique, rendues à leurs anciens usurpateurs ; les bêtes fauves rétablies dans le droit de ravager vos campagnes ; votre sang prodigué pour les projets ambitieux d'une maison ennemie.... telles sont les conditions du traité entre le roi de Hongrie et des Français perfides.

Telle est la paix qui vous est offerte : non, vous ne l'accepterez jamais ; les lâches sont à Coblentz, et la France ne renferme plus dans son sein que des hommes dignes de la liberté.

Il annonce en son nom, au nom de ses alliés, le projet d'exiger de la nation française un abandon de ses droits : il fait entendre qu'il lui commandera des sacrifices que la crainte seule de sa destruction pourrait lui arracher. Eh bien! elle ne se soumettra jamais. Cet insultant orgueil, loin de l'intimider, ne peut qu'exciter son courage. Il faut du temps pour discipliner les esclaves du despotisme; mais tout homme est soldat quand il combat la tyrannie; l'or sortira de ses obscures retraites au nom de la patrie en danger. Ces hommes ambitieux et vils, ces esclaves de la corruption et de l'intrigue, ces lâches calomniateurs du peuple, dont nos ennemis osaient se promettre le honteux secours, perdront l'appui des citoyens aveuglés ou pusillanimes qu'ils avaient trompés par leurs hypocrites déclamations : et l'empire français, dans sa vaste étendue, n'offrira plus à nos ennemis qu'une volonté unique, celle de vaincre ou de périr tout entière avec la constitution et les lois.

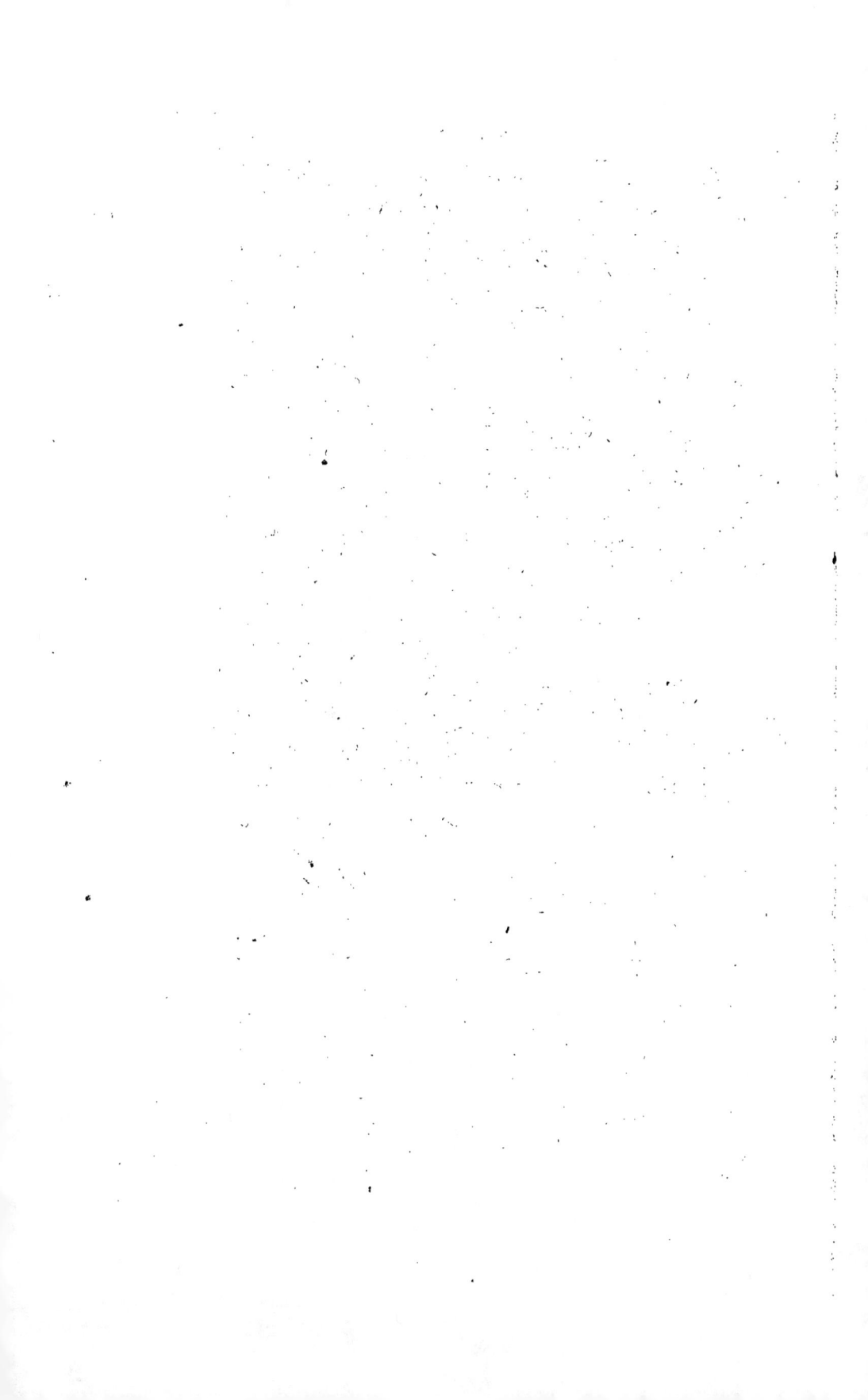

OPINION

SUR L'ATTENTAT

COMMIS CONTRE

LA LIBERTÉ DES MEMBRES DU CORPS LÉGISLATIF.

1792.

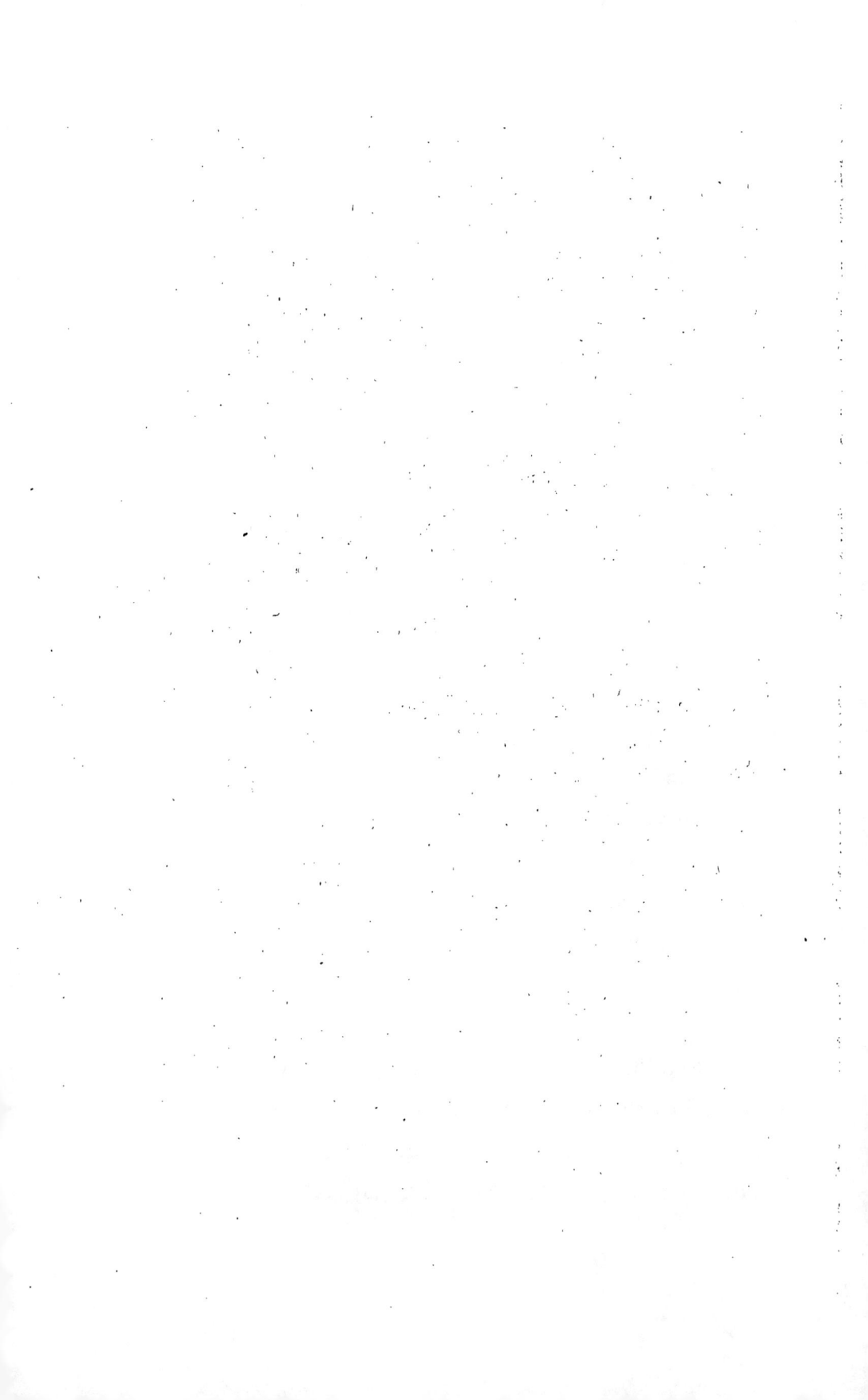

AVERTISSEMENT.

Dans une question importante, où il s'agissait de prononcer si la France resterait libre
ou si elle cesserait de l'être; lorsque tant
d'hommes pervers chercheront à calomnier la
décision de l'assemblée nationale, et à égarer
l'opinion publique, j'ai cru devoir imprimer ce
que j'aurais dit à la tribune.

Puisse la conduite des représentants de la
nation convaincre leurs ennemis que, si les
hommes de bonne foi doivent même par cette
raison se séparer quelquefois d'opinion, ils
savent cependant se réunir pour la défense commune, et que jamais les vrais amis de la liberté
ne seront divisés entre eux!

Qu'il existât en Angleterre un parti français
pendant la guerre de la succession d'Espagne,
un parti américain pendant la guerre pour l'indépendance des colonies, rien n'était plus

simple, et l'esprit de parti pouvait seul donner
le nom de traîtres à ceux qui regardaient comme
une erreur funeste à leur patrie, l'opinion des
ministres et du parlement. Mais lorsque le roi
de Hongrie ne dissimule point l'intention d'employer la force pour détruire la constitution
française et augmenter l'autorité royale; lorsqu'il se déclare hautement l'ennemi de l'indépendance de la nation et de la liberté des citoyens, un parti autrichien ne peut être en
France qu'une faction de conspirateurs.

Que des hommes d'opinion différente se
fassent une guerre de plume, longue et violente,
cela prouve qu'ils ont les petitesses et les fureurs de l'amour-propre. Mais qu'il se forme
des associations nombreuses, pour attaquer précisément ceux qui soutiennent avec énergie, avec
constance, la cause de la liberté; que les chefs
de ces associations, payant chaque jour des calomnies, veuillent employer les tribunaux pour
s'assurer le privilége exclusif des injures; qui
peut alors s'empêcher de voir, dans ces associations, une ligue subalterne, formée contre la
constitution et contre la liberté?

Des patriotes, dont l'imagination est vive,

dont le jugement est égaré par un amour ardent de la liberté, peuvent croire à des complots absurdes; mais il faut être ou stupide ou traître, pour nier qu'il existe aujourd'hui des complots contre la législature actuelle; complots qui ont pour objet, en amenant sa dissolution, de plonger la France dans une anarchie dont on espère que la destruction de l'égalité serait le résultat. Une aristocratie, fondée sur la naissance ou sur la richesse, une seconde chambre de grands propriétaires ou de nobles; tel est l'objet d'une foule de petites intrigues divisées entre elles, réunies dans un intérêt commun, et formant, de cent petites cabales, une unique et grande conjuration.

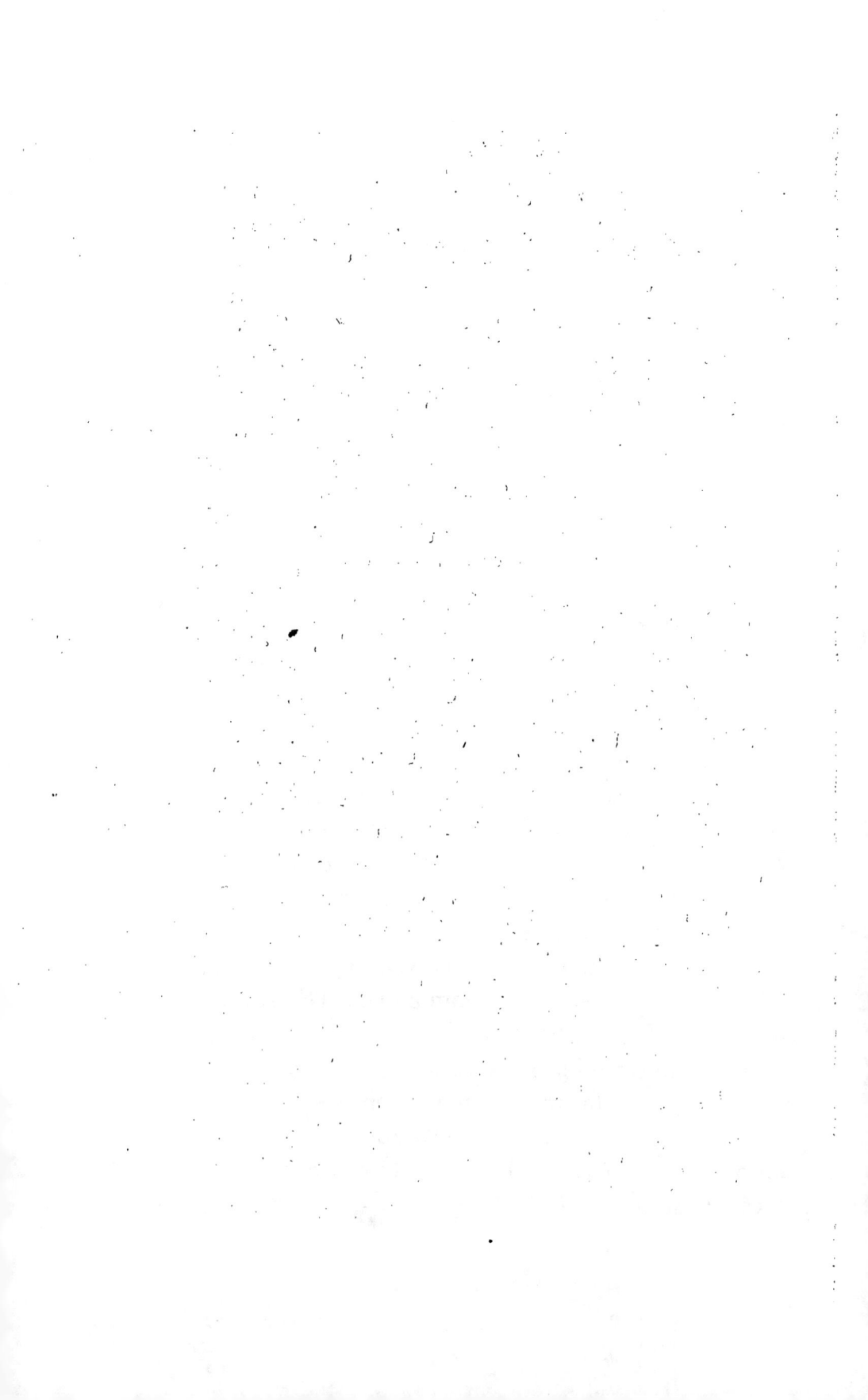

OPINION
SUR L'ATTENTAT

COMMIS CONTRE

LA LIBERTÉ DES MEMBRES DU CORPS LÉGISLATIF.

———

Une analyse simple des articles de la constitution suffit pour décider la question soumise au jugement de l'assemblée.

Les représentants de la nation sont inviolables. Ainsi, cette première disposition leur assure une inviolabilité absolue, à laquelle il ne peut y avoir d'autres exceptions ni d'autres limites que celles qui seraient formellement énoncées dans la constitution.

Mais cette inviolabilité ne suffirait pas, si, lorsqu'ils la perdent avec la qualité de représentants, ils pouvaient être accusés, poursuivis, jugés pour ce qu'ils ont dit, écrit, ou fait comme tels. Tel est l'objet du reste de l'art. VII, dont le mot *en aucun temps* détermine le véritable sens. A cet égard, les législatures suivantes elles-mêmes ne peuvent les atteindre. Voilà ce que la raison, ce que l'amour de la liberté ont dû dicter, et ce qu'ils ont dicté aux auteurs de la constitution.

L'idée d'une inviolabilité absolue pendant l'espace même de deux années, pouvait effrayer les amis de la liberté et de la justice : elle équivalait, en quelque sorte, à l'impunité.

En même temps, si un juge, si un tribunal quelconque pouvait attenter à la liberté d'un représentant du peuple, l'exercice de la souveraineté nationale pourrait être suspendu, l'intégrité de la représentation serait sans cesse rompue, et la souveraineté passerait des mains du peuple dans celles des juges : il fallait donc trouver le moyen d'assurer l'indépendance des législateurs, sans leur offrir une scandaleuse impunité.

On s'est dit alors : C'est surtout l'impunité des crimes qui peut être dangereuse : or, les crimes sont rares; la fausse accusation, en ce genre, expose à des peines sévères, et il faut du moins plus d'or pour acheter les prévarications des témoins ou des juges.

Ainsi, en permettant d'attenter à la liberté d'un représentant du peuple pour *un fait criminel*, dans le cas du flagrant délit ou par un mandat d'arrêt, en y ajoutant la condition expresse de rendre compte au corps législatif, et d'attendre sa décision, avant de poursuivre, l'impunité n'est plus à craindre, et la liberté, dans l'exercice de la souveraineté, est suffisamment assurée.

Voilà ce qu'ont pensé les auteurs de la constitution; voilà l'unique restriction qu'ils ont cru devoir mettre à l'inviolabilité absolue. Il serait absurde de dire que, s'ils ont cru devoir permettre *d'arrêter* pour *fait criminel*, ils ont, à plus forte raison, permis de décerner un *mandat d'amener*; ce serait dire, en termes équivalents : Puisqu'ils ont jugé que l'inviolabilité ne devait pas conduire à l'impunité pour des crimes, ils ont jugé que, à plus forte raison, il ne fallait pas que des fautes plus légères pussent rester impunies ; ce serait dire : Puisqu'ils ont jugé qu'on pouvait priver momentanément de sa liberté un représentant du peuple prévenu d'un crime grave, ils ont jugé que, à plus forte raison, on le pouvait aussi, dans la seule vue de faciliter l'instruction d'une procédure.

Le mandat d'amener prive un citoyen de sa liberté jusqu'à ce qu'il ait été entendu ; le mandat d'amener peut être donné sous un grand nombre de prétextes : pour des faits de police, pour des inculpations de toute espèce. Celui qui aurait le droit d'en décerner, serait donc le maître d'enlever à la représentation nationale tel ou tel de ses membres, pendant telle ou telle séance. Eh ! quel est l'homme assez aveugle, pour ne pas voir, dans un tel droit, la destruction absolue de la souveraineté nationale; pour n'y pas voir une source sans cesse renaissante d'intrigues et de corruption ?

Ainsi, pour ne parler ici que des étrangers et des morts, le jour où Mirabeau, en demandant l'éloignement des troupes, devait avertir la France des dangers qui menaçaient sa liberté naissante ; ainsi, le jour où l'éloquence de Chatham devait faire révoquer l'acte du timbre, et rétablir la paix entre l'Angleterre et l'Amérique ; ainsi, le jour où Wilberforce devait proposer l'abolition du trafic infâme et crimi-

X. 30

nel, connu sous le nom de traite des noirs, un officier de police, corrompu par l'or de la tyrannie, eût pu les enlever à l'assemblée des représentants du peuple!

Lorsque le peuple romain, à la voix d'un ami de la liberté, était prêt à briser quelques-uns des fers dont un sénat ambitieux et perfide avait su le charger, souvent un augure, sous prétexte de quelque signe funeste, dispersait les citoyens, frappés d'une terreur superstitieuse, et donnait à l'intrigue le temps de corrompre ou d'égarer les suffrages.

Eh bien, ce pouvoir des augures, vous le donneriez aux officiers de police, si vous pouviez reconnaître en eux le droit de décerner des mandats d'amener.

Mais ce n'est pas tout encore : la probité n'a point à craindre ces accusations de véritables délits; elle n'y sera exposée que dans des circonstances extraordinaires. Cette audace dans le crime suppose du moins quelque courage, et il est rare dans les scélérats. Au contraire, on peut espérer de fatiguer l'homme le plus juste par des tracasseries de police, qu'il est facile de multiplier, et qui ne supposent, dans ceux qui les suscitent, qu'une perfidie sans courage. On trouvera, dans tous les pays, dans tous les temps, cent Bertrand ou cent Montmorin pour un Clodius.

Un homme avide, sachant que tel député est instruit d'un fait qui ferait rejeter une demande injuste, pourrait donc, avec un mandat d'amener, écarter ce député de la séance où le décret qui doit accorder ou rejeter sa demande est à l'ordre du jour?

Un officier de police qui, comme M. Larivière, devrait encore d'anciens comptes; un ex-ministre qui, comme MM. Montmorin et Bertrand, en devrait encore un à l'assemblée nationale; qui, comme M. Bertrand, y aurait été convaincu d'impostures grossières; qui, comme M. Montmorin, pourrait ne pas se croire encore assez à couvert sous une amnistie; qui, comme M. Duport, lui serait dénoncé pour des délits graves : de tels hommes auraient trop d'intérêt à lasser la surveillance des représentants de la nation, à exercer sur quelques-uns d'eux de petites vengeances.

Voilà pourquoi c'est uniquement pour un fait criminel, pour le cas du flagrant délit, ou sous la forme d'un mandat d'arrêt, que l'inviolabilité absolue, décrétée par l'article VII, peut être suspendue en vertu de l'article VIII.

Maintenant il n'y a pas eu de mandat d'arrêt : ainsi, la loi constitutionnelle a été violée.

Le titre de l'accusation n'est pas un fait criminel; car, à quoi se réduit-il? MM. Merlin, Chabot et Basire ont dit à M. Carra qu'il existait, au comité de surveillance, des pièces où MM. Bertrand et Montmorin étaient accusés d'être membres d'un comité autrichien, source de tous les malheurs de la France.

C'est donc d'avoir publié des faits contenus dans les papiers du comité de surveillance, que les trois membres de ce comité sont accusés ! Or, 1° ce n'est pas là *un fait criminel* en lui-même, car aucune loi ne l'a mis au rang des crimes; 2° la loi elle-même a prononcé que ce n'était pas un *fait criminel;* car au-

cune action commise par la voie de l'impression
n'est un délit, à moins qu'un jury ne l'ait déclaré
tel. Il n'y a donc pas eu de *fait criminel.*

Ainsi, sous ce point de vue, la loi a encore été
violée.

Le fait fût-il criminel, la fonction du juge de paix
devait se borner à le dénoncer à l'assemblée, parce
que la révélation de ce que renferme un dépôt de
l'assemblée nationale, faite par un de ses membres,
ne peut être un crime privé, ne peut être poursuivie
que par elle, au nom de la nation.

Le juge de paix avait demandé à l'assemblée nationale la communication des pièces déposées au comité de surveillance; cette demande était ridicule,
et l'assemblée avait passé à l'ordre du jour; mais
dès lors les fonctions du juge de paix devaient cesser;
car il s'agissait seulement de savoir s'il était vrai que
les allégations contre MM. Bertrand et Montmorin se
trouvaient dans ces pièces; et leur seule inspection
pouvait en instruire.

Le mandat d'amener était donc absurde en lui-
même; il ne peut être considéré que comme un acte
de violence arbitraire; et l'indécence de l'exécution
suffirait pour le prouver. Les citoyens soldats de la
loi, chargés d'exécuter ces ordres tyranniques, étaient
indignés de se voir les instruments de cet outrage
aux représentants de la nation, aux hommes chargés
par elle de la première des fonctions publiques.

La morgue d'un commissaire au Châtelet n'eût pas
osé, sous l'ancien régime, employer ces formes ou-
trageantes à l'égard d'un citoyen domicilié. Une forte

réprimande, ou même un ordre de vendre sa charge, en eût alors été la juste punition.

Ainsi, la constitution a été violée par le juge de paix Larivière; ainsi, il a attenté, contre le texte précis de la loi, à l'exercice de la souveraineté nationale; il a attenté à la liberté des membres de l'assemblée nationale, en les forçant, à main armée, à se rendre chez lui, à y rester, en les faisant conduire et garder par la gendarmerie nationale, en leur interdisant toute communication entre eux, pendant le temps de cette détention illégale; délit pour lequel la peine de mort est expressément portée par la loi.

S'il n'était question que d'avoir fait une procédure ridicule et contraire aux règles; d'avoir abusé de l'autorité judiciaire, en employant des formes violentes; d'avoir voulu connaître de délits qui n'étaient pas de la compétence d'un juge de paix; sans doute, il faudrait suivre la loi commune, et charger le ministre de la justice de remplir ce qu'elle lui prescrit de faire contre les juges prévaricateurs.

Mais l'atteinte portée à la liberté de trois membres de l'assemblée nationale; mais l'obstacle apporté à l'exercice du premier des pouvoirs nationaux; mais la violation ouverte de la constitution, exigent de vous une justice plus sévère; et cette mesure est un décret d'accusation.

Ce décret, Messieurs, est pour nous, non-seulement un acte de justice, impérieusement commandé par le serment de maintenir la constitution violée avec audace par un juge de paix, à la requête des deux ex-ministres; c'est une mesure nécessaire au maintien de la liberté.

On ne peut s'empêcher de reconnaître, dans la conduite du juge de paix, un des fils de ce complot d'avilir l'assemblée nationale aux yeux du peuple, afin que, d'un côté, sa faiblesse, de l'autre, les menaces des tyrans, conduisent à cet abandon de la constitution, à cet établissement de deux chambres, à cette restauration de la noblesse, à cette augmentation de l'autorité royale, à cette dépendance du cabinet de Vienne dans nos relations extérieures; en un mot, à cette convention honteuse, objet public ou secret des vœux de tous les ennemis du peuple. Ils ont senti qu'il y avait, au milieu de vous, des hommes qu'ils essayeraient en vain de corrompre, et à qui, ni leurs vues, ni leurs moyens ne peuvent être cachés; et ils se sont dit: Nous armerons contre eux les libellistes et les juges corrompus; nous ferons voir au peuple ses représentants honteusement traînés par des hommes armés, sur le simple ordre d'un officier de police.

Nous sèmerons au milieu d'eux toutes les défiances, toutes les haines; nous nous servirons de toutes les passions. Il est des hommes vils, et nous avons de l'or; il est des ambitieux, et nous leur promettrons, aux uns, des titres; aux autres, de leur acheter des suffrages : il est des hommes faibles, et nous les intimiderons; il est des hommes vains, et nous les ferons louer par nos écrivains; il est des hommes dont le ridicule amour-propre s'irrite de leur nullité, et nous leur donnerons un rôle à jouer.

Tout homme qui a des talents ou des vertus deviendra l'objet de toutes les persécutions auxquelles nos partisans, répandus dans toutes les classes, dans toutes les fonctions, pourront le dévouer.

On ne peut corrompre le peuple; nous l'égarerons. Nous ferons croire aux riches, aux propriétaires, que l'on veut les dépouiller. Nous ferons croire au pauvre que ses défenseurs le trahissent. Nous exciterons des troubles, afin que si les amis de la liberté emploient la force pour les dissiper, ils s'aliènent les esprits; et que, s'ils emploient des mesures plus douces, nous puissions les accuser de favoriser le désordre et le pillage.

Nous parlerons du respect pour les autorités constituées; mais nous attaquerons toutes celles dont les fonctions ou les dépositaires actuels sont favorables à la cause de la liberté. Nous sèmerons le trouble dans la capitale et dans les armées; nous chercherons à susciter des ennemis à la France, à lui enlever des alliés.

Un des fils de cette trame coupable est aujourd'hui dans vos mains. Ne laissez pas à vos ennemis le temps de le briser. Déjà vous avez évité l'effet de ce concert des puissances, caché si longtemps aux représentants de la nation, par deux ministres perfides; de ce concert qui, au moment convenu, devait vous ordonner, au nom de l'Europe, de cesser d'être libres. Mais il vous en a coûté la paix, pour avoir trop longtemps retardé le moment de la justice. Ne le laissez pas échapper une seconde fois; que le premier attentat à la majesté du peuple ne reste pas impuni; que les Bertrand et les Montmorin rendent compte enfin et des sommes qu'ils ont dépensées, et de leur administration ; que l'assemblée se hâte de prononcer sur les délits d'un autre ex-ministre, délits dénoncés à sa justice depuis si longtemps !

Alors ce projet, formé contre la dignité et la sûreté de l'assemblée ; ce projet contre la liberté de la presse, rentrera dans le néant. Ce n'est point de nous qu'il s'agit ici : qu'importe notre sûreté, notre existence personnelle ? Qui de nous n'accepterait la mort demain, aujourd'hui, s'il était sûr de laisser la France libre, s'il pouvait voir couler son sang dans le sang du dernier des satellites de la tyrannie ? Mais c'est du salut de la France entière que vous allez décider ; du salut de la France, attaquée à la fois par deux grandes puissances, suscitées contre elle par des traîtres ; de la France déchirée et trahie par les plus lâches conspirateurs. Il en est temps encore. Dans quelques jours peut-être......

Je conclus, 1° au décret d'accusation contre M. Larivière ; 2° à charger les comités de presser les comptes que MM. Montmorin et Bertrand doivent, et de l'emploi des fonds, et de leur administration ; 3° à demander compte au comité diplomatique de l'examen qu'il a dû faire des papiers relatifs aux négociations, qui ont dû lui être communiqués en vertu du décret du 10 mars ; 4° à l'ajournement, à jour fixe, de la discussion du rapport et du projet de décret du comité de législation sur les délits imputés au ci-devant ministre de la justice (1).

(1) L'attentat du juge de paix a été commis à la requête de

deux ex-ministres, au moment où leur collègue allait commencer les fonctions d'accusateur public, où l'absence forcée du procureur général syndic, dont le patriotisme est bien connu, avait
laissé à un autre la fonction délicate de désigner les nouveaux
jurés.

J'avais exposé, il y a plusieurs mois, à l'assemblée le danger de
laisser cette fonction à un seul homme; elle a paru m'écouter
avec indulgence ; mais elle a renvoyé au comité de législation, et
la question a été oubliée.

J'avais aussi demandé que les administrateurs du trésor public
fussent soustraits à l'influence dangereuse du pouvoir exécutif:
cette motion a été renvoyée à la commission centrale, et elle a été
oubliée.

OPINION

SUR LES

MESURES GÉNÉRALES

PROPRES A SAUVER LA PATRIE DES DANGERS IMMINENTS DONT ELLE EST MENACÉE,

PRONONCÉE A L'ASSEMBLÉE NATIONALE LE 6 JUILLET 1792 (1).

(1) Imprimée par ordre de l'assemblée nationale.

OPINION

SUR LES

MESURES GÉNÉRALES

PROPRES A SAUVER LA PATRIE DES DANGERS IMMINENTS DONT ELLE EST MENACÉE,
PRONONCÉE A L'ASSEMBLÉE NATIONALE LE 6 JUILLET 1792.

MESSIEURS,

De nouveaux dangers menacent la liberté et la constitution; mais vous trouverez dans votre amour pour la liberté, et dans la constitution même, le courage et les moyens dont vous avez besoin pour conjurer l'orage, ou pour y résister.

La liberté, l'égalité, sont les droits du peuple français; la constitution a réglé la manière dont il doit les exercer; mais elle serait incomplète, si elle n'avait donné aux représentants de la nation l'autorité suffisante pour défendre ces droits, quelle que soit la main qui ose les menacer ou les attaquer; si elle n'avait placé le pouvoir de la loi entre l'oppression et l'anarchie. Une loi irrévocable qui empêcherait d'agir lorsque l'action est évidemment nécessaire, et qui ne laisserait, à la volonté nationale, aucun moyen de se ma-

nifester quand le salut public exige qu'elle prononce;
une telle loi serait une absurdité, et une véritable
tyrannie. Entendre, dans ce sens, les articles qui
fixent les limites des pouvoirs constitutionnels, c'est
donc calomnier la constitution et non la respecter;
c'est attribuer à ses auteurs des intentions dont la reconnaissance ne permet point de soupçonner la majorité de l'assemblée constituante; c'est supposer qu'elle
a voulu détruire son ouvrage et flétrir sa gloire.
Laissons donc de vils sophistes chercher à corrompre
la pureté de l'acte constitutionnel par leurs serviles
interprétations, et vouloir en tirer le code de l'esclavage; mais nous, qui, en jurant de le maintenir,
avons aussi juré de défendre l'égalité et la liberté,
nous ne devons l'entendre que dans son véritable
sens: dans celui qui peut convenir à des hommes
libres.

Toutes les fois qu'une loi peut être équivoque,
un principe consacré par le consentement universel,
comme par la raison, ordonne de préférer le sens
qui s'accorde le mieux avec l'ordre naturel des choses, ou les règles générales de la justice. Ainsi, dans
l'application des lois criminelles, s'il y a doute sur
la peine, on choisit la plus douce, non-seulement
par humanité, mais parce qu'une peine ne peut être
juste, si elle n'est pas formellement prononcée. Ainsi,
la clause équivoque d'un testament s'explique en
faveur de l'héritier naturel. Mais ici, l'ordre naturel
est que la puissance nationale réside entre les mains
des représentants élus du peuple. Toute limitation à
leur pouvoir, toute exception doit donc être formel-

lement exprimée par une loi à laquelle la volonté
même du peuple les ait soumis. Les autres pouvoirs
n'existent que parce qu'ils ont été créés par une loi
antérieure, et en vertu de cette loi : l'assemblée des
représentants élus du peuple est un pouvoir, par
cela seul qu'elle existe, que les citoyens ont librement
conféré à ses membres le droit de les représenter.

Ainsi, les autres pouvoirs ne peuvent légitimement
agir, s'ils ne sont spécialement autorisés par une loi
expresse ; et l'assemblée des représentants du peuple,
au contraire, peut faire tout ce qui ne lui est pas
formellement défendu par la loi. Dans les cas dou-
teux, s'il est nécessaire de prononcer parce qu'il est
nécessaire d'agir, c'est encore à elle seule que peut
appartenir le droit d'interpréter la loi même qu'elle
ne peut changer, à moins qu'une autre loi n'ait réglé
le mode de cette interprétation. Autrement le peuple
ne serait pas réellement représenté, et l'exercice de
la souveraineté nationale pourrait être suspendu.
Autrement, dans les grands dangers de la patrie,
tout dépendrait encore d'un seul homme, et la révolution n'aurait fait que varier les formes du despotisme. Autrement, notre sort serait encore entre
les mains de la même cour, et elle n'aurait eu besoin
que d'échanger son insolence contre le masque de
l'hypocrisie. L'esprit de servitude peut seul contester
ce principe : c'est une de ces vérités simples qu'il
suffit d'exposer pour qu'elles soient universellement
senties ; et je ne ferai point à une assemblée, composée d'hommes libres, l'injure d'en développer les
preuves devant eux.

Ainsi, je ne vous proposerai que des moyens conformes à la constitution; mais je n'oublierai point qu'en promettant de la maintenir, j'ai dû la regarder comme un système de lois conservatrices des droits du peuple, et non comme un instrument remis entre les mains du pouvoir exécutif pour anéantir la liberté.

Vous· avez rendu trois décrets également nécessaires à la sûreté de l'empire et à la tranquillité publique; et de ces trois décrets, l'un, devenu loi par la sanction, n'est pas exécuté; les deux autres n'ont point été revêtus de cette formalité nécessaire, et sont restés sans effet.

Vous avez fait les plus grands efforts pour établir, entre les deux pouvoirs, ce concert, sans lequel on ne peut espérer, ni d'achever de mettre la constitution en activité, ni de maintenir la paix au dedans, ni de triompher des ennemis extérieurs; et aujourd'hui le patriotisme est devenu, pour les ministres, un titre d'exclusion.

Un système de corruption s'annonce d'une manière effrayante, et il sert également les ennemis de la patrie, soit en multipliant les instruments dont ils peuvent se servir, soit en leur donnant le moyen d'inspirer d'injustes défiances contre ceux même qu'ils ne pourraient séduire.

De nombreux conspirateurs vous investissent; et depuis ceux qui, du haut des tours de Coblentz, rappellent à grands cris l'ancien despotisme, jusqu'à ceux qui, au milieu de Paris, arment contre vous leur zèle hypocrite des noms sacrés de constitution, de religion ou de liberté; tous s'accordent, lors même qu'il semblent se faire la guerre, parce que ces hommes n'aspirent point à l'honneur d'avoir une opinion, mais qu'ils obéissent à un intérêt unique : celui d'anéantir le règne de la loi, pour y substituer l'empire de l'intrigue, et se le partager entre eux.

Enfin, ces dangers en ont produit un nouveau non moins redoutable : l'agitation générale des citoyens; fruit nécessaire de leur juste mécontentement et de leurs inquiétudes, qu'il est impossible de blâmer, puisque les hommes les plus éclairés, comme les plus fermes, partagent ces inquiétudes; puisque vous-mêmes les avez consacrées, en quelque sorte, par l'établissement d'une commission extraordinaire; puisque le cri qui s'est élevé de la capitale a déjà retenti dans la France entière.

Et, cependant, une faction sème le trouble dans vos armées; et l'ennemi s'avance, moins dangereux encore par ses propres forces que par les intrigues des factieux et la stupidité ou la connivence du ministère.

Je vais parcourir ces divers objets, et présenter sur chacun les réflexions que le zèle pour la liberté et pour le maintien de la tranquillité publique a pu m'inspirer; car l'esprit général de la nation, la volonté universelle des citoyens a lié la paix à la liberté par un lien indissoluble. Les Français régénérés ne peuvent être tranquilles s'ils ne se croient assurés de rester libres; la paix ne peut plus exister pour eux sans la conviction intime que la cause de la liberté n'est ni menacée ni trahie. Qu'ils cessent d'avoir à craindre pour elle; et l'ordre public sera

X.   31

respecté, et les lois reprendront leur paisible empire.

Le licenciement de la ci-devant garde du roi n'est pas effectué, et l'on assure qu'il existe un acte de sa volonté particulière, contraire à sa volonté constitutionnelle, exprimée par la sanction ; acte contresigné par un individu sans caractère. Si cet acte existe, il est un crime, et je demande que le ministre de l'intérieur soit mandé pour rendre compte de l'exécution de la loi, et de l'existence de l'ordre donné au nom du roi et signé d'*Hervilly*.

Vous avez rendu un décret dans l'intention d'arrêter les complots des conspirateurs fanatiques, d'apaiser les mouvements excités par eux ou contre eux, de rétablir la tranquillité qu'ils ont troublée, et qu'ils menacent de troubler encore.

Vous avez voulu qu'un camp de gardes nationales, placé entre Paris et les frontières, assurât la tranquillité générale de l'empire, et fût à la fois, et une ressource de plus contre les ennemis extérieurs, et une force contre laquelle tous les complots des conspirateurs viendraient se briser. Ces décrets n'ont pas été sanctionnés ; et ce refus n'a pu être inspiré que par ce vil ramas de fanatiques et d'esclaves dont le roi des Français est encore entouré. Mais songez que si la noblesse, le clergé, le roi de Hongrie, la cabale de ce ministre sacrifié à votre juste indignation, les factieux de nos armées, tous nos ennemis, en un mot, ont des protecteurs jusque sur les marches du trône constitutionnel, celui qui l'occupe est seul inviolable aux yeux de la loi ; qu'il n'existe absolument aucune autre exception, et que vous pouvez dissiper cette épaisse phalange qui s'est placée entre vous et lui, entre le trône et la vérité.

La constitution ne permet pas de présenter deux fois le même décret à la sanction ; mais vous pouvez y faire des changements. Constants dans vos princi- pes, fidèles à ce qu'exige le bonheur du peuple, soit que vous effaciez de vos décrets quelques taches qui auraient pu les déparer, soit que vous fassiez le sacrifice douloureux de quelques sages disposi- tions, votre franchise ou votre prudence vous don- neront un titre égal à la reconnaissance des citoyens. Présentez alors ces décrets une seconde fois : s'ils sont refusés, montrez, par de nouveaux change- ments et une condescendance nouvelle, que vous ne désespérez pas aisément de la chose publique ; et croyez que, dans cette lutte inégale entre des hommes éclairés, animés de l'amour de la patrie, et des ministres ineptes ou corrompus, l'opinion nationale, fortement, universellement prononcée, aura bientôt emporté la balance.

Votre commission extraordinaire doit vous pré- senter un nouveau projet de décret sur la répression des troubles religieux.

Déjà le ministre de la guerre vous a proposé, au nom du roi, un rassemblement de gardes nationaux ; mais vous vouliez que ce rassemblement fut prompt ; et il en préfère un dont la lenteur, en exposant moins le ministre, équivaudrait presque à un refus absolu.

Vous vouliez que des gardes nationaux, appelés de toutes les parties de l'empire, vinssent, avant de se consacrer à sa défense, jurer sur l'autel de la pa-

trie, de vivre libres ou de mourir ; vous aviez fixé
l'époque du 14 juillet ; vous aviez voulu, par cette
auguste et touchante cérémonie, allumer un nouvel
enthousiasme dans les cœurs français : mais on a
craint cet enthousiasme ; on a craint qu'il n'en im-
posât à nos ennemis ; on a craint que nous n'aimas-
sions trop la patrie et la liberté ; le temps s'avançait,
et l'exécution de ce vœu allait devenir impossible.

En vain, dans toutes les parties de l'empire, le
zèle des citoyens suppléait au silence de la loi ; en
vain, profitant du droit de s'unir dans de fraternelles
cérémonies, s'empressaient-ils de voler vers vous :
un ministre ennemi du peuple osait, de sa seule
autorité, transformer en attentat ce noble patriotisme ; il ordonnait aux corps administratifs de
poursuivre, comme des brigands, ces braves citoyens
qui venaient jurer de maintenir la liberté, et qui
marchaient pour la défendre. Vous avez prévenu le
crime : un sage décret appelle ceux que le ministre
repoussait, et les citoyens de Paris ne seront point
privés du bonheur de s'unir, par de nouveaux liens,
à leurs frères des départements. Décrétez maintenant,
Messieurs, que le 14 juillet vous vous rendrez, en
corps, auprès de l'autel de la patrie, pour y jurer
de maintenir la constitution, de ne jamais consentir
à aucune condition qui portât la plus légère atteinte
à cette égalité, base sacrée de la liberté française ; enfin, de regarder comme un traître quiconque oserait
proposer d'avilir, devant des forces étrangères, la souveraineté du peuple et l'indépendance de la nation. Invitez tous les habitants de la capitale, tous

les citoyens que le patriotisme y aura rassemblés, à se réunir dans les mêmes serments : six cent mille voix les répéteront autour de vous ; le même jour, à la même heure, le cri, *vivre libre ou mourir*, retentira d'un bout de l'empire à l'autre, et fera pâlir sur leurs trônes et les tyrans et leurs complices.

Puisqu'on a voulu que la confiance n'existât plus entre vous et les agents du pouvoir exécutif, une surveillance active et journalière devient le premier de vos devoirs : ordonnez donc aux ministres de rendre compte à vos comités, jour par jour, de tous les ordres qu'ils ont donnés, de ce qu'ils ont fait pour assurer l'exécution de la loi.

On vous dira que par là vous ralentissez la marche des affaires : mais ne vaut-il pas mieux que cette marche soit ralentie, que de se diriger contre la liberté? On vous dira que vous asservissez le pouvoir exécutif, et je répondrai que, toujours libre pour le bien, mais réduit, par cette surveillance, à l'impossibilité de nuire, c'est l'accuser que de croire le servir en s'y opposant. On vous dira que c'est détruire la responsabilité : mais ces mêmes ministres ne rendent-ils pas compte à un roi inviolable de toutes leurs opérations? n'agissent-ils pas en son nom? et en restent-ils moins responsables? Il serait absurde, sans doute, d'exercer une telle surveillance sur des ministres qui auraient de justes droits à la confiance des citoyens; mais elle est légitime, nécessaire même à l'égard de ceux contre lesquels s'élèvent de légitimes motifs de défiance : or, n'en est-ce pas un contre les membres actuels du conseil, que d'avoir

consenti à remplacer ou à ne pas imiter les ministres que vous avez déclaré avoir emporté les regrets
de la nation? ne serait-ce point trahir la patrie que
d'abandonner un seul instant à de telles mains le
sort de l'empire?

Oublierons-nous qu'une négligence, une inaction
de quelques jours peuvent nous réduire aux plus
cruelles extrémités? Formé par le parti de cet ancien ministère, qui voulait nous amener à une tran-
saction honteuse, en laissant à nos ennemis le temps
de rassembler leurs forces, en négligeant de préparer nos moyens de défense, qui nous répond que
le ministère actuel n'a point embrassé le même système? Le retard de la formation d'un camp, qu'il
convient lui-même être nécessaire, n'a-t-il pas été
jusqu'ici son unique opération? Quelles mesures
a-t-il prises pour empêcher les troupes prussiennes,
réunies aux émigrés, d'exécuter leur projet d'invasion? Pourquoi a-t-il mieux aimé vous cacher ce
projet, que de vous parler des moyens d'en rendre
le succès impossible? Ces ministres n'ont-ils pas
contre-signé et fait distribuer dans nos camps une
proclamation artificieuse et inconstitutionnelle?
n'ont-ils pas refusé ou négligé de renforcer l'armée
du brave Luckner? ne l'ont-ils pas contraint à une
retraite contraire à tous nos intérêts? n'ont-ils pas
agi comme les fidèles serviteurs du roi de Hongrie,
et non comme les ministres de la nation française?
ne sont-ils pas les protégés ou les protecteurs de ces
hommes qui ont tenté vainement de transformer les
soldats armés pour la défense de la patrie, en sa-

tellites d'une cabale de factieux ? n'ont-ils pas osé élever dans le château des Tuileries un tribunal d'inquisition politique ? et n'est-ce pas même porter trop loin l'indulgence, que de proposer de les surveiller quand, peut-être, il faudrait les accuser ?

Mais la loi n'a point encore prononcé la responsabilité solidaire du conseil.

Le ministre de l'intérieur est coupable d'avoir cherché à égarer le peuple et l'armée, à leur inspirer des terreurs imaginaires par la proclamation du 21 juin ; d'avoir employé, pour répandre ces terreurs, un moyen qui n'a été établi par la constitution que pour ordonner l'exécution de la loi. Ce même ministre est coupable d'avoir donné l'ordre d'employer même la violence pour empêcher les citoyens des départements de s'unir à ceux de la capitale dans une cérémonie paisible, à laquelle aucune loi précise ne leur défendait d'assister ; il est coupable d'avoir employé l'autorité de sa place pour répandre cet arrêté, dans lequel le directoire du département de la Somme levait l'étendard de l'indépendance, et donnait le signal de la dissolution de l'empire ; et, par conséquent, il est coupable d'attentat contre la sûreté de l'État et contre la tranquillité publique. Ainsi, ce ministre doit être accusé.

Le ministre de la guerre est coupable d'avoir refusé d'envoyer au maréchal Luckner les troupes dont il pouvait disposer, et en particulier les régiments en garnison à Paris, et d'avoir, par là, nécessité la retraite de Courtray. Ce ministre doit être encore accusé.

Mais un acte du corps législatif est aujourd'hui nécessaire pour étendre la responsabilité des ministres sur les délibérations du conseil, pour l'étendre à l'inaction, à la négligence, qui, dans les circonstances où nous sommes, deviennent de véritables crimes; enfin, pour rendre les ministres responsables des maux que le refus de sanctionner des décrets nécessaires pourrait entraîner. Car, si le refus de sanction est un acte libre de la volonté du roi, le ministre est libre aussi de quitter sa place; et s'il la conserve avec des moyens insuffisants pour la bien remplir; s'il la conserve pour perdre la chose publique; si, contre l'esprit de la constitution, il cherche à couvrir sa perfidie de l'inviolabilité royale, il est coupable, et il faut que la loi puisse l'atteindre. Ne serait-il pas dérisoire que si, par exemple, des armées étrangères pénétraient dans l'intérieur de l'État, si des refus de sanction arrêtaient tous les moyens de défense, et laissaient la nation en proie à ses ennemis, un ministre pût rester paisiblement dans sa place, et insulter aux désastres publics, en disant qu'il a employé les moyens que la loi a mis entre ses mains? Quoi! il ne sera pas coupable, s'il a pour prétexte le refus de sanction; et il le sera s'il n'a pour excuse que le refus de la signature du roi, souvent nécessaire aux ordres donnés en exécution de la loi?

Je demande qu'en particulier le ministre des affaires étrangères rende compte des *actes formels* par lesquels le roi s'est opposé, sans doute, à l'existence de cette *maison du roi de France*, instituée en Alle-

magne, de l'indignation qu'il a, sans doute, hautement témoignée contre cette violation inouïe des
lois mêmes de la guerre, contre cette insulte à son
caractère, à sa probité, contre cet outrage aux droits
des nations.

Il est important que ces *actes formels* ne soient
pas un secret entre les ministres français et ceux des
cours de Trèves et de Mayence. Il faut que la France
entière apprenne avec quelle fermeté, avec quelles
précautions, malheureusement nécessaires pour ôter
tout prétexte de révoquer en doute la sincérité de
ce désaveu, le roi a repoussé ces honteux secours
qu'on ne lui offre que pour l'avilir aux yeux de la
France et de l'Europe. Il est temps de savoir jusqu'à
quel point le roi est convaincu que ce zèle pour son
autorité cache un complot formé contre sa personne. Il est temps qu'il prononce d'une manière
positive, irrévocable, entre les faux amis qui le
trahissent, et une nation généreuse qui veut lui être
fidèle, si lui-même veut l'être enfin à tant de serments.

Rendez encore le ministre responsable, si ces
actes formels, exigés par la loi, ont été négligés ou
violés par des actes contraires; comme si, par
exemple, une partie de l'argent du peuple était employée à payer des rebelles au moment même où l'on
paraîtrait les désavouer, et qu'il vous eût caché cette
atteinte à la loi. En effet, puisque, d'après la constitution, vous ne pouvez exercer votre surveillance
au dehors que par les yeux des ministres, puisqu'ils choisissent les seuls agents que la nation

puisse y entretenir, ils ne peuvent se taire sur la
trahison, sans en devenir les complices; ils ne peuvent ignorer les faits publics sans être coupables de
négligence. Vous-mêmes, Messieurs, vous trahiriez
vos devoirs, si vous négligiez l'exécution d'une loi
si importante, placée dans la constitution comme la
sauvegarde sacrée de la liberté et des droits du
peuple; si vous paraissiez croire qu'elle ne prescrit
qu'une simple formalité, et non une conduite soutenue; si vous paraissiez ne pas sentir que des actes
solennels, démentis par des actions plus secrètes,
seraient une trahison de plus, et non l'accomplissement de la loi.

Dans toutes ces dispositions sur les ministres, la
constitution n'a mis aucun obstacle à l'exercice de
votre autorité. Les actes relatifs à leur responsabilité doivent être exécutés indépendamment de toute
sanction, et ils ont par eux-mêmes force de loi. On a
senti que si, par le silence des lois déjà faites, un
ministre pouvait se soustraire à la responsabilité, et
conspirer impunément contre l'État ou contre la liberté, par sa négligence ou par son inaction, cette
responsabilité ne serait plus qu'un vain nom : il fallait donc que les lois qui y soumettent les ministres
fussent indépendantes du pouvoir exécutif, et c'est
ce qu'a fait la constitution. Telle est la barrière
qu'elle a voulu opposer aux usurpations et aux intrigues ministérielles; tel est le remède qu'elle a préparé contre l'insuffisance des lois établies; il est impossible même de donner un autre sens à cet article
constitutionnel, si l'on ne veut pas supposer, dans

ceux qui l'ont rédigé, l'intention d'offrir au peuple une sûreté purement illusoire, d'avoir voulu le tromper, et non le servir.

Autrement la haute cour nationale se trouverait investie du droit exclusif de juger quelles actions peuvent, dans telle ou telle circonstance, compromettre la sûreté de l'État; et alors il n'y aurait point de milieu entre consacrer l'impunité des ministres, ou attribuer à cette cour un pouvoir presque arbitraire. Il ne faut pas confondre le droit judiciaire de déclarer si tel fait est dans le cas de la loi, avec le droit législatif de placer telle action en général au nombre des délits. Le tribunal peut bien décider que tel homme, par telle action, a compromis la sûreté nationale; mais ce serait confondre les pouvoirs que de laisser à des juges, quels qu'ils fussent, le droit de prononcer si, dans une circonstance donnée, telle classe d'actions expose ou n'expose pas cette sûreté.

Défendez aux administrateurs du trésor public de continuer de rien payer sur les six millions destinés à des dépenses extraordinaires et secrètes; car vous ne pouvez confier à un homme l'argent du peuple, quand vous ne pouvez plus être sûrs que cet argent sera employé pour la liberté. Séparez ensuite ce qui, dans cette somme, doit être employé à des dépenses nécessaires et publiques, mais exigées par les circonstances actuelles, de ce qui est véritablement destiné à des dépenses secrètes.

Ce nom exclut, sans doute, toute idée d'un compte public, mais il n'exclut point celle d'un compte rendu à un petit nombre d'individus. On exigeait

les comptes de ces sortes de dépenses, même sous
le despotisme ; ils existent dans les archives des affaires étrangères : ils sont devenus quelquefois des
pièces historiques. Ainsi, au lieu d'établir en principe qu'on n'en doit aucun compte, il faut bien
plutôt chercher comment ce compte doit être rendu,
et comment, en respectant le secret auquel nous
avons consenti, il serait cependant possible de s'assurer de la fidélité de l'emploi des sommes confiées,
et de prendre, pour les intérêts de la nation, les
mêmes précautions que les rois savent employer
pour la sûreté des leurs.

Ne souffrons pas, Messieurs, que même le plus
léger soupçon de corruption souille la pureté de
notre liberté naissante. Permettez-moi de vous le
répéter encore : le peuple cessera d'aimer la constitution, si on parvient à lui persuader que sa liberté
se borne à choisir ceux qui doivent être achetés.
Jamais il n'entendra cette politique honteuse, par
laquelle on concilie la liberté et la corruption, en
supposant que les fripons, pour leur profit même,
ne se vendent jamais qu'à demi ; qu'intéressés à ce
qu'on veuille les acheter, ils sauront garder assez de
liberté pour que leurs services ne perdent pas tout
leur prix, et qu'ils en ont eux-mêmes besoin pour
être sûrs de conserver le salaire de leurs crimes. Ces
sophismes, par lesquels, aux yeux d'une nation ac-
coutumée au système de la corruption, on peut en
pallier l'opprobre et le danger, ne séduiraient pas
des hommes que l'enthousiasme de la liberté anime
encore. D'ailleurs, les nations étrangères croiront-

elles à la permanence de nos efforts pour défendre
la constitution, si elles peuvent imaginer qu'un vil
intérêt exerce déjà son empire au milieu de nous?
Croiront-elles que celui qui se vend pour persécuter
un magistrat populaire, pour calomnier un ami de
la liberté, pour semer la division entre les citoyens,
ne se vendrait point s'il s'agissait de consentir à la
cession d'une province, ou d'accorder aux riches,
rassemblés dans une seconde chambre, le droit de
favoriser l'exercice arbitraire du pouvoir, et d'opprimer le reste du peuple? Ainsi, la corruption nous
serait également funeste, et par ses effets directs, et
par la seule opinion qu'elle peut exister.

Il faut donc avoir le courage d'attaquer cette opinion dans sa source, et vous en avez le moyen. Aucune loi, ni de l'assemblée constituante, ni de cette
assemblée, n'a dispensé l'administrateur de la liste
civile de rendre compte de sa gestion, et même, sous
cet ancien régime, si justement abhorré, toutes les
dépenses auxquelles la liste civile est affectée, comme
la splendeur du trône, les bâtiments, étaient soumises aux formes de comptabilité les plus sévères.
La seule cassette en était exceptée, et n'absorbait
qu'une somme très-modique; une grande partie
même de cette somme avait un emploi public, et à
l'abri de toute espèce de soupçon.

Pourrions-nous donc croire que l'assemblée constituante ait voulu établir une moindre sévérité que
celle de l'ancien régime, ou qu'elle ait pu concevoir
l'idée de recréer le livre rouge sous une forme nouvelle?

De ce qu'une dépense a un objet déterminé, n'en résulte-t-il pas, pour celui qui en fournit les fonds, le droit de savoir si cet objet est rempli?

Et puisque l'assemblée constituante a établi une liste civile pour le maintien de la splendeur du trône, n'est-il pas évident que les représentants du peuple sont en droit d'exiger la preuve qu'elle a été employée à cette destination consacrée par la loi?

Le roi d'Angleterre a aussi une liste civile; et personne n'ignore que cette liste, chargée des appointements de plusieurs fonctionnaires publics, et d'un grand nombre de charges que le roi ne peut supprimer, ne laisse à sa disposition qu'environ douze cent mille de nos livres. En effet, l'institution d'une liste civile de trente millions, sans aucune destination précise, détaillée, et dont il ne serait rendu aucun compte, ne peut pas même se présenter à la pensée d'un esclave, et l'absurdité politique ne peut aller jusque-là dans un homme de bonne foi.

Je demande donc que l'on ouvre une discussion sur la manière d'assujettir à des comptes, et les sommes accordées pour des dépenses secrètes, et l'emploi de la liste civile. Ouvrez cette discussion; rendez le décret qu'exigent de vous, et les dangers de la patrie, et l'honneur de la nation, et les règles de la justice la plus rigoureuse; et bientôt vous verrez ces obstacles qui s'élèvent de tous côtés sous vos pas, s'abaisser devant vous; et la France, que de coupables manœuvres ont divisée, ne présentera plus à vos yeux qu'une seule famille.

Jamais la nécessité de soustraire à toute influence

du pouvoir exécutif, et les administrateurs du trésor
national, et les membres du bureau de la comptabilité, et les chefs de l'administration des postes, et les
commissaires soit à la caisse de l'extraordinaire, soit
à la liquidation, ne s'est fait sentir avec plus de force.
Le moment est venu, où vous devez décréter que
ces fonctionnaires publics pourront être destitués
par un décret du corps législatif, et qu'ils seront
choisis à l'avenir par des électeurs qu'une élection
populaire aurait eux-mêmes nommés.

Parmi ceux qui ont réfléchi sur l'ensemble de la
constitution française, il n'en est aucun qui ne voie
qu'il manque à ce système un mode de nomination,
prompt et facile, pour les places dont il est dangereux de confier la disposition au pouvoir exécutif,
et qu'il est impossible de faire nommer par les départements isolés. L'établissement de ce mode de
nomination est nécessaire au maintien de la liberté,
comme à la sûreté générale de l'État; et c'est pour
cela seul qu'il trouvera toujours tant d'opposition
parmi ces hommes qui, au lieu de croire que le
peuple a conservé tous les droits dont une loi faite
en son nom, et consentie au moins par son silence,
ne l'a point privé, aiment mieux dire que le pouvoir
royal (qu'ils s'imaginent, sans doute, être descendu
du ciel) doit s'étendre à tout ce dont une loi positive ne l'a point dépouillé.

Supprimez alors le ministère des contributions
publiques, et réunissez-en les fonctions à celles des
commissaires de la trésorerie : par là vous détruirez
une foule de places inutiles, un double emploi qui

nuit à l'expédition des affaires, une concurrence qui peut en embarrasser la marche. Alors, tout ce qui tient à la recette de l'impôt, comme tout ce qui intéresse la dépense, sera soustrait à l'influence du pouvoir exécutif, sera dirigé par les officiers élus par le peuple, et vous aurez tari toutes les sources de la corruption.

Amis de la paix et du bon ordre, vous voulez que le peuple respecte la loi : vous voulez donc aussi qu'aucune inquiétude pour sa sûreté n'altère cette soumission, dont il a le sentiment dans le cœur comme sur les lèvres : car le peuple ne ment point. Eh bien ! il n'est qu'un moyen : c'est de lui montrer que ses représentants élus, dépositaires naturels de sa confiance, sont dignes de la conserver, et qu'ils ont réuni dans leurs mains toutes les forces nécescessaires pour maintenir ses droits, et sauver la liberté.

Tout annonce la nécessité de prendre contre les conspirateurs de nouveaux moyens de vigilance et de répression. M. Gensonné en a proposé, sur lesquels il est temps enfin de prononcer, et il ne serait pas difficile de prouver qu'ils s'accordent mieux que l'ordre actuel, avec l'esprit de la constitution ; qu'ils complètent le système des lois nécessaires pour maintenir la constitution publique ; qu'ils peuvent remplir l'objet pour lequel on les propose, ce qu'il est impossible d'espérer des lois actuelles ; car ces mêmes moyens conservent dans une plus grande intégrité les droits de la liberté individuelle ; qu'enfin il n'en résulte aucune confusion de pouvoirs.

Mais ce n'est point assez de veiller sur les conspirateurs : punissez ceux qu'enhardit une trop longue impunité. Décrétez que les biens des trois princes français soient sur-le-champ mis en vente, pour dédommager les citoyens, dépouillés au nom des rois, que ces princes ont excités à ravager leur patrie. Remplissez ce devoir d'une rigoureuse justice, et donnez au genre humain la consolation de voir une fois les auteurs de la guerre en partager les calamités, et en payer les malheurs.

· Vous pouvez trouver dans cette même mesure un moyen de punir ces orgueilleux coupables, en les forçant de contribuer eux-mêmes au perfectionnement de cette égalité contre laquelle ils ont conspiré. Que ces biens, quelle que soit leur nature, soient vendus comptant et par petites parties. Ils montent à près de cent millions, et vous remplacerez trois princes par cent mille citoyens propriétaires. Leurs palais deviendront la retraite du pauvre ou l'asile de l'industrie, Des chaumières, habitées par de paisibles vertus, s'élèveront dans ces jardins consacrés à la mollesse ou à l'orgueil. Demandez au ministre de la guerre l'état des officiers déserteurs ; demandez au ministre des affaires étrangères celui des agents perfides qui ont trahi la confiance de la nation ; celui des intrigants qui, dans les diverses cours de l'Europe, ont agi au nom des princes ; faites constater leurs délits, et que leurs biens soient dévoués au même usage. Mais plus de lâches ménagements : assujettissez à une responsabilité sévère les ministres, les administrateurs qui négligeraient

X. 32

l'exécution de cet acte d'une sévérité nécessaire.

Alors le peuple ne pourra plus dire que toute la rigueur des lois s'exerce contre lui seul, tandis que leur indulgence va chercher ses ennemis jusque dans les chaires du fanatisme ou dans le camp de Coblentz.

Mais vous avez encore, pour obtenir sa confiance et sa soumission aux autorités établies, des moyens plus sûrs que cet appareil formidable de la force publique, dont il est si facile d'abuser, et si dangereux ou si cruel de se servir ; que ces scènes honteuses et sanglantes, qui détruisent l'esprit public sans assurer la paix, et que des hommes féroces semblent chercher encore à renouveler jusque sous les portiques du temple de l'égalité.

Ces moyens, Messieurs, sont ceux par lesquels les hommes éclairés et vertueux subjuguent les hommes libres : de bonnes lois et de sages instructions.

Vos prédécesseurs ont établi les fondements de la liberté politique : faites jouir les citoyens de la liberté civile. Hâtez-vous d'achever de leur donner des moyens d'assurer leur état, qui ne gênent plus leur conscience ; affranchissez les fils de famille, abolissez les substitutions, détruisez les testaments ; établissez l'ordre de succession le plus favorable à la division des propriétés ; donnez aux mariages la plus grande liberté ; accordez aux enfants qu'on appelle illégitimes, les droits auxquels la nature les appelle ; établissez un système d'adoption qui permette aux hommes vertueux de s'unir entre eux par des liens de famille ; surtout permettez le divorce : faites cette loi si nécessaire à la conservation de la liberté, aux mœurs, à l'esprit public ; cette loi que la politique ordonne plus impérieusement encore que la philosophie. Organisez l'instruction et les établissements de secours publics.

Dans toutes les circonstances où vous voyez les ennemis de la patrie chercher à séduire le peuple, où vous voyez l'hypocrisie lui tendre des piéges, faites-lui entendre la voix de la vérité, à laquelle, depuis quatre ans, on l'a toujours trouvé si docile. On vous a proposé des instructions périodiques ; mais ce moyen, indiqué par des patriotes éclairés, a l'inconvénient de perdre bientôt sa force par l'infaillible effet de l'habitude, qui affaiblit toutes les impressions. Il aurait encore celui de mêler des objets différents dans un même ouvrage, et par là de partager l'attention, de n'obtenir qu'une partie de l'effet qu'on chercherait à produire. Ne vaudrait-il pas mieux que le remède fût appliqué à chaque mal, et précisément à l'époque où l'on s'aperçoit qu'il commence à devenir dangereux ?

En un mot, voulez-vous que le peuple soit paisible ; ne souffrez pas que, entouré de piéges, il soit calomnié, menacé, lorsqu'il laisse échapper une trop juste indignation : mais montrez-lui que vous veillez à sa sûreté comme à son bonheur ; qu'il vous voie sans cesse occupés de combattre ses ennemis ; qu'il ne vous croie plus les impassibles témoins de la nullité des ministres, de la perfidie de leurs bureaux, de la corruption de la cour, de la scélératesse des conseillers secrets du monarque, de

32.

l'effrayante léthargie du pouvoir exécutif; qu'il s'a-
perçoive que vous voyez tous ses dangers, et que
toute l'autorité qu'il vous a confiée, toute la force
qu'il a déposée dans vos mains, seront employées à
les détourner de lui. Alors, naturellement rappelé
à ses travaux nécessaires, par ce penchant à la confiance qui caractérise les Français, il attendra paisiblement le moment de déployer, pour cette égalité
qui est son seul orgueil, pour cette liberté qui fait
son bonheur, sa noble et brûlante énergie. Gardez-
vous de lui cacher les dangers de la patrie, car son
inquiétude les lui ferait paraître alors plus grands
qu'ils ne sont. Pour l'adoucir à l'égard de ses ennemis, ne calomniez pas, devant lui, ses défenseurs.
Ne lui présentez pas, pour l'effet de la séduction,
les mouvements tumultueux où l'amour de la liberté
l'entraîne quelquefois; ne cherchez point à refroidir
en lui ce courage dont la patrie n'est peut-être pas
éloignée d'avoir besoin; mais dites-lui la vérité tout
entière : vous la lui devez, et il est digne de l'entendre. C'est par là que, bientôt assurés de sa confiance, vous le serez à la fois de sa tranquillité et
de son ardeur. C'est par là que vous obtiendrez de
lui que, se reposant sur vous de ses intérêts, il at-
tende dans le calme ce que vous aurez à lui demander au nom de la liberté et de la patrie.

Dans presque toutes les constitutions libres, ou
prétendant l'être, on a vu les tribunaux judiciaires
et la force armée s'efforcer, tantôt de s'ériger en
pouvoirs politiques, tantôt d'agrandir leur influence,
en s'unissant à l'un de ceux que la constitution avait

établis. A peine quelques mois se sont passés depuis que la loi a fixé pour nous les limites des pouvoirs; et déjà nos juges, nos généraux, trangressent ces limites; déjà ils cherchent à se créer un empire que la loi ne leur a pas donné.

Les juges, trop faibles pour agir seuls, semblent s'offrir au pouvoir exécutif, pour établir entre lui et les législateurs une balance anarchique. Ils sont tout prêts à recréer, sous les formes judiciaires, les lettres de cachet et les bastilles. De juges des citoyens, ils s'érigent en juges des pouvoirs politiques; et sous prétexte de les juger, bientôt ils sauraient les dominer et les remplacer.

Ordonnez, Messieurs, à votre commission extra-ordinaire de vous rendre compte de cette corruption précoce du pouvoir judiciaire, qui, de cette ville, où déjà elle se montre avec une audace scandaleuse, menace de se répandre bientôt dans tout l'empire.

Pendant les dissensions qui s'élevèrent entre Cromwel et le parlement d'Angleterre, l'amiral Blake commandait une flotte contre la Hollande; on essayait aussi d'y semer la discorde : *Messieurs,* dit Blake aux officiers et aux soldats, *ce n'est pas à nous à connaître des affaires d'État, et à nous mêler du gouvernement, mais à faire notre devoir, de manière que les étrangers ne puissent profiter de nos folies et de nos divisions.*

Tel doit être le seul sentiment du chef d'une force militaire.

Vous sentez tous, en effet, Messieurs, combien

serait coupable un général qui, placé à la tête d'une
armée, et négligeant les soins qui lui sont confiés,
s'occuperait de censurer la conduite des représentants du peuple, d'insulter à leurs décisions, de calomnier leurs principes, encouragerait le roi dans
une conduite destructive de cette union des pouvoirs, si désirée par tous les amis de la liberté, et
semblerait vouloir s'élever, comme une puissance
nouvelle, entre les représentants du peuple et le roi,
entre eux et la nation.

Vous sentez combien il le serait plus encore, si,
désertant son poste devant l'ennemi, il venait auda-
cieusement, au nom de ses soldats, dicter les conditions auxquelles ils voudront bien servir la patrie,
et placer les dépositaires de la volonté nationale
entre leur devoir et la crainte de voir les frontières
abandonnées.

Et que deviendraient, d'ailleurs, cette confiance
universelle, cette discipline, ce concert de volontés,
nécessaires dans les armées, si les généraux eux-
mêmes les agitaient par des discussions politiques,
les tourmentaient de leurs factions personnelles?

Que cet exemple dangereux, qui vient de souiller
la quatrième année de la liberté française, vous
éclaire du moins sur l'avenir. Défendez toute adresse,
toute pétition du chef quelconque d'une force armée,
si elle n'a pour objet ou ses intérêts particuliers, ou
les fonctions de son emploi. Défendez surtout à un
général toute négociation, toute proposition de paix
ou d'accommodement avec une puissance ennemie,
s'il n'y est spécialement autorisé sous les formes cons-

titutionnelles, et si le corps législatif n'en a été instruit par le roi, à qui seul la constitution donne le
droit d'entàmer des négociations.

Éloignons de nous pour jamais cette influence du
pouvoir militaire, qui déjà tant de fois a perdu la
liberté, ou l'a étouffée dès sa naissance. Rappelons-
nous les attentats de ces généraux romains, qui
détruisirent la république après l'avoir longtemps
opprimée, et qui se vantaient aussi de maintenir les
lois et d'assurer l'obéissance aux magistrats légitimes. Rappelons-nous qu'en écrivant au sénat, César
parlait aussi du droit de résister à l'oppression. Rappelons-nous ce double exemple donné dans un si
court espace de temps par l'Angleterre, où, après
qu'un général eut détruit, pour lui-même, la liberté
qu'il avait d'abord servie, un autre général fit encore semblant de la servir, pour la sacrifier plus
lâchement à un roi.

Mais tous ces moyens, Messieurs, c'est notre
union seule qui peut leur donner une force impo-
sante. Il ne s'agit point ici de sacrifier nos opinions
ou nos sentiments, mais de ne plus retarder, de ne
plus troubler, par nos passions, une activité, un
ensemble de conduite, nécessaires au salut public.
Oublions les individus, pour ne voir que la nation; oublions quelques hommes qui veulent devenir les maîtres, pour ne songer qu'à vingt-cinq
millions de citoyens, qui ne demandent qu'à rester
libres.

Le parti du ministère de 1791, si puissant dans
l'assemblée constituante, pendant les derniers mois

de sa session, a voulu exercer son influence parmi
nous : s'il n'a pu nous gouverner, il est du moins parvenu à nous diviser. C'est lui qui, au lieu de chercher,
dès l'instant de l'acceptation du roi, à dissiper les
rassemblements des émigrés, à dissoudre la ligue des
puissances étrangères, n'a vu, dans ces dangers de la
patrie, que des moyens utiles à ses projets. C'est lui
qui, par sa négligence et ses ménagements pour des
traîtres, a su atténuer et retarder tous nos moyens
de défense. C'est lui qui, par ses insinuations secrètes, comme par sa conduite publique et par ses
écrivains mercenaires, est parvenu à faire regarder,
dans les pays étrangers, la France entière, unie
pour la défense de la liberté, comme une faction
tyrannique, odieuse à la nation même. C'est lui
qui, après avoir accusé les amis de l'égalité de
vouloir détruire la constitution, forcé de renoncer
à cette calomnie, devenue trop absurde, s'élève
aujourd'hui hautement contre cette même constitution, et cherche, en insinuant la nécessité d'une
seconde chambre, à semer la discorde entre les pauvres et les riches, entre les citoyens propriétaires
et ceux qui ne le sont pas. C'est lui qui s'est constamment opposé à toutes les mesures nécessaires
pour réprimer le fanatisme, assurer la tranquillité
intérieure, effrayer les conspirateurs, et, par conséquent, non moins nécessaires pour dissiper les
craintes, pour calmer les esprits, pour ramener la
paix. C'est lui qui, dans la capitale, dans les départements, a mis la division entre les corps administratifs et les municipalités, qui cabale dans nos armées

comme dans nos villes, dans les sociétés particulières, et jusqu'au sein de nos familles. C'est lui qui,
en persécutant les sociétés populaires, parce qu'elles
ont su le démasquer, parce qu'elles sont le plus
grand obstacle aux projets des ennemis de l'égalité,
a perpétué, dans ces sociétés, l'agitation et l'esprit
de défiance. C'est lui qui, multipliant sans cesse les
calomnies et les fausses accusations, a répandu partout l'inquiétude et le trouble ; également coupable,
et du mal qu'il fait directement, et de celui que peuvent commettre les citoyens tourmentés par ses manœuvres, indignés de ses perfidies. C'est lui qui,
dès les premiers jours de votre réunion, et même
dans ceux qui l'ont précédée, irrité de vous trouver
fermes, vigilants, incorruptibles, s'est occupé, sans
relâche, d'avilir cette assemblée nationale, autour de
laquelle il craignait de voir la nation entière se rallier.
C'est lui qui nous reproche d'avoir voulu la guerre,
et qui seul est parvenu à la rendre inévitable. C'est
ce parti qui, se plaignant sans cesse de l'inexécution
des lois, du peu de respect pour les autorités établies, de l'agitation des esprits, des mouvements ir-
réguliers du peuple, est lui-même la véritable cause
de ces maux qu'il exagère. C'est lui, enfin, qui, ca-
lomniant le peuple au lieu de le rassurer, le menaçant au lieu de l'éclairer, ne veut d'esprit public
qu'avec l'anarchie, ou de soumission à la loi qu'avec
l'avilissement et la terreur. Et dans ce moment,
Messieurs, n'est-ce pas encore à ce même parti qu'il
faut attribuer, et toutes les perfidies du ministère
actuel, et toutes les cabales qui agitent nos armées?

Balanceriez-vous entre quelques hommes et la patrie?
Rappelez-vous ce jour où la liberté de Rome fut sauvée
encore une fois, où l'on vit le sénat, agité par des
factions, divisé par des haines, se réunir tout entier
à la voix de l'orateur de la patrie, se séparer des
complices de Catilina, et les laisser seuls, étonnés de
leur solitude et de leur faiblesse.

Abjurons pour jamais cette cause fatale de nos divisions, de toutes celles qui peuvent troubler la
France. Unissons-nous pour la pacifier et la défendre:
son danger nous en fait un devoir sévère et pressant.
Il nous faut des armées de réserve entre Paris et les
frontières; il faut augmenter celles qui les défendent; il faut des agents du pouvoir exécutif, à qui la
confiance du peuple permette d'agir avec activité,
et sur qui l'assemblée puisse se reposer des détails; il
faut que le désir de nous gouverner de loin dispa-
raisse enfin de nos armées, et cesse d'y entretenir
le désordre et l'inaction. Voilà ce qui demande tous
nos soins, toute notre vigilance; voilà les objets
pour lesquels nous devons réunir toutes nos forces.
La patrie est en péril; c'est à elle, c'est à elle seule
que nous devons désormais appartenir tout entiers.

Opposons aux ennemis du peuple la force impo-
sante du vœu unanime de ses représentants.

Portons au roi les véritables sentiments de la nation française; qu'il apprenne de nous à quel point
il est tompé, et par le parti de ses anciens ministres,
et par ces conseillers plus secrets, dont ce parti
n'est peut-être lui-même que l'instrument crédule.

Montrons-lui qu'il ne peut espérer de tranquillité

ou d'honneur qu'en défendant franchement, hautement, avec nous, la cause de la liberté; qu'en unissant ses sentiments et sa volonté, aux sentiments,
à la volonté de la nation.

Osons espérer encore qu'il sera touché des maux
auxquels il expose la patrie, et que nous ne le trouverons pas insensible à la gloire de la sauver.

PROJETS DE DÉCRETS.

*Acte du corps législatif sur la responsabilité des
ministres.*

L'assemblée nationale, considérant que la tranquillité intérieure et la sûreté de l'État sont menacées par des ennemis qui abusent du nom du roi
contre la nation et contre le roi lui-même, et que de
telles circonstances exigent une surveillance extraordinaire, décrète ce qui suit :

ARTICLE PREMIER.

Les ministres rendront compte, chaque jour, aux
comités de l'assemblée nationale, de l'exécution des
lois ou des ordres donnés par eux pour le maintien
de l'ordre public et la défense de l'État : savoir, le
ministre de la justice et celui de l'intérieur, à la commission extraordinaire; celui de la guerre, au comité
militaire; celui de la marine, au comité de marine;
celui des affaires étrangères, au comité diploma-

tique; celui des contributions publiques, au comité
de l'ordinaire des finances.

II.

L'assemblée nationale déclare que, dans le cas où
la sanction serait refusée à un décret portant expressément qu'il a été jugé nécessaire à la sûreté de
l'État ou à la tranquillité publique, les ministres seront responsables des désordres qui en pourront résulter. Il en sera de même dans le cas de la suspension de sanction, si elle excède le terme de trois
jours.

III.

L'assemblée nationale charge le ministre des affaires étrangères de lui rendre compte des actes *formels* par lesquels, aux termes de la constitution, le
roi s'est opposé à l'existence d'un corps militaire
formé en Allemagne sous le nom de *gardes du corps
du roi de France*, à celle des régiments qui prennent
le titre de régiments français, et aux traités passés
en son nom avec des princes de l'Empire, pour
prendre des régiments au service de la France.

IV.

L'assemblée nationale déclare coupable d'avoir
compromis la sûreté de l'État, le ministre des affaires
étrangères qui négligerait d'informer l'assemblée des

démarches contre la constitution et la tranquillité de l'État, que des traîtres se permettraient de faire, au nom du roi, dans les divers pays de l'Europe; déclare coupables du même délit les envoyés de France auprès des puissances étrangères, qui, instruits de ces démarches, négligeraient d'en instruire le ministre.

V.

L'assemblée ordonne au ministre de l'intérieur de lui rendre compte de l'existence d'un acte, contraire au décret sanctionné par le roi, sur le licenciement de sa garde, et signé d'*Hervilly*.

Acte du corps législatif sur la responsabilité des généraux.

L'assemblée nationale, considérant combien il est à désirer que les commandants des armées obtiennent la confiance de leurs soldats, et combien en même temps il serait à craindre qu'ils n'abusassent de cette confiance, s'ils ne se bornaient pas rigoureusement aux fonctions du commandement; considérant que cette même confiance ne pourrait subsister dans une armée d'hommes libres, si les généraux, cherchant à influer sur les discussions politiques, s'exposaient au soupçon d'être animés par des vues particulières, et d'avoir d'autres intérêts que celui de défendre la patrie; considérant que l'influence politique de la force armée a détruit la liberté chez tous les peuples qui ont négligé de s'y opposer par toute l'autorité des lois et de l'opinion publique, déclare :

1° Que tout général qui présentera, soit à l'assemblée nationale, soit au roi, ou à toute autre autorité constituée, des adresses ou pétitions qui n'auront pour objet ni ses intérêts particuliers, ni les fonctions de son emploi, sera regardé comme coupable d'attentat contre la liberté générale ;

2° Que tout général qui entrera en négociation avec les agents d'une puissance ennemie, sans une autorisation expresse du roi, et sans que cette autorisation ait été communiquée au corps législatif, et confirmée par lui, sera réputé coupable d'attentat contre la sûreté de la nation ;

3° Que tout général qui abandonnera son armée pour proposer ou demander, de quelque manière que ce soit, des lois ou des mesures étrangères à ses fonctions militaires, sera réputé coupable de trahison.

Décret sur les biens des émigrés.

L'assemblée nationale, considérant qu'elle ne peut attribuer la guerre injuste, suscitée contre la France, qu'aux intrigues des Français ennemis de la liberté et de leur patrie ; considérant que ces mêmes Français, en prenant les armes, ont augmenté, sinon les dangers, du moins les dépenses de la guerre, et que, d'après ces faits incontestables, elle se rendrait injuste envers les citoyens fidèles, si elle ne se hâtait de consacrer aux frais de la guerre les biens des traîtres qui en sont les instigateurs et les instruments, décrète qu'il y a urgence.

L'assemblée nationale, après avoir décrété l'urgence, décrète ce qui suit:

ARTICLE PREMIER.

Les biens des princes français, décrétés d'accusation, seront vendus au profit de la nation, pour être employés à dédommager les citoyens dont les propriétés auront été détruites par les ennemis de l'État.

II.

Ceux à qui, malgré leurs pertes, il resterait un revenu net de 6,000 livres, n'auront aucune part à ces dédommagements. Pourront néanmoins être exceptés de cette disposition, par un décret du corps législatif, les fonctionnaires publics, ou autres, dont les biens auront été détruits par l'effet d'une vengeance exercée contre eux pour les punir de leur zèle.

III.

Toute substitution en faveur d'un prince français, non actuellement résidant dans le royaume, est déclarée nulle.

IV.

Ces biens seront vendus par petites portions,
toutes les fois que la division ne sera pas rigoureusement impossible.

V.

Le ministre de la guerre sera tenu de présenter la
liste des officiers déserteurs ; et le ministre des affaires étrangères, celle des Français qui ont conspiré contre leur patrie dans les cours étrangères,
des envoyés de France qui, après avoir été destitués, ne sont pas venus rendre compte de leur conduite ; pour que, après leur délit constaté, leurs biens
soient mis en vente pour la même destination, et
sous la même forme.

VI.

Le comité des domaines présentera, dans trois
jours, un projet de décret sur la forme et les conditions de ces ventes, les moyens d'assurer les droits
des femmes, des enfants, des créanciers.

*Décret sur l'ordre à établir dans les dépenses pu-
bliques.*

1º Le comité des finances présentera incessamment un projet de décret sur le mode de compta-

bilité à établir pour les sommes qui ont été ou pourront être destinées à des dépenses secrètes, et pour l'emploi de la liste civile.

2° Jusqu'au moment où le mode de ce compte sera réglé, il est défendu aux commissaires de la trésorerie de payer, au ministre des affaires étrangères, aucune somme à compte sur les six millions destinés à des dépenses extraordinaires et secrètes.

3° L'administrateur de la liste civile sera tenu, sous peine d'être poursuivi comme dilapidateur des deniers publics, de faire parapher, par les commissaires de la trésorerie, ses registres de dépenses, à compter du mois d'octobre 1791 inclusivement, avant de pouvoir former la demande d'aucun nouveau payement.

Décret sur la nomination ou la destitution des administrateurs des deniers publics.

L'assemblée, considérant qu'il importe au maintien du crédit national et à la tranquillité de l'État, que l'administration du trésor public, l'examen des comptes de la recette et de la dépense, le travail de la liquidation, la manutention de la caisse de l'extraordinaire et l'administration des postes, ne puissent être exercés que par des hommes investis de cette confiance, qu'un choix populaire peut seul donner ; après avoir décrété l'urgence, décrète :

1° Les commissaires de la trésorerie, les membres du bureau de la comptabilité, les administrateurs des postes, les commissaires à la liquidation et à la

X.   33

caisse de l'extraordinaire, ne pourront être nommés à l'avenir que par des électeurs immédiatement ou médiatement choisis par le peuple.

2° Ils pourront être destitués par un acte du corps législatif, sans aucune concurrence du pouvoir exécutif.

3° Ils ne pourront être destitués que par un acte du corps législatif, ou pour forfaiture jugée.

4° Le mode d'élection et de destitution sera incessamment réglé par une loi.

5° La place de ministre des contributions publiques est supprimée, et les fonctions en seront remplies par les commissaires de la trésorerie.

Le président du comité sera chargé du portefeuille; mais il n'aura point l'entrée au conseil.

Projet de message au roi.

Sire,

Les représentants du peuple ont juré de vous être fidèles; et ce serment ne peut être, pour eux, que celui de vous dire la vérité.

En acceptant la constitution, vous n'avez pu séparer les pouvoirs qu'elle vous donne des devoirs qu'elle vous impose; et l'obligation de désavouer, *par un acte formel*, toute force armée, employée, en votre nom, contre la nation française, est le premier, le plus sacré de ces devoirs.

Sire, c'est en votre nom que le roi de Hongrie, et ses alliés, nous ont attaqués; c'est en votre nom que des Français rebelles ont sollicité leurs secours, et s'unissent à eux pour désoler leur patrie; et ces Français rebelles, ce sont vos parents, vos courtisans, ce sont ces officiers déserteurs qui se vantent de ne voir la patrie que dans vous seul. Le premier de nos ennemis étrangers vous est attaché par les liens du sang; votre nom se trouve mêlé à toutes les conspirations qui se trament contre la liberté; et, lorsque des circonstances si multipliées, si effrayantes, se réunissent contre la sûreté de l'État, des conseillers perfides oseraient-ils vous tromper au point de vous persuader que, par la proposition de la guerre, par une tardive notification aux puissances étrangères, vous avez satisfait au vœu de la loi, et qu'un acte formel qui serait démenti par votre conduite, suffirait pour remplir vos obligations et vos serments?

Non, sire, cet acte formel, si toutes vos actions n'y répondent point, ne peut être regardé que comme un outrage de plus à la nation, comme la violation, et non comme l'accomplissement de la loi.

Et cependant, sire, où sont les marques de votre indignation contre les Français rebelles qui, au dedans comme au dehors de l'empire, abusent de votre nom?

Ne vous êtes-vous point opposé, par des refus de sanction, aux mesures de vigueur que l'assemblée nationale avait cru nécessaire d'employer contre les conspirateurs? Ces émigrés qui se vantaient de soutenir votre cause, se sont assemblés paisiblement sur nos frontières, sous les yeux des envoyés de France, nommés par vous; et vous avez gardé le silence! Ces émigrés ont fatigué toutes les cours de leurs intrigues; et vos désaveux timides, si même ils existent, ont été moins publics que leurs machinations; et quand l'assemblée nationale, à qui vous aviez laissé ignorer les dangers de l'État, s'est réveillée au bruit menaçant des armes étrangères, qu'a-t-elle appris de vos ministres, sinon l'aveu de leur inaction et de la nullité de leurs préparatifs?

Ce ministère, dont l'inertie coupable avait multiplié nos ennemis, et atténué nos moyens de défense; ce ministère, qui ne cachait même, ni son indulgence pour les fanatiques séditieux, ni ses ménagements pour les rebelles de Coblentz, ni sa prédilection pour l'alliance autrichienne; ce ministère, forcé de céder à l'indignation publique, n'a disparu qu'en apparence; et par une lettre, qu'au moment de sa chute il a eu la perfidie de vous faire souscrire, vous vous êtes, en quelque sorte, déclaré son complice. Les ministres patriotes, qui voulaient que la tranquillité intérieure fût rétablie, qui demandaient une mesure de défense nécessaire à la sûreté de la capitale, à la vôtre, sire, si les ennemis de la liberté sont aussi les ennemis du roi; ces ministres ont été renvoyés et remplacés par des hommes en qui la nation ne peut voir que les créatures de ce ministère corrompu, déjà réprouvé par elle.

La France n'est pas tranquille; mais, sire, pourquoi, au lieu de ne voir dans ces mouvements ir-

réguliers des citoyens que les justes inquiétudes d'un
peuple généreux qui craint pour sa liberté, vous fait-
on parler le même langage que nos ennemis, et tra-
vestir en faction, la réunion des Français dans le
saint amour de l'égalité et de la liberté?

Pourquoi, lorsque, éclairé sur l'esprit vraiment
factieux que l'on avait su répandre dans votre garde,
vous avez sanctionné le décret qui en ordonnait le
licenciement, vous a-t-on fait approuver, en quelque
sorte, par un acte contraire à la loi, les mêmes manœuvres que vous aviez flétries par un autre acte,
revêtu des formes légales? Pourquoi, lorsqu'un général vient, au mépris des lois, parler aux représentants de la nation au nom de son armée, êtes-vous
encore le prétexte de cet outrage à la souveraineté
du peuple?

Pourquoi, lorsqu'un de ces mouvements souvent
utiles dans un temps de révolution, irréprimables
sous une constitution libre, a troublé votre repos
pendant quelques heures; lorsque votre courage
calme, inaltérable, vous montrait à la France digne
de commander aux orages populaires, et d'entendre
la voix de la raison, avez-vous, dès le lendemain,
abdiqué ce grand caractère, pour vous montrer, au gré
de vos lâches conseillers, l'accusateur de ceux que
vous aviez accueillis, le dénonciateur de ceux dont
vous aviez accepté le secours? Pourquoi n'avez-vous
pas voulu continuer d'être vous-même? Pourquoi,
lorsque vous aviez bravé au moins l'apparence du
danger, avez-vous attendu le moment où elle n'existait
plus, pour donner aux nations étrangères, comme

à nos armées, l'idée d'une contrainte imaginaire, et préparer un prétexte aux entreprises des ambitieux comme au machiavélisme des tyrans?

Vous vous plaignez, sire, du peu de confiance du peuple : réfléchissez sur cette conduite que des perfides vous ont inspirée ; et prononcez entre vous et lui.

Choisissez, sire, entre la nation qui vous a fait roi, et des factieux qui se disputent le partage de votre pouvoir. Que la cabale de vos anciens ministres s'éloigne de vous ; que ces confidents secrets qui vous donnent des conseils plus dangereux encore, cessent de menacer la liberté ; que la révolution qui s'est opérée dans l'empire français se fasse enfin dans votre cour ; que l'égalité constitutionnelle y remplace l'orgueil féodal ; que les familles des rebelles ne remplissent plus votre palais ; qu'elles ne soient plus l'unique société des personnes qui vous sont chères ; que des patriotes forment seuls votre conseil, et que ce conseil public ait seul votre confiance !

Vos esclaves vous diront que ces hommes indiqués par l'opinion nationale ne seront pas attachés à votre personne ; qu'ils seront les officiers du peuple et non les serviteurs du roi. Mais, sire, tous vos intérêts personnels, celui de votre repos, celui de votre gloire, ne sont-ils pas liés à la cause de la liberté ? Quel serait donc votre sort dans la France triomphante et libre malgré vous ? Et si nous succombions sous tant d'ennemis conjurés, quel serait encore votre sort dans la France sanglante et démembrée, qui vous accuserait seul de ses malheurs et de ses pertes ?

Parmi les causes des troubles qui nous agitent, la voix publique a placé depuis longtemps l'usage honteux et funeste que de lâches corrupteurs osent faire de votre liste civile. Cette voix peut se tromper ; mais tant que le soupçon subsiste, la confiance ne peut renaître ; et c'est uniquement en publiant l'emploi, sans doute légitime, de ce trésor dangereux, que vous pouvez la reconquérir.

Votre conscience, sire, doit rester libre ; mais si elle vous attache à un culte dont les ministres ont inondé la France de conspirateurs ; si elle vous attache à un culte dont les docteurs ont tant de fois fait un devoir de la trahison et du parjure ; si elle vous attache à un culte dont les prétendus outrages sont aussi un des prétextes de nos ennemis, croira-t-on que vous avez rempli le devoir imposé par la loi au roi des Français, quand des prêtres fanatiques cabalent dans votre palais, quand vos refus répétés anéantissent tous les moyens de prévenir ou de réprimer leurs fureurs ?

Nous vous avons rappelé, sire, les obligations sévères auxquelles la constitution vous a soumis, lorsque des ennemis perfides s'armeraient en votre nom contre la liberté ; et vous nous épargnerez sans doute la douleur de vous y trouver infidèle.

RAPPORT

FAIT AU NOM D'UNE COMMISSION EXTRAORDINAIRE,

A L'ASSEMBLÉE NATIONALE,

SUR UNE

PÉTITION DE LA COMMUNE

DE PARIS,

TENDANTE A LA DÉCHÉANCE DU ROI.

9 AOUT 1792.

On lit, au procès-verbal de la séance du 9 août (page 580), que l'Assemblée législative décréta l'impression du *Rapport* et du *Projet d'adresse* ou *Instruction*, et remit la discussion à vingt-quatre heures après la distribution de ces deux documents. Peut-être les événements du 10 et l'adoption de l'*Exposition des motifs* du 13 août (voyez page 545), firent-ils négliger l'impression. Ni l'une ni l'autre de ces deux pièces ne se trouvent aux archives du royaume, parmi celles qui sont annexées au procès-verbal de la séance. L'*Instruction* seule a été imprimée, d'après un manuscrit de Condorcet, dans ses œuvres, en 1804. Quant au *Rapport*, nous l'imprimons sur un manuscrit, de la main de Condorcet. Le *Courrier français* du 11 août 1792 n'en donne que l'analyse.

RAPPORT

SUR UNE

PÉTITION DE LA COMMUNE

DE PARIS,

TENDANTE A LA DÉCHÉANCE DU ROI.

———————

MESSIEURS,

Vous avez renvoyé à votre commission extraordinaire la pétition présentée, au nom de la commune
de Paris, sur la déchéance du roi, et par là vous
l'avez chargée d'examiner une de ces questions difficiles et dangereuses, dont la solution peut influer
sur le sort de la génération présente et sur celui de
la postérité.

De grands malheurs peuvent résulter de votre
résolution, quelle qu'elle puisse être; et ce n'est pas à
la France seule, c'est à l'Europe entière, c'est à la postérité que vous avez à répondre. Il faut que l'évidence des motifs qui vous auront déterminés, la fermeté et la prudence des mesures qui accompa-
gneront votre décision, forcent et vos concitoyens et
les nations étrangères à reconnaître votre sagesse, à
estimer votre courage.

Votre comité aurait mal répondu à votre confiance s'il n'avait pas embrassé la question dans toute son étendue, s'il ne l'avait pas envisagée sous tous ses rapports; s'il avait proposé de la décider avant d'avoir arrêté vos regards sur toutes les mesures que chacune des manières de la résoudre peut rendre nécessaires.

Il a donc cru devoir vous présenter d'abord un tableau général des questions que fait naître l'examen de la question générale; les conséquences qui résultent des diverses manières de la décider; enfin, les différentes espèces de mesures que le salut public peut exiger.

La constitution ne parle dans aucun article de la déchéance du roi; mais elle détermine plusieurs cas où il est *censé avoir abdiqué,* et c'est ce qu'elle appelle une *abdication légale.*

Dans le cas d'absence prolongée au delà du terme fixé par la constitution, de la rétractation du serment, du délit de se mettre à la tête d'une armée ennemie agissant en son nom, dans celui où il n'existerait de la part du roi des Français aucun désaveu de cette entreprise, il est évident sans doute que le corps législatif pourrait déclarer l'abdication légale.

Mais il s'agit de violations du serment sans qu'il eût été rétracté, d'une connivence avec l'ennemi, malgré des désaveux publics; comme alors vous n'avez plus de faits évidemment notoires, comme il faudrait à la fois obtenir la preuve des faits allégués et juger si la loi peut s'y appliquer, vous auriez à porter un véritable jugement, et la première question à résoudre est de savoir si la constitution vous en donne le pouvoir.

Supposons qu'elle soit décidée affirmativement, alors vous avez à examiner à quelles formes ce jugement doit être assujetti, et comment vous pourriez suppléer au silence de la constitution.

L'abdication légale amènerait une régence; mais si les princes français à qui elle serait dévolue ne l'acceptaient pas; s'il fallait élire un régent, dans l'intervalle qui s'écoulerait jusqu'à sa nomination, le pouvoir exécutif serait exercé par les ministres qui se trouveraient en place, au moment où l'abdication légale serait déclarée. Tel est le vœu de la constitution. Mais divers événements peuvent empêcher les ministres de remplir leurs fonctions : ils peuvent ne pas vouloir les continuer; il peut être dangereux de les leur conserver, et il devient nécessaire de déterminer d'avance un mode de remplacement, une organisation du pouvoir exécutif qui puisse lui faire obtenir la confiance des citoyens.

Si maintenant on suppose que vous ne croyez pas avoir ce pouvoir de juger, et que cependant vous croyez le salut public menacé par la trahison ou l'inertie volontaire du chef du pouvoir exécutif chargé de veiller à la sûreté de la nation, pouvez-vous négliger de l'avertir de ses dangers? Comme tous les pouvoirs émanent d'elle seule, comme elle n'a pu abdiquer le droit de les retirer, lorsqu'au lieu d'être exercés pour son utilité, ils le sont pour sa perte, ne devez-vous pas lui rappeler et ses intérêts et ses droits?

Si maintenant un examen réfléchi de la conduite
du roi vous en fait sentir la nécessité sous peine d'a-
voir trahi la cause du peuple, vous croirez-vous en
droit de fixer la forme sous laquelle la nation doit
émettre son vœu, et de déterminer l'objet précis
sur lequel elle doit délibérer? Ou plutôt, ne devez-
vous pas vous borner à l'instruire, à l'inviter?

Cependant alors, laisserez-vous au chef du pouvoir exécutif l'exercice de ses fonctions, au moment
même où vous déclareriez à la nation qu'il l'a trahie? La constitution vous donne-t-elle le droit de le
suspendre provisoirement, et suffit-il qu'elle ne
vous l'ait pas formellement refusé, et que ce droit
en découle, par une interprétation conforme à la
raison comme à l'intérêt public? Si vous vous
croyez autorisés à prononcer cette suspension, la
nécessité de fixer un mode d'organisation pour le
ministère, se représentera de nouveau.

Enfin, supposons ou que vous pensiez ne pas devoir consulter la nation, ou que vous vous croyiez
obligés de laisser l'exercice du pouvoir entre les
mains du roi jusqu'à ce qu'elle ait prononcé, la loi
impérieuse du salut public ne vous oblige-t-elle pas
à employer des mesures extraordinaires de surveillance, à vous efforcer d'enlever au pouvoir exécutif
par des lois sévères, tous les moyens de favoriser
les nations étrangères, de semer le trouble dans l'intérieur, et d'employer, pour perdre la chose publique, l'autorité qu'il a reçue pour la sauver? Ces
mesures peuvent-elles être suffisantes? Ces lois
peuvent-elles avoir une efficacité salutaire?

Enfin, une partie au moins de ces mesures n'est-elle pas nécessaire, même pendant le temps de vos discussions?

Tel est, Messieurs, le tableau des questions que votre comité a cru devoir discuter; des objets sur lesquels il a cru devoir étendre ses travaux, et il n'en est sans doute aucun dont vous ne sentiez l'importance et la difficulté.

Il vous reste ensuite à examiner les faits imputés au roi, non plus avec ce zèle d'une surveillance active dans l'exercice de laquelle c'est presqu'un devoir de s'inquiéter pour la chose publique, mais avec l'impartialité qui convient à des juges, avec la maturité qu'exige l'importance des décisions que vous allez prendre.

Quelque parti que vous preniez, Messieurs, car sans doute vous ne vous bornerez pas à des résolutions insignifiantes et faibles, vous n'abandonnerez pas la patrie au hasard des trahisons et des intrigues de la cour; quelque parti que vous preniez, vous serez accusés de vouloir usurper le pouvoir et d'avoir violé la constitution. Déjà le premier reproche ne s'annonce-t-il pas dans une proclamation insidieuse, où l'on parle d'union, et où l'on n'a rien négligé pour réveiller les haines, pour souffler la discorde? Vous devez donc chercher tous les moyens d'éviter jusqu'au plus léger soupçon de ces imputations.

Forcés de marcher sur les limites qui séparent de l'usurpation l'usage légitime de vos pouvoirs, et la violation de l'acte constitutionnel de ce qu'il vous permet de tenter pour le salut public, vous avez besoin de joindre l'autorité de l'assentiment général à celle que vous tenez de la loi : car, toutes les fois qu'on peut être accusé d'avoir excédé ses pouvoirs, la force que la loi tire d'elle-même, par cela seul qu'elle est la loi, devient nulle si elle n'est pas soutenue par celle de l'opinion publique.

Si vous êtes obligés d'organiser le pouvoir exécutif, il faut montrer que vous ne voulez, ni en disposer arbitrairement, ni le retenir entre vos mains, mais le laisser agir. Il faut ne faire dans vos choix, que vous soumettre à l'opinion publique et la déclarer. Si la nation est appelée à prononcer elle-même sur ses intérêts, il faut qu'elle vous voie occupés de respecter, jusqu'au scrupule, son indépendance dans l'exercice de ses droits : il faut qu'elle ne puisse vous accuser, ni d'avoir désiré de nouveaux pouvoirs, ni d'avoir voulu vous délivrer du fardeau pénible, et peut-être dangereux, dont elle vous a chargés. Il faut que partout, dans vos résolutions, ces principes généraux de droit public, reconnus par les hommes éclairés de toutes les nations, vous servent de défense en France comme en Europe, contre toutes les imputations de la malveillance, contre tous les sophismes des partisans de la tyrannie, contre tous les préjugés qui peuvent régner encore.

Votre comité ne pouvait, Messieurs, dans un si court espace, vous présenter un système de résolutions toutes également indispensables.

Nous sentons combien les dangers de la patrie sont pressants, combien les inquiétudes des citoyens sont légitimes ; mais trop de précipitation pourrait la perdre, et des mesures mal combinées ne la sauveraient pas. Le courage ne suffirait pas pour réparer le mal qu'une trop longue patience, que des ménagements trop timides ont causé. Vous devez tout oser pour le salut public; mais vous ne devez agir qu'après avoir assuré par votre sagesse le succès de vos efforts ; qu'après avoir soustrait au hasard tout ce que la prudence humaine lui peut enlever.

Nous venons de vous présenter, Messieurs, les diverses questions que vous avez à résoudre : soumettez-les dans cette assemblée, à une discussion digne de vos lumières et de votre amour pour la liberté; que cette discussion, en vous éclairant vous-mêmes, répande aussi la lumière dans l'esprit des citoyens dont lès ennemis de la patrie cherchent à égarer les opinions, les uns pour les porter à des agitations dangereuses, les autres pour les livrer à une sécurité plus dangereuse encore, et tous pour les diviser.

Votre comité profitera aussi de ces lumières : les nouvelles idées qui sortiront de cette discussion lui offriront de nouveaux moyens de sauver la patrie, l'éclaireront sur tous les inconvénients qu'il vous faut éviter, sur les moyens qui doivent vous être proposés, sur toutes les objections auxquelles il faudra répondre, et même sur toutes les erreurs qu'il faudra dissiper. Il ne vous proposera aujourd'hui qu'une seule mesure : c'est une *Adresse* (Instruction) *au peuple sur l'exercice de son droit de souveraineté;* adresse où, en lui prouvant combien vous en connaissez toute l'é-

X.   34

tendue, combien vous savez le respecter, vous le
mettriez·en garde contre les erreurs dans lesquelles
on peut vouloir entraîner quelques-unes de ses sections, contre les dangers auxquels un exercice légitime, mais imprudent de ce droit, pourrait le pré-
cipiter.

INSTRUCTION

sur l'exercice

DU DROIT DE SOUVERAINETÉ.

9 AOUT 1792.

INSTRUCTION

SUR L'EXERCICE

DU DROIT DE SOUVERAINETÉ.

Lorsque la voix des despotes condamne à la mort tout Français qui osera combattre pour sa liberté et pour ses lois ; lorsque le peuple croit voir les moyens de défense, créés par son dévouement et son courage, s'évanouir entre les mains chargées de les diriger ; lorsque des complots sans cesse renaissants, lorsqu'une longue suite de trahisons semblent justifier toutes les défiances et légitimer tous les soupçons, on ne doit pas s'étonner, sans doute, de voir les citoyens n'attendre leur salut que d'eux-mêmes, et chercher une dernière ressource dans l'exercice de cette souveraineté inaliénable du peuple ; droit qu'il tient de la nature, et qu'aucune loi légitime ne peut lui ravir.

Mais on doit craindre aussi que des hommes agités par des passions, fatigués par de longues inquiétudes, ne se laissent entraîner à des erreurs qui pourraient détruire cette unité de volonté et d'action, si nécessaire au salut et au bonheur de l'empire ; on doit craindre que des sophistes ignorants ou perfides ne présentent aux citoyens des systèmes désorganisateurs, comme le complément de la liberté, et le dernier terme de perfection de l'ordre social.

On doit craindre enfin, qu'une nation s'exagérant, ou des imperfections auxquelles aucun ouvrage humain ne peut échapper, ou ces désordres inséparables de toute institution nouvelle, ne s'expose à gâter, par une imprudente précipitation, ce que le temps et les lumières auraient sûrement amélioré.

Les représentants du peuple ont dû compter au nombre de leurs devoirs, le soin de le prémunir contre ces suggestions et ces erreurs, et de lui exposer quelle est cette souveraineté dont il s'est réservé l'exercice; comment il peut user de cette portion de ses droits, que la loi, adoptée par lui-même, lui a réservée tout entière; et comment, enfin, une section séparée du peuple peut exercer ce même droit, sans entreprendre sur le droit égal d'une autre section, sans altérer cette unité sociale qu'il est dans le cœur de tous les Français de respecter et de maintenir.

Ils lui parleront, non le langage de la loi, car elle n'a rien prononcé; et celle qui réglerait l'exercice du droit souverain du peuple est au delà des limites de leurs pouvoirs; mais ils lui parleront le langage de la raison, avec d'autant plus d'espérance d'en être écoutés, qu'élus par lui pour faire des lois, et veiller à ses plus grands intérêts, ils sont en droit de croire qu'il les a jugés dignes de sa confiance, au moins par leur patriotisme; et leur conscience les assure qu'ils ont dû la conserver.

Le droit de fixer les règles générales auxquelles seront assujetties les actions qui ne peuvent être abandonnées à la volonté individuelle, ou qui doivent être faites au nom de la société et par ses agents; ce droit qui constitue ce qu'on appelle la souveraineté, appartient au peuple, c'est-à-dire, à l'universalité des citoyens qui occupent un territoire, et ne peut appartenir qu'à lui.

Il peut déléguer l'exercice de ce droit inaliénable; et alors, comme il conserve pour cette portion même, celui de retirer les pouvoirs qu'il a donnés, son droit reste toujours dans toute sa plénitude et son indépendance absolue. Mais s'il a délégué quelques-unes de ses fonctions souveraines, l'ordre naturel des choses exige qu'il déclare sa volonté de s'en ressaisir avant de les exercer par lui-même ou de les remettre en d'autres mains.

Ainsi, le peuple français, qui a délégué le pouvoir législatif, ne peut exercer ce pouvoir, ne peut faire une loi sans avoir révoqué cette délégation : mais comme il n'a pas délégué celui de changer les lois insérées dans l'acte constitutionnel, l'exercice de ce droit est demeuré tout entier entre ses mains; cette portion du pouvoir souverain peut être exercée par lui sans réserve, et elle ne peut l'être que par lui ou par ceux auxquels il voudrait la confier.

Puisque la souveraineté n'appartient qu'au peuple entier, une section quelconque du peuple ne peut, pour les portions déléguées de cette souveraineté, émettre qu'un simple vœu, ne peut que prononcer une opinion; car tant que la pluralité du peuple n'a pas retiré cette délégation, chacune de ses portions doit la regarder comme légitime, et reconnaître les pouvoirs établis par la volonté générale.

Mais s'il est question de cette portion de souveraineté dont l'exercice est resté tout entier entre les mains du peuple, alors chacune de ses sections peut, non-seulement énoncer une opinion, mais peut aussi manifester une volonté, à la condition, toutefois, que cette volonté ne puisse devenir efficace, ne puisse être une règle de conduite pour ceux même qui l'ont manifestée; ne puisse les dispenser de se soumettre à l'ordre établi, tant qu'il ne sera pas constant que cette volonté est conforme au vœu de la majorité, solennellement recueilli, constaté et déclaré.

La loi existante est elle-même la volonté souveraine du peuple, et toutes les sections qui le composent doivent y rester soumises, jusqu'au moment où une nouvelle expression de cette volonté souveraine leur aura imposé d'autres devoirs.

Ainsi, par exemple, si la volonté d'une section du peuple est de retirer des pouvoirs qu'il a délégués, cette section ne peut cependant les ôter aux agents à qui elle-même les aurait confiés, par une élection; car, dans cette élection, elle n'a point exercé un acte de souveraineté, mais exécuté une loi, une détermination de la volonté générale.

Lorsque l'universalité d'une nation a voté dans des assemblées, convoquées suivant une forme établie par la loi et formées de sections du peuple, dé-

terminées aussi par la loi, alors le vœu de la majorité des citoyens présents à ces assemblées, ou celui
de la majorité de ces assemblées, est l'expression de
la volonté nationale; et l'absence volontaire des
autres citoyens devient une preuve de leur adhésion
préalable au vœu de cette majorité.

Mais si ces assemblées se sont formées spontanément, l'absence des citoyens n'est plus une preuve
suffisante de leur renonciation momentanée à l'exercice de leurs droits; et le vœu de la majorité réelle
des citoyens peut seul être l'expression de la volonté
nationale.

De quelque manière que le vœu du peuple soit
recueilli, la même distinction subsiste toujours entre
une émission régulière, uniforme, et une émission
spontanée.

En effet, un premier consentement unanime,
fondé sur l'évidence d'une nécessité absolue, soumet
la minorité des citoyens au vœu de la majorité; et
la volonté du plus grand nombre devient réellement
la volonté de tous : mais il faut, ou que tous les
suffrages aient été comptés, ou qu'en vertu d'un consentement semblable, également fondé sur la néces-
cessité, la volonté de ceux qui n'ont point voté se
soit confondue avec celle de la majorité, de manière
que celle-ci soit encore la volonté universelle, unanime du peuple entier.

Enfin, puisque le droit de souveraineté appartient
à toutes les sections du peuple, prises collective-
ment, et leur appartient avec la plus entière égalité,
il en résulte qu'aucune d'elles n'a le droit ni de re-

cueillir, ni de constater, ni de déclarer l'expression de la volonté nationale.

S'il n'existait aucune représentation générale, ce serait à l'évidence seule, au concours des volontés, à la confiance mutuelle, qu'il appartiendrait de prononcer, et un premier vœu spontané serait nécessaire. Mais, lorsqu'il existe une représentation générale, c'est à ceux qui la composent que, par la nature même des choses, appartient le droit, non de former, ou même d'interpréter la volonté nationale, mais de la déclarer, après l'avoir recueillie et constatée.

Et si cette volonté n'est pas évidente, si elle n'est pas formellement prononcée, c'est à eux encore d'avertir alors le peuple, qu'il faut que sa volonté soit connue pour qu'elle soit exécutée, et que, pour qu'elle soit connue, il faut qu'il donne à des représentants le pouvoir, ou de prononcer en son nom, ou de le consulter, sous des formes qui amènent nécessairement une décision.

Lorsque de grands intérêts peuvent faire désirer de connaître la volonté nationale avec une entière certitude de dissiper tous les nuages, d'étouffer toutes les réclamations, il est aisé de sentir combien il est important qu'elle puisse se manifester dans des assemblées régulièrement convoquées, qui peuvent seules offrir des moyens prompts de recueillir le vœu des citoyens, ou des moyens sûrs de le constater; et quand il existe une représentation générale, c'est encore à elle qu'il appartient, non d'ordonner, mais d'indiquer cette convocation.

Si cependant une grande portion du peuple en avait marqué la volonté, si les représentants ne l'avaient pas écoutée, alors cette prérogative qu'ils tiennent, non d'un droit réel, mais de la confiance dont ils sont les dépositaires présumés, mais de la loi, de l'utilité commune, cesserait avec cette confiance, avec cette utilité; et le premier vœu spontané du peuple serait encore l'expression légitime de la volonté nationale.

Ce serait sans doute une loi utile, nécessaire au maintien de la paix, à la conservation des droits du peuple, que celle par laquelle, en s'assujettissant à quelques formes simples, il s'assurerait à tous les moments des moyens prompts d'exercer la souveraineté dans toute son étendue, et avec une liberté plus entière.

Mais cette loi n'existe pas; et les représentants actuels du peuple français, prêts à déclarer sa volonté lorsqu'elle leur paraîtra clairement manifestée, doivent cependant, au nom de la patrie, au nom du salut public, inviter toutes les sections qui le composent, à respecter la loi qui, tant qu'elle subsiste, reste toujours leur volonté commune, à se contenter d'exprimer leurs opinions ou leurs désirs, et à ne prononcer une détermination formelle que dans le moment où cette volonté s'exprimant en même temps dans toutes les portions de l'empire, suivant un mode régulier, uniforme, s'il est possible, pourra se former avec plus de maturité, se montrer avec plus de force, se reconnaître avec plus de certitude.

Attentifs à tous les dangers de l'empire, fidèles à

leurs serments, ils sauront également respecter les limites des pouvoirs qu'ils ont reçus du peuple, et tout faire pour remplir le plus sacré des devoirs, celui de sauver la patrie.

ADRESSE

ET DÉCLARATION

DE

L'ASSEMBLÉE NATIONALE,

SUR LE MAINTIEN DE LA TRANQUILLITÉ PUBLIQUE,

RÉDIGÉE PAR CONDORCET,

AU NOM DE LA COMMISSION EXTRAORDINAIRE.

10 AOUT 1792.

La minute, de la main de Condorcet, est aux archives du royaume, parmi les pièces annexées au procès-verbal de la séance du matin du 10 août. Cette adresse fut adoptée et décrétée avec une correction au deuxième alinéa, et l'addition du cinquième. Elle est insérée dans les *Procès-verbaux de l'Assemblée législative*, pages 12 et 13, et dans la collection officielle du Louvre.

ADRESSE

AUX

CITOYENS DE PARIS

ET AUX FRANÇAIS,

ET

DÉCLARATION DE L'ASSEMBLÉE NATIONALE.

———◦—◦◦—...

Depuis longtemps de vives inquiétudes agitaient tous les départements; depuis longtemps le peuple attendait de ses représentants des mesures qui pussent le sauver.

Aujourd'hui, les citoyens de Paris ont déclaré au corps législatif qu'il était la seule autorité qui eût conservé leur confiance; et les membres de l'assemblée nationale ont juré individuellement, au nom de la nation, de maintenir la liberté et l'égalité, ou de mourir à leur poste. Ils seront fidèles à leur serment.

L'assemblée nationale s'occupe de préparer les lois que des circonstances si extraordinaires, ont rendues nécessaires. Elle invite les citoyens, au nom

de la patrie, de veiller à ce que les droits de l'homme
soient respectés, et les propriétés assurées.

Elle les invite à se rallier à elle, à l'aider à sauver
la chose publique, à ne pas aggraver, par de funestes
divisions, les maux et les dangers de l'empire.

L'assemblée nationale déclare infâme et traître envers la patrie, tout fonctionnaire public, tout officier et soldat qui désertera son poste, et n'y attendra
pas avec soumission les ordres de la nation, expri-
més par ses représentants.

EXPOSITION

DES MOTIFS

D'APRÈS LESQUELS L'ASSEMBLÉE NATIONALE A PROCLAMÉ LA CONVOCATION D'UNE CONVENTION NATIONALE, ET PRONONCÉ LA SUSPENSION DU POUVOIR EXÉCUTIF DANS LES MAINS DU ROI (1).

13 AOUT 1792.

(1) Collationné sur la collection officielle du Louvre.

Un décret spécial du 13 août 1792, inséré dans la collection officielle, ordonne que cette *Déclaration* soit envoyée, par courrier extraordinaire, dans tous les départements, publiée et affichée dans toutes les municipalités; lue à l'ouverture des Assemblées primaires et électorales, et affichée dans le lieu de leurs séances; envoyée aux armées pour être lue à la tête de chaque bataillon, et adressée aux différentes cours de l'Europe par les ambassadeurs.

EXPOSITION
DES MOTIFS

D'APRÈS LESQUELS L'ASSEMBLÉE NATIONALE A PROCLAMÉ LA CONVOCATION D'UNE CONVENTION NATIONALE, ET PRONONCÉ LA SUSPENSION DU POUVOIR EXÉCUTIF DANS LES MAINS DU ROI.

L'assemblée nationale doit à la nation, à l'Europe, à la postérité, un compte sévère des motifs qui ont déterminé ses dernières résolutions.

Placée entre le devoir de rester fidèle à ses serments et celui de sauver la patrie, elle a voulu les remplir tous deux à la fois, et faire tout ce qu'exigeait le salut public, sans usurper les pouvoirs que le peuple ne lui avait pas confiés.

A l'ouverture de sa session, un rassemblement d'émigrés, formé sur les frontières, correspondait avec tout ce que les départements, tout ce que les troupes de ligne renfermaient encore d'ennemis de la liberté; et les prêtres fanatiques, portant le trouble dans les âmes superstitieuses, cherchaient à persuader aux citoyens égarés que la constitution blessait les droits de la conscience, et que la loi avait confié les fonctions religieuses à des schismatiques et sacriléges.

35.

Enfin, une ligue formée entre des rois puissants menaçait la liberté française ; ils se croyaient en droit de fixer jusqu'à quel point l'intérêt de leur despotisme nous permettait d'être libres, et se flattaient de voir la souveraineté du peuple et l'indépendance de l'empire français s'abaisser devant les armes de leurs esclaves.

Ainsi, tout annonçait une guerre civile et religieuse, dont une guerre étrangère augmenterait bientôt le danger.

L'assemblée nationale a cru devoir réprimer les émigrés, et contenir les prêtres factieux par des décrets sévères ; et le roi a employé contre ces décrets le refus suspensif de sanction que la constitution lui accordait. Cependant ces émigrés, ces prêtres agissaient au nom du roi ; c'était pour le rétablir dans ce qu'ils appelaient son autorité légitime, que les uns avaient pris les armes, que les autres prêchaient l'assassinat et la trahison. Ces émigrés étaient les frères du roi, ses parents, ses courtisans, ses anciens gardes ; et, tandis que le rapprochement de ces faits et de la conduite du roi autorisait, commandait même la défiance, ce refus de sanction appliqué à des décrets qui ne pouvaient être suspendus sans être anéantis, montrait clairement comment ce *veto* suspensif suivant la loi, devenu définitif par la manière de l'employer, donnait au roi le pouvoir illimité et arbitraire de rendre nulles toutes les mesures que le corps législatif croirait nécessaires au maintien de la liberté.

Dès ce moment, d'un bout de l'empire à l'autre,

le peuple montra ces sombres inquiétudes qui annoncent les orages ; et les soupçons qui accusaient le pouvoir exécutif se manifestèrent avec énergie.

L'assemblée nationale ne fut pas découragée. Des princes, qui se disaient les alliés de la France, avaient donné aux émigrés, non un asile, mais la liberté de s'armer, de se former en corps de troupe, de lever des soldats, de faire des approvisionnements de guerre ; et le roi fut invité, par un message solennel, à rompre, sur cette violation du droit des gens, un silence qui avait duré trop longtemps. Il parut céder au vœu national : des préparatifs de guerre furent ordonnés ; mais bientôt on s'aperçut que les négociations, dirigées par un ministère faible ou complice, se réduiraient à obtenir de vaines promesses, qui, demeurant sans exécution, ne pourraient être regardées que comme un piége ou comme un outrage. La ligue des rois prenait cependant une activité nouvelle, et à la tête de cette ligue paraissait l'empereur, beau-frère du roi des Français, uni à la nation par un traité utile à lui seul, que l'assemblée constituante, trompée par le ministère, avait maintenu en sacrifiant, pour le conserver, l'espérance alors fondée d'une alliance avec la maison de Brandebourg.

L'assemblée nationale crut qu'il était nécessaire à la sûreté de la France d'obliger l'empereur à déclarer s'il voulait être son allié ou son ennemi, et à prononcer entre deux traités contradictoires, dont l'un l'obligeait à donner du secours à la France, et l'autre l'engageait à l'attaquer; traités qu'il ne pouvait concilier sans avouer l'intention de séparer le roi de la nation, et de faire regarder la guerre contre le peuple français comme un secours donné à son allié. La réponse de l'empereur augmenta les défiances que cette combinaison de circonstances rendait si naturelles. Il y répétait contre l'assemblée des représentants du peuple français, contre les sociétés populaires établies dans nos villes, les absurdes inculpations dont les émigrés, dont les partisans du ministère français fatiguent depuis longtemps les presses contre-révolutionnaires. Il protestait de son désir de rester l'allié du roi, et il venait de signer une nouvelle ligue contre la France en faveur de l'autorité du roi des Français.

Ces ligues, ces traités, les intrigues des émigrés qui les avaient sollicités au nom du roi, avaient été cachés par les ministres aux représentants du peuple. Aucun désaveu public de ces intrigues, aucun effort pour prévenir ou dissiper cette conjuration de monarques, n'avaient montré ni aux citoyens français, ni aux peuples de l'Europe, que le roi avait sincèrement uni sa cause à celle de la nation.

Cette connivence apparente entre le cabinet des Tuileries et celui de Vienne frappa tous les esprits; l'assemblée nationale crut devoir examiner avec sévérité la conduite du ministre des affaires étrangères, et un décret d'accusation fut la suite de cet examen. Ses collègues disparurent avec lui, et le conseil du roi fut formé de ministres patriotes.

Le successeur de Léopold suivit la politique de son père; il voulait exiger pour les princes posses-

sionnés en Alsace des dédommagements incompatibles avec la constitution française, et contraires à
l'indépendance de la nation. Il voulait que la France
trahît la confiance et violât les droits du peuple avi-
gnonais. Il annonçait, enfin, d'autres griefs qui ne
pouvaient, disait-il, se discuter avant d'avoir essayé
la force des armes.

Le roi parut sentir que cette provocation à la
guerre ne pouvait être tolérée sans montrer une
honteuse faiblesse; il parut sentir combien était perfide ce langage d'un ennemi qui semblait ne s'intéresser à son sort, et ne désirer son alliance, que
pour jeter entre lui et le peuple des semences de
discorde capables d'énerver nos forces, et d'en arrêter ou d'en troubler les mouvements; il proposa la
guerre, de l'avis unanime de son conseil, et la guerre
fut décrétée.

En protégeant les rassemblements d'émigrés, en
leur permettant de menacer nos frontières, en montrant des troupes toutes prêtes à les seconder en cas
d'un premier succès, en leur préparant une retraite,
en persistant dans une ligue menaçante, le roi de
Hongrie obligeait la France à des préparatifs de défense ruineux, épuisait ses finances, encourageait
l'audace des conspirateurs répandus dans les départements, y excitait les inquiétudes des citoyens, et
par là y fomentait, y perpétuait le trouble. Jamais des
hostilités plus réelles n'ont légitimé la guerre; et la
déclarer n'était que la repousser.

L'assemblée nationale put alors juger jusqu'à quel
point, malgré des promesses si souvent répétées, tous

les préparatifs de défense avaient été négligés. Néanmoins, les inquiétudes, les défiances s'arrêtaient encore sur les anciens ministres, sur les conseils secrets du roi; mais on vit bientôt les ministres patriotes contrariés dans leurs opérations, attaqués avec acharnement par les partisans de l'autorité royale, par ceux qui faisaient parade d'un attachement personnel pour le roi.

Nos armées étaient tourmentées par des divisions politiques : on semait la discorde parmi les chefs des troupes comme entre les généraux et le ministère. On voulait transformer en instruments d'un parti, qui ne cachait pas le désir de substituer sa volonté à celle des représentants de la nation, ces mêmes armées, destinées à la défense extérieure du territoire français, au maintien de l'indépendance nationale.

Les machinations des prêtres, devenues plus actives au moment de la guerre, rendaient indispensable une loi répressive : elle fut portée.

La formation d'un camp entre Paris et les frontières était une disposition heureusement combinée pour la défense extérieure, en même temps qu'elle servait à rassurer les départements intérieurs et à prévenir les troubles que leurs inquiétudes auraient pu produire : la formation de ce camp fut ordonnée; mais ces deux décrets furent repoussés par le roi, et les ministres patriotes furent renvoyés.

La constitution avait accordé au roi une garde de 1,800 hommes, et cette garde manifestait avec audace un incivisme qui indignait ou effrayait les citoyens; la haine de la constitution, et surtout celle de la liberté, de l'égalité, étaient les meilleurs titres pour y être admis.

L'assemblée fut forcée de dissoudre cette garde, pour prévenir et les troubles qu'elle ne pouvait manquer de causer bientôt, et les complots de contre-révolution, dont il ne se manifestait déjà que trop d'indices.

Le décret fut sanctionné; mais une proclamation du roi donnait des éloges à ceux même dont il venait de prononcer le licenciement, à ceux qu'il avait reconnus pour des hommes justement accusés d'être les ennemis de la liberté.

Les nouveaux ministres excitaient de justes défiances; et comme ces défiances ne pouvaient plus s'arrêter sur eux, elles portèrent sur le roi lui-même.

L'application du refus de sanction aux décrets nécessités par les circonstances, et dont l'exécution doit être prompte et cesser avec elles, fut regardée dans l'opinion générale comme une interprétation de l'acte constitutionnel, contraire à la liberté et à l'esprit même de la constitution. L'agitation du peuple de Paris devint extrême; une foule immense de citoyens se réunirent pour former une pétition; ils y sollicitaient le rappel des ministres patriotes, et la rétractation du refus de sanctionner des décrets en faveur desquels l'opinion publique s'était hautement manifestée. Ils demandèrent à défiler en armes devant l'assemblée nationale après que leurs députés auraient lu la pétition. Cette permission, que d'autres corps armés avaient déjà obtenue, leur fut accordée. Ils désiraient présenter au roi la même pétition, et la présenter sous les formes établies par la loi; mais, au moment où des officiers municipaux venaient leur annoncer que leurs députés, d'abord refusés, allaient être admis, la porte s'ouvrit, et la foule se précipita dans le château. Le zèle du maire de Paris, l'ascendant que ses vertus et son patriotisme lui donnent sur les citoyens, la présence des représentants du peuple, dont les députations successives entourèrent constamment le roi, prévinrent tous les désordres, et peu de rassemblements aussi nombreux en ont moins produit.

Le roi avait arboré les enseignes de la liberté; il avait rendu justice aux citoyens, en déclarant qu'il se croyait en sûreté au milieu d'eux. Le jour de la fédération approchait; des citoyens de tous les départements devaient se rendre à Paris, y jurer de maintenir cette liberté pour laquelle ils allaient combattre sur les frontières; et tout pouvait encore se réparer. Mais les ministres ne virent dans les événements du 20 juin qu'une occasion favorable de semer la division entre les habitants de Paris et ceux des départements, entre le peuple et l'armée, entre les diverses portions de la garde nationale, entre les citoyens qui restaient dans leurs foyers et ceux qui volaient à la défense de l'État. Dès le lendemain, le roi changea de langage : une proclamation calomnieuse fut distribuée avec profusion dans les armées; un de leurs généraux vint, au nom de la sienne, demander vengeance et désigner ses victimes. Un assez grand nombre de directoires de département, dans des arrêtés inconstitutionnels, laissèrent entrevoir

leur projet formé dès longtemps de s'élever comme
une puissance intermédiaire entre le peuple et ses
représentants, entre l'assemblée nationale et le roi.
Des juges de paix commencèrent, dans le château
même des Tuileries, une procédure ténébreuse,
dans laquelle on espérait envelopper ceux des patriotes dont on redoutait le plus la vigilance et les talents. Déjà l'un de ces juges avait essayé de porter
atteinte à l'inviolabilité des représentants du peuple,
et tout annonçait un plan adroitement combiné
pour trouver dans l'ordre judiciaire un moyen de
donner à l'autorité royale une extension arbitraire.
Des lettres du ministre de l'intérieur ordonnaient
d'employer la force contre les fédérés qui viendraient
faire à Paris le serment de combattre pour la liberté;
et il a fallu toute l'activité de l'assemblée nationale,
tout le patriotisme de l'armée, tout le zèle des citoyens éclairés, pour prévenir les effets funestes de
ce projet désorganisateur, qui pouvait allumer la
guerre civile. Un mouvement de patriotisme avait
éteint, dans une réunion fraternelle, les divisions
qui s'étaient manifestées trop souvent dans l'assemblée nationale, et il pouvait en naître encore un
moyen de salut. Les poursuites commencées, de
l'ordre du roi, à la requête de l'intendant de la liste
civile, pouvaient être arrêtées. Le vertueux Pétion,
puni, par une suspension injuste, d'avoir épargné
le sang du peuple, pouvait être rétabli par le roi; et
il était possible que cette longue suite de fautes et
de trahisons retombât encore tout entière sur ces
conseillers perfides, auxquels un peuple confiant

avait la longue habitude d'attribuer tous les crimes de nos rois.

L'assemblée nationale vit alors que le salut public exigeait des mesures extraordinaires.

Elle ouvrit une discussion sur les moyens de sauver la patrie ; elle institua une commission, chargée de les méditer et de les préparer.

La déclaration que la patrie était en danger appelait tous les citoyens à la défense commune, tous les fonctionnaires publics à leur poste ; et cependant, au milieu des plaintes, sans cesse répétées, sur l'inaction du gouvernement, sur la négligence ou la mauvaise combinaison des préparatifs de guerre, sur des mouvements des armées inutiles ou dangereux, dont le but avoué était de favoriser les combinaisons politiques d'un des généraux, on voyait des ministres inconnus ou suspects se succéder rapidement, et présenter, sous de nouveaux noms, la même inactivité et les mêmes principes.

Une déclaration du général ennemi, qui dévouait à la mort tous les hommes libres, et promettait aux lâches et aux traîtres sa honteuse protection, devait augmenter les soupçons. L'ennemi de la France n'y semblait occupé que de la défense du roi des Français. Vingt-six millions d'hommes n'étaient rien pour lui auprès d'une famille privilégiée ; leur sang devait couvrir la terre, pour venger les plus faibles outrages ; et le roi, au lieu de témoigner son indignation contre un manifeste destiné à lui enlever la confiance du peuple, semblait n'y opposer qu'à regret un froid et timide désaveu.

Qui donc pourrait s'étonner que la défiance contre le chef suprême du pouvoir exécutif, ait inspiré aux citoyens le désir de ne plus voir les forces destinées à la défense commune, à la disposition du roi, au nom duquel la France était attaquée, et le soin de maintenir sa tranquillité intérieure confié à celui dont les intérêts étaient le prétexte de tous les troubles? A ces motifs, communs à la France entière, il s'en unissait d'autres, particuliers aux habitants de Paris. Ils voyaient les familles des conspirateurs de Coblentz former la société habituelle du roi et de sa famille. Des écrivains soudoyés par la liste civile cherchaient, par de lâches calomnies, à rendre les Parisiens odieux ou suspects au reste de la France. On essayait de semer la division entre les citoyens pauvres et les citoyens riches; des manœuvres perfides agitaient la garde nationale, ou s'occupaient d'y former un parti royaliste. Enfin, les ennemis de la liberté semblaient s'être partagés entre Paris et Coblentz, et leur audace croissait avec leur nombre.

La constitution chargeait le roi de notifier à l'assemblée nationale les hostilités imminentes, et il avait fallu de longues sollicitations pour obtenir du ministère la connaissance tardive de la marche des troupes prussiennes. La constitution prononce contre le roi une abdication légale, s'il ne s'oppose point, par un acte formel, aux entreprises formées, en son nom, contre la nation; et les princes émigrés avaient fait des emprunts publics au nom du roi, avaient acheté, en son nom, des troupes étrangères; avaient levé, en son nom, des régiments français; ils lui

avaient formé, hors de la France, une maison militaire; et ces faits étaient connus depuis plus de six
mois, sans que le roi, dont les déclarations publiques, dont les réclamations auprès des puissances
étrangères auraient empêché le succès de ces manœuvres, eût satisfait aux devoirs que lui imposait la
constitution.

C'est d'après des motifs si puissants, que de nombreuses pétitions, envoyées d'un grand [nombre de
départements, le vœu de plusieurs sections de Paris,
suivi d'un vœu général, émis au nom de la commune
entière, sollicitèrent la déchéance du roi ou la
suspension du pouvoir royal; et l'assemblée nationale ne pouvait plus se refuser à l'examen de cette
grande question.

Il était de son devoir de ne prononcer qu'après un
examen mûr et réfléchi, après une discussion solennelle, après avoir entendu et pesé toutes les opinions.
Mais la patience du peuple était épuisée : tout à coup
il a paru tout entier réuni dans un même but et dans
une même volonté; il s'est porté vers le lieu de la résidence du roi, et le roi est venu chercher un asile
dans le sein de l'assemblée des représentants du peuple, dont il savait que l'union fraternelle des habitants de Paris avec les citoyens des départements,
rendrait toujours l'enceinte un asile inviolable et
sacré.

Des gardes nationaux se trouvaient chargés de
défendre la résidence que le roi venait d'abandonner,
mais on avait placé avec eux des soldats suisses. Le
peuple voyait depuis longtemps, avec une surprise

inquiète, des bataillons suisses partager la garde du roi,
malgré la constitution qui ne lui permet pas d'avoir
une garde étrangère. Depuis longtemps il était aisé de
prévoir que cette violation directe de la loi, qui, par
sa nature, frappait sans cesse tous les yeux, amènerait, tôt ou tard, de grands malheurs. L'assemblée
nationale n'avait rien négligé pour les prévenir. Des
rapports, des discussions, des motions, faites par
ses membres, et renvoyées à ses comités, avaient
averti le roi, depuis plusieurs mois, de la nécessité de
faire disparaître d'auprès de lui des hommes que, partout ailleurs, les Français regarderont toujours comme
des amis et des frères, mais qu'ils ne pouvaient voir
rester, malgré le vœu de la constitution, auprès du
roi constitutionnel, sans les soupçonner d'être devenus les instruments des ennemis de sa liberté.

Un décret les avait éloignés : leur chef, appuyé par
le ministère, y demanda des changements : l'assemblée nationale y consentit. Une portion des soldats
devait rester auprès de Paris, mais sans aucun service qui pût renouveler les inquiétudes ; et c'est
malgré le vœu de l'assemblée nationale, malgré la
loi, que, le 10 août, ils étaient employés à une
fonction dont tous les motifs d'humanité et de prudence auraient dû les écarter. Ils reçurent l'ordre de
faire feu sur les citoyens armés, au moment où
ceux-ci les invitaient à la paix, où des signes non
équivoques de fraternité annonçaient qu'elle allait
être acceptée, au moment où l'on voyait une députation de l'assemblée nationale s'avancer au milieu
des armes, pour porter des paroles de conciliation

et prévenir le carnage. Alors, rien ne put arrêter la vengeance du peuple, qui éprouvait une trahison nouvelle, au moment même où il venait se plaindre de celles dont il avait longtemps été la victime.

Au milieu de ces désastres, l'assemblée nationale, affligée, mais calme, fit le serment de maintenir l'égalité et la liberté, ou de mourir à son poste; elle fit le serment de sauver la France, et elle en chercha les moyens.

Elle n'en a vu qu'un seul : c'était de recourir à la volonté suprême du peuple, et de l'inviter à exercer immédiatement ce droit inaliénable de souveraineté que la constitution a reconnu, et qu'elle n'avait pu soumettre à aucune restriction. L'intérêt public exigeait que le peuple manifestât sa volonté par le vœu d'une Convention nationale, formée de représentants investis par lui de pouvoirs illimités; il n'exigeait pas moins que les membres de cette convention fussent élus dans chaque département d'une manière uniforme, et suivant un mode régulier. Mais l'assemblée nationale ne pouvait restreindre les pouvoirs du peuple souverain, de qui seul elle tient ceux qu'elle exerce. Elle a dû se borner à le conjurer, au nom de la patrie, de suivre les règles simples qu'elle lui a tracées. Elle y a respecté les formes instituées pour les élections, parce que l'établissement de formes nouvelles, fussent-elles préférables en elles-mêmes, aurait été une source de lenteurs, et peut-être de divisions. Elle n'y a conservé aucune des conditions d'éligibilité, aucune des limites au droit d'élire, ou d'être élu, établies par les lois

antérieures, parce que ces lois, qui sont autant de
restrictions à l'exercice du droit de souveraineté, ne
sont pas applicables à une Convention nationale, où ce
droit doit s'exercer avec une entière indépendance.
La distinction entre les citoyens actifs n'y paraît
point, parce qu'elle est aussi une restriction de la loi.
Les seules conditions exigées sont celles que la nature même a prescrites, telles que la nécessité d'appartenir, par une habitation constante, au territoire
où l'on exerce le droit de cité, d'avoir l'âge où l'on
est censé, par les lois de la nation dont on fait
partie, être en état d'exercer ses droits personnels;
enfin, d'avoir conservé l'indépendance absolue de
ses volontés.

Mais il faut du temps pour assembler de nouveaux
représentants du peuple; et quoique l'assemblée nationale ait pressé les époques des opérations que
cette convocation nécessite; quoiqu'elle ait accéléré
le moment où elle doit cesser de porter le poids de
la chose publique, de manière à éviter le plus léger
soupçon de vues ambitieuses, le terme de quarante
jours aurait encore exposé la patrie à de grands
malheurs, et le peuple à des mouvements dangereux, si l'on eût laissé au roi l'exercice des pouvoirs
que la constitution lui a conférés; et la suspension
de ces pouvoirs a paru aux représentants du peuple,
le seul moyen de sauver la France et la liberté.

En prononçant cette suspension nécessaire, l'assemblée n'a point excédé ses pouvoirs. La constitution l'autorise à la prononcer dans le cas d'absence
du roi, lorsque le terme où cette absence entraîne

X.   36

une abdication légale n'est pas encore arrivé, c'est-
à-dire, dans le cas où il n'y a pas lieu encore à une
résolution définitive, mais où une rigueur provisoire est évidemment nécessaire, où il serait absurde
de laisser le pouvoir entre des mains qui ne peuvent
plus en faire un usage libre et utile. Or, ici ces conditions se réunissent avec la même évidence que
dans le cas prévu par la constitution même; et en
nous conduisant d'après les principes qu'elle a tra-
cés, nous lui avons obéi, bien loin d'y avoir porté
une atteinte contraire à nos serments.

La constitution a prévu que toute cumulation de
pouvoirs était dangereuse, et pouvait changer en
tyrans du peuple ceux qui ne doivent en être que
les représentants; mais elle a jugé aussi que ce danger supposait un long exercice de cette puissance
extraordinaire; et le terme de deux mois est celui
qu'elle a fixé pour tous les cas où elle permet cette
réunion, que d'ailleurs elle a si sévèrement pros-
crite.

L'assemblée nationale, loin de prolonger cette
durée, l'a réduite à quarante jours seulement; et
loin d'excéder le terme fixé par la loi, en s'appuyant
sur l'excuse de la nécessité, elle a voulu se réduire
dans des limites encore plus étroites.

Lorsque le pouvoir de sanctionner les lois est suspendu, la constitution a prononcé que les décrets
du corps législatif en auraient par eux-mêmes le caractère et l'autorité : et puisque celui à qui la constitution avait attribué le choix des ministres ne
pouvait plus exercer ses fonctions, il fallait qu'une

loi nouvelle remît ce choix en d'autres mains. L'assemblée s'en est attribué le droit à elle-même, parce que ce droit ne peut être donné qu'à des électeurs qui appartiennent à la nation entière, et qu'eux seuls, en ce moment, ont ce caractère. Mais elle n'a pas voulu que l'on pût même la soupçonner d'avoir cherché, en se conférant ce pouvoir, à servir des vues ambitieuses et personnelles : elle a décrété que l'élection se ferait à haute voix, que chacun de ses membres prononcerait son choix devant la représentation nationale, devant les citoyens nombreux qui assistent à ses séances; elle a voulu que chacun de ses membres eût pour juges ses collègues, le public pour témoin, et qu'il répondît de son choix à la nation entière.

Français, réunissons toutes nos forces contre la tyrannie étrangère, qui ose menacer de sa vengeance vingt-six millions d'hommes libres! Dans six semaines, un pouvoir que tout citoyen reconnaît prononcera sur nos divisions : malheur à celui qui, écoutant, pendant ce court espace, des sentiments personnels, ne se dévouerait pas tout entier à la défense commune, qui ne verrait pas qu'au moment où la volonté souveraine du peuple va se faire entendre, nous n'avons plus pour ennemis que les conspirateurs de Pilnitz et leurs complices!

C'est au milieu d'une guerre étrangère, c'est au moment où des armées nombreuses se préparent à une invasion formidable, que nous appelons les citoyens à discuter, dans une paisible assemblée, les droits de la liberté. Ce qui eût été téméraire chez

un autre peuple, ne nous a point paru au-dessus
du courage et du patriotisme des Français; et sans
doute nous n'aurons pas la douleur de nous être
trompés, en vous jugeant dignes d'oublier tout autre
intérêt pour celui de la liberté, de sacrifier tout
autre sentiment à l'amour de la patrie.

Citoyens, c'est à vous à juger si vos représentants
ont exercé, pour votre bonheur, les pouvoirs que
vous leur avez confiés, s'ils ont rempli votre vœu,
en faisant de ces pouvoirs un usage qu'eux, ni vous
n'aviez pu prévoir. Pour nous, nous avons rempli
notre devoir en saisissant avec courage le seul
moyen de conserver la liberté, qui se soit offert à
notre pensée. Prêts à mourir pour elle au poste où
vous nous avez placés, nous emporterons du moins,
en le quittant, la consolation de l'avoir bien servie.

Quelque jugement que nos contemporains ou la
postérité puissent porter de nous, nous n'aurons pas
à craindre celui de notre conscience; à quelque
danger que nous soyons exposés, il nous restera le
bonheur d'avoir épargné les flots de sang français,
qu'une conduite plus faible aurait fait couler; nous
échapperons du moins aux remords, et nous n'aurons pas à nous reprocher d'avoir vu un moyen de
sauver la patrie, et de n'avoir osé l'embrasser.

ADRESSE

DE

L'ASSEMBLÉE NATIONALE

AUX FRANÇAIS,

IMPRIMÉE PAR SON ORDRE,

ENVOYÉE AUX QUATRE-VINGT-TROIS DÉPARTEMENTS ET A L'ARMÉE.

19 AOUT 1792.

Collationné sur un exemplaire de l'imprimerie nationale, conservé aux archives du royaume.

ADRESSE

DE

L'ASSEMBLÉE NATIONALE

AUX FRANÇAIS,

IMPRIMÉE PAR SON ORDRE,
ENVOYÉE AUX QUATRE-VINGT-TROIS DÉPARTEMENTS ET A L'ARMÉE.

Lorsque les représentants du peuple, placés entre une conjuration puissante, qui voulait les disperser pour ensevelir la liberté sous les cadavres de ses défenseurs, et le vœu de cent mille citoyens qui demandaient la déchéance du roi, ont cru ne devoir céder, ni au zèle trop ardent des amis de la liberté, ni aux menaces de ses ennemis ; lorsque, fermes au milieu des plus grands orages, ils ont voulu, bravant tous les dangers, sauver la patrie et rester fidèles à leurs serments, ils prévoyaient que bientôt une lumière terrible éclairerait tous les complots, et que la France entière bénirait à la fois, et leur modération, et leur justice.

La suspension du roi était le seul moyen de mettre au grand jour les trahisons d'une cour conspiratrice, qui espérait couvrir tous ses crimes du voile de l'inviolabilité constitutionnelle; et ce voile est déchiré.

Le roi s'opposait-il, par un *acte formel*, aux entreprises contre la nation, lorsqu'il soudoyait, aux dépens du peuple, ses anciens gardes, réunis à Coblentz en corps de troupe, prenant sur une terre étrangère le titre de gardes du roi de France, et affichant, avec insolence, et leur zèle pour leur roi, et leurs projets contre leur patrie?

S'opposait-il, par un *acte formel*, aux entreprises des émigrants, lorsqu'il faisait placarder des affiches en leur nom, ou lorsqu'il pensionnait des hommes occupés de lui préparer les moyens de fuir vers les frontières; ou lorsque, dans leur correspondance secrète, ses frères l'invitaient à continuer de tromper le peuple? Enfin, s'opposait-il, par un *acte formel*, aux entreprises faites, en son nom, par les puissances étrangères, lorsqu'il payait de vils écrivains pour avilir les assignats, et anéantir, en les discréditant, tous nos moyens de défense?

N'avait-il pas rétracté le serment de maintenir la constitution, lorsqu'il cherchait à rassembler, auprès de lui, la minorité des députés, à les rendre l'instrument servile de ses projets, et à créer, pour détruire la constitution, un simulacre de représentation nationale?

N'avait-il pas rétracté ce serment, lorsqu'il cherchait à captiver, par des signatures secrètes, machinées dans des réunions de députations particulières, ce vœu que, suivant la constitution, les représentants du peuple ne doivent émettre que dans une assemblée générale et publique?

N'avait-il pas rétracté son serment, lorsqu'il rassemblait, dans son palais, des troupes étrangères, au mépris de la constitution; lorsqu'il s'assurait de leur obéissance par une paye additionnelle et secrète; lorsque enfin de perfides insinuations les forçaient à violer les ordres de leurs souverains, et triomphaient de leur répugnance à verser le sang français?

N'était-ce pas encore avoir rétracté ce serment que de récompenser les officiers qui refusaient d'accepter des places dans l'armée nationale, et promettaient de servir le roi contre la nation?

Chargé, par la loi, du maintien de la tranquillité publique, remplissait-il son serment, lorsqu'il payait, sur la liste civile, des folliculaires, des libellistes, des afficheurs, chargés, en son nom, d'employer les plus vils moyens de la troubler?

Ainsi, dès le premier moment où la suspension du pouvoir royal a permis de fouiller dans ces repaires, jusqu'alors couverts par son inviolabilité, ce grand acte de justice autant que de prudence, a été justifié par les machinations secrètes qu'il a dévoilées, comme il l'était d'avance par les faits publics qui l'avaient rendu nécessaire.

Fallait-il donc, par un superstitieux respect pour la constitution, laisser paisiblement le roi et ses conseillers perfides détruire la liberté française, et la constitution avec elle? Fallait-il, docile aux sophismes d'un parti dont le masque est enfin tombé, confondre avec une violation coupable de la constitution, la convocation du souverain à qui appartient le droit imprescriptible de la réforme? Non, sans doute; et puisque la trahison du roi et de ses complices a pu acquérir une évidence irrésistible, quels reproches pourrait-on adresser encore à ceux qui, à la fois, convaincus d'avance de cette trahison, et ne pouvant réunir entre leurs mains les moyens de la prouver, ont su en prévenir les effets, et ont eu l'impartiale équité de laisser à d'autres le soin de la juger?

Ce respect hypocrite pour la loi, qu'affectaient les conspirateurs des Tuileries, et dont leurs complices ou leurs dupes osent encore se servir dans quelques portions de l'empire, n'est donc plus qu'une dérision perfide. Qui oserait encore se plaindre, que le soin de repousser les ennemis du dehors ait été enlevé à un roi convaincu d'avoir soudoyé une partie de leur armée, et que le devoir de maintenir la tranquillité publique ne soit plus confié à celui qui se servait des bienfaits de la nation, pour anéantir le crédit public, pour susciter des mouvements populaires, pour semer les divisions et les troubles?

Citoyens! on vous parle de vous rallier auprès de la constitution, c'est-à-dire, dans le sens des conspirateurs, de remettre encore une fois vos destinées aux mains d'un roi parjure, au moment même où la volonté souveraine du peuple, légalement interrogé, est prête à se manifester. On vous invite, sous le masque de l'amour pour la loi, à ne pas reconnaître l'autorité de vos représentants, lorsque, venant de l'abdiquer avant le temps, ils n'attendent,

pour cesser leurs fonctions, que des successeurs investis par vous du pouvoir de sauver la liberté. Mais
vous saurez éviter ces piéges grossiers : vous ne balancerez point entre ceux qui ont défendu vos droits,
et ceux qui les ont trahis; entre ceux qui vous ont
remis les pouvoirs émanés de vous, et ceux qui en
ont abusé pour vous asservir. Vous ne balancerez
point entre une anarchie funeste, et la soumission à
l'autorité des représentants élus du peuple; autorité
provisoirement légitime par elle-même, du moment
où l'appel au vœu national a été prononcé. Vous
vous réunirez à nous pour vivre ou mourir libres,
pour combattre avec nous les armées de nos courtisans conspirateurs, comme celles des rois étrangers;
pour maintenir l'intégrité du territoire français;
pour assurer la convocation libre, prompte et paisible de cette Convention nationale, qui va établir
la liberté, l'égalité des citoyens et la souveraineté du
peuple, sur des bases inébranlables.

Des ennemis étrangers nous menacent; et notre
union seule peut les vaincre. Une nouvelle assemblée
de représentants du peuple doit mettre un terme à
nos dissensions; mais elle ne peut nous sauver, si les
citoyens ne s'unissent dans le vœu unanime de la
reconnaître pour l'arbitre unique et suprême de tous
leurs intérêts.

Citoyens! l'assemblée nationale vous offre seule
ce point de ralliement nécessaire au salut public :
vous ne pouvez vous séparer d'elle, sans trahir la
patrie; et lorsque, par sa volonté même, les pouvoirs que vous lui avez donnés vont cesser avant le

terme fixé par vous, elle peut, sans doute, vous rappeler avec plus de force le devoir d'être soumis à son autorité constitutionnelle, qui subsiste encore tout entière. Français! les hommes qui ont bravé pour vous les menaces des rois et les poignards des conspirateurs, ne peuvent connaître qu'une seule crainte : celle de vous voir perdre, par vos divisions, le fruit de leur courage ; et, pour prix d'avoir brisé les fers qu'une cour perfide vous avait préparés, ils ne vous demandent qu'une seule récompense : c'est de les aider encore quelques jours à sauver la patrie.

ADRESSE

DE

L'ASSEMBLÉE NATIONALE

AUX FRANÇAIS,

SUR LA GUERRE.

4 SEPTEMBRE 1792.

Collationné sur un exemplaire de l'imprimerie nationale.

ADRESSE

DE

L'ASSEMBLÉE NATIONALE

AUX FRANÇAIS,

SUR LA GUERRE.

Citoyens,

C'est par le mensonge que des Français parjures ont excité contre leur patrie les armes de l'Autriche et de la Prusse; c'est à force de mensonges qu'une cour conspiratrice était parvenue à cacher la sourde destruction ou la destination perfide des moyens que vos représentants avaient préparés pour la défense des frontières : c'est aussi en employant le mensonge, que ceux de vos ennemis qui sont encore au milieu de vous se flattent d'égarer votre patriotisme, ou de refroidir votre valeur, et qu'ils espèrent répandre parmi vous, ou le découragement ou la défiance.

Ils ont dit à ceux qu'ils voulaient irriter, que l'as-

semblée nationale se préparait à rétablir Louis XVI ;
ils ont dit à ceux dont ils voulaient décourager la
résistance contre les soldats de la tyrannie, que l'assemblée nationale avait le projet d'élever sur le trône
un prince étranger, et même le général des armées
ennemies, le duc de Brunswick, qui s'est déclaré
l'ennemi de la souveraineté des peuples et de la liberté du genre humain.

Citoyens ! vos représentants vous ont prouvé qu'ils
ne voulaient pas d'un pouvoir qui ne leur aurait pas
été conféré par le peuple. Ils ont appelé une Convention nationale, et elle seule peut régler quelle
forme de gouvernement convient à un peuple qui
veut être libre, mais qui ne veut l'être que sous la
loi de l'entière égalité. Usurperaient-ils un pouvoir
illégitime après s'être renfermés, avec scrupule, dans
les limites de ceux qu'ils avaient reçus de la constitution, au moment même où des circonstances extraordinaires auraient pu les excuser ?

Dira-t-on qu'ils chercheraient alors à se couvrir
du voile de la nécessité? Non. En jurant de mourir
à leur poste, ou de maintenir les droits du peuple;
en jurant d'y attendre la Convention nationale, ils
ont juré de ne point déshonorer, par de lâches
traités, les derniers moments de leur existence : ils
rempliront toute l'étendue de leur serment, et ils
prêteraient celui que ces indignes calomnies semblent
exiger d'eux, si le respect pour l'assemblée chargée
par le peuple de déclarer la volonté nationale, si le
respect pour le peuple lui-même, auquel il appartient d'accepter ou de refuser la constitution qui lui

est offerte, pouvaient leur permettre de prévenir, par leur résolution, ce qu'ils attendent de la nation française, de son courage et de son amour pour la liberté. Mais ce serment, qu'ils ne peuvent prêter comme représentants du peuple, ils le prêtent comme citoyens et comme individus; c'est celui de combattre de toutes leurs forces les rois et la royauté.

Cette adresse fut adoptée à l'unanimité. Voyez, page 292, des *Procès-verbaux de l'Assemblée législative*.

X.

ADRESSE

DE

L'ASSEMBLÉE NATIONALE

AUX FRANÇAIS.

19 SEPTEMBRE 1792.

Collationnée sur un imprimé des archives du royaume, signée du président et de six secrétaires, annexée aux minutes des procès-verbaux.

ADRESSE

DE

L'ASSEMBLÉE NATIONALE

AUX FRANÇAIS.

Français !

Des hommes perfides et agitateurs provoquent les fureurs populaires contre ceux des représentants du peuple qui ont manifesté des opinions qu'ils pouvaient émettre librement, même en les supposant dangereuses et erronées. On annonce que le jour où ils cesseront leurs fonctions, est le jour qui doit éclairer ces fureurs.

L'assemblée nationale est loin de croire qu'un peuple bon et juste, ait conçu l'idée d'un système de désordres et d'assassinats, qui souillerait la révolution, qui serait une tache ineffaçable au nom français, et qui détruirait à jamais la liberté et l'indépendance nationale.

Elle a reconnu, dans ce projet criminel, le caractère de la connivence des ennemis intérieurs avec les tyrans coalisés, qui espèrent détruire, par les horreurs de l'anarchie, l'impulsion qui réunit tous les Français à l'intérêt commun. Elle y a retrouvé les traces de ce plan désorganisateur et contre-révolutionnaire, que suivent encore, avec une insolente audace, les agents stipendiés de Coblentz, de la Prusse et de l'Autriche.

Elle a considéré que les conspirateurs qui veulent rassembler les débris épars du despotisme, et empêcher la réunion de la Convention nationale, n'ont imaginé ce projet de meurtres, que pour répandre la terreur dans les départements, éteindre l'esprit public par la 'stupeur, et arrêter la marche des députés, par l'épouvante des désordres et des excès dont ils menacent la capitale.

Elle a senti que, de toutes les perfidies, la plus dangereuse, peut-être, est celle qui tend à diminuer le nombre des défenseurs de la révolution, en la rendant odieuse, et en isolant de sa cause les citoyens faibles et timides, qui ne professent pas des principes aussi rigoureux que les hommes forts et énergiques, pour qui la liberté est tout, et à qui elle tient lieu de tout.

Dans ces circonstances, l'assemblée nationale a cru qu'elle devait déjouer ces nouveaux complots, et rappeler au peuple les principes, garants éternels de la liberté publique et individuelle.

Français! si chaque citoyen a un droit égal à la protection de la loi, son influence doit s'étendre plus activement encore sur les représentants de la nation, parce que, tel est le caractère d'inviolabilité qu'elle leur imprime, et qu'ils tiennent de la nature des choses, qu'une seule violence, qui aurait pour prétexte leurs opinions et leur conduite politique, attaquerait la liberté même, jusque dans ses fondements les plus sacrés.

Les représentants de la nation appartiennent au peuple entier; il n'y a plus de liberté ni d'égalité, s'ils peuvent être dépendants d'une portion quelconque du peuple, soit de celle qui se trouve avoir la même résidence qu'eux, soit de celle qui les nomme à la représentation nationale.

La liberté entière et absolue des opinions, une inviolabilité s'étendant à tous les temps et à tous les lieux, telle est une condition essentielle de toute constitution représentative.

Autrement, le vœu des délégués du peuple ne serait pas celui de leur jugement ou de leur conscience, mais le résultat de la politique ou de la crainte. Il n'exprimerait plus la volonté générale des citoyens, mais celle d'une collection d'individus qui, dans un point du territoire français, s'empareraient d'une puissance momentanée.

Toute nation où le caractère de *représentant* n'est pas sacré, est nécessairement une nation sans gouvernement et sans lois, puisque les organes des lois, puisque ceux entre les mains de qui repose la suprême puissance de la société, ne pourraient agir par leur volonté propre.

Dans les temps d'insurrection, et lorsque le peuple se lève pour opposer à la tyrannie et à l'oppression une résistance légitime, il peut quelquefois, entraîné par des hommes passionnés pour la liberté,

regarder l'activité des lois comme trop lente pour
lui garantir sa sûreté; mais l'idée d'attentat contre
ses propres représentants, ne pourrait lui être inspirée que par de véritables ennemis de la nation, par
des hommes qui voudraient rompre le nœud qui
unit ensemble toutes les portions de l'organisation
sociale, afin de livrer la France, divisée, à ses ennemis; par des hommes qui voudraient que la représentation nationale fût avilie auprès des citoyens
et des étrangers, et que tout ce qu'elle a fait, et tout
ce qu'elle pourrait faire, fût regardé comme l'ouvrage de la violence; par des hommes qui voudraient
anéantir les effets de la révolution du 10 août : eh!
qui en effet le croira le vœu du peuple français, si
les représentants qui l'ont consacré paraissent
n'avoir agi que sous la force d'une simple portion
de ce peuple!

Mais le piége nouveau que l'on vous tend est trop
grossier pour vous séduire; vous sentirez qu'un seul
attentat à la personne ou aux propriétés de vos représentants, donnerait un prétexte aux ennemis de
la liberté, pour frapper de nullité tout ce qui aurait
été fait, et tout ce qui serait fait par une représentation nationale quelconque. Ainsi, vous sentirez que
les décrets sur les troubles religieux, sur les émigrés, sur la suppression des droits féodaux, sur la
suspension du roi et de la liste civile; que les décrets mêmes de l'assemblée constituante, sur l'abolition des dîmes, de la gabelle et de la noblesse;
que toutes les lois sanctionnées par l'opinion publique, seraient anéanties, parce que l'on pourrait

toujours supposer que la majorité, qui les a faites, ne jouissait pas d'une liberté absolue; enfin, vous sentirez que ce serait perdre la confiance des peuples ou des individus qui voudraient s'unir à vous, et défendre votre cause; que vous cesseriez de former véritablement un corps de nation, puisqu'il n'y aurait pas un citoyen qui pût parler en votre nom et stipuler pour vous, dès qu'il ne pourrait le faire avec liberté.

Français! toute vengeance populaire, toute punition même d'un ennemi public, qui n'est pas revêtue des formes légales, est un assassinat : loin de servir la cause de la liberté, elle ne peut que lui nuire, et ceux qui se livrent à ces excès trahissent cette cause en croyant la défendre.

Ce n'est qu'en respectant les lois, les personnes et les propriétés; ce n'est qu'en conservant la tranquillité publique, que vous pourrez déployer vos forces, triompher de vos nombreux ennemis, que vous mériterez l'estime des nations, et que vous prouverez à l'Europe que vous n'êtes pas égarés par des factieux, et divisés par des partis opposés, mais que vous êtes animés de la volonté ferme de maintenir la liberté et l'égalité, ou de périr en les défendant.

DE LA NATURE

DES

POUVOIRS POLITIQUES

DANS UNE NATION LIBRE.

NOVEMBRE 1792 (1).

(1) *Chronique du mois.*

DE LA NATURE

DES

POUVOIRS POLITIQUES

DANS UNE NATION LIBRE.

Les hommes ont tellement pris l'habitude d'obéir à d'autres hommes, que la liberté est, pour la plupart d'entre eux, le droit de n'être soumis qu'à des maîtres choisis par eux-mêmes. Leurs idées ne vont pas plus loin, et c'est là que s'arrête le faible sentiment de leur indépendance. Le nom même de *pouvoir*, donné à toutes les fonctions publiques, atteste cette vérité. Presque partout cette demi-liberté est accompagnée d'orages; alors on les attribue à l'abus de la liberté, et l'on ne voit pas qu'ils naissent précisément de ce que la liberté n'est pas entière; on cherche à lui donner de nouvelles chaînes, lorsqu'il faudrait songer, au contraire, à briser celles qui lui restent.

La raison, d'accord avec la nature, ne met qu'une seule borne à l'indépendance individuelle, n'ajoute qu'une seule obligation sociale à celles de morale particulière : c'est la nécessité et l'obligation d'obéir dans les actions qui doivent suivre une règle commune, non à sa propre raison, mais à la raison collective du plus grand nombre ; je dis à sa raison et non à sa volonté, car le pouvoir de la majorité sur la minorité ne doit pas être arbitraire ; il ne s'étend pas jusqu'à violer le droit d'un seul individu ; il ne va point jusqu'à obliger à la soumission lorsqu'il contredit évidemment la raison. Cette distinction n'est pas futile : une collection d'hommes peut et doit, aussi bien qu'un individu, distinguer ce qu'elle veut, ce qu'elle trouve raisonnable et juste.

Quand même une nation vaincue serait moins nombreuse que la nation conquérante, quand même une classe opprimée renfermerait moins d'individus que la classe opprimante, cette majorité n'aurait pas sans doute le droit de soumettre le reste à sa volonté arbitraire. On ne peut pas dire non plus que la soumission à la volonté de la majorité soit fondée sur la nécessité d'obéir ; car il ne faudrait céder alors qu'à une majorité assez forte pour exclure toute idée de résistance. Il n'y a aucune nécessité qui puisse forcer, par exemple, cent mille hommes à obéir à la volonté de cent cinquante mille.

La soumission au vœu de la majorité est donc fondée sur la nécessité d'avoir une règle commune d'action, et sur l'intérêt de préférer la règle commune, qui sera le plus souvent conforme à la raison et à l'intérêt de tous. Or, c'est ce que l'on trouve dans le vœu de la majorité, pourvu qu'elle se forme entre des hommes rigoureusement égaux en droits, et ayant en général les mêmes intérêts.

Alors, quoique chaque individu soit libre d'émettre

un vœu d'après sa volonté, et non d'après son opinion, il arrive que cependant on peut croire que
presque toujours ce vœu exprime réellement cette
opinion; et l'on a d'ailleurs cet avantage, que l'exécution de cette règle commune trouvera moins
d'obstacles.

Celui qui se soumet d'avance à la majorité peut
raisonner ainsi : Je sais que telle de mes actions doit
être soumise à une règle à laquelle les actions semblables de mes concitoyens seront également assujetties.

Je ne puis exiger que cette règle soit conforme à
ma raison, puisque alors elle pourrait être contraire
à celle d'un autre que je n'ai aucun droit de soumettre à la mienne. Je ne puis me réserver le droit
de suivre ou non la règle établie, de la juger après
qu'elle aura été déterminée; car alors j'agirais contre
ma propre raison, qui m'a fait reconnaître la nécessité de conformer cette partie de mes actions à une
règle qui soit égale pour tous. Je dois donc, d'après
ma raison même, chercher un caractère indépendant
d'elle, auquel je doive attacher l'obligation de me
soumettre; et ce caractère, je le trouve dans le vœu
de la majorité.

Le premier pouvoir politique est celui qui établit
ces règles générales; on l'appelle législatif.

Il consiste donc, s'il est exercé immédiatement
par les citoyens, à déclarer quelles règles communes, pour les actions qui doivent y être assujetties,
paraissent, à la pluralité, les plus conformes à la
raison; et on voit que s'il en résulte, pour la mino-

rité, la nécessité et l'obligation morale de s'y soumettre, il n'en résulte, pour la majorité, ni autorité, ni pouvoir.

Les citoyens n'exercent-ils pas immédiatement ce droit? L'ont-ils délégué? Alors, en devenant une fonction publique de quelques hommes, doit-il changer de nature? D'où naît alors, pour chaque citoyen, la nécessité et l'obligation morale? De ce que la raison de la majorité a préféré cette manière de former ces règles, parce qu'elle a reconnu l'impossibilité d'y concourir elle-même. Mais en résulte-t-il un véritable pouvoir? Non ; la majorité n'a pu donner ce qu'elle n'avait pas.

Ce corps n'a donc reçu que la fonction de chercher ce qui était raisonnable et juste, et le droit de le déclarer; il n'a pu recevoir celui de dire : Voilà ce que la majorité de la nation croit raisonnable : un tel droit serait absurde; la décision de ce corps ne peut donc recevoir sa force que d'une acceptation tacite ou expresse de la majorité.

Ici se présentent deux différences essentielles entre la déclaration de ce corps et le vœu immédiat de la majorité. La première, que si le vœu est immédiat, c'est la minorité seule qui fait le sacrifice de sa propre opinion à la nécessité d'obtenir des règles communes ; et que, dans la seconde manière de former ces règles, c'est la majorité, ou même l'universalité, qui fait ce sacrifice à la seule impossibilité de voter immédiatement.

L'autre différence, que ceux qui croiraient leurs droits lésés par une décision immédiate de la majorité, ont à choisir entre une soumission fondée sur l'intérêt de maintenir le pacte social, ou la dissolution de ce pacte ; tandis que dans l'autre hypothèse il leur resterait la ressource de consulter immédiatement le vœu de la majorité ; et l'impossibilité de ce moyen peut seule déterminer à y renoncer.

Il faut observer ici que toute loi, toute règle obligatoire peut être considérée sous deux points de vue : 1° sa conformité avec le droit naturel de chaque individu ; 2° l'utilité ou le danger des combinaisons adoptées par les rédacteurs de la loi.

Dans une société étendue, on peut regarder comme impossible de faire prononcer l'universalité sur ce dernier objet, et cela est même inutile ; car, si le peuple connaît bien ses droits, il verra dans toute mauvaise loi en quoi elle y est contraire, et s'il les connaît mal, il pourra bien moins encore prévoir les effets qui peuvent résulter d'une loi, et les vices des combinaisons qui ont été préférées.

Ce qui est donc vraiment utile, c'est que les citoyens puissent être interrogés sur cette question : Une loi proposée est-elle ou n'est-elle pas contraire aux droits naturels des hommes ?

Maintenant, où en serait l'impossibilité, je ne dis pas pour chaque loi particulière, mais pour chaque corps de loi, pour le code civil, pour la procédure, par exemple, etc. ?

Si alors il y a un moyen pour que la majorité puisse demander la réforme de ces codes, une fois adoptés par elle, on voit que les lois de détail, ajou-

X. 38

tées à ces mêmes codes, soit pour en réparer les la-
cunes, soit pour en raccorder les parties, peuvent,
sans inconvénient, n'être pas soumises à l'acceptation immédiate.

Il peut, sans doute, exister des circonstances où
l'on trouve une sorte d'impossibilité de présenter ces
corps de lois à l'acceptation de cette majorité. Elle
existe, par exemple, si l'on ne peut espérer de les
former d'une manière assez systématique, assez complète; car alors il n'y aurait que des inconvénients
à revêtir des compilations indigestes d'une autorité,
sinon plus grande, du moins plus solennelle que
celle des lois de détail.

Mais il est une autre classe de lois pour lesquelles
cette acceptation est plus nécessaire; ce sont celles
qui déterminent l'établissement du corps chargé de
préparer les autres; car il ne peut tenir que de cette
acceptation une véritable autorité, même pour imposer légitimement l'obligation d'une soumission
provisoire.

Telle est donc la limite en deçà de laquelle une
acceptation expresse ne peut s'arrêter; telle est la
borne précise où s'arrêtent les droits de la majorité;
telle est celle de la soumission que la nécessité exige
de la volonté et de la raison : un pas de plus, et la
tyrannie commence.

Les fonctions législatives se bornent donc à déclarer quelles règles communes, parmi celles que
la pluralité reconnaît conformes à ses droits, sont
le plus d'accord avec la raison. Alors, comme les lois
ne sont, ne peuvent être que des conséquences,

des applications du droit naturel, la majorité n'aura rien abandonné que les formes, les combinaisons des principes reconnus par elle-même, et les aura abandonnées seulement par l'impossibilité de discuter elle-même ces formes, d'analyser ces combinaisons.

Ainsi, un corps législatif n'exerce pas un véritable pouvoir ; il n'est, pour les lois soumises à l'acceptation, qu'un législateur collectif : c'est Solon ou Lycurgue, remplacés par une assemblée.

Quant aux autres lois, leur autorité résulte encore de l'opinion de la majorité, qui, en établissant cette forme de les préparer, les a revêtues d'avance de son acceptation, parce qu'elle a jugé cette acceptation antérieure utile et nécessaire.

Ainsi, la majorité, obéissant à ces lois, quand même elle les désapprouve, obéit encore à sa propre opinion, de la même manière que la minorité n'obéit qu'à sa raison, lorsqu'elle cède à l'opinion de la majorité, qui y est contraire.

Entre la loi et la chose qui doit être faite d'après elle, ou l'individu qui doit s'y soumettre, se trouve la fonction de déclarer que telle est, dans telle circonstance, l'application de la loi, c'est-à-dire, la fonction de faire un syllogisme dont la loi est la majeure, un fait plus ou moins général, la mineure, et la conclusion, l'application de la loi. Par exemple, chaque citoyen sera tenu de contribuer à la dépense nécessaire pour les besoins publics, proportionnellement au produit net de sa terre ; voilà une loi : telle dépense doit faire partie des besoins publics ;

voilà un fait : donc chaque citoyen doit contribuer à cette dépense; voilà l'application de la loi. Cette application devient ensuite la majeure d'un autre syllogisme. Les citoyens doivent contribuer à une telle dépense; elle est évaluée à tant; nouveau fait qu'il faut déclarer : donc les citoyens doivent contribuer de telle somme; l'universalité des citoyens doit contribuer de tant; telle province (1) doit payer le soixantième de la masse totale : donc telle province doit payer tant. Ainsi, la fonction de bien construire ces syllogismes et de bien établir les faits qui doivent en former les mineures, constitue la seconde espèce de pouvoir dans toutes ses nombreuses subdivisions. Ceux qui en sont les dépositaires n'ordonnent pas, ils raisonnent, ils cherchent à connaître un fait, ou ils le constatent. La raison commune a consenti à la loi : elle a donc également prononcé l'exécution de la loi, et ce vœu est unanime comme celui dont il dérive, le vœu de conformer sa volonté aux règles communes établies d'après l'opinion de la majorité; la volonté générale est que cette application soit exécutée.

Cette dernière fonction doit nécessairement être déléguée en entier par toute nation qui occupe un territoire trop étendu pour se réunir dans une assemblée unique.

Mais le mode suivant lequel cette délégation est distribuée, les règles imposées aux mandataires,

---

(1) Province est le mot général qui exprime les divisions immédiates d'un État quelconque. On les appelle départements en France, palatinats en Pologne, comtés en Angleterre.

enfin, la part que le peuple peut se réserver dans le choix, plus ou moins immédiat, des agents qui en sont chargés, peuvent presque lui répondre que ces fonctions ne seront exercées que pour son avantage ; et comme il conserve le droit de changer les lois qui règlent tout ce qui a rapport à l'exercice de ces mêmes fonctions, il est aisé de sentir qu'il ne peut s'exposer, par cette délégation, à des dangers réels.

C'est ici que commence un véritable pouvoir, c'est-à-dire, une force qui agit sur les actions des individus, indépendamment de leur volonté, de leur raison : sans doute, lorsque l'exécution de la loi est contraire aux passions, aux intérêts d'un citoyen, il devrait encore, s'il a une raison forte, s'il est vraiment vertueux, s'y soumettre par un acte de sa volonté et de sa raison. C'est ainsi que Socrate consentit volontairement à l'exécution de la sentence injuste portée contre lui; mais on ne peut attendre de tous les hommes ce degré de raison et de rectitude morale. Il faut donc, pour assurer l'exécution des lois, déléguer un véritable pouvoir, et ce pouvoir s'exerce, ou sur des choses, ou sur des agents secondaires du même pouvoir, ou sur les citoyens eux-mêmes, comme tels. Des lois déterminent l'obéissance de ces agents, et par conséquent c'est, en dernière analyse, à faire exécuter la loi que le pouvoir consiste essentiellement. C'est contre la résistance à la loi que la force doit être employée.

Cette force est celle de la nation entière, en retranchant ceux qui veulent résister; et l'intérêt public exige que la loi elle-même, que ceux par qui

elle est appliquée, ceux qui appellent la force pour
en assurer l'exécution, aient assez la confiance générale, ou que le devoir de l'obéissance provisoire,
même aux lois qu'on désapprouve intérieurement,
aux applications qu'on croit injustes, soit assez profondément gravé dans toutes les âmes, pour que le
succès ne puisse jamais balancer entre le nombre
des citoyens qui osent s'y opposer, et celui des
citoyens qui les défendent, autrement il y aurait une
guerre intestine, une véritable dissolution de la
société.

Mais avant de développer les moyens d'obtenir ces
deux conditions, nécessaires à la paix et à la liberté
de toute république, il est bon d'examiner de
quelle manière cette force peut être mise en activité.
Il est évident d'abord que, si le territoire n'est pas
trop resserré, la généralité du peuple ne peut agir
pour le maintien de la loi; cette force ne se déploiera
même que partiellement dans la guerre la plus menaçante.

Ainsi, son pouvoir, pour assurer l'obéissance à la
loi, est surtout dans l'opinion de l'impossibilité de la
résistance, si cette force était obligée de se développer tout entière.

La force agissante est donc nécessairement, sur
chaque point du territoire, ou une portion déterminée du peuple qui l'habite, ou une force séparée
de la masse du peuple, établie par la loi pour en
maintenir l'exécution.

S'il est avantageux, s'il est nécessaire qu'il existe
une force de cette dernière espèce, la conservation

des droits des citoyens exige que jamais, en la supposant réunie, elle ne puisse accabler la force nationale dispersée, quand ceux qui forment cette force
séparée, ou ceux qui en disposent, en auraient la
volonté.

Je ne parlerai pas ici des moyens d'appliquer ce
principe à la portion de l'armée composée, non de
citoyens qui remplissent un devoir, mais d'hommes
exerçant la profession militaire; je ne m'occuperai
que de la portion de cette force séparée du peuple,
destinée à maintenir la paix dans l'intérieur.

La résistance à la loi peut être faite par des individus, par une classe particulière d'hommes, par la
généralité des habitants d'un territoire plus ou moins
étendu. Je crois utile en général, et je ne puis croire
dangereux de confier à une force instituée pour cet
objet, la fonction de maintenir la loi contre la résistance individuelle.

Je la crois utile, 1° parce qu'il importe que cette
force s'exerce d'une manière très-régulière; 2° parce
que l'emploi en étant plus habituel, le service qu'il
exigerait deviendrait une charge pour les citoyens;
3° parce que la justice prescrivant d'éviter, autant
qu'il est possible, que ceux-ci ne soient exposés à des
dangers, en remplissant, non une fonction, mais un
devoir, on serait obligé d'employer des moyens trop
au-dessus de l'effet qu'on doit produire; 4° parce que
les circonstances locales causeraient trop d'inégalité
dans ce genre de service; 5° parce qu'il exige une responsabilité à laquelle on ne peut guère assujettir des
hommes que le hasard appelle à remplir un tel jour

une certaine fonction. Elle ne sera pas dangereuse, parce qu'en la supposant assez nombreuse pour agir avec succès contre une troupe de brigands, elle sera toujours trop faible pour menacer la liberté publique, même dans une portion peu étendue du territoire.

Mais il n'en sera pas de même si c'est une classe nombreuse d'hommes, une portion entière du territoire, qui oppose une résistance à la loi; dès lors on ne peut établir une force suffisante pour la repousser; et séparée de la masse entière des citoyens sans détruire la liberté, il faudrait moins de temps à cette force ou à ses dépositaires, pour étouffer la volonté nationale sur les points où elle commencerait à se manifester, qu'à la majorité, ou même à une portion considérable de la nation, pour se réunir dans un vœu commun.

La force ne peut donc alors être remise qu'à la généralité des citoyens à portée d'agir.

Mais il faut, avant de juger quand et comment cette force doit se déployer, examiner ici quelles peuvent être la nature et la cause de la résistance.

Cette résistance peut être active ou passive. Dans le premier cas, la force nationale n'ayant qu'à s'opposer à des violences contraires à la loi, ne peut, si elle est bien dirigée, être forcée d'employer les moyens extrêmes, à moins qu'on n'ose en user contre elle-même; elle ne peut être forcée de verser le sang que dans le cas où elle a pour elle le droit de la défense personnelle; et dans la circonstance où ce droit est le plus légitime, celui où un homme est injustement attaqué, parce qu'il remplit un devoir.

Si la résistance n'est, au contraire, que passive, alors on doit prendre tous les moyens possibles pour que la force, qui doit vaincre cette résistance, puisse encore ne faire que se défendre; que du moins elle se borne longtemps à menacer, à prévenir les maux qui peuvent résulter de l'inexécution de la loi, à laisser à la raison le temps d'exercer son autorité toujours victorieuse.

Enfin, dans ce cas surtout, on doit ne pas s'écarter, sans une impossibilité absolue, de ce principe conservateur de la paix, de n'employer qu'une force qui, par sa masse ou son appareil, puisse frapper, même l'esprit des hommes irrités et violents, de l'idée que toute résistance serait inutile.

Si la désobéissance à la loi n'a pour motifs que des intérêts particuliers, soit à une classe d'hommes, soit à un territoire, s'il n'y a pas lieu de craindre que les passions personnelles, qui agitent les citoyens rebelles, puissent se propager, alors on peut presque toujours être assuré de rassembler des forces suffisantes, et vous n'avez à craindre, ni d'allumer la discorde dans le sein de l'État, ni d'étouffer l'esprit public, ni d'affaiblir ce sentiment d'indépendance qui caractérise les hommes libres; sentiment qui doit se taire devant la loi, mais qu'elle ne doit jamais étouffer par la terreur.

Si, au contraire, la résistance a pour cause, non des intérêts locaux et purement personnels, mais des terreurs populaires, mais des préjugés, mais une opposition réelle entre l'opinion des législateurs et

celle d'une portion des citoyens, alors, que l'emploi
de la force se borne à empêcher d'ajouter de nouveaux crimes à la violation de la loi; que les moyens
de persuasion soient prodigués; que tous ceux par
lesquels la raison peut s'introduire dans les esprits
soient employés avec activité comme avec patience.

Car, dans ces circonstances, le danger de montrer à découvert la faiblesse de la loi, de faire succéder une véritable anarchie, ou une guerre intestine, à des violences passagères, s'unit à celui de
punir, comme un crime, des erreurs involontaires,
de sacrifier des innocents, de semer entre les citoyens les germes d'une division durable, et d'inspirer au peuple deux sentiments également funestes,
la haine ou la crainte servile de la loi.

On voit ici combien il est nécessaire que la grande
majorité du peuple soit persuadée de la bonté des
lois, qu'elle ait confiance dans ceux qui les ré-
digent, les appliquent ou les font exécuter, et
qu'enfin chaque citoyen porte au fond de sa conscience un sentiment profond de l'obligation d'obéir
provisoirement aux lois même qu'il désapprouve,
à leur application, qu'il croit injuste.

La confiance dans les fonctionnaires publics exige
qu'ils soient fréquemment renouvelés, et que le
choix en soit confié aux citoyens, pour qu'ils puissent
les regarder comme leur propre ouvrage.

L'amour de l'égalité est un sentiment général et
dominant dans toutes les républiques, même dans
celles qui sont corrompues par des institutions aris-

tocratiques. L'espoir d'obtenir la jouissance de ce droit précieux, la crainte d'y voir porter des atteintes nouvelles, y a presque toujours été la cause de tous les troubles, comme l'art de cacher l'inégalité, ou de la faire pardonner, la grande politique de l'aristocratie.

L'histoire entière de la république romaine n'est que le développement de cette observation.

Mais, en supposant une constitution où la loi ait maintenu l'égalité la plus entière, il reste toujours trois genres d'inégalité dont la cause est dans la nature même.

D'abord, l'inégalité des facultés naturelles. Si une instruction, commune à tous les citoyens, leur donne les connaissances nécessaires pour être affranchis de toute dépendance, dans les actions ordinaires de la vie civile ou politique; si, par l'effet de cette instruction, il ne peut plus exister une classe d'hommes qui gouvernent les autres par des préjugés ou par l'art de manier les passions, alors cette inégalité ne peut produire des maux réels. Les talents seront utiles sans jamais être dangereux; les lumières serviront à éclairer les hommes, et non à les tromper; l'envie n'aura plus la ressource de faire peur du génie pour s'en venger, et le honteux sentiment de l'ostracisme ne souillera plus le cœur des amis de la liberté.

L'inégalité des richesses existerait entre des familles isolées, si elles n'étaient pas composées de brigands; les mauvaises lois l'accroissent, les bonnes peuvent aisément la réduire à de justes bornes. Si les succes-

sions sont également partagées; si les lois tendent à
les diviser en admettant la représentation; si le droit
de tester est aboli; si les impôts, également répartis,
ne gênent ni l'industrie ni le commerce; si l'industrie
et le commerce jouissent d'une entière liberté; si
l'instruction, devenue générale, tarit la source, plus
féconde qu'on ne croit, des fortunes établies sur
l'ignorance d'autrui; si elle distribue, dans les familles
pauvres, les moyens que donnent les talents pour
acquérir de l'aisance; si des caisses d'accumulation
offrent des ressources à l'économie des citoyens indigents, alors il ne restera plus que cette inégalité de
richesses, nécessaire à l'économie de l'ordre social, et
même au perfectionnement de l'espèce humaine.

Enfin, toute société se partage nécessairement en
deux classes, ceux qui gouvernent, et ceux qui
sont gouvernés; et il en résulte une inégalité réelle
et nécessaire jusqu'au moment, encore éloigné peut-
être, où les hommes regarderont le travail de faire
des lois, de rendre des jugements, comme une simple occupation du même genre que celle de faire un
livre, de combiner une machine, de résoudre un
problème.

Si les lois n'ont pas fixé les limites de ces deux
classes par des distinctions héréditaires, ou des priviléges municipaux; si cette division est indépendante de la richesse; si même, par l'effet d'une instruction publique bien dirigée, elle annonce moins
la supériorité que la différence des lumières et des
talents, alors, sans doute, elle frappera moins, et la
limite variable, et presque imperceptible, qui sépare

ces classes, offensera moins les yeux de ceux qui n'osent prétendre à la passer ; mais on ne peut parvenir à en éviter les effets funestes, comme les mauvais choix, la haine des vertus, des lumières et des talents, et surtout cette défiance ennemie de la tranquillité publique, si, par de fréquentes élections, on ne donne point à la classe gouvernée, sur celle qui gouverne, un empire dont l'exercice peut seul la consoler.

C'est en cela, peut-être, que consiste le plus grand avantage des élections immédiates. En effet, c'est uniquement par une sorte de fiction qu'on regarde comme choisi par soi-même celui dont on n'a réellement nommé que les électeurs ; qu'on peut le regarder comme son propre ouvrage ; qu'on se console ou qu'on se rassure par l'idée de pouvoir, par un refus de son suffrage, le punir d'avoir abusé d'une première confiance.

Et, s'il existait un moyen pour que, dans ces élections immédiates, le peuple choisît réellement, pour que ce sentiment de préférence qu'on accorde aux hommes de son choix pût exister dans l'âme de la majorité, c'est alors que l'on verrait s'établir une confiance réelle, que de vagues calomnies ne pourraient plus l'ébranler.

Il faudrait donc, non-seulement avoir une bonne méthode d'élection, c'est-à-dire, une méthode dont le résultat exprimât vraiment le vœu de la majorité ; mais il faudrait encore distribuer les élections de manière que chaque masse de citoyens pût ne balancer ses choix qu'entre des hommes connus du plus grand nombre, au moins par leur renommée.

Les conséquences nécessaires de la révolution française ont ici multiplié les difficultés. Presque tous les hommes connus au delà de leur commune ou de leur quartier, ont successivement disparu du nombre des éligibles avec les différentes nuances de l'aristocratie. Comme la société était divisée en classes qui se mêlaient rarement, on connaissait bien moins les personnes que les noms, les places, les richesses; enfin, de ces deux causes réunies, et d'une longue suite de trahisons qui se sont succédé sous toutes les formes, il a dû résulter une défiance, qu'une expérience antérieure, que la réputation même la plus confirmée, n'ont pu détruire, et que les intrigants se sont empressés d'augmenter, parce qu'ils étaient sûrs de ne pouvoir obtenir de confiance qu'au milieu de la confusion d'une défiance universelle.

Les peuples anciens faisaient surveiller leurs magistrats par des tribuns, par des éphores; par là ils compliquaient la tyrannie, et ne la détruisaient pas. Seulement sa marche en était plus embarrassée et plus lente, et le concert entre les ennemis de la liberté, plus difficile à établir.

De tels moyens seraient puérils depuis que l'imprimerie, devenue un art vulgaire, offre aux peuples libres une garantie plus certaine, qu'aucune atteinte à leurs droits ne peut rester inaperçue ou impunie.

Des presses libres, comme le dit Voltaire, sont les véritables tribuns des nations modernes.

Il existe, cependant, parmi elles une cause de défiance qui leur est particulière. L'action des gouvernements y est trop compliquée ; ils agissent trop, et sur trop d'objets.

De cette complication et de cette action inutile, résulte nécessairement une influence obscure, indirecte, qui doit exciter des inquiétudes. La marche des chefs du gouvernement, celle même de leurs agents, restent, malgré la publicité, un secret pour la généralité des citoyens qui ne peuvent la suivre.

L'homme public accusé trouve autant de difficulté à dissiper complétement les nuages élevés sur sa conduite, s'il est innocent, que de facilité à éviter une condamnation régulière, s'il est coupable.

Enfin, c'est encore un obstacle, et aux fréquents renouvellements, et à la bonté des choix populaires. N'est-il pas à craindre que le pouvoir ne passe alors presque en entier dans les mains des agents subalternes ?

Il faut donc au peuple qui veut être libre et paisible, des lois, des institutions qui réduisent à la moindre quantité possible l'action du gouvernement.

Les anarchistes, qui n'ont entrevu ce principe que par un sentiment vague de défiance et d'une licencieuse indépendance, n'ont cherché qu'à produire cette nullité de gouvernement qui naît du désordre, des soupçons, des combats entre les pouvoirs, de leur séparation en petites parcelles incohérentes entre elles ; tandis qu'au contraire cette presque nullité doit être le résultat d'un système de lois profondément combiné.

Sans doute, cet ouvrage devient plus difficile encore après une grande révolution; car, alors, la complication n'est pas seulement l'ouvrage des préjugés et des mauvaises lois ; elle est la suite nécessaire des événements; et il faut que le système social puisse convenir à la fois, et au mouvement qui s'achève, et au calme qui doit y succéder.

Mais ce qui doit, surtout, attacher un peuple libre même aux lois qu'il a immédiatement consenties, ce qui est bien plus nécessaire encore pour lui faire aimer celles qu'il a reçues de ses législateurs et respecter celles même qu'il désapprouve, pour le déterminer enfin à les maintenir par la force irrésistible de sa volonté, même lorsqu'il se défie de ceux qui les font, les appliquent, ou les exécutent; c'est la conviction intime qu'il peut, lorsqu'il le voudra, obtenir le changement de ces lois, et principalement celui des règles constitutionnelles qui établissent les fonctions sociales, en fixent les bornes, en déterminent l'action. C'est alors que, n'ayant plus à craindre, ni d'entreprise contre sa liberté, ni d'injustice durable, il peut se livrer, sans crainte, à ce sentiment de respect scrupuleux pour les lois établies, de soumission aux autorités légitimes, base nécessaire de cette paix publique, sans laquelle toute société tend continuellement à des révolutions nouvelles, et, toujours malheureuse et agitée, flotte au hasard entre la désorganisation et la tyrannie. Ce sentiment est un de ceux que les hommes dignes de la liberté montrent avec le plus d'orgueil, parce que ce sacrifice d'une indépendance dont ils sentent tout le prix, honore à la fois, et leur raison, et leur

courage. Un soldat romain se glorifiait de son obéissance, bien plus que de sa bravoure, et il citait avec
complaisance sa soumission aux ordres d'un consul
qu'il haïssait.

Je suppose, d'abord, que les lois, celles surtout
qui influent immédiatement sur le sort du plus grand
nombre, ou qui touchent à des opinions ou à des
passions générales, ne sont rendues qu'après des
discussions instructives, et lorsque l'opinion publique a eu le temps de se former et d'être obser-
vée; je suppose, ensuite, qu'il n'existe aucun pouvoir qui, par sa nature ou son organisation, puisse
inquiéter les amis de la liberté et de l'égalité, et je
demande s'il suffit alors que la masse entière de la
nation ait, en tout temps, un moyen praticable de
former et de déclarer le vœu de la majorité pour
une réforme de sa constitution, ou plus généralement des corps de lois soumis à son acceptation.

Je conviens, d'abord, que pour les lois de détail,
pour les craintes que peuvent inspirer, comme individus, les dépositaires d'une des fonctions du gouvernement, il suffit alors que les différentes portions
de citoyens qui peuvent se réunir immédiatement
aient un moyen de faire entendre leur vœu au corps
de leurs représentants, chargés de rédiger des lois,
et que ce corps ait une autorité suffisante pour corriger ces abus, pour dissiper ses alarmes; car, s'il
peut lui-même inspirer de la défiance, ce ne serait
pas en le changeant dans ses membres, mais en cor-
rigeant son organisation et sa formation, qu'on
pourrait remédier à ce danger.

X.   39

Mais, pour que la masse entière de la nation émette un vœu, faudra-t-il attendre que l'universalité de ses portions s'assemble spontanément, ou que les représentants du peuple convoquent ses assemblées? La tranquillité publique serait-elle assurée si, dans le cas où une inquiétude vive agiterait une portion notable de citoyens, il leur fallait, ou déterminer cette convocation, ou produire un mouvement général dans toutes les autres portions? Ne serait-il pas plus simple d'établir que telle portion de citoyens, qui aurait déjà un moyen légal d'émettre son vœu, pourrait exiger la convocation nationale; qu'une portion plus petite pourrait également obtenir, sous une forme régulière, l'émission de ce vœu pour une convocation, en sorte qu'il ne pût exister une réunion un peu considérable de citoyens, qui n'eût l'espérance et le moyen légal de consulter le peuple entier, si elle le croyait nécessaire?

Les erreurs populaires tiennent toujours à quelque préjugé consacré par une longue habitude, ou à une vérité mal démêlée. Nous entendons, sans cesse, les portions de citoyens, un peu nombreuses, parler au nom du peuple souverain. Ignorent-elles que la souveraineté n'appartient qu'au peuple entier; qu'il n'exerce immédiatement sa souveraineté qu'au moment où toutes ses portions peuvent émettre un vœu commun; qu'alors seulement sa volonté est souveraine; que dans toute autre circonstance il ne peut prononcer qu'une opinion, manifester un désir; que les réunions même les plus puissantes sont, comme un seul individu, soumises à la loi, et n'exercent que le pouvoir ou les fonctions qui leur sont délégués par elle ?

Pourquoi une doctrine si simple et si vraie, que personne n'oserait combattre, a-t-elle tant de peine à devenir l'opinion générale ? N'est-ce pas que chaque section particulière du peuple regarde le droit de connaître le vœu de la généralité de la nation avec laquelle elle est confondue, comme une des conditions de cette association, comme le juste prix de la renonciation à celui de donner quelque efficacité à sa volonté propre, et de ce qu'elle a consenti à mettre en commun le droit de souveraineté que primitivement elle pouvait exercer seule ? N'est-ce pas la confusion de ce droit d'invoquer le souverain, avec le droit de souveraineté, qui est la vraie cause de cette erreur si commune ?

Tel est le terme auquel il me paraît que l'on doit s'arrêter ; sans jamais oublier combien il est nécessaire de rester plutôt en deçà du but, que de le passer dans ce qu'on exige de la confiance du peuple.

Ainsi, dans une constitution vraiment libre, non-seulement tout pouvoir émane du peuple, et se rapporte à la volonté unanime de se soumettre à l'opinion de la majorité, soit qu'elle prononce sur un objet déterminé, soit qu'elle se borne à décider elle-même à quelle opinion elle veut se soumettre provisoirement ; mais aussi toute la force des pouvoirs délégués se réduit à celle du peuple lui-même, de manière qu'elle tombe nécessairement avec sa confiance, ou plutôt lorsqu'il perd l'opinion que sa force doit être employée à soutenir ces pouvoirs.

Le grand art de gouverner y consiste donc à opposer sans cesse aux inquiétudes partielles des factions du peuple, la confiance de la masse entière du
même peuple, et l'opinion commune aux opinions
des partis et des factions. C'est surtout à empêcher
cette opinion commune de s'égarer.

Le moyen d'y éviter les insurrections est donc de
dominer la volonté du peuple par la raison, de le
forcer, en l'éclairant, non de plier devant la loi,
mais de vouloir y rester soumis. Le moyen d'éviter
les insurrections est donc d'y organiser des réclamations régulières, également irrésistibles, qui forcent
la souveraineté nationale à prononcer son vœu. Le
moyen d'y prévenir les révolutions, est de donner
aux citoyens la facilité de les faire sous une forme légale et paisible.

Si cent mille hommes, si la nation entière peut
en tout temps montrer son opinion, elle ne sera pas
tentée de montrer ses armes, et elle ne sera pas obligée de déployer sa force, quand elle saura qu'il lui
suffit de prononcer sa volonté. Enfin les citoyens ne
seront plus exposés à se tromper sur cette volonté
générale, à la confondre avec les caprices des
hommes qui les entourent, s'ils ont un moyen sûr
de l'interroger et de la connaître.

C'est ainsi que la liberté et la paix, le respect des
lois et l'indépendance, la tranquillité dans toutes les
actions, et la passion la plus ardente pour les intérêts publics, la raison et l'enthousiasme, peuvent
exister dans le même pays, et se réunir dans les
mêmes âmes.

Le peuple qui voudrait franchir ces limites ris-
querait plus sa liberté que celui qui resterait en deçà.
Mais aussi, plus ceux qui lui proposent des lois
s'en approcheront, moins il aura le désir d'aller au
delà.

J'ai exposé, en 1789, ces mêmes idées que j'avais
déjà publiées. De nouvelles réflexions, des observations que je n'avais pu faire alors, les ont modifiées
sur quelques points, mais ne les ont pas changées;
et j'ai cru devoir les répéter dans un moment où
aucun danger de perdre la liberté, en voulant trop
l'étendre ne peut empêcher la nation française de
rentrer dans l'exercice entier et absolu de tous ses
droits naturels.

FIN DU TOME DIXIÈME.

TABLE DES MATIÈRES.

FIN DE LA TABLE DES MATIÈRES.

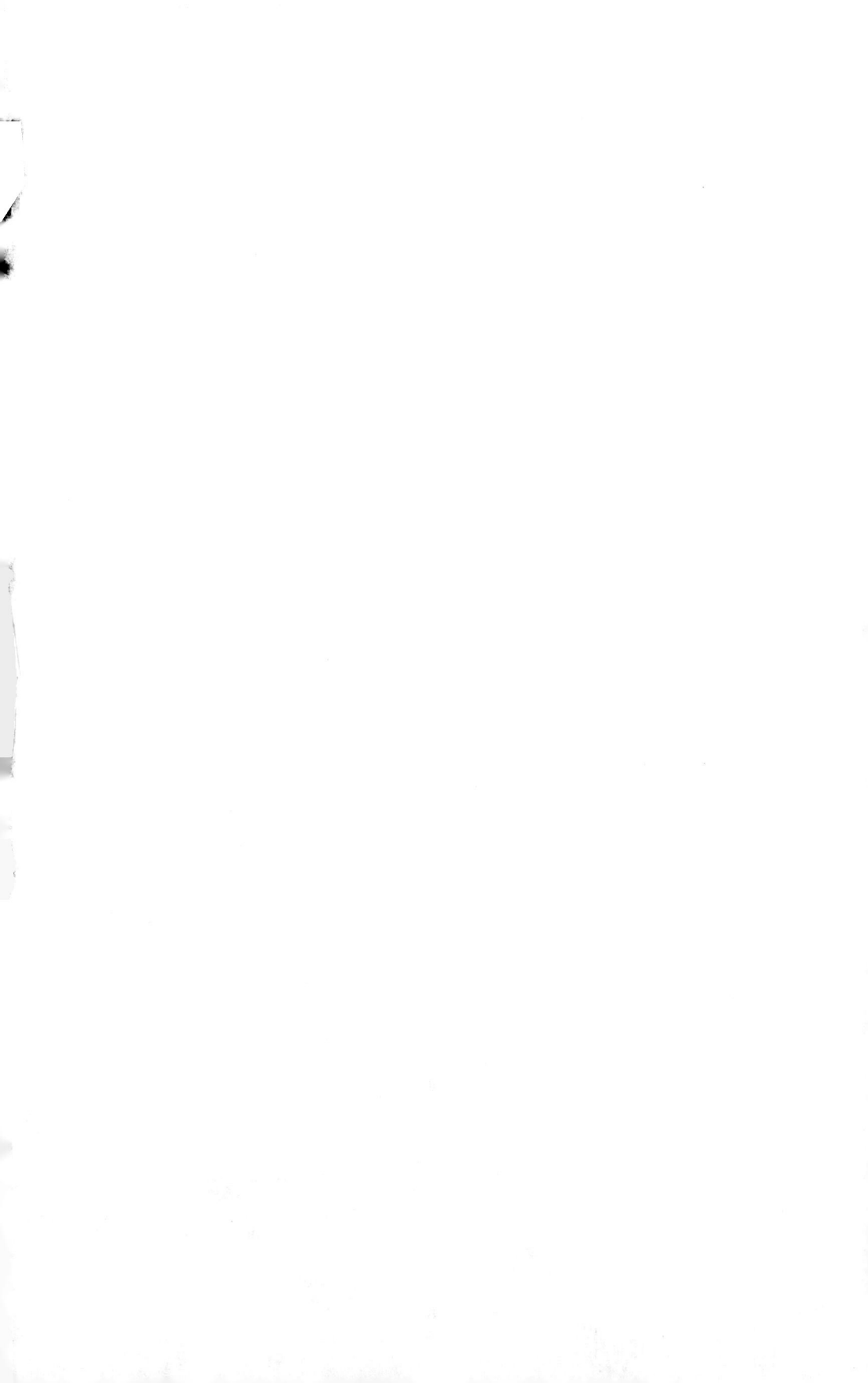

www.ingramcontent.com/pod-product-compliance
Lightning Source LLC
Chambersburg PA
CBHW071139270326
41929CB00012B/1801